Stephan Grätzel

Die philosophische Entdeckung des Leibes

D1669939

Stephan Grätzel

Die philosophische Entdeckung des Leibes

Franz Steiner Verlag Wiesbaden GmbH
Stuttgart 1989

CIP-Titelaufnahme der Deutschen Bibliothek
Grätzel, Stephan:
Die philosophische Entdeckung des Leibes / Stephan Grätzel. -
Stuttgart : Steiner-Verl. Wiesbaden, 1989
      Zugl.: Mainz, Univ., Habil.-Schr., 1988 u.d.T.: Grätzel, Stephan: Die
      Entdeckung der leiblichen Vernunft
      ISBN 3-515-05430-8

Jede Verwertung des Werkes außerhalb der Grenzen des Urheberrechtsgesetzes ist unzulässig und strafbar. Dies gilt insbesondere für Übersetzung, Nachdruck, Mikroverfilmung oder vergleichbare Verfahren sowie für die Speicherung in Datenverarbeitungsanlagen. © 1989 by Franz Steiner Verlag Wiesbaden GmbH, Sitz Stuttgart. Druck: Druckerei Peter Proff, Starnberg. Printed in the Fed. Rep. of Germany

VORWORT

Die vorliegende Arbeit wurde unter dem Titel: „Die Entdeckung der leiblichen Vernunft; Systematische Darstellung der philosophischen Problematik eines leiblichen Selbstbewußtseins im 19. und 20. Jahrhundert" als Habilitationsschrift vom Fachbereich 11 der Johannes Gutenberg-Universität Mainz angenommem. Es sei hier nochmals allen gedankt, die den Fortgang der Arbeit und des Hablilitationsverfahrens begleitet haben, vor allem Herrn Prof. Dr. Dr. h.c. J. Kopper für seine umfassende Betreuung. Auch für die in den Gutachten gemachten wertvollen Anregungen möchte ich mich bedanken. Nicht zuletzt gilt mein Dank der Vereinigung „Freunde der Universität e.V." für ihre Unterstützung der Drucklegung.

Mainz, im Juni 1989

Stephan Grätzel

Bruno Hillebrand gewidmet

INHALT

DIE PHILOSOPHIE DES LEIBES ALS EIN LÖSUNGSVERSUCH
DES METAPHYSISCHEN PROBLEMS DER ROMANTIK

Der Versuch einer kausalen Beschreibung der Vernunft von ihren eigenen Gründen, eine seit Descartes unumgänglich gewordene Pflicht für jede philosophische Theorie, die das Bewußtsein des Menschen zu erklären den Versuch unternommen hat, hat im 19. Jahrhundert, im sogenannten Deutschen Idealismus, wohl das umfänglichste Ausmaß und die höchste Kultur in der Geschichte erreicht. Dabei ist aber ein Nebenprodukt dieses gesamten Unternehmens, welches schon anfänglich diesem Philosophieren bewußt war, das aber nach einer solchen Selbstbegründung der Vernunft für alle Zeit zu den Problemen der Vergangenheit gezählt worden war, in derselben intensiven Weise zum Vorschein gekommen, mit der das eigene Geschäft der substantiellen Erfassung der Vernunft betrieben wurde: der Zweifel an der existentiellen Bewahrheitung der rational schon errungenen Feststellung einer Autonomie des Geistes. So ist es kein Zufall und auch nicht als widersprüchlich anzusehen, daß dem wachsenden Glauben an die Möglichkeiten der Vernunft ein wachsender Nihilismus zu konkurrieren begann. Statt der zu erwartenden tiefen Kenntnis und Vertrautheit wurde eine Selbstentfremdung der Vernunft zum beklagten oder verklärten Zeitgefühl. So macht der sonderbare Zustand einer rational abgeklärt und durchleuchteten, existentiell dagegen unsicheren Vernunft das Bild des beginnenden 19. Jahrhunderts aus.[1]

Wenn Hegel um diese Zeit seine „Phänomenologie" einen „Skeptizismus" nennt, so ist damit nicht etwa dieses Zeitproblem zum Ausdruck gebracht, sondern eher das alte Selbstbewußtsein dieser Philosophie, nach der Überwindung des Zweifels durch die Selbstgewißheit diesem Geist noch eine Geschichte seiner Gewißwerdung durch alle Stufen des Zweifels und Selbstzweifels hindurch schreiben zu können. Angesichts solcher systematischen und historischen Grundlegungen wird das Phänomen des Nihilismus von der Philosophie auch gar nicht bemerkt[2], so

---

1 Huch, R., Die Romantik. Leipzig 1931. S. 126 f. Und dabei, das ist auffallend, kehrt immer die Klage wieder, daß er sich selbst nicht kenne; eben der Romantiker, der viel mehr von seinem Inneren weiß, als ein anderer Mensch, ist sich selbst ein Rätsel. . .

2 Hillebrand, B., Literarische Aspekte des Nihilismus. In: Nietzsche-Studien 13 (1984), S. 80–100. Den Nihilismus haben die Poeten als erste erlebt und festgestellt, nicht die Philosophen. Das war zur Zeit des sogenannten Deutschen Idealismus. Da zimmerten die Philosophen immer noch fleißig an ihren Systemen, als den Dichtern bereits die Wirklichkeit des Geistes zerbrochen war. Die elegische Trauer um den Verlust der Götter hat Tradition. Schiller hatte diesen Gesang schon angestimmt und nach ihm Hölderlin. Nicht, daß sie Nihilisten waren im geschärften Sinne des 19. Jahrhunderts. Aber bei Hölderlin zeigt sich schon jene poetische Empfindung, die wie ein Seismograph das Erdbeben notiert. Schon im Hyperion gibt es die Reflexionen über das Nichts – dieses Zauberwort der Zeit, das so viele Poeten faszinierte. Das war im letzten Jahrzehnt des 18. Jahrhunderts. Schuld an allem, so scheint es heute, war Fichte. So sahen es jedenfalls seine Schüler, die Poeten. Erst waren sie begeistert, dann traten sie als Renegaten auf. Ludwig Tieck ist als einer der ersten zu nennen. Sein Roman ‚William Lovell' ist das früheste Zeugnis des literarischen Nihilismus in Deutschland. Ohne daß Tieck den Begriff schon kannte – das Phänomen war ihm gründlich vertraut. (S. 91).

daß uns im Nachhinein der Spott, mit dem Schopenhauer seinen philosophierenden Zeitgenossen begegnete, als eine angemessene Einschätzung dieser dort vorgebrachten Vernunftauslegungen angesehen werden muß. Er wandte sich diesem Problem der Romantik einer sich in der Selbstgewißheit fremd gewordenen Vernunft nicht nur zu und brachte dies metaphysisch zum Ausdruck, denn sein Begriff des sich selbst verzehrenden Willens ist die klarste Darstellung einer Selbstbegründung, die sich bei dieser Entdeckung im völligen Nichts eines sinnlosen Rasens der Existenz weiß. Er unternahm darüber hinaus auf eine völlig neue Art und Weise den Versuch, die Vernunftgründe im Vitalen zu suchen und sie als Produkt einer allesumfassenden Lebendigkeit aufzuzeigen. So wird seine Philosophie zu einem Lösungsversuch des metaphysischen Problems der Romantik, der sowohl in Hinblick auf die Originalität des Ansatzpunktes als auch in seiner Wirkungsgeschichte betrachtet werden muß. Beides liegt nun in der Ausweitung der Bedeutung, die Schopenhauer dem Satz vom Grunde verliehen hat, begründet.

Dabei kommt es zu einer Umdeutung des Objektbegriffs, wonach das Objekt nicht mehr als Gegenstand erscheint, zu dem ein selbstgewisses Ich in unüberbrückbarer Distanz steht, sondern das an dieser Selbstgewißheit in unmittelbarer Weise teilhat, so daß das Ich sich als Teil einer Ausschließlichkeit und Einheitlichkeit einer Objektwelt weiß. Diese Umdeutung bei Schopenhauer ist das Ergebnis einer Reflexion über den Leib, der, hierbei in seiner Urteilsfähigkeit erkannt, zum Beispiel einer umfassenden Geistleiblichkeit wird. Als solche kann der Wille bezeichnet werden. Für den Willen kann es keinerlei geistige Hinterwelten oder Absolutheiten außerhalb seiner selbst geben. In dieser Einheitlichkeit des Objektiven löst sich ein Wissenkönnen aus autonomen Quellen in gleicher Weise auf, wie der Individuumsbegriff überhaupt, der sich als notwendiger, aber der Reflexion, die sich dieser Gesamtheit des Lebendigen zuwendet, durchschaubarer Wahn ergibt. Der ausschließlich gattungshaft motivierte Lebenstrieb des Lebendigen ist illusorisch im Einzelwesen als Selbsterhaltungtrieb oder, im Falle, daß dieses Wesen begrifflich verstehen kann, als Selbst- oder Ichbewußtsein gebildet.

Wahnhaft vollzieht so das Einzelwesen den Gattungsauftrag und erfährt diesen Vollzug als Lebenssinn innerhalb einer isoliert und für sich zu bestehen scheinenden Form des Subjektiven. Die den Willen durchschauende Reflexion erkennt aber diese Grenze, indem sie sich nicht dieser Subjektivität überläßt und diese nach allen Regeln der Spiegelei und Selbstergründung durchforscht, wohl wissend, daß diese überhaupt nur auf einer Wahnbildung, die, wie gesagt, notwendig ist für den Bestand der Gattung des Lebens selbst, aufgebaut ist. Sie kommt anhand des Gattungsbegriffes selbst, der sich im Leiblichen erfassen läßt, zu einer Bestimmung des Objektiven, das jetzt allerdings nicht mehr als Sammelbegriff für Dinglichkeit und Gegenständlichkeit steht, sondern den Begriff des Lebendigen ausmacht.

Dieses Muster des leiborientierten Denkens ist über diese von Schopenhauer so entworfene Grundlegung nicht hinausgekommen, sondern hat, unter Beibehaltung dieser Einheitlichkeit und Ausschließlichkeit des Objektiven, die Struktur der Begreifbarkeit dieser Welt, die bei Schopenhauer insgesamt nach dem Satz vom Grunde ausgerichtet ist, wesentlich verändert. Dabei kommt es zu Ansätzen, die entweder einen spezifischen Kausalitätsbegriff erfordern, wie er etwa schon bei Spinoza vorliegt, der aus diesem Grunde auch hier in der vorliegenden Arbeit besprochen werden muß, oder die ein nicht-kausales Leib-Seele-Verhältnis aufzeigen, wie dies schon Aristoteles getan hat. Für die Erfassung eines Phänomens, das vom Leib nach unbekannten Prinzipien gebildet wird und das als „Es" vage begriffen wird, zeigt sich Kausalität als unangemessenes Mittel. Der hierzu notwendige Objektbegriff wird in der vorliegenden Arbeit anhand einzelner psychoanalytischer Schriften behandelt. Die Absicht dabei ist, die Eigentümlichkeit dieses Begriffes der „Es" in eben solch einer Grundlegung durch einen spezifischen Begriff des Leibes zu sehen, wie er bei Schopenhauer schon zu finden ist, und wie er durch Nietzsche zu dem Hauptbegriff philosophischer Reflexion bestimmt wurde. In dieser Gemeinsamkeit leiblicher Grundlegung ist ein Phänomen beschrieben, das als leibliche Vernunft bezeichnet werden kann.

Eine solche leibliche Vernunft ist dann ebenso Grundlage der Erkenntnistheorie Viktor von Weizsäckers, die in fast ausschließlicher Weise praktisch und therapeutisch orientiert ist, oder der Theorie Merleau-Pontys, wie sie vielen modernen Theorien und Modeströmungen zugrundeliegt, die vom Phänomen der leiblichen Existenz des Menschen ausgehen, meist ohne dies in der dafür notwendigen Weise historisch und systematisch abgeklärt zu haben.[3] So sind Untersuchungen der vorliegenden Art notwendig geworden, um ein Phänomen, das ursprünglich eine Lösung des oben beschriebenen Problems der Romantik, insgesamt also ein Kind des 19. Jahrhunderts ist, auf seine Aktualität in der Gegenwart zu prüfen. Dabei soll ausgeschlossen werden, daß noch ein weiteres geistiges Produkt des 19. Jahrhunderts im 20. Jahrhundert übernommen wird, wie dies eben, aus welchen Gründen auch immer, in diesem Jahrhundert häufig geschehen ist.

Mag die Besinnung auf den Leib in der hier beschriebenen Art und Weise solch ein Rückgriff in ein Denken sein, das, wie das romantische, mit der Bewältigung eines inneren Zerfalls beschäftigt war, so ergibt sich doch gerade aus der ungeheuren Dimension des leiblich begründeten Objektbegriffs, die Schopenhauer eröffnet hatte und die er mit seinem Begriff eines in den Bahnen der Kausalität, aber ziellos rasenden Willens vollständig entdeckt zu haben vermeint hatte, eine Vielfalt von Themen, die in philosophischer, psychologischer oder medizinischer Hinsicht bearbeitet werden. Das hierbei entstandene gemeinsame Interesse einer Bestimmung der leiblichen Vernunft ist ein schöpferisches und der Gegenwart in ihren geistigen Problemen durchaus hilfreiches Unternehmen. So ist etwa die Verleiblichung von Gedachtem oder Gesagtem, ein Freud nur als „Hysterie" bekanntes Phänomen, Gegenstand verschiedener, das Normalbewußtsein beschreibender Untersuchungen, die dann im Bereich suggestiver Verfahren zur Anwendung kommen. Hat also die

---

3 Petzoldt, H., Leiblichkeit. Philosophische, gesellschaftliche und therapeutische Perspektiven. Paderborn 1985.
   Der Markt „Körper" ist entdeckt worden. Es gilt, den Körper als Leistungsaggregat, Konsum und „pleasure machine" fit zu halten. Unter der Hand hat sich das Interesse am Körper, die Sorge um den Leib, verkehrt in neue Formen der Verwertung. Es ist kennzeichnend für die Mehrzahl der neuen Strömungen der Körperkultur – auch der körpertherapeutischen –, daß sie den Körper als Objekt betrachten, das in der vollen Verfügbarkeit der Interessen steht. Eine anthropologische Sicht findet sich selten. (S. 9)

Besinnung auf eine leibliche Vernunft ihren Ausgangspunkt im romantischen Denken und den hier herrschenden Problemen, so hat sie doch, infolge der ständigen
Revision des Objektbegriffs, zu eigenständigen, vom 19. Jahrhundert emanzipierten
Reflexionen geführt. Daß es hier zu wilden Wucherungen von Theorien gekommen
ist, ist mancherorts beschrieben und beklagt worden, wenngleich eine Grundlegung
der leiblichen Vernunft nirgends gefordert ist. Dies mag daran liegen, daß die
Leibthematik ein interdisziplinäres Problem geworden ist, das nicht in erster Linie
mehr von der Philosophie betreut wird.[4] Indem Nietzsches Philosophie, vor allem
die Spätschriften, in denen die Philosophie des Leibes einen erst in jüngster Zeit
wiederentdeckten Höhepunkt hat, den Ideologen und Schwärmern überlassen wurde,
war auch der Leibbegriff in dieser das Bewußtsein begründenden Bedeutung kein
philosophisches Thema mehr. Was unabhängig von Nietzsche philosophisch zum
Leib geschrieben wurde, erreicht diesen Höhepunkt nicht mehr, so daß eine Erwäh-
nung und Bearbeitung der Lebensphilosophie in dieser Hinsicht nicht notwendig
ist.[5] Dennoch erfordern gerade die Ansätze von Husserl und Sartre Beachtung, wenngleich sie die Errungenschaften der romantischen und nachromantischen Philosophie
übergehen und das an sich oder für den Anderen, jedoch rein faktische Vorhandensein
des Leibes wieder als hinreichendes Indiz für das leibliche Sein genügen lassen. So
ist erst wieder bei der ernsthaften Beschäftigung mit Nietzsche eine Neubesinnung
auf die leibliche Vernunft innerhalb der Philosophie zu entdecken, wobei infolge
einer historisch-kritischen Feststellung der Texte und des Nachlasses interessante
Aspekte zu Quellen und Bestätigungen der leiblichen Thematik bei Nietzsche
aufgezeigt werden. Da die Interpretation unter physiologischem Gesichtspunkt noch
am Anfang steht, ist die Literatur hierzu nicht so üppig, wie die Literatur, die den
physiologischen Gesichtspunkt nicht erkannt oder beachtet hat.

    Die Philosophie der Romantik hatte es sich zur Aufgabe gemacht, dem
Sichwissen der Vernunft, dem ein großes Mißtrauen zugewachsen war, die Macht des
Unbewußten und der Abgründe zu verdeutlichen und in ihm eine Ahnung hervorzu-

---

4   Deshalb ist die von Wiesenhütter geforderte Verbindung von Philosophie und Tiefenpsychologie
    für eine Philosophie des Leibes notwendig.
    Wiesenhütter, E., Die Begegnung zwischen Philosophie und Tiefenpsychologie. Darmstadt 1979.
    Eine Philosophie, die nicht allein als Methode des Denkenlernens und Denkenlehrens oder als
    Geschichte ihrer eigenen Vergangenheit der ‚Blutleere‘ anheimfallen will, sondern zum gelebten
    Leben zurückzukehren trachtet, kann – und muß! – die Tiefenpsychologie weitgehend als ein
    Spiegelbild des von ihr Vernachlässigten annehmen lernen, wie das von Vertretern der Theologie
    bereits mehr und mehr geschieht. . . . Merleau-Ponty mahnt, die Philosophie sollte zunächst den
    Weg in den eigenen Keller gehen, bevor sie die Tiefenpsychologie kritisiere; erst dann könnten sich
    fruchtbare Begegnungen anbahnen.
    Gelingt der beiderseitige Gang in die Tiefe, sind weitere Gemeinsamkeiten zu erwarten. (S. 113)
5   Hammmer, F., Leib und Geschlecht, Bonn 1974. S. 43.
    Während Nietzsche die Begriffe „Seele" und „Geist" einer eingehenden Kritik unterzieht und
    ihnen das Phänomen des Leibes gegenüberstellt, bewegt sich die Leibphilosophie der repräsenta-
    tiven Lebensphilosophen durchaus in den Bahnen der überkommenen Leib-Seele-Begrifflichkeit.
    Dabei ist nicht zu übersehen, daß der „Seele" eine stillschweigend anerkannte Vorrangstellung
    zukommt. Wo lebensphilosophisch von „Seele" gesprochen wird, klingt fast immer der romantisch
    verklärte Wert einer geistigen und personalen „Innerlichkeit" mit.

rufen, daß dort die eigentlichen Quellen des Wissens zu finden sind. So wächst mehr und mehr das Vertrauen auf ein Bewußtsein, das nicht der Willkür unterliegt, auf ein Wissen, das ganz im Sinne der Mystik und dort vom Meister Eckehart so bezeichnet, nicht weiß, daß es weiß. Dies kann durchaus aus einer Ablehnung des gerade bei Fichte betriebenen Wissenschaftsfanatismus verstanden werden. Dabei läßt sich, abgesehen von einer Entwicklung von Schopenhauer zu Nietzsche hin, keine spezielle Linie am Begriff des Leibes allein verfolgen, vielmehr spielt oft der entsprechende Organismusbegriff der jeweiligen philosophischen Systeme die entscheidende Bestimmungsgrundlage für den Leibbegriff. Interessant ist es, zu betrachten, wie wenig bei Ableitungen solcher Art aus dem Organismusbegriff vom Leibe selbst die Rede ist und in welch vorherrschendem Maße ein in übereinstimmender Weise teleologisches Prinzip zum Lebensnerv der vitalen und insbesondere leiblichen Funktion gemacht wird. Hierbei ist dann allerdings eine Entwicklung zu verfolgen, daß, gemessen an der Gläubigkeit in dieses Prinzip, eine dieser entsprechende Differenz und Ablehnung des Leibphänomens besteht. Dagegen wird mit wachsendem Mißtrauen in dieses Prinzip in einer zunächst widersprüchlich anmutenden Art ein schärferer Blick für das Leibliche selbst entwickelt. Dies ist insofern wichtig, als Schopenhauer, der ja einen völlig neuen Leibbegriff hat, hierbei von Denkern überragt wird, die zwar nicht diesen Ansatz zu entwickeln oder auch nur gutzuheißen in der Lage gewesen wären, die aber durch ihr Mißtrauen in das teleologische Prinzip, an dem Schopenhauer in einer eigenartigen, in der vorliegenden Arbeit näher dargelegten Weise festhielt, zu einer Bedeutung kommen die, über das Räsonnement Schopenhauers hinausgehend, diese entscheidende Seite einer Notwendigkeit der Grundlegung der leiblichen Vernunft jenseits des Zweckbegriffs andeutet. So hat eine Untersuchung über den Leibbegriff auch diese Aufgabe, die jeweilige Bedeutung des Organismusbegriffs zu verfolgen, da, ausgehend von dem Kantischen Postulat eines solchen Prinzips, diese einmal zugrunde gelegte Richtschnur auch für den Leibbegriff maßgeblich gemacht wurde. Schopenhauer, der nicht einfach einen platten Organismusbegriff übernimmt, sondern diesen mit der vegetativen Bedeutung, die er am Satz vom Grunde erkennt, verbindet, hat aus diesem Postulat, indem er es als Ausdruck des Objektiven darzustellen vermochte, ein ontologisches Prinzip gemacht. Der Leib und nicht ein teleologisches Prinzip wird aber in dem Maße erschlossen, wie das Nichtwissen des Wissens erschlossen werden kann, ohne auf eine explizite Weise noch einmal begründet zu werden. So wird das Denken offen für das Eigenleben der leiblichen Vernunft. Dennoch behält das Postulat Kants, weit über das Maß seiner Dienste, die es bei der Überwindung mechanistischer Organismusvorstellungen geleistet hat, eine grundlegende Funktion für die Naturphilosophie fast eines ganzen Jahrhunderts. Deshalb kann man sich auch der Aufgabe entheben, diese naturphilosophischen Ansätze im einzelnen auf den Organismusbegriff und besonders auf den Leibbegriff hin zu untersuchen, da sich schon bei einer oberflächlichen Prüfung sehr bald die Gleichgesinntheit im Denken ergibt, das sich in verschiedenen teleologischen Darstellungsmöglichkeiten erschöpft. Nur ein ausschließlich philosophiehistorisches Interesse, welches die Ansätze chronologisch oder unter dem Aspekt eventueller gegenseitiger Beeinflussungen und Bewertungen zusammenstellt, könnte hier eine Untersuchung rechtfertigen. Von Wichtigkeit für die vorlie-

gende Aufgabe waren Untersuchungen einiger Schriften Schellings, der als Wegbereiter für viele naturphilosophische Ansätze dem teleologischen Prinzip schwankend
gegenüber steht, und von Novalis, der ein für seine Zeit ungewöhnliches Interesse am
Phänomen des Leibes hatte. Die Ansätze von Marx und Engels sind wichtig, da sie
den Begriff des Leibes auf ein gesellschaftliches Begründungsverhältnis ausdehnen
und damit den Begriff des gesellschaftlich-geschichtlichen Leibes entwerfen. Dies
geschieht in gleicher Weise, wenn auch mit ganz anderen Mitteln und Zielen, bei
Bachofen, dessen Bedeutung in jüngster Zeit im Zuge einer Interessensverschiebung
zu Themen dieser Art wieder stärker hervorgehoben wird. Da nach Nietzsche, wie
schon gesagt, die Leibproblematik von anderer Seite behandelt wurde, ist im Hinblick
auf eine Entwicklung dieses Denkens ein kurzer Exkurs dorthin notwendig, auch
deshalb, um die Behandlung des Problems in der Philosophie durch Merleau-Ponty
zu würdigen und gegen Sartre, der nie einen Leibbegriff als Vernunftbegriff entwickelt hat, abzugrenzen. Da hierzu eine ausreichende Literatur vorhanden ist, kann
dies in aller Kürze geschehen. So kommt ein Denken am „Leitfaden des Leibes" zu
Resultaten, die denen der Mystiker ähnlich sind. Konsequent zu der schon oben
erwähnten Maxime einer Vergewisserung jenseits der willkürlichen Vergewisserung
wird ein Begriff des Selbst entwickelt, das alle bisher erworbene Weisheit des
lebendigen Existierens angesammelt hat.

EINLEITUNG
DREI GRUNDSÄTZLICHE MÖGLICHKEITEN DES LEIBBEGRIFFS

In Abwendung von der vernunftbegründeten Philosophie des 17. und 18. Jahrhunderts bemüht sich das Denken im 19. Jahrhundert in stetig wachsendem Maße, die Begründung von Bewußtseinsvorgängen aus vitalen und natürlichen Sachverhalten abzuleiten. Dieses Bedürfnis der Vernunft nach einem dem reinen Selbstwissen entzogenen Fundieren ihrer Gewißheit durch Kategorien des Unbewußten und Leiblichen findet in den Wissenschaften, die sich auszuweiten beginnen, die anregende und vorbildliche Methode, der Entkräftung und Erschöpfung des Denkens, das es auf dem von Descartes eingeschlagenen Weg der Selbstbegründung erlitten hat, Abhilfe zu schaffen. Hierbei werden neue Wertsetzungen für das Denken geschaffen, indem die objektive Realität des Wissens wieder den eigentlichen Charakter von Prinzipalität und Begründung annimmt gegenüber der formalen Realität der Verfassung des Denkens selbst, so daß die von Descartes gezeigte Begründung des Bewußtseins aus dem Cogito als nicht mehr ausreichend empfunden wird. Von diesem Bedürfnis getrieben, begibt sich das Denken wieder in Bereiche der Spekulation und des Dogmatismus und scheint damit einen vorzüglichen und mühsam durch die Geschichte der Philosophie errungenen Höhepunkt aufzugeben, indem es vom Vermögen der Begründung des Wissens im Selbstwissen Abstand nimmt, um sich wieder als in irgendeiner Weise bedingtes Wissen grundlegend zu konstituieren.[1] Man kann dies philosophiegeschichtlich durchaus als Rückschritt werten, wenn man davon ausgeht, daß das Selbstbewußtsein in der transzendentalen Auslegung einen solchen unüberholbaren Höhepunkt gewonnen hat. Dennoch muß man davon ausgehen, daß hier ein Bedürfnis der Vernunft selbst, also auch der transzendentalen Auslegung, vorliegt. Es ist dies ein Vorgang, bei dem sich das zur Gewißheit gekommene Sich-wissen, das Cogito bei Descartes, auch durch das Sachwissen auszeichnen und bestätigen will. Bei dieser Auslegung des sich-gewissen Selbstwissens durch das Sachwissen werden aber wieder Prinzipien aufgestellt, die sich nicht im Sich-wissen auflösen können, die eher als Substanzen innerhalb des

---

1 Dieses Motiv liegt auch der evolutionären Erkenntnistheorie zugrunde, die, als populär gewordene philosophische Richtung, damit auch ein Bedürfnis der Gegenwart widerspiegelt.
Riedl, R., Biologie der Erkenntnis. Die stammesgeschichtlichen Grundlagen der Vernunft. Berlin ³1981.
Unsere Position unterscheidet sich also insofern grundsätzlich von der, welche die philosophische Erkenntnistheorie einnimmt, als die Grundlagen der Vernunft nicht nur aus ihren eigenen Prinzipien erschlossen werden, sondern durch eine vergleichend stammesgeschichtliche Erforschung eben aller Erkenntnisprozesse. Damit ist der Gegenstand der Untersuchung nicht mehr mit dem erkennenden Subjekt ‚identisch‘, sondern befindet sich in der Hauptsache außerhalb desselben; und die Methode selbst bleibt die der vergleichenden Naturwissenschaft. Auf diese Weise wird jene Beschränkung vermieden, die entstehen muß, wenn sich die rationale Vernunft aus sich allein begründen soll. (S. 9)

Sich-wissens verbleiben und für das Wissen wohl eine Bereicherung darstellen, für das Sich-wissen aber unbegreifliche und äußerliche Inhalte darstellen.

Dieser Konflikt besteht für Schopenhauer nicht mehr, da für ihn das Sich-wissen nur ein Teil eines allumfassenden Willensbewußtseins ist, so daß eine Äußerlichkeit, also eine Unverbindlichkeit der dem Subjekt zugedachten Inhalte, in diesem Wissen nicht vorkommen kann. So ist letztlich ein jegliches Sachwissen ein Sichwissen. Bei dieser Selbsterfahrung kommt es aber auch nicht zu einem Wissen des Wissens, wie Schopenhauer dies ausdrücklich widerlegen kann,[2] sondern immer nur zu einem Wissen von Etwas. Dabei wird aber keine Welt abgespiegelt, sondern im Vollzug des sein-wollenden und sich erfassenden Willens eine Welt erst geschaffen. Das erkennende Bewußtsein ist durch seine Leibhaftigkeit setzendes Bewußtsein einer Objektivität, der Satz zum Grunde, durch den dieses Bewußtsein erkennt, ein Seinsbildungsgesetz des Willens.

Dieser ontologische Charakter des Satzes vom Grunde, der sich aus der Bestimmung der Leibhaftigkeit des Bewußtseins ergibt, wie noch näher gezeigt wird, ist innerhalb der Philosophiegeschichte eine Neuigkeit und rechtfertigt auch die Annahme, mit Schopenhauer eine Leibphilosophie ganz anderer Art zu haben, als dies in der Leib-Seele-Problematik bisher vorgekommen ist. Die Auseinandersetzung mit seiner Leibphilosophie ist also in erster Linie eine Auseinandersetzung mit seiner Interpretation vom Satz zum Grunde. Hierin zeigt er sich als Kind seiner Zeit, da in das Kausalgesetz, das Hume in überzeugender Weise für nichtig erklärt hatte, seit der Rehabilitation durch Kant wieder neues Zutrauen gesetzt wurde.

So ist die gesteigerte Bedeutung, die die Kausalität gerade bei Schopenhauer hat, durch ein zeitbedingt zu nennendes Anliegen hervorgerufen, die Ontologie eines Prinzips, welches durch die Wissenschaften einigermaßen ausgewiesen ist, zu schreiben, nachdem alle bisherigen Ontologien als gescheitert betrachtet werden mußten. Das Leibphänomen und die damit verbundene Begrifflichkeit tritt innerhalb dieser Ontologien als mehr oder weniger wichtiger Beleg des Organismusbegriffs auf. Gegen diese ontologische Erfassung und Ableitung des Leibbegriffes aus dem Organismusbegriff ist Nietzsches Konstituierung einer eigenen leiblichen sogenannten großen Vernunft konzipiert.

Es lassen sich somit drei verschiedene Möglichkeiten eines Leibbegriffs skizzieren, wobei die erste die Erfassung des Leibes als eine wie auch immer bezeichnete Substanz, die zweite eine Ontologie des Leibes und die dritte die Grundlegung einer eigenen leiblichen Vernunft beschreibt. Für die vorliegende Arbeit sind nur die letzten beiden Leibbegriffe maßgeblich. Dennoch soll die erste hier nicht übergangen werden, da sie ihm Rahmen gerade der Philosophie Spinozas eine wichtige und modern zu nennende Bedeutung hat.

---

2 Schopenhauer, Sämtliche Werke, Bd. I, S. 140 f.

I. DIE SUBSTANZHAFTE ERFASSUNG DES LEIBES ALS KÖRPER

1. Die begreifbare körperliche Substanz bei Aristoteles

Ursprung alles Wissens ist für Aristoteles die erste Substanz, der überhaupt keine andere Eigenschaft zukommen kann, außer der, wahr zu sein. Ohne von einem Subjekt ausgesagt und in einem Subjekt zu sein, ist sie als fertiges Produkt da. Für uns mag dies heute als philosophische Naivität anmuten. Tatsache ist jedoch, daß Aristoteles in dieser philosophischen Aussage den Satz vom Widerspruch als erstes, unumstößliches Gesetz zu erkennen gibt, von dem dann alle weiteren Erkenntnisse abgeleitet werden. Die Identifizierung des Gegenstandes wird nicht erst durch den Satz vom Grunde hergestellt, sie ist gleichsam schon mit der Wahrnehmung vollzogen. Die Wahrnehmung erfaßt Substanzen, eine Aussage, die nach dem Durchgang durch den Skeptizismus für heutige Begriffe unmöglich erscheint. Dennoch zeigt sich gerade am Begriff des Körpers, wie eine solche substanzhafte Erfassung der heutigen Beurteilung zwar schwer verständlich, aber doch plausibel vorkommt, da hier das Problem, inwieweit Leib und Seele vereint sind, erst gar nicht aufkommen kann.

Für Aristoteles ist der Körper nicht etwas, das von einem Substrat ausgesagt wird, sondern er ist selbst ein Substrat und die Materie. Das Mißverständnis, das hierbei aufkommen kann, besteht darin, daß die Seele nun als etwas von dem Körper Getrenntes angenommen werden könnte, gleichsam als zweite Substanz zu dieser ersten. Wir wissen, daß Aristoteles die zweite Substanz in der Weise definiert, daß hier etwas von etwas ausgesagt wird, ohne in diesem Ausgesagten selbst zu sein. Für Aristoteles hat aber die Seele die Fähigkeit, sich selbst als Substrat zu setzen.[1] Sie selbst ist nicht als ein von einer Substanz Ausgesagtes da, wie etwa Sinnenwesen von Mensch ausgesagt wird. Die Seele ist also keine zweite Substanz im aristotelischen Sinne. Aristoteles sagt:

> Deshalb darf man auch nicht fragen, ob Seele und Körper eins sind, wie auch nicht, ob Wachs oder Figur.[2]

In welcher Weise dann die Seele mit dem Körper vereint ist, gibt er in dem folgenden zu erkennen:

> Ganz allgemein ist damit ausgesprochen, was die Seele ist: Wesenheit im begrifflichen Sinne. Dies ist das eigentliche Sein für einen so und so beschaffenen Körper, wie wenn ein Werkzeug, zum Beispiel ein Beil, ein natürlicher Körper wäre: seine Wesenheit wäre das eigentliche Sein des Beils und dieses Sein die Seele. Mit ihrer Abtrennung wäre es nur noch der Bezeichnung nach ein Beil.[3]

Wie in vieler Hinsicht, so spricht auch hier Aristoteles eine klare Sprache, um darzustellen, warum die Trennung nicht möglich ist: es wäre sonst gar kein Körper, da. *Indem wir die Seele begreifen, begreifen wir den Körper als Körper.* Wir

---

1 Aristoteles: Categoriae 1a 20 – 1b 9.
2 Aristoteles: De anima 412 b 7f.
3 ebd.

begreifen den Körper als Seele. Ein solches Erfassen des Körpers und der Seele stellt uns heute vor große Schwierigkeiten.[4]

Das eigentliche Sein, d.h. das Identisch-sein, die Definition[5], wird bei Aristoteles als letztmögliche Begründung gedacht[6]. Unter diesen Voraussetzungen kann das eigentliche Sein des Körpers als mit dem Körper verbunden gedacht werden und muß nicht von einer logisch höherstehenden Allgemeinheit durch einen Mittelbegriff, der die Funktion des Satzes vom Grunde hat, dem Substrat zugewiesen werden. Wir wissen aus der zweiten Analytik, daß eine solche Zuweisung durch den *Beweis* vorgenommen wird, weil der Beweis (als Verfahren des Satzes vom Grunde) Verschiedenes von Verschiedenem aussagt und dazu den Mittelbegriff braucht. Die Definition aber, die das eigentliche Sein begreift, sagt nicht Verschiedenes von Verschiedenem aus, sondern das Gleiche vom Gleichen.[7] Was nicht verschieden ist, kann auch nicht abgetrennt werden. Das heißt für Aristoteles aber auch, was nicht verschieden ist, kann nicht bewiesen werden.[8] Die Seele kann nicht durch den Körper, der Körper nicht durch die Seele bewiesen werden. *Es ist schlechthin unmöglich, zwischen Körper und Seele ein Verhältnis herzustellen, das dem der Kausalität entspricht.*

Aristoteles unterscheidet das Erfahrbarmachen von dem Beweisen[9]. Im ersten Fall wird die Sichtbarkeit des Wesens offenbar, im zweiten Fall wird etwas durch die Ursache bewiesen. Der erste Fall ist nur für das Eigentümliche maßgebend, der zweite Fall für das Gattungsmäßige und Akzidentelle, da das Subjekt selbst nicht bewiesen werden kann, sondern nur das Prädikat *für* das Subjekt, das Zukommen also. Auch die Induktion weist das Subjekt nicht nach[10]. Immer nur wird der Fall des Zukommens oder Nichtzukommens erschlossen oder bewiesen, nie jedoch ein Wesen. Wird die Seele vom Körper abgetrennt, so wird der Körper nicht mehr von seinem Wesen her erfaßt (to ti en einai), sondern von dem, was ihm zugekommen ist (symbebekos). Damit ist aber der Begriff unmöglich geworden, da es kein erstes Worüber gibt.[11]

Das bloß akzidentelle, bezugslose Erfassen widerspricht aber dem Erfassen des Körpers als dieser bestimmte Körper, als dieses Wesen oder als diese Seele also.

---

4   Schmitz, H., System der Philosophie II/1 Der Leib. Bonn 1965, S. 496–497.
    Die Psychologie des Aristoteles leidet an der schon erwähnten Unstimmigkeit, daß sie trotz monistischer Zielsetzung den dualistischen Begriffsvorrat Platons übernimmt und namentlich wie selbstverständlich von Körper und Seele ausgeht, wenn es gilt, die Einheit des Menschen gedanklich zu rekonstruieren: Aristoteles kann sich nicht mehr von Platons Bann befreien, so wenig, wie die Anthropologie und Psychologie der Folgezeit bis hinein in unser Jahrhundert.
5   Aristoteles, Metaphysica, 1030 a 5 f.
6   Aristoteles, Metaphysica, 1038 a 18 f.
7   Aristoteles, Analytica posteriora, 90 b 30 f.
8   Seifert, J., Leib und Seele. Salzburg 1973. S. LX.
9   Aristoteles, Analytica posteriora, 93 b 15 f.
10 Aristoteles, Analytica priora, 68 b 7 f.
11 Aristoteles, Metaphysica, 1007 a 34 f.

2. Die unbegreifbare körperliche Substanz bei Descartes

Descartes hat dem Cogito eine analytische Bedeutung gegeben. Dieser analytische Charakter macht es, daß die Seele im Cogito ein Maß an Vertrautheit zu sich selbst entwickelt, wie dies nicht gegeben wäre, wenn sie sich vom Etwas oder vom Leib her, das heißt, mit Aristoteles, begründend verstehen müßte. Damit ist aber zugleich die Verschiedenheit und Abgeschiedenheit vom Körper als gegenständiger und lebendiger Leib in unüberbrückbarer Weise manifestiert, weil der Körper keine verstehensmäßige Bedeutung für die Seele hat.

> Demnach ist der Satz: Ich denke, also bin ich, die allererste und gewisseste aller Erkenntnis, die sich jedem ordnungsgemäß Philosophierenden darbietet. Auch ist dies der beste Weg, um die Natur des Geistes und seine Verschiedenheit vom Körper zu erkennen. Denn wenn man prüft, wer wir sind, wir, die jetzt davon überzeugt sind, daß es nichts außerhalb unseres Bewußtseins gibt, das wahrhaft ist oder existiert, so sehen wir deutlich, daß weder die Ausdehnung noch die Gestalt, noch die Ortsbewegungen, noch ähnliches, was man dem Körper zuschreibt, zu unserer Natur gehört, sondern nur das Denken.[12]

Für das sich nach dem Satz vom Grunde verstehende Selbst bedeutet der Körper etwas, das sich nicht bewußtseinsmäßig auflösen kann. Hier ist das Denken nicht mehr bei sich.[13] So kann die Seele aus sich heraus sich substantial wissen, für den Körper dagegen als ein Etwas ist diese Möglichkeit nicht gegeben. Der nach dem Satz vom Grunde untersuchte Körper verschwindet in der Bodenlosigkeit der unendlichen Relationalität des Prinzips selbst und wird ein Etwas, das Nichts ist, weil er keinen selbstkonsistenten und selbstgewissen, durch einen Grund aus sich belegten Existenzbegriff hat. Da vom Körper kein Sich-wissen in dieser Weise hergestellt werden kann, muß er von Descartes als eine Sache angesehen werden, die gleichsam tot ist. Die Seele ist das Innewerden des Satzes vom Grunde als inhaltlich sich wissen könnendes Prinzip. Dem Körper wird diese Fähigkeit, Kausalität gleichsam zu erleben, von Descartes abgesprochen. Nur der Geist kann diese Kausalität erleben.

In dieser Erlebnisfähigkeit zeigt sich der grundsätzliche Unterschied, den Schopenhauer zur Philosophie des Rationalismus macht, wie noch zu sehen sein wird. Bis zu Schopenhauer hin ist die Kausalität nur als Prinzip erfahrbar, nicht als Erlebnis realisierbar. In dem Augenblick, wo der Kausalität eine solche Erlebnismöglichkeit des organischen Körpers zugeordnet wird, wie bei Schopenhauer, bekommt der Körper als Möglichkeit, Wissen herzustellen, eine hervorragende Bedeutung.

---

12 Descartes, Prinzipien der Philosophie I, S. 2 f.
13 Dies darf nicht als Dualismus mißverstanden werden. – Siehe Kopper, J., Descartes und Crusius über „Ich denke" und leibliches Sein des Menschen. In: Kant-Studien 67 (1976) S. 339–353. Es ergibt sich, daß das Ausgedehnte als solches wirklich ist und daß es darin auch etwas anderes ist als das bloße „Ich denke", daß es aber gleichwohl in solcher Andersheit doch mit dem „Ich denke" verbunden ist, von ihm entworfen und erfaßt werden kann, und daß also die Trennung von ‚res cogitans" und „res extensa" doch nur eine solche ist, die innerhalb eines Verbundenseins beider zur Einheit geschieht. (S. 340); siehe auch: Piper, H.-M., Die psychophysische Identitätslehre in der neueren Diskussion der Leib-Seele-Frage. Göttingen 1980. S. 41.

3. Die durch Descartes hervorgerufene Problematik
einer nicht denkenden Substanz

Der problematische Substanzbegriff Descartes' hat zu einer Reihe von Lösungsversuchen innerhalb des Cartesianismus geführt,[14] die aus der Tatsache der Nichtigkeit oder Unbegreifbarkeit der körperlichen Substanz andere Wege eines indirekten Erfassens finden. Dabei wird das im Cogito erkannte Sein als ein allgemeines, auch den Körper bestimmendes Sein qualifiziert, das, wie im Falle von Geulincx, die Grenzen des Selbstwissens weit überschreitet und gar nicht als Selbst gewußt werden kann. So führt die Unmöglichkeit einer eigenen substanzhaften Erfassung der körperlichen Substanz innerhalb der cartesianischen Methode zu einem ontologischen Seinsbegriff des Körpers, wie er dann auch im 19. Jahrhundert mit Hilfe eines Ganzheitsbegriffes des Organischen von neuem gebildet wurde.

a) Der Monadenbegriff als Lösungsversuch bei Leibniz

Für Leibniz drückt das Cogito nur die Apperzeption der Monade aus, die aber nicht in ausschließlicher Weise durch diese Erkenntnisfähigkeit allein bestimmt ist. Die Monade ist vielmehr eine Entelechie, die im Falle des Cogito den Selbstbegriff zu vollziehen in der Lage ist. Als Vollzugsergebnis der zur Apperzeption fähigen Monade wird es zu einem bloßen Begriff, durch den die Entelechie erfaßbar wird. So hat jede Monade diesen Cogito-Charakter, ohne daß dieser, der ja nur in der Apperzeption erkannt wird, ausschließlich durch das denkende Ich bestätigt werden müßte. Auch die nichtdenkende Monade hat somit diesen durch das Cogito ausgesprochenen Seinscharakter der Entelechie. So ist der Körper zwar eine Maschine, es hat aber jeder Teil dieser Maschine, indem er diesen Seinscharakter hat, das Ganze dieses Körpers, die Seele, in sich und kann nicht als dem Ganzen zwar dienender, aber für sich bestehender Teil, etwa als Rad eines Räderwerkes gedacht werden.[15] Jede Monade hat diesen durch das Cogito erkennbaren Seinscharakter der „Fensterlosigkeit", weil jede Monade nur sich selbst, seine Entelechie also, perzipiert oder apperzipiert. Sie ist generell ein Bezeugen aus sich, das durch das Cogito auch erkannt wird. Das Bezeugen aus sich ist aber jener Seinsvollzug einer jeden, auch der nichtdenkenden Monade, zu dem das Cogito *nichts hinzufügt*. Das Cogito ist deshalb bei Leibniz von ontischem Bestand, da es sich gleichsam wie eine Allbeseelung im kleinsten Teil der Natur wiederfinden läßt, jedoch nur durch Apperzeption bestätigt wird.[16] Bei Leibniz ist der Versuch zu erkennen, von der cartesischen Substanzauf-

---

14 Specht, R., Commercium mentis et corporis. Über Kausalvorstellungen im Cartesianismus. Stuttgart-Bad Cannstatt 1966. Zwei Eigentümlichkeiten in Descartes' philosophischem Werk sind für die Entwicklung der Kausalvorstellungen seiner Schule entscheidend gewesen: die neue Fassung der Lehre von Gott als dem Beweger und die unvollendete Lehre vom commercium mentis et corporis. Vielleicht übertreibt man nicht sehr, wenn man behauptet, daß dies die beiden wichtigsten Punkte im Programm des Cartesianismus sind. (S. 67)

15 Monadologie § 64.

fassung wegzukommen, indem er das durch das Cogito Erkannte als allgemeinen Bestand jeder Monade ausgibt. Dadurch ist das Cogito wieder inkorporiert worden.[17]

b) Die Unmöglichkeit eines körperlichen Sich-wissens bei Geulincx

Eine Überprüfung des Cogito am Leibe selbst finden wir erstmals bei Geulincx, von dem sich sagen läßt, daß er die Bedeutung des Satzes vom Grunde im Cogito in ihrer bloß formalen Vorherrschaft sehr klar erkannt hat. Für ihn ist das Cogito nur ein Anstoß, sich seiner Transzendenz zuzuwenden und demütig zu werden angesichts des nichtigen Ergebnisses, das durch das Cogito offenbart wird. Hier ist zwar eine Selbstgewißheit erreicht, die aber nur eine formale Bedeutung hat, indem kein Aufschluß über den Ursprung des Selbst in seinen Handlungen und in seiner körperlichen Existenz erfolgt. Indem Geulincx die Realität des Körpers mit der Verfügungsmöglichkeit des Sich-wissens vergleicht, macht er deutlich, wie wenig das Cogito über die formale Vergewisserung hinaus ontisch werden kann.

> Weil dieser Körper so mit mir verbunden ist, pflege ich ihn, meinen Körper zu nennen... Mein Körper wird nun in verschiedener Weise nach meinem Willen in Bewegung gesetzt: beim Sprechen geht die Zunge in meinem Mund in und her, beim Schwimmen greifen die Arme um sich und beim Gehen werden die Beine vorgesetzt. Aber diese Bewegung verursache nicht ich: denn ich weiß ja nicht, auf welche Weise sie zustande kommt.[18]

Daraus folgt dann der Schluß:

> Wodurch denn klar bewiesen ist, daß ich jene Bewegung nicht verursache, auch dann nicht, wenn sich an meinem Körper tatsächlich alles nach meinem Willen bewegt.[19]

Daraus kann sich aber jetzt die ethische Grundlage bewahrheiten:

> Die Demut verlangt vielmehr eine Verachtung seiner selbst im negativen Sinne: Daß man um seiner selbst willen sich nicht zu viel abmüht, sich keine Sorgen macht und aus Liebe zur Vernunft an sich überhaupt nicht denkt.[20]

Das Cogito wird hier gleichsam zu einer Täuschung, der die Vernunft erliegen kann. Trotzdem bedient sich Geulincx des Cogito in seiner seinsbildenden Funktion, mit der Absicht jedoch, das höchste Wesen selbst zu beweisen. Ist das Cogito keine Wirkursache, wie er festgestellt hat, so sind alle Handlungen Handlungen Gottes. Alle Bewegungen des Körpers sind unbewußt in dem Sinne, daß ich nicht weiß, wie sie zustandekommen. Geulincx zeigt, daß die Gewißheit des Cogito eine blinde Gewißheit ist. Ist sein Anliegen auch, das Cogito nur in einer umfassenden Bedeutung als Möglichkeit zu einem ontologischen Beweis Gottes zu sehen, so zeigt sich doch in seinen Ausführungen über den formalen Charakter des Selbstbezuges, daß das Selbst nicht als reale Ursache *sich von sich her* ausweisen kann. Das Cogito deutet das

16 Apel, K. O., Das Leibapriori der Erkenntnis. Eine Betrachtung im Anschluß an Leibnizens Monadenlehre. In: Archiv für Philosophie 12 (1963) S. 156.
17 Monadologie § 14.
18 Geulincx, A., Sämtliche Schriften. Hrsg. v. H. G. Vleeschauwer. Bd. 3: Ethica. Stuttgart-Bad Cannstatt 1968. S. 32. Übersetzung von Georg Schmitz, Hamburg 1948.
19 ebd.
20 a.a.O., S. 29.

Sich-von-sich-ausweisen nur in formaler Weise an und gibt damit kein Etwas zu erkennen, sondern nur ein Etwas *für* Etwas.

Wir haben mit Leibniz und Geulincx zwei gegensätzliche Theorien angeschnitten, die beide aus der Konzeption des Cogito erfolgen, die beide den ontologischen Vorgang, wenn auch in unterschiedlicher Weise, darstellen. Der Unterschied liegt darin, wie der Körper als Wißbares oder Gewußtes vorkommen kann. Für Geulincx drückt sich in der Sichgewißheit des Cogito nur die Gewißheit Gottes aus. Daß die Sichgewißheit kein Wissen ist, zeigt sich am Körper. Der Körper bezeugt die Machtlosigkeit der Sichgewißheit in Hinsicht auf die körperliche Gewißheit oder Seinsgewißheit. Es ist dies der negative Beweis dafür, daß die Sichgewißheit ihre Gewißheit doch nicht aus dem Cogito hat, sondern von einem Grund außerhalb des Cogito. Der formale Modus des Cogito weist für Geulincx zwingend auf den Realgrund Gottes hin, weil er auch sonst gar kein formaler gewisser Modus sein könnte.

Bei dem Versuch, den Körper auf die Weise eines Cogito zu erfahren, wird der Körper immer zu dem äußerlichen, dem anderen, für das die Bezeichnung „mein" völlig unerklärlich wird. Diese Interpretation deckt sich mit Sartres Auslegung des Körpers als Leichnam. Für beide gilt, wie auch für die gesamte Art des Raisonnements, daß die sich als Cogito wissende Existenz den Leib nie als etwas Lebendiges in das Sichwissen wird integrieren können, weil die sich als Cogito wissende Existenz kein Realwissen von sich ist, sondern nur der Vollzug eines Prinzips unter Ausschluß von dessen inhaltlichen Bestimmungen. Im Fall der Konzeption von Sartre wird dies noch näher ausgeführt werden. Sartre führt uns mit seiner Konzeption des Leibes zu der Problematik zurück, die Descartes aufgeworfen hatte und die Descartes Nachfolger lösen wollten.

c) Die aus der Unmöglichkeit eines körperlichen Sich-wissens resultierende Erscheinungshaftigkeit der Welt bei Malebranche

Ebenso kann für Malebranche Wissen und Begründung nur eine relationale Bedeutung für den Körper haben. Über diese Funktion als Hilfsmittel zur Erhaltung des Körpers hinaus hat die Rationalität keine Aufgaben und kann dementsprechend auch kein davon losgelöstes Wissen erlangen. Dies beginnt schon bei der Sinnlichkeit.

> Es ist nur ein Vorurteil, das sich auf nichts stützt, wenn man glaubt, daß man die Körper so sieht, wie sie an sich selbst sind. Denn unsere Augen, die uns nur zur Erhaltung unseres Körpers gegeben sind, entfernen sich weit von ihrer Aufgabe, wenn sie uns Vorstellungen von den Objekten vermitteln.[21]

Die Tatsache der Erscheinungshaftigkeit der Welt ist für Malebranche mit dem Interesse des Körpers verbunden, sich selbst zu erhalten. Aus dem Grunde sind die Erkenntnisse des Erscheinungshaften auch in vieler Hinsicht genauer als die Erkenntnisse aus der Vernunft, weil es hier um die Erhaltung des Körpers geht. Weil wir körperliche Wesen sind, dient die Erkenntnis der Erhaltung des Körpers. Zu diesem

---

21 Malebranche, N.: De la recherche de la vérité, a.a.O., Tome I, Livre 1 S. 32 (Eigene Übersetzung).

Zweck ist sie da. Darüber hinaus wäre es völlig unbrauchbar, ja sogar gefährlich für körperlich existierende Wesen, wenn die Erkenntnis die Dinge so erfassen würde, wie sie an sich selbst sind. Dies diente nur einem abstrakten Interesse. Gemäß den spezifischen Bedürfnissen des Körpers ist es auch nicht statthaft, von einer einheitlichen Erkenntnis zu sprechen, da die Körper ja verschieden sind. Die Dinge sind also Erscheinungen für die Bedürfnisse des Körpers. In diesen Erscheinungen wird wiederum der Körper erkannt als bestimmtes Etwas. Diese Erscheinungswirklichkeit bedeutet zwar für den Körper eine Realwirklichkeit, sie kann jedoch keine Realwirklichkeit überhaupt sein, weil das Kriterium für eine Realwirklichkeit überhaupt das Wissen der Ursache ist, die in dieser Wirklichkeit für den Körper nicht bekannt wird. In dieser Wirklichkeit für den Körper, die Erscheinung ist, wird nur darin unterschieden, ob etwas gut oder schlecht, nützlich oder unnützlich usw. für den Körper ist. *Hierbei ist der Körper immer selbst die Ursache für das Wissen.* Ist der Körper die Ursache für das Wissen, so läßt sich die Wirklichkeit nur noch als Erscheinung bezeichnen. Die Wirklichkeit dieser Erscheinung besteht für Malebranche darin, daß hier der Körper selbst das Wissen für sich manifestiert.

> Wir müssen sehr genau diese Vorschrift beachten, daß wir die Dinge, die wir durch unsere Sinne erfahren, niemals so beurteilen, wie sie an sich selbst sind, sondern immer nur danach, welche Verbindung sie mit unserem Körper haben, denn die Sinne sind uns nicht gegeben, um die Wahrheit der Dinge an sich zu erfahren, sondern ausschließlich zur Erhaltung unseres Körpers.[22]

Im Erscheinungsbegriff wird der Körper als die Ursache für die Wirklichkeit erkannt, insofern er durch die Sinne die Dinge nach dem Kriterium der Selbsterhaltung ausrichtet und die Erkenntnis in diesem Sinn umwertet. Malebranches Ontologie besteht darin, daß alle aus den Sinnen bezogenen natürlichen Urteile nur dadurch zustande kommen, daß die Dinge der Außenwelt auf die Ursache des Körpers bezogen werden und *nur dadurch existierend vorkommen*. Hier sehen wir schon eine deutliche Vorform von Schopenhauers erster Wurzel des Satzes vom Grunde. Der Ursprung des Existenzbegriffes der Dinge ist also in der ontologischen Funktion des Satzes vom Grunde zu sehen.[23] *Hierbei wird das Wissen des Körpers zu einem Wissen der Außendinge verwandelt.*

> Hierin ist begründet, warum man glaubt, daß dieselben Sterne, die man sieht, außerhalb am Himmel sich befinden. Es liegt nämlich nicht in der Macht der Seele, sie zu schauen, wann es ihr gefällt, da sie nur dann sehen kann, wenn in ihrem Gehirn die Bewegungen ankommen, mit denen die Ideen dieser Objekte natürlicherweise verbunden sind. Daher muß die Seele, da sie nicht die Bewegungen ihrer Organe, sondern nur ihre Empfindungen wahrnehmen kann, und da sie weiß, daß diese Empfindungen nicht von ihr selbst herkommen, annehmen, daß sie außerhalb und in dieser Ursache, die die Sterne ihr präsentiert, sind.[24]

22 Malebranche, a.a.O., S. 26.
23 Méry, M.: Essai sur la causalité phénoménale selon Schopenhauer. Paris 1948.
   Alors toute cause se montre comme une cause occasionelle. Schopenhauer se reconnaît très proche de Malebranche dont il rejette seulement le Théisme, pour attribuer le monopole de l'efficence à la Volonté et non à Dieu . . . A son tour la cause est cette condition spatio-temporelle à l'occasion de laquelle telle action, telle force visible se manifeste nécessairement „en tel point à tel moment". Vouloir dépasser cet Occasionnalisme expose à la désillusion, car c'est précisément demander à la phénoménalité plus que le phénomène. (S. 60)
24 Malebranche, a.a.O., S. 74–75.

Hieraus wird deutlich, daß das Urteil zunächst aus der Unfähigkeit des Geistes herstammt, in die Bewegung seiner Organe Einsicht zu nehmen. Hinzu kommt, daß die Empfindungen durch das Cogito mitgetragen, aber nicht als durch das Cogito verursacht angesehen werden können. Malebranche beschreibt diesen Vorgang am Beispiel der Wahrnehmung der Sonne:

> Wenn ich zum Beispiel die aufgehende Sonne betrachte, nehme ich zuerst wahr, was ich unmittelbar sehe; und da ich zuerst das wahrnehme, was durch die Veranlassung von Dingen außer mir gewisse Bewegungen in meinen Augen und in meinem Gehirn hervorruft, so sage ich von dieser Sonne, die eigentlich in meiner Seele ist, daß sie außerhalb ist und daß sie existiert.[25]

Die Wirkungen in meinem Körper sind umgedeutet zur Existenz der Außendinge:

> Wenn man das beachtet, was vom Beginn und im Verlauf dieser Arbeit gesagt wurde, ist es leicht zu sehen, daß bei allen Dingen, die in jeder Empfindung sind, der Irrtum nur den Urteilen, unsere Empfindungen wären in den Objekten, stattfindet.[26]

Die Wirklichkeit der Ursache liegt nur in dem Ausgeben des Etwas-für-Etwas als ein einfaches Etwas. Dieses einfache Etwas ist die Täuschung, die der Körper zu seiner Selbsterhaltung allerdings sich vormacht. Dieses scheinbare einfache Etwas der Dinge, welches wir als die Wirklichkeit bezeichnen, wird durch den Philosophen als Etwas-für-Etwas, als Ding *für* den Körper erkannt und damit zur Erscheinung gemacht:

> Wir sehen die Sonne, die Sterne und eine Unzahl von Objekten außerhalb von uns, und es ist nicht wahrscheinlich, daß die Seele den Körper verläßt, und gleichsam am Himmel spazieren geht, um dort alle diese Objekte zu betrachten. Sie sieht sie nicht, und das unmittelbare Objekt unseres Geistes ist, wenn er die Sonne sieht, nicht die Sonne, sondern etwas, was in innerster Weise mit unserer Seele verbunden ist und was ich Idee nenne.[27]

Dieser Begriff der Idee bezeichnet also den *Existenzmodus der Dinge*, des Etwas, nachdem man erkannt hat, daß das Etwas kein wahrhaft existierendes Etwas, d.h. ein aus sich existierendes Etwas ist, sondern nur ein Etwas-für-Etwas, das Existierende für den Körper. Bei der Umdeutung des Existenzbegriffes zum Erscheinungsbegriff spielt also der Körper wieder die entscheidende Rolle.

Wie schon gesagt, ist dies eine deutliche Vorbildung für Schopenhauer, und es läßt sich schon hier sagen, daß Schopenhauer den gleichen Weg einschlägt wie Malebranche, daß auch ihm die Umdeutung des Wirklichkeitsbegriffes in einen Vorstellungs- und Erscheinungsbegriff nur deshalb glückt, weil er zeigt, daß der Körper nicht sich als Körper und das Gehirn nicht sich als Gehirn begreift, sondern immer nur den Modus des *Für-sich*.

25 Malebranche, a.a.O., S. 76.
26 ebd.
27 Malebranche, a.a.O., S. 234.

4. Die Selbstdarstellung der Substanz
und die dadurch mögliche Begreifbarkeit des Körpers

a) Substanz und einzelne Körper

Bezüglich der Interpretation des Satzes vom Grunde sind revolutionäre Veränderungen bei Spinoza feststellbar. Dies hat zur Folge, daß sein Begriff des Körpers ein wesentlich anderer Begriff ist als der von Descartes, Geulincx und Malebranche. Sein Denken fügt sich auch nicht unter einigen Abwandlungen an das Denken seiner Vorgänger an, wir finden hier eher einen regelrechten Bruch, was auch gerade am Begriff des Körpers besonders deutlich wird. Es soll in dieser Arbeit unter anderem gezeigt werden, daß sein Begriff des Körpers fortschrittlicher ist als die Darstellungen des 19. Jahrhunderts, so daß sein Denken erst im 20. Jahrhundert erkannt und fortgeführt erden kann.

Da der Körper nicht durch den Selbstgrund des Cogito ausgewiesen wird, muß er sich, insofern er ein reales Etwas ist, durch einen realen Selbstgrund ausweisen. Ein solcher realer Selbstgrund ist die Substanz. Obwohl der Substanzbegriff Spinozas ein anderer ist als der Substanzbegriff des Aristoteles, läßt sich auch für Spinoza sagen, daß er die Substanz als das reine Dieses verstehen will, das jetzt jedoch nicht mehr über den Satz vom Widerspruch, sondern über den Satz vom Grunde erfahren werden soll.[28] Eine gleichsam naive Offenbarung des Dieses findet für Spinoza also nicht statt. Die Offenbarung des bestimmten Dieses ist von sich aus schon eine Darstellung unendlich vieler Kausalitäten. Die Darstellung der Substanz im konkreten Diesen ist bestimmt durch die Art und Weise dieser Darstellung, die durch die Attribute der Substanz vollzogen wird. Diese sind nicht von der Substanz getrennt, sondern stellen ihre Existenz dar. Die Attribute sind deshalb auch dasjenige, was die Erkenntnis an der Substanz ergreift. Ansonsten kann die Erkenntnis nichts an ihr oder von ihr begreifen. Die Attribute verstehen zwar die Substanz substanzhaft, d.h. an sich, jedoch nur auf diese attributive Weise, die sich im menschlichen Verstehen in zweifacher Weise manifestiert, als Denken und als Ausdehnung. Diese beiden Weisen sind nur ein kleiner Teil einer unendlichen Darstellungsmöglichkeit der Substanz. Für das menschliche Verstehen findet sonst nur ein modales Verstehen statt, bei dem etwas durch etwas anderes verstanden wird. Diese Art des Verstehens, die also nicht mehr die attributive ist, bietet aber keine Einsicht in die Substanz selbst, die Substanz selbst wird dadurch auch nicht dargestellt. Auf diese Art und Weise sind uns aber die Einzeldinge bekannt. Die Einzeldinge drücken somit nicht das Dieses der

---

28 Wenzel, A., Die Weltanschauung Spinozas. Leipzig 1907. Neudruck Aalen 1983.
Da nun aber die Substanz selbst die einzige, ewige und unendliche wesensschöpferische Macht ist, das heißt der einzige Urgrund und Quell aller Realität überhaupt, so ließe sich durch äußere Ursachen überhaupt nichts erklären, wenn wir nicht den Gesichtspunkt der inneren Verursachung, das ist der immanenten Wirksamkeit der Substanz damit verbinden würden. Äußere Ursache *ohne* innere sind im Sinne Spinozas überhaupt keine Ursachen. Es gibt für Spinoza im Grunde überhaupt bloß *eine* Kausalität, nämlich die substantielle. Gott oder die Substanz ist die einzige causa immanens und als solche zugleich die causa efficiens omnium rerum. Die Kausalität der Substanz ist kein starres Bedingtsein von Grund und Folge, sondern schöpferisches Wirken, lebendige Kraftentfaltung. (S. 383)

Substanz aus, obwohl sich doch die Substanz auch in den Einzeldingen manifestiert. Diese Manifestation ist uns jedoch nicht bekannt bzw. sie kann nur durch zwei aus einer unendlichen Anzahl von Attributen verstehend dargestellt werden. Die Einzeldinge sind damit zwar auch die Substanz, aber nicht als solche begriffen.

> Die Idee eines wirklich existierenden Einzeldinges hat Gott zur Ursache, nicht insofern er unendlich ist, sondern insofern er als durch eine andere Idee eines wirklich existierenden Einzeldinges affiziert betrachtet wird, deren Ursache auch Gott ist, insofern er durch eine andere dritte affiziert ist und so fort ins Unendlich.[29]

Diese modale Erkenntnis stellt den Selbstgrund der Causa-sui nur in Form des zureichenden Grundes dar, der aber nur deshalb als zureichender Grund funktionieren kann, weil auch in der Ursache zur Wirkung der Selbstgrund erscheint, jedoch nicht als Selbstgrund, sondern wieder in der Modifikation, durch einen anderen Grund bestimmt zu sein. So wird das Dasein der Einzeldinge, wenn wir sie verstehend ergreifen wollen, zu einem Offenbarungs- und Versteckspiel von formaler und inhaltlicher Funktion der Kausalität. Auch hier erkennen wir die Abhängigkeit des Verstehens des Etwas-durch-Etwas von dem Verstehen aus sich, wenngleich das Verstehen aus sich nicht mehr das Cogito ist, sondern als Substanz bezeichnet wird.

b) Die körperliche Verfassung des Denkens

Daß wir die Einzeldinge nicht aus sich verstehen können, hat seinen Grund in der *körperlichen Existenzform des Denkens*.

> Der menschliche Geist erfaßt einen äußeren Körper als wirklich existierend nur durch die Idee der Affektion seines Körpers.[30]

Durch eben diese Affektionen ist sich aber der menschliche Geist seiner selbst bewußt:

> Der Geist erkennt sich nur, indem er die Ideen der Affektionen der Körper erfaßt.[31]

Die Aussage ist wiederum identisch mit der Aussage:

> Das erste, was das wirkliche Sein des menschlichen Geistes ausmacht, ist nichts anderes als die Idee eines wirklich existierenden Einzeldinges.[32]

Deshalb kann das Sein des Menschen auch nicht substantiell erfaßt werden, der Mensch kann sich selbst nicht inhaltlich begreifen.

> Zum Wesen des Menschen gehört nicht das Sein oder Substanz, oder die Substanz macht nicht die Form des Menschen aus.[33]

Wiederum ist der Körper die Ursache der Erkenntnis. Durch das Körper-sein des Geistes wird der Geist auf dem Wege der Causae-externae über sich belehrt und hat sonst keine Möglichkeit, sich aus sich zu begreifen.[34]

29 Spinoza, Ethica. II Prop. 9.
30 Spinoza, II Prop. 26.
31 Spinoza, II Prop. 23.
32 Spinoza, II Prop. 11.
33 Spinoza, II Prop. 10.
34 Gueroult, M., Spinoza II. L'âme (Etique II), Paris 1974. En effet, l'idée constitutive de l'Ame, ou connaissance du Corps, est en Dieu en tant qu'il est affecté d'un très grand nombre d'idées autres que l'Ame, idées qui sont les causes par quoi précisément cette Ame ou cette connaissance du Corps est produite ou constituée. (S. 237)

Nur das bemerke ich im allgemeinen: Je befähigter ein Körper ist, vieles zugleich zu tun oder zu leiden, desto befähigter ist auch sein Geist, vieles zugleich zu erfassen. Ferner, je mehr die Handlungen eines Körpers von ihm allein abhängen und je weniger andere Körper dabei mitwirken, desto befähigter ist sein Geist zu klarer Erkenntnis. Darum können wir also den Vorzug des einen Geistes vor dem anderen erkennen, sodann auch den Grund einsehen, weshalb wir nur eine sehr unklare Erkenntnis von unserem Körper haben.[35]

Der Körper stellt uns etwas durch etwas anderes dar. Offenbart uns nur noch eine modale Erkenntnis aus Affekten und läßt das Sein des Menschen nicht an der Substanz substanzhaft teilhaben, sondern nur die modale Art der unendlichen Relationalität der Kausalität.

Der Körper ist damit der Urheber der Kausalität, und dies nicht nur in bezug auf die Wirkursache, er ist auch der Urheber für die Zweckrationalität. Eine ausführliche Untersuchung dieser Zweckrationalität gibt Spinoza im Anhang zum Teil I der „Ethik". Im Gegensatz zu den Wirkursachen, durch die das körperliche Sein und alles daraus Resultierende *begriffen* wird, stellen die Zweckursachen nur Konstruktionen und Projektionen eines *fiktiven* körperlichen *Seins* dar:

Um nun aber zu zeigen, daß die Natur sich keinen Zweck vorgesetzt hat und daß alle Zweckursachen nichts als menschliche Einbildungen sind, bedarf es nicht viel.[36]

Entsprechend der Art und Weise, wie der Körper sich zweckursächlich vorstellt, das Auge zum Sehen, die Zähne zum Beißen usw., werden auch die äußerlichen Dinge mit Hilfe einer Zweckursache identifiziert. Die Konsequenzen dieser Zweckursächlichkeit sind das konkrete Bild einer Weltanschauung. In dieser Weise werden die Affekte des Körpers für Dinge selbst genommen:

Dies alles zeigt zur Genüge, daß jeder nach dem Zustand seines Gehirns über die Dinge urteilt oder vielmehr die Affekte seiner Vorstellungen für die Dinge selbst genommen hat.[37]

Die Finalkausalität verwandelt also die Affekte des Körpers zu Vorstellungen, indem sie Ursache und Wirkungen vertauscht:

Das aber will ich noch hinzufügen, daß diese Lehre vom Zweck die Natur vollständig auf den Kopf stellt. Denn sie betrachtet als Wirkung, was in Wahrheit Ursache ist, und umgekehrt.[38]

Diese Vertauschung und Fehlinterpretation bildet den einzigen Unterschied zwischen Finalkausalität und Wirkkausalität. Am Grundschema jedoch ändert sich nichts.

c) Das attributive und kausale Verstehen der Körperlichkeit

Körper und Seele sind getrennte Weisen des Seins, jedoch nicht getrennte Substanzen, sondern nur zwei Möglichkeiten der Erfassung der Substanz selbst, die zwei für uns verfügbaren Möglichkeiten des Selbstwissens also. Der Körper erscheint einmal als Objekt der Idee des Geistes. Hierbei determiniert er die Modalität des Erfassens als ein Erfassen nach dem Satz vom Grunde, andererseits aber ist er das

---

35 Spinoza, II Prop. 13, Scholium.
36 Spinoza, I, Appendix.
37 ebd.
38 ebd.

attributive Wissen der Substanz. In dieser Weise ist er vom Geist getrennt und kann keinerlei Beeinflussungen auf denselben vornehmen:

> Der Körper kann weder den Geist zum Denken noch der Geist den Körper zur Bewegung oder zur Ruhe oder zu etwas andereem (wenn es sonst noch etwas gibt) bestimmen.[39]

Der Körper hat damit unmittelbar Anteil an der Selbstbestimmung der Substanz. Seine unmittelbare Präsenz wird nicht erst im Sein-für offenbar und erfaßbar, sondern ist durch diese Teilhabe an der Substanz in unmittelbarer Weise zu einem Selbst befähigt.

Unabhängig von dieser Funktion des attributiven Wissens der Substanz als Körper, ist der Körper auch durch Kausalität gekennzeichnet. Hier zeigt sich jedoch nicht der seinsbildende Charakter der Substanz als causa-sui, vielmehr offenbart sich der auflösende und nichtende Charakter einer unendlichen Relationalität. Der Körper verweist dabei nicht nur auf die Unendlichkeit der real existierenden Dinge, die mit ihm zusammenhängen, sondern auch umgekehrt verweisen die unendlich vielen real existierenden Dinge auf den Körper. Dies ist das Wissen aus den Affekten des Körpers und hat für Spinoza den Mangel, daß es kein Wissen aus sich selbst ist. So ist zwar Gott immer mitgewußt, dieses Mitwissen jedoch bedeutet keine Offenbarung, weil es als modales Wissen immer des anderen bedarf, des Etwas-für-Etwas. Unsere körperliche Existenz setzt uns nur in den Besitz des modalen Wissens durch die Affekte, wobei dieses Wissen, welches das Wissen nach dem Satz vom Grunde ist, sich durch diesen Seinsmangel auszeichnet, die Substanz selbst nie dargestellt zu haben. Die affektive Erkenntnis ist damit nie eine Erkenntnis der Substanz, sie ist immer die Erkenntnis der Relation des eigenen Körpers zu anderen Körpern. So ist die Wirklichkeit, die der menschliche Geist erfährt, die kausale Wirklichkeit seines Körpers:

> Das Objekt der Idee, die den menschlichen Geist ausmacht, ist der Körper oder ein bestimmter Modus der Ausdehnung, der wirklich existiert, und nichts anderes.[40]

Der Grund dafür ist, daß der Geist nur die Idee des Körpers ist. Aber auch der Körper ist sich selbst nicht gegenwärtig. Die Vergegenwärtigung eines eigenen Selbst kommt somit nicht vor.

Nur die Substanz ist selbst gegenwärtig und die für den Menschen möglichen attributiven Erfassungen der Substanz. Diese zwei Möglichkeiten begreifen aber immer nur die Substanz, nicht die Wirklichkeit des einzelnen, sich als Individuum verstehen wollenden Menschen.[41] Der wirklich existierende Körper und die wirklich

---

39 Spinoza, III Prop. 2.
40 Spinoza, II Prop. 13.
41 Cramer, W., Spinozas Philosophie des Absoluten. Frankfurt 1966. Spinozas Lehre von dem Zusammenhang von Seele und Körper, welche die Negation jeden Zusammenhanges ist, weil sich der ‚Zusammenhang' in der Beziehungslosigkeit, in der beziehungslosen Parallelität, erschöpft, hebt das uns selbstverständliche Wissen um den eigenen Körper auf. Mein Körper ist nicht dadurch meiner, daß ich eine idea von ihm habe, sondern er ist das nichtseelische Moment meiner selbst, das zu mir gehört, ohne welches überhaupt keine Wahrnehmung möglich ist. . . . In der Sprache Spinozas sagt dies aber, daß ein modus im Attribute der extensio Wahrnehmung selbst ermöglichende Funktion hat. Diese Funktion des Körpers, der meine ist, ist nach Spinozas Lehre unmöglich, sie ist mit der Beziehungslosigkeit der Attribute unverträglich. Die Meinheit des

existierende Seele drücken diese Seinsgewißheit der Substanz, die durch die Attribute hergestellt wird, nicht direkt oder adäquat aus, sondern nur über die Kausalität.

d) Die Möglichkeiten des individuellen Selbstbewußtseins aus der Einsicht in das Sichwissen einer kausal verstandenen Körperlichkeit der Substanz

Die Attribute haben untereinander keine kausale Beziehung, so wenig, wie sie selbst einer kausalen Bestimmung unterworfen sind. Die Causa-sui der Substanz kann nach dem Satz vom Grunde, durch das körperliche Erfassen, nur erahnt, nicht aber dargestellt werden. Andererseits wird durch das attributive Verstehen nicht das Individuum oder das Selbstbewußtsein ausgelegt. Die Kluft, die im attributiven Verstehen zwischen den Attributen besteht, darf nicht auf das Selbstverständnis des Individuums übertragen werden. In einer solchen Übertragung liegt der Irrtum einer Trennung zwischen Körper und Seele. In Wahrheit aber ist nicht Körper und Seele getrennt, es existieren nur getrennte Verstehensmöglichkeiten der Substanz.

Will das Individuum zu einem *Selbstverständnis* kommen, so darf es sich also *nicht durch die Attribute* auslegen. Obwohl es Substanz ist, darf es sich somit nicht als Substanz verstehen, wie dies im Cogito vorgetäuscht wird, sondern es muß sich an seine Realität halten, die *Verkettung seines Körpers mit anderen Körpern*. Das attributive Verstehen kann dagegen niemals die Realität des *Individuums* ausdrükken.

Insgesamt ist dies nur eine Vorschrift dafür, wie sich das Individuum begrifflich erfassen soll. Hier kann es sich selbst nur als das Ergebnis einer kausalen Verkettung ansehen. In dieser Tatsache liegt aber auch eine Möglichkeit für den Geist, sich als erkennender Körper von den Leiden zu befreien, die durch solche Verkettungen entstanden sind, indem diese Verkettungen erkannt werden:

Insofern der Geist alle Dinge als notwendig erkennt, hat er eine größere Macht über die Affekte oder leider er weniger von ihnen.[42]

Die Kausalität ist also kein abstraktes Gesetz, sondern drückt sich in den Affekten aus. In den Affekten aber kommt die Verkettung unseres Körpers mit anderen Körpern zum Ausdruck, wobei die Einsicht in die Notwendigkeit, d.h. die Einsicht in diese Verkettung die Affekte verändert:

Ein Affekt, der ein Leiden ist, hört auf, ein Leiden zu sein, sobald wir eine klare und deutliche Idee von ihm bilden.[43]

Die Einsicht in die Verkettung der Körper hebt den Affekt nicht auf, sondern verändert ihn. Der Affekt ist deshalb dieser lebendige Vollzug, die Sichtbarkeit von Kausalität an unserem Körper. Er kann deshalb nie etwas Unmittelbares sein, nie Unmittelbarkeit für sich beanspruchen. Dasjenige, was wir als die Unmittelbarkeit

Körpers soll sich darin erschöpfen, das unmittelbare ideatum einer idea zu sein. Er ist aber eine Bedingung der Möglichkeit des Habens = Perzipierens solcher ideata. Prop. 13 zerstört daher das Haben des Körpers (Haben = Perzipieren), die Possessivität des Körpers, seine Zugehörigkeit zu mir. (S. 93–94).
42 Spinoza, V Prop. 6.
43 Spinoza, V Prop. 3.

eines Affektes bezeichnen, ist nur die mangelnde Einsicht in diesen Vollzug. Darin liegt auch begründet, daß der Geist den Körper nicht erkennt, das heißt unmittelbar wahrnehmen kann:

> Der menschliche Geist erkennt den menschlichen Körper und weiß, daß er existiert, nur durch die Ideen der Affektionen, durch die der Körper affiziert wird.[44]

Zwei Gründe werden im Beweis aufgeführt: 1. Der menschliche Körper bedarf vieler anderer Körper, d.h. daß Gott mit der Idee des menschlichen Körpers zugleich die Idee anderer Körper hat. Dies ist der von zwei Seiten betrachtete Tatbestand der Kausalität des Körpers oder die Unmöglichkeit eines Seins aus sich. 2. Die Affekte tauchen nicht im menschlichen Geist auf, sondern nur die Ideen der Affektionen. Durch die Ideen der Affektionen wird die Natur des menschlichen Geistes bestimmt:

> Gott hat darum eine Idee des menschlichen Körpers oder erkennt den menschlichen Körper, insofern er von vielen anderen Ideen affiziert ist, und nicht, insofern er die Natur des menschlichen Geistes ausmacht; d.h. (nach Zusatz zu Lehrsatz 11 dieses Teils), der menschliche Geist erkennt den menschlichen Körper nicht. Aber die Ideen der Affektionen des Körpers sind in Gott, insofern er die Natur des menschlichen Geistes ausmacht.[45]

Der menschliche Geist erfaßt nicht die Affektionen, sondern nur die Ideen der Affektionen. Das Erfassen der Affektionen selbst kennzeichnet den göttlichen Geist. Nur der göttliche Geist erfaßt somit den Satz vom Grunde unmittelbar und bestimmt dadurch die Natur des menschlichen Geistes. Nur das Wissen gemäß dem Satz vom Grunde, die unendliche Relationalität der Körper, macht die Natur des menschlichen Geistes aus, nicht die Erfahrung des Grundes selbst, d.h. das formale Wissen, nicht das reale. Der Geist erfaßt die Affektionen durch die Ideen, die Ideen sind die Art und Weise, wie der Geist die Affektionen erfassen kann. Das Wissen ist die Erfassung der Kausalität nach Ideen, es ist nicht die reale Erfassung des Grundes.

Unser Wissen wird damit nie inhaltlich, sondern bleibt der bloß formale Bezug der Erfassung der unendlichen Rationalität der Körper. Dies ist die Art und Weise, in der Gott sich eine Vorstellung vom Satz vom Grunde macht. Gott, der das Realwissen des Satzes vom Grunde ist, kann von dieser Realität eine Idee bilden, die dann den bloßen *Modus* des Etwas-für-Etwas-sein vorstellt, das bloß *formale Wissen einer Bestimmtheit*. In dieser Weise erfährt der menschliche Geist sich selbst, da er diese formale Relationalität, diesen Modus, als Körper leben muß.

Daneben räumt Spinoza aber der Erkenntnis noch eine intuitive Fähigkeit ein:

> Die Gattung der Erkenntnis schreitet von der adäquaten Idee des formalen Wesens einiger Attribute Gottes fort zur adäquaten Erkenntnis des Wesens der Dinge.[46]

Auch bei dieser Art der Erkenntnis muß der Geist, der eine Idee des Körpers ist, vom Körper ausgehen, indem er nicht die wirkliche Existenz des Körpers begreift, sondern nur das Wesen unter dem Gesichtspunkt der Ewigkeit. Dies aber bedeutet dann die Schau Gottes:

> Insofern unser Geist sich und den Körper unter dem Gesichtspunkt der Ewigkeit erkennt, hat er notwendig eine Erkenntnis Gottes und weiß, daß er in Gott ist und durch Gott begriffen wird.[47]

44 Spinoza, II Prop. 19.
45 ebd.
46 Spinoza, II Prop. 40 Scholium II.
47 Spinoza, V Prop. 30.

Hierin besteht der Unterschied zwischen der Erfassung nach der gewöhnlichen Ordnung der Natur und der Erfassung unter dem hier beschriebenen Aspekt der Ewigkeit.

Spinoza zeigt also auf, daß die Schwäche des Geistes, die sich im begreifenden Geist zeigt, letztlich wettgemacht werden kann durch die Veränderungen der Erkenntnis selbst, durch die Veränderung der inadäquaten Erkenntnis zur adäquaten Erkenntnis, die letztlich zur Liebe zu Gott führt:

> Wer sich und seine Affekte klar und deutlich erkennt, liebt Gott, und umso mehr, je mehr er sich und seine Affekte erkennt.[48]

Die Veränderung der Affekte durch die adäquate Erkenntnis hat ihren Höhepunkt in der Veränderung des Affekts, welcher den Tod für den Geist bildet. Ziel von Spinozas Denken ist es, die Vergänglichkeit des Körpers nicht als Vernichtung zu verstehen, sondern in dieser Vorstellung von Vernichtung, die sich in Verbindung mit dem Begriff des Todes ergibt, eine inadäquate Idee erblicken zu lernen. Die Idee, die zunächst nur die äußerliche Relationalität zu erkennen gibt, hat somit doch die Möglichkeit, den leidenden Affekt, welcher durch die Verborgenheit des realen Grundes entstanden ist, in einem positiven Affekt, zur Liebe hin zu verwandeln. Der Haß, der daraus entsteht, daß wir scheinbar passiv dem Tod gegenüber stehen, verwandelt sich durch diese Möglichkeit der Auffassung des Körpers unter dem Aspekt der Ewigkeit in eine unendliche Liebe. Die Tatsache, daß unser Sein nur aus einer Modifikation besteht, ist nur für den attributiven Begriff von Belang. Abgesehen von diesem Erkennen verstehen wir aber, daß wir als Körper kausal in der unendlichen Weise Gottes begriffen sind, daß damit also der Geist nicht nur die Idee eines bestimmten Körpers ist, sondern auch die Idee eines ewig bestehenden Körpers, der Substanz:

> Der menschliche Geist kann mit dem Körper nicht absolut zerstört werden, sondern es bleibt von ihm etwas übrig, was ewig ist.[49]

Wenn wir erkennen, daß das einzelne Ding in seiner Diesheit die unendliche Idee ausdrückt, dann können wir Gott auch in den Einzeldingen erkennen. Dieses konkrete Ding drückt aber die Ewigkeit erst dann aus, wenn wir es nicht attributiv aus sich selbst verstehen wollen. Das Aus-sich-verstehen ist für Spinoza kausal nicht möglich, weil der Prozeß des Verstehens immer die Relationalität der Körper angibt. Betrachtet der Körper sich selbst unabhängig von dieser Relationalität zu anderen Körpern, dann erkennt er nichts. Das Wissen aus sich, dies hatte schon Geulincx gesagt, hat überhaupt keine Erkenntnisfähigkeit, weil, so Spinoza, die Kausalität zwar durch den Körper ausgedrückt ist, wir aber davon nur eine Idee haben, durch die wir uns mühsam auf dem Wege der Adäquation zu einer Schau der Gründe durcharbeiten können. Das Wissen-aus-sich ist für Spinoza ein Gegensatz zum Wissen des Körpers als Körper. Das Wissen-aus-sich ist auch zu keiner Steigerung fähig, es ist ein leeres Wissen, das dazu noch leidenden Charakter hat, da es die Selbstdarstellung des affizierten Körpers ist. Der Weg zur Schau der ewigen Ideen kann also nur über den Körper als Mittel der Erkenntnis beschritten werden. Dies bedeutet aber, daß wir

---

48 Spinoza, V Prop. 15.
49 Spinoza, V Prop. 23.

uns um den Körper bemühen müssen und seine Fähigkeiten erhöhen müssen, denn dann erst sind wir in der Lage, zu einer solchen Schau zu gelangen. Nur der Körper gibt uns einen Anhaltspunkt, in welcher Weise wir uns von den inadäquaten Ideen zu den adäquaten Ideen fortbewegen können, denn nur der Körper zeigt uns das Leiden an, das wir durch die falsche Auffassung unseres Körpers selbst hervorgerufen haben. Die von Descartes gerühmte Affektlosigkeit des Wissens-aus-sich zeigt dagegen an, daß gar keine Idee gebildet worden ist. Nur ein Aus-sich-wissen, das die Verbindung der Körper darstellt, kann ein reales Wissen sein. Das Wissen, welches das Cogito darstellt, bleibt deshalb leer, weil die entscheidende Grundbedingung der Erkenntnis, die Relationalität der Körper, nicht berücksichtigt ist.

Da unser Körper mit anderen Körpern verbunden ist, wird uns das Sein der Substanz niemals offenbar. Wenn wir deshalb aufhören, das Wissen-aus-sich als höchste Form der Sichtbarkeit zu sehen und uns mit den Körpern selbst beschäftigen, dann können wir auch zur Erkenntnis Gottes voranschreiten:

> Je mehr wir die Einzeldinge erkennen, um so mehr erkennen wir Gott.[50]

Es muß jedoch im Auge behalten werden, daß diese Erkenntnis bei dem eigenen Körper beginnen muß, weil in diesem Sinne die Kausalität keine abstrakte Vorschrift, sondern die Verknüpfung der Affekte unseres Körpers mit dem anderer Körper ist. Nur durch diese Erkenntnis also kann der Geist einen Bezug zum Realgrund herstellen:

> Wer einen Körper hat, der zu sehr vielen Dingen befähigt ist, der hat einen Geist, dessen größter Teil ewig ist.[51]

Der Bezug zum Realgrund ist nur möglich durch das Kennenlernen der Affekte und der Verkettung der Affekte. Diese Möglichkeiten aber beschränken sich auf die Fähigkeit des Körpers. Ein in dieser Hinsicht befähigter Körper hat eine große Teilhabe an der Ewigkeit der Substanz. In der Gewißheit, die uns in der körperlichen Existenz offenbar wird, können wir durch den bloßen Formalcharakter der Kausalität den Realgrund der Substanz erblicken. In dieser Weise werden wir in der Erkenntnis zu adäquaten Ideen hingeführt. So schreitet die Erkenntnis durch die Kausalität der Körper hindurch zur substantiellen Erfassung. Dadurch wird das affektive Sein des Körpers, das ein Leiden ist, aufgelöst, indem es auf den Seinsgrund bezogen wird und in diesem Bezug gerechtfertigt wird. Durch diesen Bezug auf den Seinsgrund werden alle Dinge in ihrem Sein verwandelt und aus dem ewigen Seinsgrund der Substanz neu begründet und gerechtfertigt.

Wenn der Erkenntnis ein Individuum oder ein Ding erscheint, so ist dies nur die unterbrochene Spontaneität des handelnden, erkennenden Prinzips der Kausalität. In diesem Prinzip der Erkenntnis geht es nicht um das Sein irgendeines Dinges, sondern um den Bezug der Einzeldinge. Wird dieser Bezug nicht hergestellt, leidet der Geist. Hierin ist Spinoza der Fortführer Geulincx, daß er das Sein-aus-sich als Täuschung kennzeichnet. Diese Täuschung ist aber nicht nur erkenntnismäßig, sie ist auch affektiv wirksam, weil die Kausalität die Beziehungen der Körper untereinander wiedergibt. Da die Einzelwesen sich deshalb nicht als Besitzer ihres Seins ansehen

---

50 Spinoza, V Prop. 24.
51 Spinoza, V Prop. 39.

können, findet durch die Erkenntnis, die auf dem beschriebenen Weg zur Ursache voranschreitet, keine Verinnerlichung eines solchen Selbstseins statt, weder in bezug auf den Geist, noch in bezug auf den Körper. Verinnerlicht wird nur die Substanz selbst, attributiv durch die Möglichkeit eines Sichwissens überhaupt, welches natürlich das Sich-wissen der Substanz ist, modal durch die Einsicht in die Verkettungen der Körper, wobei die Erkenntnis das von außen Kommende durch den Kausalbegriff verinnerlicht.[52]

52 Cramer, W., a.a.O. – Wenn weiter von der Konzeption des Spinoza abgesehen wird, dann wird das Außer-sich-Sein der Seele nur daraus zu verstehen sein, daß die Seele an sich notwendig determiniert sein muß durch Anderes, welches sie nicht ist. Hat die Seele notwendig nichtseelische Determinanten, dann dürfte eine Theorie ihres Außer-sich-Seins zu liefern sein und damit auch eine Theorie von der Notwendigkeit ihres Zeugens des beständigen Charakters der Fremdheit und Andersartigkeit. Diese Theorie aber würde Spinoza mit seiner Lehre von Parallelismus widerlegen. Denn die nichtseelische Determinante ist für die Seele bestimmend, wenngleich sich die Seele nicht zu ihr hinbeziehen kann. (S. 92)

II. LEIBGEBUNDENE ONTOLOGIEN

Die Bedeutung des Körpers ist bei Spinoza mit der Absicht aufgezeigt worden, die Fortschrittlichkeit und Modernität dieses Ansatzes im Verhältnis zu Theorien des 19. Jahrhunderts zu sehen. Hier wird nun darauf verzichtet, im Körper ein eigenes Prinzip zu suchen. Vielmehr wird dem Körper ein *rationales Prinzip* durch den Organismusbegriff untergeschoben, das dann gleichsam als die *Seele des Körpers* angesehen wird. Den Fortschritt, den Spinoza im Denken dadurch erreichte, daß er die Kausalität als ein Prinzip erkannte, nach dem wir die affektive Verknüpfung der Körper untereinander auffassen und dadurch die Substanz modal erfassen, dieser Fortschritt im Denken über einen bloßen Materialismus und Spiritualismus hinaus ist vom 19. Jahrhundert nicht aufgegriffen worden. Erst moderne Theorien des Leibes knüpfen an die Methode Spinozas an, wie im letzten Teil der hier vorliegenden Arbeit ersichtlich wird.[1]

Malebranches Deutung der Realität als ein Für-sich-sein des Körpers ist ein entscheidender Schritt zum Körperbegriff des 19. Jahrhunderts, und hier besonders zu Schopenhauer. Der durch das Cogito inhaltlich dem Sich-wissen unbegreifbare Körper bekommt dadurch die Bedeutung einer Funktionalität, die letztlich auch für das Denken selbst maßgeblich ist. Wird diese Funktionalität dann näher bestimmt, wie das im 19. Jahrhundert geschieht, so bekommt der Körper die Bedeutung von Verstand und Vernunft selbst. Der Unterschied zu Verstand und Vernunft liegt aber immer darin, daß der Körper auch als reales Ding existiert. Um die Form eines reinen Sich-wissens zu haben, wie dies beim Cogito der Fall ist, müßte er diesen Status des Etwas-seins aufgeben können. So bildet dieses Für-sich-sein des Körpers nie die Möglichkeit eines Selbstbewußtseins des Ichs. Dem menschlichen Bewußtsein bleibt allenfalls die Einsicht, daß es als Denken dieses Für-sich-sein des Körpers ist, so daß es wohl einen Blick auf diesen formalen und faktischen Status werfen kann, den unbewußt bleibenden Inhalt des Sich-wissens Gottes damit aber nicht entschlüsselt. Immerhin leitet dieses formale und faktisch Sich-verstehen des menschlichen Bewußtseins das Denken zu einer solchen Notwendigkeit eines inhaltlichen Sich-Wissens Gottes hin. Diese Hinleitung ist nach Maßgabe des ontologischen Beweises Descartes verfaßt, indem das Sich-wissen sich nicht als durch sich selbst begründetes verstehen kann. So wird bei Geulincx und Malebranche der Körper in seiner Tätigkeit und seinen Vollzügen als nicht aus sich begründbar und begreifbar dargestellt und damit ontologisch ein höheres Körpersein, das die Vollzüge des realen Körpers

---

1 Uslar, D. v., Die Wirklichkeit des Psychischen, Pfullingen 1969, S. 10. Aber auch eine Auffassung wie die Spinozas, der das Wesen des Menschen als Trieb ins Sein, als Streben, im Sein, in der Wirklichkeit, zu beharren, definiert, zeigt, wie sehr hier Seele nicht als gegliederter vorhandener Gegenstand, sondern als die Dynamik der Wirklichkeit selbst – und als der Anteil des Menschen verstanden ist. Diese Auffassung des Triebs, der hier ontologisch verstanden ist, als des Wesens des Menschen, gibt zugleich einen Schlüssel her für die theoretische Durchdringung der Tiefenpsychologie und der Freudschen Lehre.

bewußt vornimmt und in ihrem Warum und letzten Grund kennt, abgeleitet und erforderlich gemacht. Trotz eines solchen ontologischen Nachweises wird das inhaltliche und in seinen Vollzügen sich bekannte Sich-wissen nie Teil des menschlichen Bewußtseins, es bleibt eine bloße Denknotwendigkeit angesichts der Tatsache, daß das Bewußtsein auch den ihm zugehörigen Körper nur von außen verstehen kann und das Selbst des Körpers als ihm unbewußt bleibendes, göttliches Selbst annehmen muß.

So nimmt das Denken, das die Bedeutung des Für-sich-seins des Körpers erkannt hat, nur einen negativen Begriff davon für das Selbstbewußtsein mit, da es hierbei nur erfährt, was es nicht leisten oder erfassen kann. Der ontologische Nachweis hat damit die Funktion, die Unmöglichkeit für das Denken, sich aus sich selbst zu erfassen und in seinen Vollzügen als auch sich begründet, aufzuweisen.

Das menschliche Sein, das sich als Für-sich-sein des Körpers erkennt, sieht, daß es in diesem Sein nicht aus sich begründet ist, sondern aus einer Substanz, die es nicht ichhaft auffassen und als Ich verstehen kann. So führt der Begründungsvorgang des Seins, das sich als Für-sich-sein des Körpers verstanden hat, zu der Erkenntnis einer Substanz, aus der sich das Ich jedoch nicht mehr als Ich verstehen kann. Die Kausalität hat hier eine das Ich-sein nichtende Bedeutung, da diese Gründe zwar den Sinn des Für-sich-seins zu erkennen geben, diese aber entweder für das Verstehen transzendent sind, oder aber, wie im Falle von Spinoza, die Modalität einer Unendlichkeit von Gründen eröffnet. Ganz anders ist es jedoch, wenn die Kausalität nicht ein Erkenntnisprinzip ist, wodurch das menschliche Sein als Für-sich-sein des Körpers auf eine Substanz bezogen wird und damit seinsnichtend wirkt im Hinblick auf eine Begründungs- und Setzungsmöglichkeit aus sich, sondern Seinsprinzip ist, das seinsbildend den Willen (im Schopenhauerschen Sinn) oder den Organismus (im Sinne der Naturphilosophen) ausdrückt. Hier ist das Für-sich-sein unmittelbar auch Ausdruck seiner Transzendenz, das Selbst weist nicht mehr auf einen transzendenten Vollzugsgrund selbstnichtend hin, sondern kann sich jetzt aus dem Für-sich-sein des Körpers begreifen. Dies ist nur möglich, wenn die Kausalität diese seinsbildende Funktion wahrnimmt. Dabei lassen sich Unterschiede zwischen Schopenhauer und den Philosophen, die einen organischen Körperbegriff konzipiert haben, aufzeigen.

A Natürliche Begründungszusammenhänge

1. Schopenhauers Leibbegriff: Die Verinnerlichung der Transzendenz

a) Die seinsbildende Funktion des Satzes vom Grunde

Der Satz vom Grunde in seiner ersten Wurzel[2] ist für Schopenhauer ein primär seinsbildendes Prinzip für jeden leiblichen Organismus.[3] Er ist damit das Mittel, mit dem der Körper, das Gehirn wahrnimmt, perzipiert, mit der eine Welt für das Subjekt hergestellt wird.[4] Da der Satz vom Grunde in der ersten Wurzel diesen Charakter verbirgt, da der Wille nicht unmittelbar in seinen Motiven erkannt wird, scheint die Objektwelt unabhängig von dem sie herstellenden tierischen Organismus zu bestehen. Die Aufgabe, die sich Schopenhauer in seiner Schrift über den „Satz vom zureichenden Grund" gestellt hat, besteht unter anderem darin, diesen Bezug wieder sichtbar zu machen. Dadurch wird der eigentliche Charakter des Objektes deutlich gemacht. Das Objekt ist nur das praktische Ergebnis des Übergangs von einer unmittelbaren leiblichen Sensation zu der Ursache derselben:

> Die in Folge dieses Gesetzes zu der gegebenen Empfindung vorausgesetzte *Ursache* stellt sich alsbald in der Anschauung dar als Objekt, welches Raum und Zeit zur Form seines Erscheinens hat.[5]

Das Geheimnis der ontologischen Funktion des Satzes vom Grunde ist also diese Verwandlung einer unmittelbaren Empfindung in ein Objekt. Die Verwandlung bewirkt, daß die Welt nicht an sich wahrgenommen wird, sondern durch die Relativität dieses Prinzips, welches eine Funktion des Leibes ist, also einen prakti-

---

2 Schopenhauer, a.a.O., Bd. I 17–19.
3 Méry, M.,, a.a.O., S. 31–32.
   La causalité est donc – chez l'homme, aussi bien que chez l'animal – la loi constructive de l'entendement qui sans elle, ne peut construire les objets d'expérience. En conséquence, si l'on posed d'abord ces objets, les choses avant la causalité, jamais cette causalité ne sera découverte à partir de ces choses. Ayant supprimé toute apriorité, Locke et Hume par exemple ne retrouvent plus l'idée de cause. . . . Chez Schopenhauer, par contre, la sensation étant devenue perception, perception constituée par la causalité trouve son explication en nous comme la loi de causalité qui nous est intérieure.
4 Gerlach, J., Über neurologische Erkenntniskritik. In: Schopenhauer-Jahrbuch 53 (1972), S. 393–401.
   „Während also die Anschauungen Schopenhauers zur Kausalität auch heute noch eine oft vernachlässigte wesentliche Grundlage der Stellungnahme in den Naturwissenschaften und auch in der neurologischen Erkenntniskritik bilden, ist das Konzept des Willens von Schopenhauer, wenn auch keineswegs unbrauchbar, so doch in der neurologischen Erkenntniskritik nicht in seinem Sinne verwendbar. Dem entspricht auch die Erfahrung, daß gerade im Hinblick auf das Konzept des Willens berechtigte Einwände gegen die Grundauffassungen Schopenhauers erhoben worden sind, die allerdings den noch immer unbestrittenen großen Wert seiner Philosophie nicht beeinflußt haben."
   Bei solchen Interpretationen wird vergessen, daß für die Konzeption Schopenhauers der Satz vom Grunde nicht von dem Willensbegriff zu trennen ist und deshalb nicht für sich allein bestehen kann. Das gleiche gilt für: Pfafferott, G.: Die Rechtfertigung des Satzes vom Grunde. In: Schopenhauer-Jahrbuch 58(1977) S. 35–42.
5 Schopenhauer, a.a.O., Bd. III, S. 13.

schen Zweck zur Organisation des Leibes innerhalb der Welt hat. Auf Grund dieser Art von Relativität hat die Welt nur Scheincharakter und drückt nicht das Wesen, wenn auch modifiziert, aus wie bei Spinoza. Der Satz vom Grunde als Gehirn- und Leibfunktion kann die Wahrheit nicht aussagen, weil er dieses Organisationsprinzip für den Leib und damit für den Willen ist.

b) Der Leib als verkörperter Wille

Die ontologische Funktion des Satzes vom Grunde geht sogar so weit, daß er nicht nur ein Mittel des Leibes ist, daß vielmehr darüber hinaus der Leib ein Mittel des Satzes vom Grunde ist. Der Leib bedient sich dieses Organisationsprinzips, wie er auch selbst dieses Organisationsprinzip verkörpert. Dies ist darin begründet, daß der Satz vom Grunde nur die Erscheinungsform des Willens in der Welt ist. Der Wille manifestiert sich nach dem Prinzip des Satzes vom Grunde als Organismus.

> Obgleich also jede einzelne Handlung, unter Voraussetzung des bestimmten Charakters, notwendig bei dargebotenem Motiv erfolgt, und obgleich das Wachstum, der Ernährungsprozeß und sämtliche Veränderungen im tierischen Leibe nach notwendig wirkenden Ursachen (Reizen) vor sich gehen, so ist dennoch die ganze Reihe der Handlungen, folglich auch jede einzelne, und ebenso auch deren Bedingungen, der ganze Leib selbst, der sie vollzieht, folglich auch der Prozeß durch den und in dem er besteht — nichts anderes als die Erscheinung des Willens, die Sichtbarwerdung, *Objektivität des Willens*. Hierauf beruht die vollkommene Angemessenheit des menschlichen und thierischen Leibes zum menschlichen und thierischen Willen überhaupt, derjenigen ähnlich, aber sie weit übertreffend, die ein absichtlich verfertigtes Werkzeug zum Willen des Verfertigers hat, und dieserhalb erscheinend als Zweckmäßigkeit, d.i. die teleologische Erklärbarkeit des Leibes.[6]

Als Erscheinung des Etwas-für-Etwas stellt der Leib die Organisationsform des Willens vor und ist damit selbst der verkörperte Wille,[7] der uns nach dem Satz vom Grunde erscheint. Der Wille in seiner Verleiblichung und Verkörperung läßt uns die Dinge anschauen, nicht wie sie als Wille sind, sondern wie sie für uns als Objekte sind. Auf diese Art und Weise kann uns unser eigener Leib vorgeführt werden. Der Leib hat jedoch die zusätzliche Möglichkeit, den Willen auf unmittelbare Weise wahrzu-

6   Schopenhauer, a.a.O., Bd. II, S. 129.
7   Malter, R., Schopenhauers Transzendentalismus. In: Schopenhauer-Jahrbuch 66 (1985) S. 29–52. Die erste Hauptschwierigkeit des Schopenhauerschen Transzendentalismus, von der wir sprechen, zeigt hier ihren spezifischen Problemaspekt: es ist die Behauptung, Willensaktion und Leibvorgang seien qualitativ identisch und könnten in ihrer Identität unmittelbar eingesehen werden. Schopenhauer bringt auch den nachvollzugsbereiten Leser in eine prekäre Situation: da sich unmittelbares Bewußtsein seiner Unmittelbarkeit wegen nicht mitteilen oder gar beweisen läßt, muß der je Angesprochene an seiner eigenen Person überprüfen, ob die These des Philosophen stimmt. Wie aber, wenn jene Identitätseinsicht sich nicht eingestellt hat? Da die Schopenhauersche Metaphysik des Willens, d.i. das Herzstück seiner gesamten Philosophie, von jener Identitätseinsicht abhängt, hängt alles davon ab, ob diese haltbar ist oder nicht. Schopenhauer versucht seine These insofern allgemein plausibel zu machen, als er den Unmittelbarkeitscharakter jener Einsicht (die rein empirisch ist) zumindest analog vorstellungshaft-erkenntnisartig zu interpretieren versucht. Er bezeichnet das Offenbarwerden des Willens im Leibe, also „eine Erkenntniß ganz eigener Art"; sie ist nicht Erkenntnis wie alle andere Erkenntnis, welche jeweils Beziehung der Vorstellung auf eine andere Vorstellung ist. (S. 36).

nehmen. Der Leib ist das einzige Objekt unter allen Objekten, das durch die Selbsterfahrung den Willen feststellen kann:

> Wenn wir im ersten Buche, mit innerem Widerstreben, den eigenen Leib, wie alle übrigen Objekte dieser anschaulichen Welt, für bloße Vorstellung des erkennenden Subjekts erklärten, so ist es uns nunmehr deutlich geworden, was im Bewußtsein eines Jeden, die Vorstellungen des Leibes vor allen anderen, diese übrigens ganz gleichen, unterscheidet, nämlich dies, daß der Leib noch in einer ganz anderen, toto genere verschiedenen Art im Bewußtseyn vorkommt, die man durch das Wort *Wille* bezeichnet, und daß eben diese doppelte Erkenntniß, die wir vom eigenen Leibe haben, uns über ihn selbst, über sein Wirken und Bewegen auf Motive, wie auch über sein Leiden durch äußere Einwirkung, mit einem Wort, über das, was er, nicht als Vorstellung, sondern außerdem, also *an sich* ist, denjenigen Aufschluß gibt, welchen wir über das Wesen, Wirken und Leiden alle anderen realen Objekte unmittelbar nicht haben.[8]

c) Die Sinngebung für das Objekt im Für-den-Leib-sein

Da der Leib das einzige Objekt ist, welches wir auch an sich erkennen können, hat er in der Reihe der Objekte eine herausragende Funktion.[9] Als einziges Objekt wird der Leib nicht nur in der Form des Etwas-für-Etwas-seins, des teleologischen Prinzips erkannt, er bietet auch die Möglichkeit des unmittelbaren, nichtrelationalen Erkennens. Die Erfahrung des Leibes ist nicht nur Erfahrung eines Körpers für einen anderen Körper, sondern unmittelbare Erfahrung als dieser Körper. Damit wird diese Erfahrung das Indiz für die Erkenntnis des Willens schlechthin:

> Wir werden demzufolge die nunmehr zur Deutlichkeit erhobene doppelte, auf zwei völlig heterogene Weisen gegebene Erkenntniß, welche wir vom Wesen und Wirken unseres eigenen Leibes haben, weiter hin als einen Schlüssel zum Wesen jeder Erscheinung in der Natur gebrauchen und alle Objekte, die nicht unser eigener Leib, daher nicht auf doppelte Weise, sondern allein als Vorstellungen unserem Bewußtseyn gegeben sind, eben nach Analogie jenes Leibes beurteilen und daher annehmen, daß, wie sie einerseits, ganz so wie er, Vorstellung und darin mit ihm gleichartig sind, auch andererseits, wenn man ihr Daseyn als Vorstellung des Subjekts beiseite setzt, das dann noch übrig bleibende, seinem inneren Wesen nach, dasselbe seyn muß, als was wir uns *Wille* nennen.[10]

In diesem Satz offenbar Schopenhauer das Handwerkszeug seiner Metaphysik. Es ist die doppelte Erkenntnis, die wir vom Leibe haben, erstens als ein durch die Gehirnfunktion vorgestelltes Etwas und zweitens die Unmittelbarkeit, in der wir dieses Ereignis erleben:

> In der That ist unser *Wollen* die einzige Gelegenheit, die wir haben, irgendeinen sich äußerlich darstellenden Vorgang zugleich aus seinem Inneren zu verstehen, mithin das einzige uns *unmittelbar* Bekannte, und nicht, wie alles übrige, bloß in der Vorstellung Gegebene.[11]

---

8 Schopenhauer, a.a.O., S. 123.
9 Zimmermann, E., Der Analogiebeschluß in der Lehre von Ich-Welt-Identität bei Arthur Schopenhauer. München 1970. Daher ist unser Leib die Bedingung zur Erkenntnis unseres Willens und dieser ohne jenen nicht vorstellbar. Diese Identität kann als unmittelbare Gewißheit niemals bewiesen werden, da sie sich logisch auf keinen sie bedingenden Grund zurückführen läßt. Schopenhauer nennt sie die „philosophische Wahrheit". (S. 32)
10 Schopenhauer, a.a.O., S. 125.
11 Schopenhauer, a.a.O., Bd. II, S. 219.

Neben dieser doppelten Erkenntnis des Leibes ist das Prinzip der Analogie das andere Werkzeug seiner leiblich gegründeten Metaphysik. Mit Hilfe der Analogie wird vom Phänomen unseres Leibes auf alle Phänomene geschlossen.

d) Die Grundlosigkeit der Sinngebung

Der Leib stellt mittels seines Gehirns das *Objekt für sich* her.[12] Dieses Für-sich-sein ist für Schopenhauer der ausschließliche Seinsbegriff. Auch die Unmittelbarkeit der leiblichen Selbsterfahrung wird durch das Für-sich-sein, diesmal des Willens, in höherer Weise begriffen. Das Etwas für den Körper ist damit weiterhin Etwas für den Willen. Dieses Alles-für-den-Willen-sein ist die Grundstruktur des Willens, der, da nichts außer ihm ist, sich in diesem Prozeß *selbst verzehrt*:

> Wir finden aber auch jene *innere*, von der adäquaten Objektivität des Willens unzertrennliche *Notwendigkeit* der Stufenfolge seiner Erscheinungen, in dem Ganzen dieser selbst, durch eine *äußere Notwendigkeit* ausgedrückt, durch diejenige nämlich, vermöge welche der Mensch zu seiner Erhaltung der Thiere bedarf, diese stufenweise eines des anderen, dann auch der Pflanzen, welche wieder des Bodens bedürfen, des Wassers, der chemischen Elemente und ihre Mischungen, des Planeten, der Sonne, der Rotation und des Umlaufes um diese, der Schiefe der Ekliptik usf. — Im Grunde entspringt dies daraus, daß der Wille an sich selber zehren muß, weil außer ihm nichts da ist und er ein hungriger Wille ist. Daher die Jagd, die Angst und das Leiden.[13]

Gerade deshalb ist der Wille auch *grundlos* zu nennen. Die Erscheinung des Willens, der Satz vom Grunde, zeigt einen Verlauf, der selbst grundlos ist.

> Lediglich unter Voraussetzung meines empirischen Charakters ist das Motiv hinreichender Erklärungsgrund meines Handelns. Abstrahiere ich aber von meinem Charakter und frage dann, warum ich überhaupt dieses und nicht jenes will, so ist keine Antwort darauf möglich, weil eben nur die *Erscheinung* des Willens dem Satz vom Grunde unterworfen ist, nicht aber er selbst, der insofern *grundlos* zu nennen ist.[14]

Das durch den Satz vom Grunde hergestellte Sein ist an sich selbst sinnlos, weil der Satz vom Grunde selbst unbegründet ist.

Die Erscheinung des Willens im Leibe ist kein reflexiv ausgewiesener Vorgang. Die Unmittelbarkeit, durch die für Schopenhauer der Wille angezeigt ist, ist

---

12 Die vorliegende Arbeit setzt sich ab von Schöndorf, der das „Für-mich-sein" als bloße Positionsbestimmung versteht und damit gerade den eigentlichen Sinn dieser Bestimmung bei Schopenhauer, die leibliche Bedingung der Erkenntnis und die Verleiblichung der Welt im Willensbegriff, ausschließt. s. Schöndorf, H., Der Leib im Denken Schopenhauers und Fichtes. München 1982. „Die Feststellung der Reflexion, daß Erkenntnis immer „für mich" ist, wird dabei zur eigentlichen Urtatsache erhoben, der gegenüber das Eigensein des Erkannten sekundär und zweifelhaft wird, um schließlich als Gegensatz zum Vorgestelltsein erklärt und unerkennbar oder nicht existent zu werden. Allerdings ist es oft auch für die Vertreter eines radikalbewußtseinsidealistischen Standpunktes schwierig, sich so zu artikulieren, daß ihre realistisch klingenden Formulierungen als bloß sprachliche Konzessionen an das gewöhnliche, empirische Bewußtsein interpretierbar bleiben, die mit dem idealistischen Standpunkt voll vereinbar sind. Auch bei Schopenhauer gewinnt man manchmal den Eindruck, daß manche seiner Ausführungen nur mit Mühe mit seiner Grundposition konform gehen." (S. 131)
13 Schopenhauer, a.a.O., Bd. II, S. 183.
14 Schopenhauer, a.a.O., S. 127.

inhaltlich zwar durch den Satz vom Grunde ausgewiesen. Deshalb wird dem Etwas, dem Objekt, ein Sinn verliehen, da dieses auf den Leib bezogen ist und als solches nachgewiesen werden kann. Wird aber der eigentliche und letzte Bezug auf den Willen aufgezeigt, so wird dieser Sinn wieder zerstört, weil keine Sinnstiftung zwischen zwei Welten, dem Objekt und dem Subjekt, vorliegt, sondern weil sich hier alles in der einen Welt des Willens vergegenwärtigt sieht, weil das Objekt dann gleichzeitig auch der sich selbst verzehrende Wille ist. Indem von Schopenhauer der Satz vom Grunde als das Prinzip des Leibes erkannt worden ist, bekommt dieses Prinzip als Erscheinung des Willens so den Charakter der Sinnvernichtung, weil das teleologische Prinzip in der Natur sich enthüllt als von sich selbst verliehener Sinn. Das Für-sich-sein, das der Leib darstellt, ist selbst vom Willen eingesetzt, mithin völlig sinnlos. Deshalb erfährt das Individuum sein Sein auch als sinnlos, da die Einzelheit als solche in der Vergänglichkeit diesen nichtenden Charakter des Willens darstellt. Demgegenüber aber stellt Schopenhauer den Sinn der Gattung, in dem sich die andere Seite, daß sich der Wille nicht verbraucht, sondern in diesem nichtenden Charakter sich reproduziert, darstellt. Dieser Charakter macht sich als Selbsterhaltungstrieb innerhalb der Gattung und hierdurch wieder am Individuum bemerkbar. Das Individuum nimmt diesen Sinn wahr und kann ihn auch kurzfristig als zu seinem Selbstgefühl gehörig ansehen, ist aber dabei immer einem Wahn verfallen:

> ... jedoch kann, wann das Individuum für den Bestand und die Beschaffenheit der Gattung thätig seyn und sogar Opfer bringen soll, seinem Intellekt, als welcher bloß auf individuelle Zwecke berechnet ist, die Wichtigkeit der Angelegenheit nicht so faßlich gemacht werden, daß sie derselben gemäß wirkte. Daher kann, in solchem Fall, die Natur ihren Zweck nur dadurch erreichen, daß sie dem Individuo einen gewissen Wahn einpflanzt, vermöge dessen ihm als ein Gut für sich selbst erscheint, was in Wahrheit bloß eines für die Gattung ist, so daß dasselbe dieser dient, während es sich selber zu dienen wähnt; bei welchem Hergang eine bloße, gleich darauf verschwindende Chimäre ihm vorschwebt und als Motiv die Stelle einer Wirklichkeit vertritt. Dieser Wahn ist der Instinkt. Derselbe ist, in den allermeisten Fällen, anzusehen als der Sinn der Gattung, welcher das ihr Frommende dem Willen darstellt. Weil aber der Wille hier individuell geworden; so muß er dergestalt getäuscht werden, daß er Das, was der Sinn der Gattung ihm vorhält, durch den Sinn des Individui wahrnimmt, also individuellen Zwecken nachzugehen wähnt, während er in Wahrheit bloß generelle (dies Wort hier im eigentlichen Sinn genommen) verfolgt.[15]

Die Reproduktion des sinnlosen und nichtenden Charakters des Willens erfolgt innerhalb der Gattung, durch die dieses Sinnlose infolge der bloßen Reproduktion einen Sinn, den Sinn der Gattung eben, bekommt. Innerhalb der Gattung ist deshalb alles zielgerichtet, ohne daß dies durch den Willen selbst mit einem Endzweck belegt wäre:

> Jedoch wird am einfachen, leicht übersehbaren Leben der Thiere die Nichtigkeit und Vergeblichkeit des Strebens der ganzen Erscheinung leichter faßlich. Die Mannigfaltigkeit der Organisationen, die Künstlichkeit der Mittel, wodurch jede ihrem Element und ihrem Raube angepaßt ist, kontrastirt hier deutlich mit dem Mangel irgend eines haltbaren Endzweckes; statt dessen sich nur augenblickliches Behagen, flüchtiger, durch Mangel bedingter Genuß, vieles und langes Leiden, beständiger Kampf, bellum omnium, Jedes ein Jäger und Jedes gejagt, Gedränge, Mangel, Noth und Angst, Geschrei und Geheul darstellt.[16]

---

15 Schopenhauer, a.a.O., Bd. III, S. 616.
16 Schopenhauer, a.a.O., S. 404.

Die bloße Reproduktion des Sinnlosen ist der Sinn, nach dem sich die gesamte Teleologie der Natur ausrichtet. Das Einzelwesen bekommt diesen Sinn nur im Begattungsvorgang zu spüren, ist dort aber, wo es nicht mehr der Reproduktion des Sinnlosen dient, dieser Sinnlosigkeit selbst anheimgefallen.

Diese Sinnlosigkeit als das Resultat der rationalen Struktur des Willens bestimmt aber auch das Seinsgefühl dieses Willens, der Wille selbst stellt sich als bedürftiger Wille dar, er wird auch als solcher erkannt. Die Sinnlosigkeit, die sich zunächst im leiblichen Sein nicht enthüllt, da der Leib seine Funktionen nach einem teleologischen Prinzip verrichtet, dringt noch durch das Eingebettetsein des Leibes in die Gesamtheit des Willens bis zum Einzelwesen durch:

> Wollen und Streben ist sein ganzes Wesen, einem unlöschbaren Durst gänzlich zu vergleichen. Die Basis alles Wollens aber ist Bedürftigkeit, Mangel, also Schmerz, dem er folglich schon ursprünglich und durch sein Wesen anheimfällt.[17]

Da der Satz vom Grunde für Schopenhauer nicht nur Erkenntnis sondern auch Seinsprinzip ist, braucht die Unmittelbarkeit des Leibes nicht durch den Satz vom Grunde ausgelegt zu werden, sie ist selbst der Satz vom Grunde, der erscheinende Wille. Die Verwandlung des Erkenntnisprinzips in ein Seinsprinzip kann Schopenhauer deshalb vornehmen, weil er die Leiberkenntnis als eine doppelte Erkenntnis ausgewiesen hat. Da diese doppelte Erkenntnis aber wiederum verbunden ist, also nicht zwei getrennte Erkenntnisweisen darstellt, ist das Prinzip der äußerlichen Erkenntnis, der Satz vom Grunde, zugleich das Prinzip, nach dem die Unmittelbarkeit des Fleisches sich selbst erfährt. Die unendliche Relationalität der Erkenntnis im Satz vom Grunde wird auf diese Weise zugleich die unendliche Relationalität des Seins, dasjenige, was Schopenhauer als diesen ungeheuren Seinshunger des Willens bezeichnet. Nur durch diese ontologische Umdeutung des Satzes vom Grunde ist zu verstehen, warum der Wille, der doch ständig an sich zehrt und sich vernichtet, sich in dieser Vernichtung erhält, ohne sich zu verbrauchen. Was Schopenhauer als Wille bezeichnet, kann somit nur als das ontologische Resultat des Satzes vom Grunde angesehen werden.

e) Die Selbstgestaltung des Willens

Die Unmittelbarkeit der Leiberfahrung, die ja kein Etwas oder ein Objekt vorstellt, wird in der Vorstellung durch den Satz vom Grunde als Wille ausgelegt und durch Analogie zum Willen der gesamten Natur gemacht. In der doppelten Erkenntnisart ist die unmittelbare Erkenntnis, die rational blinde also, durch die Rationalität nicht nur ausgelegt, sondern auch bestimmt.[18] Dadurch kann es überhaupt erst zu einer Grundlosigkeit und Sinnlosigkeit der leiblichen Existenz kommen. Der Körper ist bei dieser Betrachtungsweise immer substanziertes Etwas, ein unmittelbares Etwas, das durch den Satz vom Grunde ausgelegt und schließlich durch dieses Prinzip bestimmt ist. Wie der Leib das Fleisch gewordene Prinzip des Satzes vom Grunde ist,

---

17 Schopenhauer, a.a.O., Bd. II, S. 367.
18 Keutel, O., Über die Zweckmäßigkeit in der Natur bei Schopenhauer, Leipzig 1897. S. 26.

was wir nach Schopenhauer unmittelbar nachvollziehen können, so ist die gesamte Welt, was wir nicht nachvollziehen können, aber durch die Analogie wissen, das Fleisch gewordene Dasein dieses Prinzips. Somit ist für Schopenhauer der Wille nur der mystifizierte Satz vom Grunde.

Äußerlich gesehen gleicht diese Konzeption dem Aufbau der Substanz bei Spinoza. Auch hier im Willen bei Schopenhauer haben wir eine Art von causa-sui. Doch diese Ähnlichkeit ist nur oberflächlich feststellbar.[19] Bei genauem Hinsehen zeigt sich ein großer Unterschied. Für Spinoza hat der Satz vom Grunde nie den zusammenführenden Charakter einer Teleologie, sondern hat im Gegenteil einen aufspaltenden Charakter, indem er eine Unendlichkeit der Relationalität aufwirft und damit die Idee einer Absicht innerhalb der Natur unmöglich macht. Insofern ist es für Spinoza auch unmöglich, daß der Körper an sich das Seinsprinzip der gesamten Substanz unmittelbar erkennen kann. Obwohl sich für ihn die Substanz im Einzelding darstellt, ist sie doch nicht als solche erkennbar, sondern eben nur über die Unendlichkeit der Kausalitäten. Einer finalkausalen Sichtweise zeigt jedoch jedes Einzelding den Grund auf induktive Weise an. Bei Schopenhauer übernimmt die unmittelbare Leiberfahrung diese Induktion, wie noch näher auszuführen sein wird.

Noch in einem anderen Punkt läßt Schopenhauer den Willen als mystifizierten Satz vom Grunde erkennen, in der Möglichkeit der Bejahung und Verneinung des Willens. Die Bejahung des Willens ist die Bejahung der selbstverzehrenden Vernichtung (ohne daß dabei etwas verbraucht würde, wie schon gesagt), bei der der Seinshunger des Willens das Etwas-für-Etwas und damit sich vernichtet. Die Bejahung des Lebens heißt deshalb Schmerz, Leere, Langeweile:

> Der Wunsch ist, seiner Natur nach Schmerz: die Erreichung gebiert schnell Sättigung, das Ziel war nur scheinbar: der Besitz nimmt den Reiz weg: unter einer neuen Gestalt stellt sich der Wunsch, das Bedürfnis wieder ein, wo nicht, so folgt Öde, Leere, Langeweile, gegen welche der Kampf ebenso quälend ist, wie gegen die Noth.[20]

Der ständige Hunger nach Neuem, der ständige Verlust des Seinsbesitzes kommt nur deshalb zustande, weil hier gar kein Etwas, kein Objekt dem Willen angeboten wird. Vielmehr bietet der Wille ständig *sich selbst* an. Der durch den verkörperlichten Satz vom Grunde erzeugte Seinshunger wird durch ein angebotenes Objekt nie gestillt, weil der immer nur sich selbst anbietet. Das sich auf diese Weise selbst begründende und selbstbestimmende Sein ist deshalb nur durch Entsagung vom Satz vom Grunde zu umgehen:

---

19 Rappaport, S., Spinoza und Schopenhauer. Halle 1899.
  Allenfalls hat wahrscheinlich zur Leugnung jeder Teleologie innerhalb der Natur der Umstand beigetragen, daß Spinoza die Überzeugung hatte, daß die Teleologie es unmöglich mache die Natur mit Gott zu identifizieren und seinen Ausspruch Deus sive Natura zu begründen, da er bei Annahme einer Teleologie, irgend welche Intelligenz außerhalb der Natur annehmen müßte. – Allein trotzdem Schopenhauer von der Wahrheit einer Teleologie durchdrungen ist, und trotz der Beweise, die er für dieselbe bringt, ist er doch nicht allzuweit von Spinoza entfernt, der da sagt: „omnes causas finales nihil, nisi humana esse figmenta". Schopenhauer selbst gesteht ein, daß die Teleologie subjektiven Ursprunges und von den Menschen in die Natur hineingetragen worden sei. (S. 74).
20 Schopenhauer, a.a.O., S. 370.

> Während die Wissenschaft dem rast- und bestandlosen Streben vierfach gestalteter Gründe und Folgen nachgehend bei jedem erreichten Ziel immer weiter gewiesen wird und nie ein letztes Ziel noch völlige Befriedigung finden kann, ... so ist dagegen die Kunst überall am Ziel. ... Wir können sie daher geradezu bezeichnen als die *Betrachtungsart der Dinge, unabhängig vom Satz vom Grunde*.[21]

Die Unabhängigkeit vom Satz vom Grunde erlöst auch gleichzeitig von der Qual des sich verzehrenden Willens, weil dieser nichts anderes ist als der verkörperte, seinsmäßig gestaltete Satz vom Grunde. Die Verneinung des Willens bedeutet deshalb auch nicht die Auslöschung des Leibes, was ja nur konsequent wäre, sondern bezieht sich wiederum nur auf die seinsbildende Funktion des Satzes vom Grunde, insofern dieser einen unendlichen Seinshunger nach sich zieht:

> Er verleugnet daher eben dieses in ihm erscheinende und schon durch seinen Leib ausgedrückte Wesen, und sein Tun straft jetzt seine Erscheinung Lügen, tritt in offenen Widerspruch mit derselben. Wesentlich nichts anderes, als Erscheinung des Willens, hört er auf, irgend etwas zu wollen, hütet sich, seinen Willen an irgend etwas zu hängen, sucht die größte Gleichgültigkeit gegen alle Dinge in sich zu befestigen. — Sein Leib, gesund und stark, spricht durch Genitalien den Geschlechtstrieb aus; aber er verneint den Willen und straft den Leib Lügen.[22]

Durch die Ableugnung des „erscheinenden Wesens" ist der Verneinung des Willens schon Genüge getan, die Ableugnung bezieht sich ausschließlich auf das Erscheinungswesen. Das Paradox dieser Verneinung, da ja hier letztlich der Wille sich selbst ablehnt, ist für Schopenhauer deshalb tragbar, weil er eigentlich nicht vom Willen, sondern vom mystifizierten Satz vom Grunde spricht.

Durch diese Entsagung vom Satz vom Grunde also ist der Seinshunger nicht gestillt, sondern gar nicht erst entfacht. Deshalb bedeutet die geistige Entsagung das Versetzen in ein ruhiges Reich der bloßen Anschauung, in dem dann das Objekt auch nicht mehr *durch eine Zweckursächlichkeit ausgewiesen wird*. — Dieses nicht mehr auf den Leib bezogene Objekt gewinnt dabei einen Begriff von Objektivität, der für Schopenhauer eine weit größere Relevanz hat, weil es nicht mehr die Objektivität für ein Subjekt ist. Die Entlassung der Dinge aus dem Satz vom Grunde geben ihnen ein freies Gepräge, wie auch der Asket für Schopenhauer ein freier Mensch geworden ist, da er sein Dasein dem Zugriff der sinnlosen Zweckursächlichkeit entzogen hat.

f) Die Teleologie des Leibes

Der Leib als der Ausgangspunkt von Schopenhauers System offenbart als Mikrokosmos den Makrokosmos. Die Vorstellung dieses Leibbegriffes ist deshalb für das gesamte System maßgeblich. Hier ist nun gezeigt worden, daß Schopenhauer den Leib als eine denkende, selbstbezügliche Instanz vorstellt. Der Leib hat eine unmittelbare Selbstgegenwärtigkeit, kann andererseits aber auch als Objekt wie andere Objekte vorgestellt werden oder nach dem Satz vom Grunde konstituiert werden. Auf diese Weise kann Schopenhauer leicht die Analogie vornehmen, mit der er vom eigenen Leib auf die Körper schließt, und diese Analogie kann durchaus nicht

21 Schopenhauer, a.a.O., S. 217–218.
22 Schopenhauer, a.a.O., 449.

äußerlich genannt werden. Indem nämlich der Wille als Satz zum Grunde in meinem Leib und als mein Leib erscheint und ich dieser Erscheinung in der unmittelbaren Erfahrung innewerden kann, können die anderen Körper auf Grund der bloßen äußerlichen Analogie zu dem eigenen Körper auch innerlich erfaßt und in ihrem Wesen erkannt werden. Auf dieser Möglichkeit beruht das moralische Empfinden, die andere Kreatur im Mitleiden innerlich erfassen zu können, obwohl diese nur der äußerlichen Wahrnehmung sich darstellt. Hierin zeigt sich dann die Einheitlichkeit von subjektiver und objektiver Welt. Einerseits ist die Welt Objekt, indem das Für-den-Leib-sein die objektive Erkenntnis ausmacht, wobei der Leib sich als Individuum erlebt, andererseits ist sie Subjekt, wobei der Satz vom Grunde nicht auf die Einzelheit des Leibes, sondern auf den Willen bezieht, so daß dieses Erleben, da es nicht mehr als durch mich ausgewiesen erscheint, unmittelbar als Gattungs- oder Willenserleben im Individuum erscheint.

Das Selbstbewußtsein realisiert also ein unmittelbares Innewerden des Willens durch das leibliche Dasein. Dieses Innewerden geschieht kausal, jedoch so, daß immer der bloße Bezug eines Seins-für angegeben wird. Dieser bloße Bezug ist der Wille. Alle Dinge und Kreaturen zeigen an, daß sie für ihn sind und für ihn vorkommen, daß dieser Dienst aber zugleich ein Nichts ist, weil er an sich gar nicht besteht, sondern nur in den Dingen.

Das An-sich-sein der Dinge ist damit das Für-ihn-sein des Willens, wobei der Wille aber nicht eine zusätzliche Substanz ist, sondern sich eben in dieser bloßen Bezüglichkeit der Dinge darstellt. An dieser reinen Bezüglichkeit des Für-ihn-seins, der aber ein Nichts ist, hat auch der Leib und damit der Verstand teil, so daß bei einer kausalen Erklärung, eben bei jedem Begründungsvorgang, bei dem ja etwas durch etwas bezeugt wird, unbewußt damit immer der Wille als bloßes Für-ihn-sein belegt wird. Sonst wäre es gar nicht möglich, daß von der Wirkung auf eine Ursache geschlossen werden könnte. Diese beiden Seiten können in kein Kausalverhältnis gesetzt werden, wenn nicht schon vorher die Form des Für-ihn-seins die maßgebliche Bestimmung und Interpretation für dieses Verhältnis abgegeben hätte. Die beiden Seiten dieses Verhältnisses blieben sich fremd und würden nicht in einen Bezug überhaupt kommen. Somit ist jede Kausalität ein Sichbezeugen des Willens.

Schopenhauers Ontologismus hat eine spezifische Seite, die darin besteht, daß er das Sein-für der Finalkausalität als das *Für-ihn-sein des Willens* aufzeigen kann und dazu die unmittelbare Leiberfahrung als Beleg für eine solche Transformation nimmt. Die unmittelbare Leiberfahrung ist dann das Wissen an sich, welches das Objekt als Bezug, als Etwas-für-ihn (den Willen) belegen kann, das mithin kein bloßes Objekt weiß, noch nicht einmal sich selbst als bloßen Leib, sondern alles nur in der Ausschließlichkeit des Für-den-Willen-seins.

Der Leib ist deshalb die Realisation des kausalen Prinzips des bloßen Für-ihn-sens, welches Nichts ist, weil der Wille sich nur in dieser nichtenden Realität reproduzieren kann. Es scheint dies ein eigenartiger Widerspruch zu der seinsbildenden Funktion zu sein, die der Satz vom Grunde in erster Gestalt und erster Wurzel ja für Schopenhauer hat. Erst nach der Betrachtung des Ganzen klärt sich dieser Widerspruch auf, indem jetzt sichtbar wird, daß auch dieses Sein, was Schopenhauer als Satz vom Grunde in erster Wurzel darstellt, nur ein Für-ihn-sein des Willens ist:

> Ich setze also erstlich den Willen, als Ding an sich, völlig Ursprüngliches, zweitens seine bloße Sichtbarkeit, Objektivation, den Leib, und drittens die Erkenntnis als bloße Funktion eines Theils dieses Leibes. Dieser Theil ist das objektivirte Erkennenwollen, indem der Wille, zu seinen Zwecken, der Erkenntnis bedarf.[23]

Die Erscheinungen sind *finalursächlich* Bestimmungen des Willens, wobei die Objektivation sich als Zweck des Willens zu erkennen gibt. Das An-sich-sein des Willens ist damit aber nicht erfaßt. Somit ist die Erkenntnis nicht das Erste, obwohl sie sich für das Erste hält, weil sie den Willen nur in seiner Veräußerlichung wahrnimmt:

> Aber eben weil man ihn nur da erkannte, wo er das Individuum, von dem er ausgeht, verlassend, sich auf die Außenwelt, welche nunmehr gerade zu diesem Behuf sich als Anschauung darstellt, richtet, hat man die Erkenntniß für seine wesentliche Bedingung, sein alleiniges Element, ja sogar für den Stoff, aus welchem er bestehe, gehalten und damit das größte Hysteron-Proteron begangen, welches je gewesen.[24]

Die Erkenntnis ist ein Teil des Für-ihn-seins des Willens und ist in dieser Funktion bestimmend und setzend, sie erfaßt aber damit nicht den Willen. Wird sie aber als in diesen Dienst des Willens gestellt gesehen, so ist damit ein Blick auf den Willen selbst getan. Erst hierdurch wird der nichtende Charakter des Willens offenbar, nicht also im bloßen Erkennen selbst.

Spinoza hat die Ontologie des Für-sich-seins abgelehnt, weil er von der Konzeption ausging, daß der Satz vom Grunde nie eine Selbsterfahrung des Substanzhaften leisten kann, sondern nur das Erlebnis der unendlichen Relationalität erfahrbar macht. seine Ablehnung der Zweckkausalität rührt daher, daß in dieser Form des Für-sich-seins eine *Inbesitznahme des Grundes vorgetäuscht wird*. Spinoza hat das Selbsterkennen des Satzes vom Grunde für eine Täuschung gehalten und dies nicht irrational oder skeptisch gedeutet, sondern aus dem Vermögen und der Struktur der Rationalität und des Satzes vom Grunde selbst, nach dem ein System konstituiert werden kann, in dem der Begriff der Unmittelbarkeit *nicht vorkommen darf*. Insofern steht Spinoza in einer Tradition, die von Aristoteles herkommt, wonach der Satz vom Grunde und die Unmittelbarkeit zwei völlig gegensätzliche Prinzipien und Begriffe sind und ihre Integration zu *einem* Geschehnis völlig undenkbar ist. Daß der Vorgang, von der Wirkung am Leibe auf eine Ursache zu schließen, nach dem Satz vom Grunde als Prinzip a priori geschehen soll, ist danach völlig absurd.

Für Aristoteles war der Satz vom Grunde die Ermittlung eines Mittelbegriffes, der den Bezug von Unter- zu Oberbegriff in zureichender Weise angibt, ohne deshalb als Definition zu gelten.[25] Überträgt man aber diese aristotelische Bestimmung des Satzes vom Grunde auf das Schopenhauersche System, so zeigt sich, daß sein Mittelbegriff der begründende Leib ist. Hier ist leicht das Schema der *Induktion* zu erkennen, durch die, wie Aristoteles sagt, die Gültigkeit des Mittelbegriffs für den Oberbegriff nachgewiesen wird.[26] Die Induktion stellt keinen Vorgang des Begreifens und Schließens dar, da wir zum Begreifen und Schließen den Mittelbegriff

---

23 Schopenhauer, a.a.O., Bd. IV, S. 20 f.
24 Schopenhauer, a.a.O., S. 21.
25 Aristoteles, Analytica posteria, 89 b 37 f und 90a 35 f.
26 Aristoteles, Analytica priora, 68 B 11 f.

benötigen. Das Prädikat wird durch den zureichenden Grund des Mittelbegriffs an das Subjekt gebunden. Weder das Subjekt selbst noch der Oberbegriff können diese Funktion des zureichenden Grundes übernehmen. Die Induktion dagegen ist für Aristoteles kein Schluß, weil hier der Mittelbegriff nicht bekannt ist. Der Mittelbegriff, das Subjekt des Obersatzes, wird nur vermutet. Für Schopenhauer ist der Mittelbegriff gegenwärtig durch die Unmittelbarkeit der Leiberfahrung. Da der Leib kausal empfindet, ermittelt er ständig den Mittelbegriff, den zureichenden Grund, zu einem Erlebnis. Wir können bei Schopenhauer deshalb von einer induktiven Leib- und Willenserfahrung sprechen. Die Perfektion dieses induktiven Schemas besteht darin, daß hier keine definitive Anordnung und Hierarchie der Begriffe gefordert ist, sondern daß hier ein allgemeiner Verweisungszusammenhang zwischen den Objekten, dem Leib und dem Willen besteht. So kann also nicht nur am einzelnen Objekt die Bedeutung des Leibes für den Willen oder des Willens für den Leib nachgewiesen werden, es kann auch der Leib die Bedeutung des Objekts für den Willen und die Bedeutung des Willens für das Objekt aufweisen, weiterhin kann der Wille die Bedeutung des Objekts für den Leib und den Leib für das Objekt zeigen.

Dieser in einer Deduktion völlig unklare und unsinnige Austausch von Bestimmungen hat hier bei Schopenhauer den Charakter von Plausibilität, weil der Satz vom Grunde als Zweckursächlichkeit nicht die Bedeutung des Etwas für etwas anderes nachweist, sondern das Etwas durch sein Für-sich-sein ausweist. Schopenhauers *sogenannte unmittelbare Leiberfahrung*, dieser Schauplatz des Willens und der Willenserfahrung und damit der Welterfahrung schlechthin, ist somit nichts anderes als eine *Induktion*, die bestenfalls eine induktive Leiberfahrung genannt werden kann. Nur innerhalb dieses Schemas der Induktion kann das Gegebene an die unmittelbare Leiberfahrung gebunden werden. Durch diesen Vorgang ist die Anschauung *intellektual* geworden. Die Anschauung ist nicht mehr äußerlich, nicht mehr gegeben, sie ist vielmehr dasjenige, was sich auf Grund des induktiven Schemas der Erfahrung als Mittelbegriff, als zureichenden Grund, erweisen muß. Hierbei geht es gar nicht um die Gültigkeit dieses Grundes, der zureichende Grund ist vielmehr dasjenige, was allein durch seine bloße Existenz schon zureichend ist.

Es liegt hier dasjenige vor, was später Nietzsche als „eine Art von Ursache" angesehen hat.[27] Das Ich ist somit auf induktive Weise an das Objekt gebunden, das Objekt ist der induktive Schluß, den das Ich aus seiner Leiberfahrung zieht. Der Leib ist also für Schopenhauer ein teleologisches Organ. Die am Leib stattfindende und vom Leib hervorgerufene Kausalität ist eine Zweckkausalität, die zugleich Wirkkausalität ist.

> Die *wirkende* Ursache ist die, *wodurch* etwas ist, die Endursache die, *weshalb* es ist: die zu erklärende Erscheinung hat, in der Zeit, jene *hinter* sich, diese *vor* sich. Bloß bei der willkürlichen Handlung thierischer Wesen fallen beide unmittelbar zusammen, indem hier die Endursache, der Zweck, als *Motiv* auftritt: ein solches aber ist stets die wahre und eigentliche *Ursache* der Handlung, ist ganz und gar die sie *bewirkende* Ursache, die ihr vorhergängige Veränderung, welche dieselbe hervorruft, vermöge derer sie *nothwendig* eintritt und ohne die sie nicht geschehen könnte; wie ich dies in der Preisschrift über die Freiheit bewiesen habe. Denn, was man auch zwischen den Willensakt und die Körperbewegung physiologisch einschieben möchte, immer bleibt hier eingeständlich der *Wille* das Bewegende, und was ihn

bewegt, ist das von außen kommende *Motiv*, also die causa finalis, welche folglich hier als causa efficiens auftritt.[28]

Das an sich ursächlich gewordene Wirkliche bedarf damit nicht mehr eines Äußeren, es hat das Äußere an sich auch schon als Wirklichkeit. Die Leibgebundenheit des Satzes vom Grunde gibt der Wirklichkeit erst das Gepräge des Wirklichen. Dies ist dadurch ermöglicht, daß die scheinbar äußere Wirklichkeit doch letztlich immer auch eine innere und erlebte Wirklichkeit ist, indem alles durch das Für-sich-sein des Willens in einer einheitlichen Lebenswirklichkeit ausgedrückt ist.

g) Die Intellektualität der Anschauung durch ihre Leibgebundenheit

Da die Transzendenz, der Zweck, den der Wille verwirklicht, in der unmittelbaren Erfahrung immanent erlebt wird und damit der Wille in seinem bloßen Für-sich-sein erfahrbar ist, kann die Anschauung, indem sie an jedem Ding diesen inneren Grund des für sich waltenden Willens unmittelbar wahrzunehmen in der Lage ist, intellektual genannt werden. Dabei sind alle Dinge der Anschauung durch die Leiblichkeit a priori bestimmt.

Diesem Vorgang einer Zweckdeutung des Gegebenen für den Leib muß eine Entleerung und Vernichtung der Sinnlichkeit vorhergegangen sein. Diese Vernichtung besteht darin, daß die Sinnlichkeit erst durch das Prinzip des zureichenden Grundes sinnlich geworden ist, daß es eine Sinnlichkeit ohne dies nicht gibt. Da die Sinnlichkeit in die Rationalität integriert ist, kann es keinen „Gegenstand der Erfahrung" geben. Ein solcher Gegenstand der Erfahrung wird von Schopenhauer als Zwitter angesehen, weil er den doppelten Sinn, den des sinnlich Gegebenen und rational Ausgelegten nicht zu einem einheitlichen Sinn bringen kann.[29] Die Objektivität ist deshalb nicht außerhalb, ist nicht in einer Transzendenz an sich schon sinnhaft, sondern ist die Objektivität unmittelbar im Für-sich-sein.

> Unsere empirische Anschauung ist sofort *objektiv*, eben weil sie vom Kausalnexus ausgeht. Ihr Gegenstand sind unmittelbar die Dinge, nicht von diesen verschiedene Vorstellungen.[30]

Deshalb kann Schopenhauer auch folgende Schlußfolgerung aufstellen:

> Die Anschauung ist demnach wirklich intellektual, was Kant gerade leugnet.[31]

Gerade dadurch ist der höchste Grad an Gewißheit des Objektiven und im Objektiven erreicht, da die Objektivität als ein Produkt des Gehirns verinnerlicht ist. Der Schopenhauersche Begriff der Objektivität hat also die Transzendenz verinnerlicht, ohne daß sie dadurch beseitigt wäre. Die Verinnerlichung der Transzendenz ist dadurch gewährleistet, daß die nach außen gerichtete Teleologie des Für-den-Willen-seins zugleich eine innerliche Gewißheit als Für-sich-sein des Willens ist, so daß jeder tierische Organismus sowohl die innere wie die äußere Seite dieser Teleologie erlebt

---

27 Nietzsche, Sämtliche Werke, Bd. VI, S. 93.
28 Schopenhauer, a.a.O., Bd. III, S. 378.
29 Schopenhauer, a.a.O., Bd. II, S. 527.
30 Schopenhauer, a.a.O., S. 525.
31 Schopenhauer, ebd.

und daraus auch die Sicherheit der objektiven Erfahrung und des Begriffs der Objektivität hat.

Schopenhauers Kritik an Kant bezüglich des Begriffs des „Gegebenen"[32] kann er nur damit rechtfertigen, daß er in seiner leibgebundenen Auslegung des Gegebenen das Gegebene als für den Leib Gegebenes anzusehen, das Objekt nicht mehr als transzendentes Objekt hat. Dies scheint zunächst ein rationaler Fortschritt über Kant hinaus zu sein. Dabei wird aber übersehen, daß der Schopenhauersche Leibbegriff durchaus nicht einheitlich gefaßt ist. Der Leib kann nur deshalb sinnvoll gestaltend sein, weil er aus einer bloßen Verweisung auf den Willen besteht. Damit ist zwar die Objektivität nicht mehr außenliegend, sie ist für die Rationalität unmittelbar in das Leibgeschehen integriert, der Leib ist aber nicht einheitlich da, er verweist auf *seine* Transzendenz, den Willen. Die Intellektualität der Anschauung besteht letztlich in dieser ständigen Verweisung der ästhetischen Erfahrung auf den Willen, auf eine Transzendenz, durch die erst die Sinnlichkeit sinnvoll wird.

h) Kants Zurückweisung einer intellektualen Anschauung

Für Kant hat das Ich nicht die Möglichkeit, die Ursachen für das Gegebensein des Mannigfaltigen zu werden:

Denn durch das Ich, als einfache Vorstellung, ist nichts Mannigfaltiges gegeben.[33]

Schopenhauer hat durch seine Induktion das Ich aus dieser Position herausgeführt. Gegebenheit ist für Schopenhauer kein äußerliches Ereignis. Gegebenheit ist vielmehr unmittelbar erfaßbar, weil sie der induktive Schluß der Leiberfahrung ist. Das Ich hat deshalb durch sich allein und aus sich heraus die Möglichkeit der Anschauung. Die Art und Weise, wie Kant die Erkenntnis der Dinge dem Ich zuordnet, nämlich, daß es meine Vorstellungen sind, diesen Modus hat Schopenhauer dazu benutzt, die Vorstellungen zu intellektualen Anschauungen zu machen. Der Satz, mit dem Schopenhauer sein Werk „Die Welt als Wille und Vorstellung" beginnen läßt, heißt:

„Die Welt ist meine Vorstellung": dies ist eine Wahrheit, welche in Beziehung auf jedes lebende und erkennende Wesen gilt.[34]

Wie sich dann herausstellt, wird das Ich von Schopenhauer mit Hilfe seines Begriffs der Leiberfahrung zu einer scheinbaren Wirkursache umgedeutet, da an ihm sich der Wille vollzieht. Nur aus dieser Umdeutung heraus ist zu verstehen, wie Schopenhauer sich von der ursprünglichen Konzeption Kants entfernen konnte. Während Kant die Fähigkeiten des Selbstbewußtseins deutlich eingeschränkt sah, hat es dagegen für Schopenhauer eine ursprünglich seinsbildende Kraft. Kant sagte noch:

Ein Verstand, in welchem durch das Selbstbewußtsein zugleich alles Mannigfaltige gegeben würde, würde *anschauen*; der unsere kann nur *denken* und muß in den Sinnen die Anschauung suchen.[35]

---

32 Schopenhauer, a.a.O., S. 521.
33 Kant, I., Kritik der reinen Vernunft, B 135.
34 Schopenhauer, a.a.O., Bd. II, S. 3.
35 Kant, KrV, B 135.

Gerade dasjenige also, was Kant hier für unmöglich hält, daß die Vorstellungen, die sich als „meine Vorstellungen" zeigen und erweisen, durch das *Selbstbewußtsein zur Gegebenheit* gebracht werden, ist für Schopenhauer durch seinen Leibbegriff möglich geworden. Für Schopenhauer gibt es ein denkendes Anschauen, wobei jedoch sowohl der Begriff des Gegebenen im Sinne dieser induktiven Leiberfahrung, die die Verwirklichung des Willens anzeigt, ausgelegt ist.

Für Kant spielt in den kritischen Schriften der Leib eine untergeordnete Rolle[36] in bezug auf die Realisation des Bewußtseins, denn alles dasjenige, was als Objekt genommen werden kann, also auch der Leib, kann nicht die Einheit des Selbstbewußtseins herstellen. Der Mißbrauch der rationalen Psychologie bestand nach Kant darin, daß diese die Einheit des Selbstbewußtseins als Etwas genommen habe, quasi als Objekt also:

> Die Einheit des Bewußtseins, welche den Kategorien zum Grunde liegt, wird hier für Anschauung des Subjekts als Objekts genommen und darauf die Kategorie der Substanz angewandt. Sie ist aber nur die Einheit im *Denken*, wodurch allein kein Objekt gegeben ist, worauf also die Kategorie der Substanz, als die jederzeit gegebene *Anschauung* voraussetzt, nicht angewandt, mithin dieses Subjekt gar nicht erkannt werden kann. Das Subjekt der Kategorien kann also dadurch, daß es diese denkt, nicht von sich selbst als einem Objekt der Kategorien einen Begriff bekommen; denn um diese zu denken, muß es sein reines Selbstbewußtsein, welches doch hat erklärt werden sollen, zum Grunde legen.[37]

Dies könnte wie ein vorweggenommener Einwand gegen die Formulierung Schopenhauers aufgefaßt werden. Der Leib als ein Etwas, der Kategorie als Substanz unterworfen, kann nicht gleichzeitig die Selbstgewißheit befördern. Für Kant war die Meinigkeit der Vorstellung durch die Einheit des Selbstbewußtseins gestiftet, eine Einheit aber, die selbst nie anschaulich ist oder anschaulich gemacht werden kann. Für Schopenhauer ist die Meinigkeit durch meinen Leib gestiftet, ist damit zugleich auch anschaubar, ist der anschaulich oder zum Objekt gewordene Wille.

j) Die synthetische Einheit durch den Zweckbegriff in der Natur

Kant hat in der „Kritik der reinen Vernunft" keinerlei Anhaltspunkte für eine solche Interpretation, wie Schopenhauer sie vorgelegt hat, gegeben. Erst in der „Kritik der Urteilskraft" legt er durch seine Interpretation des Zweckbegriffs eine solche induktive Konzeption nahe:

> Um aber etwas, das man als Naturprodukt erkennt, gleichwohl doch auch als Zweck, mithin als Naturzweck, zu beurteilen: dazu, wenn nicht etwa hierin gar ein Widerspruch liegt, wird schon mehr erfordert. Ich würde vorläufige sagen: ein Ding existiert als Naturzweck, *wenn es von sich selbst* (obgleich in zweifachem Sinne) *Ursache und Wirkursache ist.*[38]

Um das Naturprodukt nicht nur in seiner Wirkursächlichkeit zu sehen, bedarf es einer organisierenden Größe. Eine solche organisierende Größe kann für Kant im Naturzweck gesehen werden. Diese organisierende Größe des Zweckbegriffs gibt

36 Kaulbach, F., Leiberfahrung und Welterfahrung beim frühen und späten Kant. In: Kant-Studien 54 (1963), S. 483.
37 Kant, KrV, B 421.
38 Kant, Kritik der Urteilskraft B 286.

eine Möglichkeit an die Hand, den Gegenstand der Erkenntnis direkt zu fassen. Kant sagte in der KrV, daß zu der Erkenntnis der Wirklichkeit das Bewußtwerden der Empfindung vonnöten ist, und schränkte ein: „zwar nicht eben unmittelbar, von dem Gegenstand selbst"[39]. Durch den Begriff des Zwecks ist aber eine unmittelbare Bewußtwerdung möglich.

Die Erkenntnis des Naturzwecks gibt Kant selbst als ideale Erkenntnis an und unterscheidet sie von der realen Erkenntnis, die sich mit den Wirkursachen beschäftigt:

> Man könnte die erste (Wirkursache) vielleicht schicklicher die Verknüpfung der realen, die zweite (Zweckursache) der idealen Ursache nennen, weil bei dieser Benennung zugleich begriffen wird, daß es nicht mehr als diese zwei Arten der Kausalität geben könne.[40]

Damit die idealen Ursachen der Dinge erkannt werden, ist es nun erforderlich, daß, neben der Notwendigkeit ihres Bezugs auf ein Ganzes, eine Aufhebung der definiten Bestimmung von Ursache und Wirkung stattfindet:

> Soll aber ein Ding als Naturprodukt, in sich selbst und seiner inneren Möglichkeit doch eine Beziehung auf Zwecke enthalten, d.i. nur als Naturzweck und ohne die Kausalität der Begriffe von vernünftigen Wesen außer ihm möglich sein; so wird *zweitens* dazu erfordert: daß die Teile desselben sich dadurch zur Einheit eines Ganzen verbinden, daß sie voneinander wechselseitig Ursache und Wirkung ihrer Form sind. Denn auf solche Weise ist es allein möglich daß umgekehrt (wechselseitig) die Idee des Ganzen wiederum die Form und Verbindung aller Teile bestimmt; nicht als Ursache — denn da wäre es ein Kunstprodukt —, sondern als Erkenntnisgrund der systematischen Einheit der Form und Verbindung alles Mannigfaltigen, was in der gegebenen Materie enthalten ist, für den, der es beurteilt.[41]

Die Einheit des Mannigfaltigen wird jetzt der Erkenntnisgrund. Die Einheit, die das *Mein* der Vorstellungen stiftet, die synthetische Einheit der Apperzeption, wird jetzt zur Einheit, die die Organisation der Natur darstellt, der Begriff, der ursprünglich nur das Mein der Vorstellung ermöglicht hatte, wird dadurch zum Erkenntnisgrund der Natur selbst.[42] Eine analytische Verschmelzung der Synthesis kann aber nicht durch die in der Natur erkannten Wirkursächlichkeiten allein geleistet werden,

---

39 Kant, KrV B 272.
40 Kant, KdU B 289. Klammern hinzugefügt.
41 Kant, KdU B 289f
42 Kaulbach, F., Leibbewußtsein und Welterfahrung beim frühen und späten Kant.
    Das von Kant zum Thema gemachte apriorische System der bewegenden Kräfte der Natur läuft auf eine organische Einheit dieser Kräfte hinaus. Es ist eine Synthesis eigener Art, welche diese Einheit zu leisten vermag: Es entspricht ihr nicht mehr die „schlechteste Reflexionsform" (Hegel) der bloßen Zusammensetzung, vielmehr leistet diese neue Synthesis eine kontinuierliche Durchdringung der gegenständlichen Mannigfaltigkeit. Diese Synthesis verbindet Kant mit dem Zweckprinzip, weil eine unter diesem Prinzip stattfindende Einheit von der Art ist, daß in jedem ihrer Teile das Ganze und damit auch die anderen Teile angelegt sein müssen. Es ist nun bezeichnend, daß damit auch dem Organismusprinzip der Charakter der Doppelseitigkeit erwächst, welcher all den übrigen großen Prinzipien der Transzendentalphilosophie zukommt: Organisch ist das System der Begriffe, und ein Organismus ist auch die Natur im Ganzen, wenn sie formal betrachtet wird. Zwischen der organischen Struktur der begrifflichen Synthesis einerseits und dem Naturorganismus andererseits jedoch steht auch hier wieder eine beide Seiten in sich fassende, vermittelnde Realität: Es ist derjenige Organismus, welchen Kant als „meinen Körper" bezeichnet: also der Leib. Auch vom Organismusgedanken des Nachlaßwerkes her erweist sich dieser als zweiseitig, als subjektiv und als objektiv zugleich. (s. 486f)

weil diese weder einen Verweisungscharakter auf das Ganze haben, noch eine wechselseitige Austauschbarkeit der Definition von Ursache und Wirkung erlauben, diese zwei Erfordernisse für das Denken der Dinge als Naturzwecke.[43]

Der Naturzweck offenbart sich auch als Einheit des Mannigfaltigen. Obwohl dieser nur idealiter angezeigt ist, soll er doch von der Beobachtung abzuleiten sein. Die Beobachtung läßt das Naturprodukt als organisiertes Produkt erscheinen, als welches es dann Naturzweck darstellt, wenngleich auch nur aufgrund eines Regulativs.[44] Dieses Regulativ leitet dann die Erkenntnis der organisierten Wirklichkeit ein, die sich aus der Wirkursache nicht ableiten läßt. Es ist jedoch zunächst nicht offensichtlich, warum eine solche Erkenntnis als Organisation überhaupt nötig ist.[45] Das Regulativ für die Beobachtung der Natur unter einem Zweckbegriff rechtfertigt sich für Kant aus der Beobachtung selbst, die dieses Faktum der Organisation nicht übergehen kann.

> Es mag sein, daß z.B. in einem tierischen Körper manche Teile als Konkretionen nach bloß mechanischen Gesetzen begriffen werden könnten (als Häute, Knochen, Haare). Doch muß die Ursache, welche die dazu schickliche Materie herbeischafft, diese so modifiziert, formt und an ihren gehörigen Stellen absetzt, immer teleogisch beurteilt werden, so daß alles in ihm als organisiert betrachtet werden muß, und alles auch in gewisser Beziehung auf das Ding selbst wiederum Organ ist.[46]

Diese Notwendigkeit der Betrachtung unter dem Begriff der Organisation leitet sich bei Kant wiederum daraus ab, daß die Betrachtung der Wirkursachen nur einen blinden Mechanismus zu erkennen geben, der nicht Ausdruck des Lebendigen sein kann.

k) Die Sinngründung durch die reflektierende Urteilskraft bei Kant

Die reflektierende Urteilskraft muß also notwendig vom Zweck ausgehen, weil sie die Mannigfaltigkeit der Dinge durch die Bestimmung der Wirkursache nicht zu einer Einheit zusammenführen kann. Auf diese Art und Weise wird das Aggregat

43 Kant, KdU, B 289.

44 Funke, G., Ist Naturgeschichte als Wissenschaft möglich. In: Philosophia Naturalis 18 (1981) S. 219f.

45 Kaulbach, F., a.a.O.
Der Grund für die Bedeutung des später in der ‚Kritik der Urteilskraft' auftretenden Organismusgedankens ist auch darin zu sehen, daß hier der Positionsverlust, den die Vernunftkritik gegenüber dem Problem des Leibes zugeben muß, wieder wett gemacht wird. In den Überlegungen Kants zum Organismusprinzip tritt nämlich die Möglichkeit auf, den Organismus als eine körperliche Gestalt zu begreifen, welche kraft der inneren Zweckmäßigkeit von einem einfachen, zusammenhängenden Lebensprinzip durchdrungen ist. Die reflektierende Urteilskraft sieht die Aufgabe, die Seele mit der Fähigkeit auszustatten, ihre leibliche Gestalt zur individuellen Einfachheit zu kontinuieren. Mit dieser Aufgabe nimmt es nun das Opus Postumum im Hinblick auf die organische Zusammenfassung der „bewegenden Kräfte" in der Natur zum Ganzen des Kosmos auf. Kurz gesagt: es wird ein Weg von der Zusammensetzung zur Kontinuierung (Durchdringung) von der Synthesis zum System bzw. zur vollständigen Synthesis, von der prinzipiell zusammengesetzten Materie zum organischen Leib gefunden. (S. 479)

46 Kant, KdU B 298.

blinder Wirkungen, die im Mechanismus der Natur sinnlos aufeinander zu folgen scheinen, zu einer erkennbaren Größe. Erst durch die Zweckursache wird der Sinn für das Einzelding gegründet und durch die reflektierende Urteilskraft begriffen:

> Wir haben nämlich unentbehrlich nötig, der Natur den Begriff einer Absicht unterzulegen, wenn wir auch nur in den organisierten Produkten durch fortgesetzte Beobachtung nachforschen wollen: und dieser Begriff ist also schon für den Erfahrungsbereich unserer Vernunft eine schlechterdings notwendige Maxime.[47]

Da die Absicht aber nicht als diese oder jene Absicht, sondern als Absichtlichkeit überhaupt erscheint, kann man auch sagen, daß die Erkenntnis ein Für-etwas-sein braucht, um Erkenntnis überhaupt sein zu können, wohingegen die Wirkursächlichkeit auf einen unendlichen Kausalnexus hinweist, der sowohl als Ganzes wie auch in seiner Verbindung der Glieder keinen Grund zu erkennen gibt:

> Hieraus läßt sich auch das, was man sonst zwar leicht vermuten, aber schwerlich mit Gewißheit behaupten und beweisen konnte, einsehen, daß zwar das Prinzip einer mechanischen Ableitung zweckmäßiger Naturprodukte neben den teleologischen bestehen, dieses letztere aber keineswegs entbehrlich machen könnte: d.i. man kann an einem Dinge, welches wir als Naturzweck beurteilen müssen (einem organisierten Wesen), zwar alle bekannte und noch zu entdeckende Gesetze der mechanischen Erzeugung versuchen, und auch hoffen dürfen, damit guten Fortgang zu haben, niemals aber der Berufung auf einen davon ganz unterschiedenen Erzeugungsgrund, nämlich der Kausalität durch Zwecke, für die Möglichkeit eines solchen Produkts überhoben sein; und schlechterdings kann keine menschliche Vernunft (auch keine endliche, die der Qualität nach der unsrigen ähnlich wäre, sie aber dem Grade nach noch so sehr übersteige) die Erzeugung auch nur eines Gräschens aus bloß mechanischen Ursachen zu verstehen hoffen.[48]

Wenn überhaupt ein Verstehen vorliegt, dann ist das relationale Begreifen verlassen, dann sind die Dinge schon als organisierte Körper verstanden und der Gattungsvorgang zugrundegelegt. Es kann somit gar kein Verzicht auf die Zweckidee geleistet werden, die Wirkursachen sind immer zweckursächlich ausgerichtet. Was eigentlich verstanden wird, sind nicht die Relationen, sondern das Subjekt, das diesen zugrunde liegt, die organisierten Körper. So ist zwar der Realablauf der Dinge nach mechanischen Ursachen vorstellbar, diese Vorstellung ist aber für den Verstand nicht denkbar, weil dieser nur das Organisierte begreifen kann:

> Hieraus folgt aber, wie eben gewiesen worden, nicht, daß die mechanische Erzeugung eines solchen Körpers unmöglich sei; denn das würde soviel sagen, als, es sei eine solche Einheit in der Verknüpfung des Mannigfaltigen für jeden Verstand unmöglich (d.i. widersprechend) sich vorzustellen, ohne daß die Idee derselben zugleich die erzeugende Ursache desselben sei, d.i. ohne absichtliche Hervorbringung.[49]

Nun ist für unseren Verstand eine Einsicht in den Realgrund nicht möglich, weshalb wir uns an die regulative Idee der organisierten Körper halten müssen. Dadurch, daß etwas durch den Erscheinungsbegriff meine Vorstellung geworden ist, hat es notwendig den Charakter der Betrachtung als organisierter Körper:

> Gleichwohl würde dieses in der Tat folgen, wenn wir materielle Wesen, als Dinge an sich selbst, anzusehen berechtigt wären. . . . Da es aber doch wenigstens möglich ist, die materielle Welt als bloße Erscheinung zu betrachten, und etwas als Ding an sich selbst (welches nicht

47 Kant, KdU B 334.
48 Kant, KdU B 352.
49 Kant, KdU B 351.

Erscheinung ist) als Substrat zu denken, diesem aber eine korrespondierende intellektuelle Anschauung (wenn sie gleich nicht die unsrige ist) unterzulegen: so würde ein, obzwar für uns unerkennbarer, übersinnlicher Realgrund für die Natur stattfinden, zu der wir selbst mit gehören, in welcher wir also das, was in ihr als Gegenstand der Sinne notwendig ist, nach mechanischen Gesetzen, die Zusammenstimmung und Einheit aber der besonderen Gesetze und der Formen nach denselben, die wir in Anziehung jener als zufällig beurteilen müssen, in ihr als Gegenstand der Vernunft (ja das Naturganze als System) zugleich nach teleologischen Gesetzen betrachten, und sie nach zweierlei Prinzipien beurteilen würden, ohne daß die mechanische Erklärungsart durch die teleologische, als ob sie einander widersprächen, ausgeschlossen wird.[50]

Die gattungshafte Betrachtungsart ist das Prinzip, welches die Wirkursache notwendig begleitet, weil durch diese Begleitung allein eine Einsicht in die Natur möglich ist. Der Zweckgedanke ermöglicht also die Einsicht in die Ursache. Diese Möglichkeit ist eine Notwendigkeit für das Verstehen der Naturkausalität des Zeugens.[51]

l) Die reflektierende Urteilskraft als leibliches Erfahrungsgesetz bei Schopenhauer

Schopenhauer hat aus dieser notwendigen Möglichkeit für das Verstehen eine Funktion des Leibes gemacht, diese Notwendigkeit also nicht als Verstandesnotwendigkeit, sondern als organische Funktion des Leibes ausgelegt. Durch den Schluß der Leiberfahrung des Individuums auf die Leiberfahrung aller organisierten Leiber hat er aus dieser Erfahrung eine Allgemeingültigkeit gemacht. Indem Schopenhauer das Regulativ Kants der Teleologie des Verstehens in der reflektierenden Urteilskraft als empirische Erfahrungsmöglichkeit des Leibes aufzeigte, konnte er aus dem Satz vom Grunde eine unmittelbare Funktion des Leibes machen. In gleicher Weise, wie die Einheit des Mannigfaltigen im Selbstbewußtsein ermöglicht ist, ist die Einheit des Körpers im organischen Körperbegriff bei Schopenhauer gewährleistet. In beiden Fällen wird das Auseinanderliegende und Fremde zusammengeführt in einem Verstehen. Schopenhauer hat die Welt als organisierte Körperlichkeit nicht nur in einer regulativen Idee, sondern in der unmittelbar erlebten Wirklichkeit dargestellt. Die Anschauung ist für Schopenhauer deshalb intellektuell, weil er die reflektierende

---

50 Kant, KdU B 352.
51 Kaulbach, F., a.a.O., S. 481.
Das Programm des Brückenschlages von der Theorie der bloß „möglichen" Erfahrung zur transzendentalen Theorie der „wirklichen" Erfahrung enthält jedoch noch eine Herausforderung an die Transzendentalphilosophie: will sie nämlich bei dem so erfolgenden Avancement an die Erfahrung und Empfindung nicht selbst zur Physik und Physiologie werden, so muß sie um so eindeutiger und radikaler die synthetische Einheit der reinen Vernunft vertreten, je mehr sie sich auf die Mannigfaltigkeit der „bewegenden Kräfte" der Natur einläßt: sie muß die apriorische totale Einheit, das „System" zum Zentrum ihrer Überlegungen machen. Die Natur im Ganzen, sowie die Erfahrung im Ganzen müssen unter der Idee des Systems ausgelegt werden: und wie die Idee des Systems aufzufassen ist, darüber belehrt die transzendentale Methodenlehre der Vernunftkritik, derzufolge im System alles wechselseitig nach dem Verhältnis von Mittel und Zweck verbunden ist. Das System hat also „organischen" Charakter.

Urteilskraft zur bestimmenden Urteilskraft des Verstandes machen konnte, indem er das transzendentale Selbstbewußtsein als leibgebundenes und durch die Leiblichkeit ausgedrücktes Bewußtsein ansah. Diese Gebundenheit wird zu einem notwendigen Bestandteil des Wissens als Erscheinung, wird als Notwendigkeit für die Betrachtungsweise angesehen, die Dinge in ihrem Status, wie sie für uns da sind, begrifflich zu erfassen. Indem das Erkenntnisprinzip der Körper als organisierter Körper am eigenen Leib als Seinsprinzip erfahren wird und vom eigenen Leib auf alle Leiber, ja sogar auf das Anorganische geschlossen werden kann, ist dieses Prinzip ein allgemeines Seinsprinzip geworden.[52]

Die Einsicht in die Wirkursache ist für Kant die Einsicht in einen bloßen Mechanismus des Seins, die Einsicht in die Endursachen dagegen macht eine Einsicht in die Seinsursache möglich, zeigt an, daß und wie die Ursache an sich Wirkung geworden ist als die sich selbst und aus sich wissend Materialität.[53] Dies ist nun das Schema, das wir bei Schopenhauer festgestellt haben. Es deutet sich also schon bei Kant an.

m) Kants Plädoyer für die reflektierende Urteilskraft

Die Wirkursächlichkeit gibt nicht die Notwendigkeit der Folge der einzelnen Glieder an, so daß das Warum des Warum nicht geklärt wird. Deshalb konnte Hume auch sagen, daß die Wirkursächlichkeit eigentlich gar keine Kausalität ist, daß die Folgen innerhalb der Wirkursächlichkeit nicht kausal, sondern assoziativ zu nennen sind. Der Verstand stellt nur ein Nacheinander der Folgen fest, die kausale Interpretation dieser Folge wird dann hineininterpretiert.

War nach dieser Kritik Humes ein Verstehen aus Urteilen gar nicht mehr möglich, so ist nach Kant eine verstehende Auslegung der Natur zumindest im Prinzip wieder gewährleistet. Kant wußte sehr wohl, daß er sich mit seiner Umdeutung des Satzes vom Grunde in eine Kontroverse zu Spinoza brachte:

> Andererseits, will *Spinoza* uns aller Nachfrage nach dem Grunde der Möglichkeit der Zwecke der Natur dadurch überheben, und dieser Idee aller Realität nehmen, daß er sie überhaupt nicht für Produkte, sondern für einem Urwesen inhärierende Akzidenzen gelten läßt, und diesem

---

52 Hübner, K., Leib und Erfahrung in Kants Opus Posthum, S. 215–216. In: Zeitschrift für philosophische Forschung 7 (1953), S. 204–219.
Hübner zeigt in seiner Arbeit, wie dieser Aspekt schon bei Kant selbst zu finden ist, so daß auch hier der Leib als Indiz für den Seinscharakter steht.
Trotz dieses Ergebnisses von Hübner besteht m.E. noch ein Unterschied zur Theorie Schopenhauers, weil erst dieser plausibel machen konnte, wie ein formales Prinzip zugleich als Lebensprinzip gedeutet werden kann. Hübners Arbeit zeigt aber, wie weit Kant sich selbst in diese Richtung weiterbewegt hat.

53 In dieser Weise interpretiert auch Kaulbach die reflektierende Urteilskraft nicht nur als bloßes Deutungsinstrument, sondern als Begriffsmöglichkeit, bei der die Natur sich selbst ausdrückt. Kaulbach, F., Ästhetische Welterkenntnis bei Kant, Würzburg 1984.
Wesentlich ist es, daß reflektierende Urteilskraft nicht nur eine Deutung der Natur und ihrer Gegenstände am Leitfaden der Idee der Zweckmäßigkeit versucht, sondern daß sie auch Gewißheit über die Eignung der Natur für diese Beurteilung gewinnt. (S. 22).

Wesen, als Substrat jener Naturdinge, in Ansehung derselben nicht Kausalität, sondern bloß Subsistenz beilegt und (wegen der unbedingten Notwendigkeit derselben, samt allen Naturdingen, als ihn inhärierenden Akzidenzen) den Naturformen zwar die Einheit des Grundes, die zu aller Zweckmäßigkeit erforderlich ist, sichert, aber zugleich die Zufälligkeit derselben, ohne die keine *Zweckeinheit* gedacht werden kann, entreißt, und mit ihr alles *Absichtliche*, sowie den Urgrund der Naturdinge allen Verstand, nimmt.[54]

Dieser Einwand gegen Spinoza ist deutlich von dem Interesse geprägt, die Zweckkausalität als Verstehenskausalität zu etablieren. Kant zeigt auf, in welcher Weise Kausalität möglich ist: als Zufälligkeit, Absichtlichkeit, Zweckgerichtetheit. Nur in dieser Hinsicht kommt der „Echtheit des Grundes" noch ein Verstand zu und kann durch einen Verstand, verstehend also, begriffen werden. Auf diese Art und Weise erfaßt der Verstand Produkte, ansonsten begreift er nichts. Bei diesem Angriff gegen Spinoza übersieht Kant aber, daß Spinoza gar nicht von der Konzeption einer Substanz-Akzidenz-Beziehung ausgeht. Spinoza spricht von Attributen, die Kant zu Akzidenzen umdeutet. Als Akzidenzen betrachtet sind die Attribute in der Tat nicht Ausdruck der Substanz selbst und damit ohne ein Verstehen der Substanz. Bei dieser Konzeption drücken die Akzidenzen die Substanz als Subsistenz aus. Doch dies ist nicht die Art und Weise, wie Spinoza die Substanz angegeben hatte. Er hat sie gerade nicht in einem Substanz-Akzidenz-Verhältnis gesehen, weil durch dieses Verhältnis nur die Uneigenständigkeit der Akzidenzen in bezug auf eine vielleicht sogar unsichtbare Substanz zum Ausdruck kommt, somit nur ein negatives Bewußtsein geschaffen wird. Gerade dies wollte Spinoza ja nicht ausdrücken, denn die von ihm *nicht* so genannten Akzidenzen sind ja als Einzeldinge im höchsten Sinne eigenständig und wirklich, da an ihnen das Göttliche begriffen wird. Dabei wird jedoch weder eine göttliche Absicht, noch ein göttlicher Zweck begriffen, sondern das Wirkliche, was auch im Einzelding ist und für sich das Einzelding die Wirkursache bildet. Die Substanz ist deshalb für Spinoza nicht transzendent oder übersinnlich.

Die Konzeption des Zwecks schafft dagegen ein Reich des Übersinnlichen, das dann, wie im Falle Kants, durch das Vermögen einer speziellen Urteilskraft erfahrbar gemacht wird. Dadurch, daß Schopenhauer dies als das Vermögen des Leibes darzustellen wußte, konnte er diese Transzendenz der Zwecke am Organischen selbst immanent aufweisen, ohne sie darum ihrer Übersinnlichkeit und transzendenten Gültigkeit zu berauben. Eine solche Unmittelbarkeit der Transzendenz am leiblichen Dasein ist den Zeitgenossen Schopenhauers nicht darzustellen gelungen, weshalb ihre Systeme eher leere Transzendenzen aufweisen. Sie versuchten nicht, die Transzendenz am Leib zu zeigen, sondern den Leib in seiner Transzendenz zu erfassen, die ihm als Teil eines organischen Systems gewährt ist. Solche verschiedenen Transzendenzmöglichkeiten sollen im folgenden dargestellt werden.

---

54 Kant, KdU, S. 325.

2. Das Ungenügen eines organischen Leibbegriffs:
Der moralische Leibbegriff bei Fichte

a) Der Selbstzweck des Organischen als Materialismus

Die große Problematik eines teleologisch ausgerichteten Begriffs des Organischen besteht darin, daß, da das Ziel und der Sinn des Prozesses schon bekannt ist, der Ablauf desselben einem nach einem Plan zusammengestellten Mechanismus zu gleichen scheint. In diesem Sinn haben aber schon die Materialisten des 18. Jahrhunderts argumentiert, gegen deren Theorien Kant ja den regulativen Gebrauch des Organismusbegriffes zum Zwecke plausibler Erkenntnisse von Naturprozessen und Körpern vorgeschlagen hatte. Der entscheidende Gesichtspunkt besteht dabei darin, dieses Regulativ erkenntnismäßig und nicht im Sinne eines Seinsprinzips zu verstehen. Schopenhauer war es gelungen, durch seinen Leibbegriff den Unterschied zwischen Erkenntnisprinzip und Seinsprinzip aufzuheben. Schopenhauers Zeitgenossen hatten sehr wohl das Gefühl, daß sie sich hinter Kant auf das Niveau der Materialisten des 18. Jahrhunderts zubewegten, wenn sie eine bloße Ontologie des Organischen verfaßten. So zeigt Fichte, daß der menschliche Leib nicht allein durch den Begriff des Organischen erfaßt werden kann. Hierbei unternimmt er zunächst eine gegen die Materialisten und Mechanisten gerichtete Unterscheidung von Naturprodukt und Kunstprodukt, ganz nach der Art, wie Aristoteles[55] dies schon gemacht hatte.

> Im Naturprodukt ist aber das Ganze auch um der Theile willen da; es hat keinen anderen Zweck, als den, bestimmt diese Theile zu produziren. Im Kunstprodukt hingegen weist das Ganze nicht zurück auf die Theile sondern auf einen Zweck außer ihm; es ist Werkzeug zu etwas. Ferner, im Naturprodukt bringt jeder einzelne Teil durch seine innere Kraft sich selbst hervor.[56]

Nun hatten aber die Materialisten des 18. Jahrhunderts die Natur gerade nicht im Sinne eines Kunstprodukts, d.h. im Sinne äußerlich gegebener Ursachen verstanden, sondern hatten einen Selbstbegriff der Natur als Organisation im höchsten Maß entwickelt. So schreibt Holbach:

> Die Natur ist die Ursache von allem; sie existiert durch sich selbst; sie wird immer existieren; sie wird immer wirken; sie ist ihre eigene Ursache. . . . Alles dies beweist, daß wir die Gottheit nicht außerhalb der Natur suchen dürfen. Wenn wir eine Idee von ihr haben wollen, so müssen wir sagen, sie sei die Natur.[57]

Deshalb ist auch für ihn eine Selbsterkenntnis aus der natürlichen oder körperlichen Existenzweise heraus prinzipiell möglich:

> Wenn wir das Spiel unserer Organe durchschauten, . . . so würden wir sehen, daß alle unsere Handlungen der Fatalität unterworfen sind. . . . Keine Wirkung entsteht in uns selbst oder in der Natur durch Zufall.[58]

Entscheidend ist hier die Betrachtung des Körpers als organisierter Körper. Dabei wird eine Art Selbstzweck der Natur konstituiert. Nur in dem reinen Durch-sich

---

55 Aristoteles: Physica, 192 b 8 f.
56 Fichte: Werke, Bd. III, S. 78.
57 Holbach: System der Natur, S. 437–438.
58 Holbach, a.a.O., S. 182.

kann die Natur erklärt werden. Jede Erklärung durch ein anderes projiziert die Leidenschaften des Betrachters, projiziert fremde Gründe in das Geschehen hinein, das damit nicht mehr als organisches Geschehen betrachtet werden kann. Die Erklärung nach dem Satz vom Grunde, die nicht das bloße Durch-sich-sein der Natur erfaßt, ist für Holbach nicht nur blind, sondern im Höchstmaß schädlich, weil hier gar keine Gründe erkannt werden, sondern bloß diese Projektionen vorgenommen werden und damit die Erkenntnis im höchsten Maße getäuscht wird.

> Wir wollen die Natur als eine unermeßliche Werkstatt betrachten, die alles enthält, was notwendig ist, um zu wirken, und um alle die Werke hervorzubringen, die wir sehen. Erkennen wir die ihrem Wesen innewohnende Macht und schreiben wir ihr Werk nicht einer imaginären Ursache zu, die nur in unserem Gehirn existiert.[59]

Die Natur ist eine Werkstatt ohne Handwerker, ohne Gerätschaften, in der als Einziges ihr Durch-sich-sein die Dinge entstehen läßt. Hier ist das Durch-sich-sein im Sinne einer Realursache verstanden, wovon Kant sich absetzte, indem er zeigte, daß dies nur ein Prinzip der Erkenntnis sein kann, wodurch die Kausalität, das Durch-etwas-sein, das Sich des Durch-sich-seins von angenommener, höherer Bestimmung aus regulativ bestimmt. Dieses Begründungsverhältnis ist dann nicht real, sondern transzendental, ohne einen empirischen Realitätsanspruch an dieses höhere Etwas, die Zweckursache, zu stellen.

b) Der Leib des Anderen als Nötigung, ein Ich anzunehmen

Für Fichte ist es nun prinzipiell möglich, mit dem Begriff des Zwecks ein Naturprodukt vollständig zu erfassen. Sein Unbehagen an diesem Begriff zeigt sich aber daran, daß der menschliche Leib davon ausgeschlossen ist. Der Leib ist zwar zunächst als Naturprodukt, im Gegensatz zum Kunstprodukt, zu begreifen,[60] er ist aber damit nicht vollständig begriffen als Erscheinung:

> Die Erklärung geht nach dem Gesetz der Organisation zwar eine Zeit lang fort (nicht etwa, dieses Gesetz läßt sich gar nicht anwenden wie bei dem Kunstprodukte), aber zuletzt kann danach nicht weiter erklärt werden d.i. es kann das letzte Product desselben nicht wieder auf sie bezogen werden. Dann ist der Umkreis nicht geschlossen und der Begriff nicht vollendet; das heißt es ist nichts begriffen: die Erscheinung ist nicht verstanden. (Der Mensch vollendet den Umkreis der Organisation allerdings durch die Fortpflanzung seines Geschlechts. Er ist eine vollkommene Pflanze: aber er ist noch mehr.)[61]

Obwohl sich der Leib durch den Bildungstrieb reproduziert, ist er dadurch nicht allein begreifbar. Was sich durch den Organisationsbegriff darstellt, ist nur der tierische Leib. Als solcher wird aber der menschliche Leib nicht begriffen, sondern nur infolge einer Übertragung vom Ich des Betrachters auf das Ich des Anderen. Als

59 Holbach, a.a.O., S. 440.
60 Fichte, a.a.O., S. 78.
61 Fichte, a.a.O., S. 79.

Erscheinung ist der Leib des Anderen eine Leerstelle,[62] auf die das Ich des Betrachters sich projiziert.

> Kurz alle Thiere sind vollendet und fertig, der Mensch ist nur angedeutet und entworfen. Der vernünftige Beobachter kann die Theile gar nicht vereinen, außer in dem Begriffe *seines Gleichen* in dem ihm durch sein Selbstbewußtsein gegebenen Begriffe der Freiheit. Er muß den Begriff von sich selbst unterlegen, um etwas denken zu können, weil gar kein Begriff gegeben ist; nach jenem Begriff aber kann er nun alles erklären.[63]

Der Leib bedeutet also nichts anderes als eine Nötigung, diese Erscheinung als Ich zu denken. Dies ist eine Nötigung, die Erscheinung bedingungslos zu sehen, also *nicht als Produkt*. An der Erscheinung des menschlichen Leibes findet gerade dieses freie Begreifen statt, mit dem das Ich sich selbst erfaßt.

> Durch die Unmöglichkeit, einer Menschengestalt irgend einen anderen Begriff unterzulegen, als den seiner selbst, wird jeder Mensch innerlich genöthigt, jeden anderen für seines Gleichen zu halten.[64]

Es kann zwar der Begriff des Produkts zu einem Reflexionsbegriff werden, wie schon bei Holbach zu sehen war, dadurch wird aber das bedingungslose und freie Selbst des Ich, als welches der Leib erscheint, nicht begriffen. In diesem Punkt nimmt Fichte deutlich Abstand vom Organisationsbegriff.

c) Die unbedingte leibliche Existenz

Weiterhin stellt sich die Frage, welches Verhältnis das Ich zum Bildungsbetrieb hat, wie es sich also im Leib selbst verhält. Auch hier bleibt für Fichte die Selbständigkeit des Ichs durchaus erhalten:

> Ich kann diese Triebe oder diesen Trieb nicht ansehen, *als etwas fremdartiges*, sondern ich muß ihn auf mich beziehen, auch in dieselbe Substanz als ein Accidenz versetzen, welches zugleich auch frei denkt und will. Nemlich, ob ich gleich jenen Trieb auf mich beziehen und ihn als *meinen* Trieb setzen muß, so bleibt er doch in gewisser Rücksicht etwas Objectives für *mich, das eigentlich freie und selbständige Ich.*[65]

Das Ich ist akzidentell an die Substanz des Bildungstriebes gebunden, wobei es selbständig in seiner Ichhaftigkeit verbleibt. Dieses Verhältnis zwischen Substanz und Akzidenz in Bezug auf das selbständige Ich gibt Fichte an anderer Stelle näher an, die hierüber Aufschluß geben kann:

> Insofern das Ich betrachtet wird als den ganzen, schlechthin bestimmten Umkreis aller Realitäten umfassend, ist es *Substanz*. Inwiefern es in eine nicht schlechthin bestimmende Sphäre (wie und wodurch sie bestimmt werde, bleibt vor der Hand ununtersucht,) dieses Umkreises gesetzt wird, insofern ist sie *accidentell*; oder *es ist in ihm ein Accidens*.[66]

---

62 Schöndorf, H., a.a.O., S. 54.
   Bemerkenswert ist, daß ausgerechnet Fichte durch seine Radikalisierung der Transzendentalphilosoph zu einem idealistischen Ansatz dazu kommt, den Menschen allein von seinem Leib her auch dann als Menschen anzuerkennen, wenn er nicht oder noch nicht spezifisch vernünftige Äußerungen von sich gibt.
63 Fichte, ebd.
64 Fichte, a.a.O., S 80.
65 Fichte, a.a.O., Bd. IV, S. 212.
66 Fichte, a.a.O., Bd. I, S. 142.

Das Ich kann zu sich selbst die Position eines Akzidenz einnehmen, indem es sich als Substanz nicht vollständig und schlechthin bestimmt. In dieser Weise hat das Ich zu seinem Trieb ein solches akzidentelles *Verhältnis*, bei dem es aber ichhaftig Substanz bleibt. Dadurch wird das Naturtreiben „mein Treiben".

> Durch die Selbstbestimmung wird der Kraft meiner Natur das erforderliche Prinzip, das erste bewegende, dessen sie ermangelt, unterlegt; und darum ist ihr Trieben von nun an *mein* Treiben, als eigentlichem Ich, das sich selbst zu dem gemacht hat, was es ist.[67]

Durch diesen Bezug auf das Ich, auf die Selbstbestimmung der Substanz, wird das Treiben zur Kausalität.

> Jenes System unserer Naturtriebe wird ein materieller Leib. In ihm konzentriert sich und ist enthalten jenes Treiben der Natur, das aber an sich keine Kausalität hat. Aber unmittelbar zufolge unseres Willens hat es Kausalität; unser Wille wird, aus dem obigen Grunde, in unserem Leib unmittelbar Ursache.[68]

Der materielle Leib als mein Leib ist die vom Einzelnen erlebte und erfahrene Gattung. Das Treiben des Gattungshaften im Einzelnen ist als mein materieller Leib zu Sein gewordene Kausalität des Zwecks, der Endursache, die in der Vermischung des blinden, aber lebendigen Bildungstriebes mit der Selbständigkeit des Ichs erkannt wird.

> Der Naturtrieb richtet sich an mich nur durch meinen Leib, und wird in der Welt außer mir realisiert lediglich durch die Causalität meines Leibes. Der Leib ist Instrument aller unserer Wahrnehmungen, mithin, da alle Erkenntnis sich auf Wahrnehmung gründet, aller unserer Erkenntnis; er ist Instrument aller unserer Causalität.[69]

Der Leib setzt das Durch-sich-sein der Natur um und offenbart es als Kausalität. So ist er die Manifestation des kausalen Systems der Natur, die jedoch ohne diese Beziehung eines Ichs auf seinen Leib nicht als Kausalität erscheint.[70] Das Prinzip der Selbstbestimmung, des Durch-sich-Bestimmtseins der Natur ist nur möglich im Rahmen *meiner* Natur, ist ansonsten nicht als solches erkennbar.

> Also meine Natur, inwiefern sie im Triebe bestehen soll, wird gedacht als sich selbst durch sich selbst bestimmend; denn nur so läßt ein Trieb sich begreifen.[71]

Die Realisation des Triebes findet durch die Kausalität des Leibes statt, dieser ist aber nur als Ich bestimmbar, da er nicht als ein Naturprodukt verstehbar ist.

> Es kann kein Trieb ich Ich seyn, aufhören Ich zu seyn, Nicht-Ich zu werden. Dann ginge das Ich aus auf seine eigene Vernichtung, welches sich widerspricht.[72]

Der Leib ist deshalb Werkzeug für die Realisation des höheren Zweckes der Freiheit, welche er als menschlicher Leib schon in der Unmöglichkeit, ein bloßes Naturprodukt zu sein, anzeigt. Entsprechend ist der Umgang mit dem Leib zu pflegen:

---

67 Fichte, a.a.O., Bd. IV, S. 214.
68 Fichte, a.a.O., S. 214.
69 Fichte, a.a.O., S. 215.
70 Schöndorf, H., a.a.O., S. 58.
> Die Bestimmung des Leibes als des Bereiches, in dem der Wille unmittelbare Kausalität hat und dessen er sich bedient, um auf andere Dinge zu wirken, steht sachlich Schopenhauers Ansicht nahe, der Leib sei unmittelbares Objekt des Wollens, wie dies in Schopenhauers Dissertationen formuliert wird.
71 Fichte, a.a.O., S. 111.
72 Fichte, a.a.O., S. 211.

. . ich muß sonach den ersten Zweck dem letzten subordinieren, meinen Leib erhalten und bilden, lediglich als Werkzeug des sittlichen Handelns, nicht aber als Selbstzweck.[73]

Fichte zeigt am Phänomen des Leibes die Unzulänglichkeit des organischen Begreifens und schlägt damit die Richtung ein, den Leib gerade im Ungenügen oder in der Auflösung des teleologischen Begriffs erfahrbar zu machen. Bei ihm ist diese Auflösung noch nicht konkret gestaltet, wie dann bei Schelling, da für ihn in der Zweckhaftigkeit des Leibes für die Freiheit noch eine positive teleologische Ausrichtung zu bestehen scheint. Dennoch ist durch die Tatsache, daß diese Freiheit ja nicht bestimmbar ist, eine entscheidende Störung in dieser Teleologie entstanden.

Das Prinzip des Durch-sich-seins, durch das die Naturprodukte erklärt werden müssen, muß vor dem Phänomen des menschlichen Leibes haltmachen, weil dieser sich nicht als Fleisch, sondern als ein Analogon der Freiheit der bloßen empirischen Auffassung und dem innerlichen Erleben manifestiert. Dadurch entzieht er sich dem Durch-sich-sein der Natur. Deshalb ist der Mensch auch nicht ein natürlich bedingtes Wesen, sondern bedingt als Ich den Naturprozeß, das Durch-sich-sein der Natur in seiner leiblichen Existenz. Die Natur des Leibes ist durch das Ich bestimmt, diese Ausrichtung ermöglicht aber keine Bestimmung oder Begründung. So ist die leibliche Existenz zwar aus dem Bereich des Bedingten herausgenommen, sie ist aber der freien und willkürlichen Setzung des Ichs anheimgestellt.[74] Ein solches das Naturprodukt bedingendes Setzen darf aber nicht den Charakter einer bloßen Willkür haben, es muß auch einen angemessenen Begriff für dieses Organische darstellen, soll es dies, wenn auch in Freiheit, ausdrücken. Die Uneindeutigkeit Fichtes ist darin zu sehen, daß er dem Zweckbegriff als Begriff für die organisierte Natur zwar grundsätzlich zustimmte, daß er aber als letzten Zweck in der Natur das Ich setzte, das er dann zugleich als zweckfrei bestimmt darstellen wollte. Diese Uneindeutigkeit offenbart sich aber am Leib als dem Zusammentreffen des Organischen mit der Freiheit des Ichs. So kann eine Erkenntnis des Leibes nur in dieser moralischen Hinsicht vorgenommen werden, daß er als einem höheren Prinzip dienendes Organ betrachtet und behandelt werden muß.

---

73 Fichte, a.a.O., S. 216.
74 Kopper, J., Die Auslegung des Lebens durch das analytische Begreifen, a.a.O., S. 29.
   Einer weitergehenden Reflexion des transzendentalen Wissens auf sich selbst mußte es aufgehen, daß Fichtes unmittelbares Begreifen des Lebens und des schöpferischen Erzeugens zwar den Anspruch auf die Unmittelbarkeit und Anfänglichkeit seiner selbst und seines Inhaltes mit Recht erheben mochte, daß aber dem Gang des Begreifens nach, der Methode des Denkens nach, dieses Unmittelbare gerade kein Unmittelbares, sondern vielmehr das durch die Setzung des Bestehens der Welt und des denkenden Wesens in ihr sowie durch die Negation der Zulänglichkeit in sich solcher Setzung durch die Reflexion Vermittelte ist, das, wenn diese Vermittlung ausgestrichen wäre, selbst mit aufgehoben wäre.

3. Der Leib als verdinglichtes Selbstbewußtsein
bei Schellingund in der Naturphilosophie

a) Die Reflexivität des Selbst als Sinn des Organischen

Fichte hat den Begriff des Organischen mit der Notwendigkeit eines Bezugs auf das Ich aufgestellt. Mit seiner Unterscheidung zwischen Kunstprodukt, Naturprodukt und Leib hat er sich vor einer Verdinglichung der leiblichen Existenz des Menschen bewahrt, hat aber damit keinen Begriff des Leibes, sondern nur eine moralische Maxime aufgestellt, nach der der Leib, als Leerstelle im Begreifen, behandelt werden soll.

Schelling geht hier weiter, indem er das künstlerische ästhetische Begreifen als weitere Möglichkeit der Erfassung des Lebendigen, speziell des Leibes, neben die bloß begründende und die moralische Möglichkeit stellt. So kann das Kunstprodukt, welches nicht das künstliche, sondern das künstlerische ist, das Vorbild für das Naturprodukt und die Kunst zum Werkzeug einer adäquaten Naturerkenntnis werden.[75] Nur die Kunst kann diesen speziellen Zweckbegriff des Leibes, den Fichte nur moralisch anzugeben wußte, erfassen.

> In der idealen Welt verhält sich die Philosophie ebenso zur Kunst, wie in der realen die Vernunft zum Organismus. Denn wie die Vernunft unmittelbar nur durch den Organismus objektiv wird, und die ewigen Vernunftideen als Seelen organischer Leiber objektiv werden in der Natur, so wird die Philosophie unmittelbar durch die Kunst, und so werden auch die Ideen der Philosophie durch die Kunst als Seelen wirklicher Dinge objektiv.[76]

Es zeigt sich hier, wie der objektive Nachweis und die objektive Darstellung des Zwecks am Ding als organisches Ding jeglichen Existenz- und Realitätsbegriff neu aus sich schafft.[77] Die Klage Schopenhauers, daß man bei der Lektüre Schellings eigentlich keine Gedanken empfängt, obwohl er mit seinem System dem Schellingschen System doch nahegekommen ist, liegt darin begründet, daß Schopenhauer in seinem System des Satzes vom Grunde eine Transzendenz aufrecht erhält, die er immanent und unmittelbar als den sich selbst darstellenden und vorstellbaren Willen aufzeigen kann. Obwohl der Wille dabei allgegenwärtig ist, bleibt er transzendent für das Verstehen, da dies denselben nicht vollständig nach dem Satz vom Grunde rekonstruieren kann, sondern nur auf seine Gesamtheit verweisen kann. Durch die Transzendenz bleibt der Charakter eines sich selbst erleidenden Prinzips rein und unverfälscht. Dies liegt hier bei Schelling nicht vor, da er die Vernunft zum Urheber

---

75 Schneider, W., Ästhetische Ontologie. Schellings Weg des Denkens zur Identitätsphilosophie. Frankfurt 1983, S. 500f.

76 Schelling: Philosophie der Kunst. In: Sämtliche Werke. Hrsg. von M. Schröter, Hauptband III, S. 403.

77 Leibbrand, W., Romantische Medizin. Hamburg 1937, S. 57.
Über Natur philosophieren, lehrt er, heißt Natur schaffen. Es handelt sich darum, den Punkt zu finden, von dem aus man das Werden der Natur sehen kann. Natur als Produkt kennen wir nicht, wir kennen nur die tätige Natur. Befreien wir als Philosophierende die Natur aus den toten mechanischen Fesseln und versetzen wir sie in eigene freie Entwicklung!

des organischen Grundes gemacht und damit die Transzendenz des Grundes aufgehoben hat.[78]

Schelling stellt dies so dar, daß das Organische gleichsam eine Vorstufe des künstlichen Produktes ist. Erst im künstlichen Körper ist das Organische vollständig dargestellt und begriffen.

> Das organische Werk der Natur stellt dieselbe Indifferenz noch ungetrennt vor, welche das Kunstwerk nach der Trennung, aber wieder als Indifferenz darstellt. Das organische Produkt begreift in sich die beiden Einheiten, der Materie oder die Einbildung der Einheit in die Vielheit und die entgegengesetzte des Lichts oder der Auflösung der Realität in die Idealität. . . . Da nun erst in der idealen Welt der Gegensatz des Allgemeinen und Besonderen, Idealen und Realen, sich als Gegensatz der Nothwendigkeit und der Freiheit ausspricht, stellt das organische Produkt den selben Gegensatz noch unaufgehoben dar, (weil noch unentfaltet) den das Kunstwerk aufgehoben darstellt, (in beiden dieselbe Identität).[79]

So wird anhand des Kunstwerkes das Prinzip des Organischen erkennbar.

Die Natur hat damit nicht ein dem Ich übergeordnetes Prinzip, das sich im Ich wahnhaft als Selbstsein des Ichs konstituiert, wie dies Schopenhauer darstellt, sondern das Selbstsein ist Urheber der Schöpfung, wie dies in analoger Weise, nur sichtbar und ableitbar, im Kunstwerk der Fall ist. Da die Transzendenz sich also nicht wahnhaft im Ich und als Ich im Individuum einbildet, sondern dem Selbstsein des Individuums erkennbar ist und, im Falle des Kunstwerkes, von diesem hervorgebracht wird, ist sie für Schelling als solche dem Ich unmittelbar inne geworden.

Der Leib, der für Fichte transzendent ist, da dieser sich dem organischen Begreifen entzieht und als Ich gedacht werden muß, ist für Schelling in dieser Weise immanent, da für ihn auch das Ich dem organischen Begreifen zugänglich ist, nicht jedoch so, wie die Materialisten dies darzustellen vermeinten, indem sie alles auf Grund der durch sich seienden Natur zurückführten, sondern durch eine Synthese der Begriffe von Mechanismus und Zweck zu einem, wie sich sagen ließ, Zweckmechanismus, der nur dem transzendentalen Idealismus zugänglich ist.

> Dieser Widerspruch nun, daß ein und dasselbe Produkt zugleich blindes Produkt und doch zweckmäßig sey, ist schlechthin in keinem System außer dem des transcendentalen Idealismus zu erklären, indem jedes andere die Zweckmäßigkeit der Produkte oder den Mechanismus im Hervorbringen derselben leugnen, also die Coexistenz aufheben muß.[80]

Es stellt sich nun die Frage, wie ein solcher Begriff möglich ist und wodurch er sich von Schopenhauer unterscheidet, der ja auch ein durchgängig organisches Begreifen als möglich erkannte. Da für Schopenhauer aber der Satz vom Grunde ein

---

78 Wild, Ch., Reflexion und Erfahrung. Eine Interpretation der Früh- und Spätphilosophie Schellings. Freiburg-München 1968. Der Naturphilosophie Schellings liegt die These zugrunde, daß auch der als Natur zu bestimmende Gehalt des Wissens der ursprünglichen Aktualität des Wissens entspringt, daß er ein Produkt dieser Tätigkeit ist, insofern sie sich ohne Bewußtsein vollzieht. Im Gehalt nimmt das bewußte Wissen nicht etwas ihm ursprünglich Fremdes entgegen, sondern es nimmt seine eigene notwendige, ohne Bewußtsein vollzogene Vergangenheit an. Dadurch aber, daß das als Naturerfahrung bestimmte Moment des Erfahrungswissens einerseits als der Ursprünglichkeit des Wissens selbst entstammend gedacht wird, andrerseits aber nur rezeptiv erfaßt, nur empirisch oder a posteriori erkennbar ist, it das der Naturphilosophie eigentümliche Verhältnis von philosophischer Reflexion und Erfahrung bedingt. (S. 55)
79 Schelling, a.a.O., S. 404.
80 Schelling: System des transcendentalen Idealismus; a.a.O., Hauptband I, S. 609.

organisches Gesetz darstellt, hat das Organische gleichsam die Fähigkeit des Be-
wußtseins, eine Lösung, der Schelling nicht zustimmen kann, vielmehr weist die
Möglichkeit eines organischen Begreifens durch den Zweckmechanismus auf eine
Begründung im Ich hin.

> Entweder nimmt man an, die Materie bilde sich von selbst zu zweckmäßigen Produkten,
> wodurch wenigstens begreiflich wird, wie die Materie und der Zweckbegriff sich in den
> Produkten durchdringen, so schreibt man der Materie entweder absolute Realität bei welches
> im Hylozoismus geschieht, ein widersinniges System, insofern es die *Materie selbst* als
> intelligent annimmt, oder nicht, so muß der Materie als die bloße Anschauungsweise eines
> intelligenten Wesens gedacht werden, so daß alsdann der Zweckbegriff und das Objekt
> eigentlich nicht in der Materie, sondern in der Anschauung jenes Wesens sich durchdringen,
> wo denn der Hylozoismus selbst wieder auf den transcendentalen Idealismus zurückführt. Oder
> man nimmt die Materie als absolut und unthätig an, und läßt die Zweckmäßigkeit in ihren
> Produkten hervorgebracht seyn durch eine Intelligenz außer ihr, so nämlich daß der Begriff
> dieser Zweckmäßigkeit der Produktion selbst vorangegangen so ist nicht zu begreifen, wie der
> Begriff und das Objekt im Unendlichen sich durchdringen, wie mit Einem Wort das Produkt
> nicht Kunstprodukt, sondern Naturprodukt sey.[81]

Mit der ihm eigenen Klarheit beschreibt Schelling die Problematik des organischen Begreifens. Das Ziel muß also in der Vereinigung der hier vorliegenden
Gegensätze liegen, wobei in dieser Identität der organische Körper als ein Durch-
sich-sein der Natur vorgestellt werden kann, die dabei nicht für sich selbst und damit
fremd bleibt, sondern die der Intelligenz als ihr eigener Prozeß erscheint und wodurch
sich das Ich als solches erfassen und wissen kann. Das Selbstwissen, die Möglichkeit,
den Naturprozeß als Ich zu fassen, bleibt damit immer letztes Kriterium, wobei die
Bedingungslosigkeit dieses Wissens im Gegensatz zu Fichte doch organisch darstellbar ist. Dies erreicht Schelling durch eine Differenzierung des Zweckbegriffs.

> Diese absolute Identität des Zweckbegriffs mit dem Objekt selbst ist nun aber bloß aus einer
> Produktion zu erklären, in welcher bewußte und bewußtlose Thätigkeit sich vereinen, aber eine
> solche ist wiederum nur in einer Intelligenz möglich.[82]

Das Entscheidende, das neu Hinzugekommene zu den bisherigen Lösungen
liegt im Bereich der bewußtlosen Produktion, wodurch das mechanistische Denken
seine stumpfe Folgerichtigkeit als bloße Zweckkausalität, bei der die Natur als
prinzipiell erkannte und gewußte Natur vorkommt, verliert. Schelling sieht die
Unfruchtbarkeit aller bisherigen und zukünftigen teleologischen Wissensbegriffe.
Entscheidend ist für ihn dabei, daß der Zweckbegriff sich erst in der Produktion
ergibt. Hierbei entwickelt sich ein Wissen, welches kein Wissen ist im normalen Sinn,
sondern sich auf einer höheren Stufe manifestiert, in der

> der Begriff des Begriffs und das Objekt selbst ursprünglich und ununterscheidbar vereinigt
> sind, denn alsdann wird das Produkt zwar erscheinen müssen als zweckmäßig .. und doch kann
> wiederum der Zweckbegriff nicht als vorangegangen der Produktion gedacht werden.[83]

Gerade dieser letzte Punkt, den Zweckbegriff vorauszusetzen, was Schopenhauer tut, macht aus der Natur ein bewußtes Produkt und vernichtet dadurch den
Begriff des Selbst, so daß es als bedingte Verdinglichung völlig zum Etwas geworden

---

81 ebd.
82 ebd.
83 Schelling, a.a.O., S. 610.

ist. Das immer schon Gewußte der bewußten Tätigkeit liegt in der Offenbarkeit und Vorwegnahme des Satzes vom Grunde, weshalb die so ausgelegte Natur als durchorganisiertes System einer Maschine gleicht, mag dieses nun Wille oder Natur heißen. Deshalb hatte Fichte ja das Prinzip der organischen Auslegung als unzureichend dafür gesehen, ein *Selbst* zu begreifen und darzustellen. Schelling gleicht ihm hier prinzipiell, erschließt aber über Fichte hinausgehend neue Wege der Bewußtwerdung. So muß auch das Bewußtlose zu einem Modus des Wissens werden, es muß sich als reflexives Wissen für das Selbst zu erkennen geben. Die Zweckmäßigkeit drückt ein Vorwissen über die Natur aus, indem hier ein immer schon gewußter Zweck vorausgesetzt ist. Als solcher ist der Naturbegriff der bewußt gewordene Mechanismus eines schon gewußten Zwecks. Der Zweckmechanismus repräsentiert jedoch nur Natur. Dabei wird der eigentliche Grund nicht einsichtig, so daß der Naturprozeß als scheinbar äußerlicher Vorgang abläuft. Der eigentliche Ausgangspunkt, der im Ich liegt, ist dabei nicht bekannt.

> Die Natur in ihrer blinden und mechanischen Zweckmäßigkeit repräsentiert mir allerdings eine ursprüngliche Identität der bewußten und der bewußtlosen Thätigkeit, aber sie repräsentiert mir jene Identität doch nicht als eine solche, deren letzter Grund im *Ich selbst* liegt.[84]

Diese Einsicht, daß die Natur eine Veräußerlichung des Ich ist, ist nur in der Transzendentalphilosophie möglich, und nicht ohne weiteres durch das Ich gegeben. Für das Ich kann aber Repräsentation zum Innewerden des Grundes werden.

> Jede Organisation ist ein Monogramm jener ursprünglichen Identität, aber um sich in diesem Reflex zu erkennen, muß das Ich sich unmittelbar schon in jener Identität erkannt haben.[85]

Dadurch ist der Begriff des Begriffs konstituiert und ausgezeichnet, daß er dieses doppelte Wissen ist: Das einfache Wissen ist das Bewußte und schon Gewußte des Grundes als Zweckgrund, wodurch das Selbst und Durch-sich-sein der Natur dargestellt wird und damit gleichsam nur eine Repräsentation des Sich vonstatten geht. Dies ist der Begriff der *Natur*.

Der Begriff des Begriffs aber ist der Reflex, *die sich erkennende Verdinglichung*. Die Natur kann nicht die Verdinglichung des Zweckes sein, sie kann nur die Verdinglichung des Ichs sein, da es sonst auch nicht den Zweck erkennen könnte. Ebenso wie für Fichte kann auch für Schelling das Ich nicht durch das Organische begriffen werden, es kann aber das Organische durch das Ich transzendental begriffen werden, da der Grund für das Organische im Ich angelegt ist. Der Begriff des Organismus stellt den verdinglichten Zweck vor und ist nur die Feststellung der durch sich seienden Natur. Im Begriff des Begriffs dagegen ist der *Zweck unbewußt*. Hier weiß sich das Ich selbst verdinglicht. So ist das Genie auf diese Art und Weise die Selbsterkenntnis der Natur, der Reflex, da es das unbewußte Wissen davon hat, was das normale Bewußtsein im Zweckmechanismus bloß repräsentativ und äußerlich, nicht als in sich angelegt erkennt.

Das verdinglichte Ich, welches in der Natur nur seine Repräsentation, im Begriff des Begriffs seinen Reflex hat, erfährt in diesem System keine Transzendenz mehr, da alles durch das Ich bewußt oder unbewußt begreifbar ist. Sowohl in der Natur

---

84 ebd.
85 Schelling, a.a.O., S. 611.

wie auch im Begriff des Begriffs wird nur dieses verdinglichte Ich begriffen, wobei dieser Begriff erst dann ein Wissen wird, wenn durch die Transzendentalphilosophie die Verdinglichung im Begriff des Begriffs durchschaut.

In diesem Prozeß der Verdinglichung stellt der Trieb keine Konfrontation zu dem Selbstbegriff des Selbstbewußtseins dar, solange er im Begriff des Begriff dieses Selbst aufgenommen ist. Im bloßen, einfachen Begriff dagegen ist nur der Zweck dargestellt, der den Mechanismus des Organismus begreift und damit dem Selbst äußerlich bleibt.

> Jener Trieb, der in meinem Handeln Causalität hat, muß objektiv erscheinen als ein *Naturtrieb*.[86]

Dies ist die objektive Erscheinung für das Wissen, in welchem der Begriff des Begriffs noch nicht gebildet worden ist.

> Um aber diesen Trieb anschauen zu können als Naturtrieb, muß ich mir objektiv erscheinen als zu allem Handeln getrieben durch einen Zwang der Organisation (durch Schmerz in der allgemeinen Bedeutung), und alles Handeln, um objektiv zu sein, muß, sei es durch noch so viele Mittelglieder, zusammenhängen mit einem physischen Zwang, welcher als Bedingung der erscheinenden Freiheit selbst notwendig ist.[87]

Die objektive Erscheinung ist also in gewisser Weise eine Täuschung, welche die Repräsentation über das Selbst erfährt und damit den Zweckbegriff in einer Ausschließlichkeit des gewußten und bewußten Zwecks erfaßt. In der Objektivation erscheint dasjenige als Zwang, was eigentlich das sich selbst verdinglichende Ich ist. Durch den Begriff des Begriffs der Transzendentalphilosophie oder durch das Genie erfahren wir aber den wahren Grund der Kausalität, den unbewußten Zweck, welcher der nicht zweckhaft gewußte Zweck, als bloße Zweckmäßigkeit der unbestimmte Zweck ist.

> Wenn nun aber alle bewußte Thätigkeit zweckmäßig ist, so kann jenes Zusammentreffen der bewußten und bewußtlosen Thätigkeit nur in einem solchen Produkt sich nachweisen lassen, das *zweckmäßig* ist, *ohne zweckmäßig hervorgebracht zu ein*. Ein solches Produkt muß die Natur sein, und dies eben ist das Prinzip aller Teleologie, in welcher allein die Auflösung des gegebenen Problems gesucht werden kann.[88]

Der Begriff des Begriffs, der nicht das Resultat eines Zwecknachweises ist, für den das bloße Begreifen Objektivationen und Fixierungen von Zwecken sind, verweist auf einen Grund, der im Ich selbst zu finden ist und dort sich als Unendlichkeit der Freiheit zu erkennen gibt. Hier kann man sehen, wie nahe Schelling Schopenhauer steht und worin er sich von ihm unterscheidet. Auch für Schelling ist die Objektivation das Erleiden der Erscheinung eines Zweckes. Doch erst Schopenhauer macht den entscheidenden Schritt zu einer Perfektion eines solchen Systems, indem er die funktionelle Zweckmäßigkeit, die allen Zwecken zugrundeliegt, nicht mehr als Ich oder Selbst identifiziert und damit die Identifikation des Ichs der funktionellen Zweckmäßigkeit des Willens überantwortet, so daß das Ich und das Individuum nicht mehr als ein selbständiges, in sich gegründetes und aus sich heraus bestimmtes Individuum begriffen werden muß. Für Schelling besteht noch die

---

86 Schelling, a.a.O., S. 571.
87 ebd.
88 Schelling, a.a.O., S. 606.

Notwendigkeit, das Ich von sich selbst her zu begreifen. Der Selbstgrund und der damit verbundene Mangel an Transzendenz ist die Ursache für die Offenheit und Durchsichtigkeit des Schellingschen Systems. Schopenhauer löste diesen Selbstgrund auf und hatte damit nur noch den Leib als objektiviertes Für-sich-sein. Es wurde gezeigt, daß diese Ausschließlichkeit des Für-sich-seins einen einheitlichen und vollständigen Seinsbegriff aus dem Zweckbegriff entwickelt. Bei Schelling ist diese Einheitlichkeit nicht gegeben, da er versucht, von der primitiven Teleologie Schopenhauers weit entfernt, das Organische im Begriff des Selbst des erkennenden Ichs zu gründen. Das Sein-für des Zwecks soll damit in dem Aus-sich-sein des Selbst begründet werden. In der Schrift „Über die menschlichen Freiheit" beschreibt Schelling ausführlich diesen Begründungszusammenhang.

> Gott allein — er selbst der Existierende — wohnt im reinen Lichte, denn er allein ist von sich selbst... Aber entsprechend der Sehnsucht, welche als der noch dunkle Grund die erste Regung göttlichen Daseins ist, erzeugt sich in Gott selbst eine innere reflexive Vorstellung, durch welche, da sie keinen anderen Gegenstand haben kann als Gott, Gott sich selbst in einem Ebenbilde erblickt.[89]

Gott ist der eigentliche Grund des Organischen. Als dieser Grund ist er aber Wirkgrund und Zweckgrund zugleich. Sein Selbst sucht sich in einem Ebenbilde zu erblicken. Das Ich ist also nicht das Produkt des organischen Hervorbringens, es ist selbst der Zweck für den organischen Prozeß, da dieser Prozeß der Weg der Selbstdarstellung des Göttlichen ist. Im Ich erkennt das Göttliche sich selbst. Das Organische zeigt den Prozeß des Suchens an und ist ohne diesen Zweckgrund, daß Gott sich selbst hierbei sucht, völlig sinnlos.

Der Begriff weist aber, wie schon gezeigt, auf diese Selbstsuche nicht hin, sondern gibt nur das Organische ohne das Selbst zu erkennen. Deshalb ist die durch den einfachen und bloßen Begriff erkannte Zweckmäßigkeit des Organischen kein angemessener Ausdruck für die Natur. Sie erfaßt nicht das Selbst, weil dies kein bestimmter Zweck ist. Der Begriff des Begriffs gibt dagegen das Wesen der Zweckmäßigkeit zu erkennen, das Erblicken oder Begreifen des Selbst. Hierin ist die Zusammenführung von bewußtem Zweck, die Zweckmäßigkeit des Organischen, und unbewußtem Zweck, das Verlangen des Selbst nach sich, zu sehen.

> Indem also der Verstand oder das in die anfängliche Natur gesetzte Licht, die in sich selbst zurückstrebende Sehnsucht zur Scheidung der Kräfte (zum Aufgeben der Dunkelheit) erregt, .. so entsteht auf diese Art zuerst etwas Begreifliches und Einzelnes, und zwar nicht durch äußere Vorstellung, sondern durch wahre *Ein-Bildung*. . .[90]

Das Organische ist die Suche Gottes, das Ich ist Anfang und Ziel dieser Suche. Es wird also nicht etwas gesucht, das Etwas ist nicht Zweck und Selbstzweck des Willens, wie dies bei Schopenhauer der Fall ist, so daß alles an sich schon seinen Sinn hat, indem sich der Wille als solcher im Einzelnen anzeigt, das Organische hat für Schelling an sich keine Bedeutung, schon gar nicht durch die Zweckmäßigkeit, die nur einen toten Mechanismus beschreiben kann. Der eigentliche und sinnvolle Zweck des Lebendigen ist also kein bloßes, in sich gegründetes und abgeschlossenes Sein-

---

89 Schelling: Über das Wesen der menschlichen Freiheit. A.a.O., H-Bd. IV s. 252.
90 Schelling, a.a.O., S. 243 f.

für, wie der Willensbegriff Schopenhauers, sondern die Reflexivität des Selbst. In dieser Weise muß auch der Begriff des Leibes verstanden werden.

b) Die Offenbarung der Ungebundenheit des Lebens im Tod.

Zu einer vollständigen Darstellung nach zweckursächlichen Gründen gehört es, daß es keine Transzendenz gibt, die nicht immament erfahren werden könnte. Alles ist einheitlich aus einem Sein-für oder zweckursächlich ausgedeuteten Welt verstehbar. Wie gezeigt wurde, hat Schelling diese Vollständigkeit und Ausschließlichkeit einer solchen Deutung vermieden, da für ihn das Ich sich nicht vollständig in einem Sein-für auflösen läßt. Das Sein-für ist der Begriff des noch nicht zu sich gekommenen Organischen und gibt dadurch nur die Äußerlichkeit zu verstehen. So ist auch die Gestalt des Lebens die Äußerlichkeit, die als Sein-für das Selbst oder die Innerlichkeit des Leibes nicht ausdrückt.

> Denn auch hier erinnern Sie sich doch gewiß jener Rede unseres Freundes, daß die Erde, und also auch der Leib, der von ihr genommen ist, nicht bestimmt war bloß äußerlich zu seyn, sondern Äußeres und Inneres, in beiden eins seyn sollte; daß die bloß äußerliche Erscheinung des Ganzen die Folge einer aufgehaltenen Entwicklung war, die das innere Wesen nicht vernichtet, aber doch entwickeln, binden oder so dem Außen unterwerfen kann. Ist es nun nicht natürlich, daß, wenn die eine Gestalt des Leibes zerfällt, in der das Innere vom Äußeren gefesselt wurde, dagegen das andere frei werde, in welcher das Äußere vom Inneren aufgelöst und gleichsam bewältigt wird?[91]

Die Objektivation als äußere Gestalt kann die innere Gestalt binden und fixieren, mit anderen Worten, der am Leib festgestellte Zweck verbirgt das eigentliche Prinzip, die Funktion, die sich gerade nicht im Resultat zeigen kann. Da das Sein-für bei Schelling nicht ausschließliches Prinzip ist, kommt es zu einem Widerstreit zwischen äußerer und innerer Gestalt, wobei die Äußerlichkeit die Innerlichkeit verbergen kann, obwohl sie doch die Objektivation, die Gestaltung des sich suchenden Gottes ist. Für Schopenhauer bedeutet die Objektivation keine Verbergung, sondern im Gegenteil eine Offenbarung des Prinzips. Die Tatsache, daß für Schopenhauer die Resultate das Prinzip selbst angeben, liegt darin, daß alles in der Kategorie eines reinen Für-sich-seins des Willens gedacht werden muß, daß es keine erkenntnismäßig bedingte Oberfläche gibt. Für Schelling gibt es eine solche Oberfläche des Prinzips, die Äußerlichkeit der Inhalte, mit denen wir konfrontiert sind, die uns die organischen Körper als abgeschlossene Einheit darstellen, ohne daß wir uns direkt damit vereint und verbunden ansehen könnten.

Nur über die Innerlichkeit sind wir mit den anderen Erscheinungen der Welt verbunden. Dadurch kann der Körper als ein geistiger Körper verstanden werden und muß nicht von der Veräußerlichung abgeleitet werden.

> Ich erinnere mich, . . . daß ich sonst oft habe reden hören von einem feineren Leib, der in dem gröberen enthalten sey und sich im Tode von ihm trenne; allein ich weiß nicht, warum diese Vorstellung mir immer so wenig Befriedigung gewährte.[92]

---

91 Schelling: Clara oder über den Zusammenhang der Natur mit der Geisterwelt. A.aO., Ergänzungsband IV S. 155.
92 Schelling, a.a.O., S. 156.

Der Leib als Materie, als grober Leib soll von einem feineren Leib verstanden werden. Dieser Ersatz des groben Leibbegriffs durch einen feinen Leibbegriff schafft jedoch kein neues Bewußtsein über den Leib. Der Begriff des feineren Leibes ist genau so ein Begriff von einem verdinglichten Selbstbewußtsein, wie der Begriff des groben Leibes, ohne daß diese Verdinglichung noch eine andere Beziehung zum Selbstbewußtsein im Sinne eines Selbstwissens als Körper erreicht hätte. Die organischen Körper können durch den Zweckbegriff nur in ihrer Äußerlichkeit erfaßt werden, da sie äußerlich als dinghaft existierender Zweck erfaßt sind. Dabei ändert die Unterscheidung zwischen fein und grob nichts an diesem Begreifen. Die Innerlichkeit des Körpers wird für das Selbstbewußtsein anders erreicht.

> Denn nur als ein körperlich Feineres wurde jenes Mittelwesen gedacht, nicht aber als wirklich geistige Gestalt.[93]

Der Körper muß also als eine geistige Gestalt betrachtet werden. Die Verdinglichung, die wir am Körper und als Körper feststellen, ist nur ein Ergebnis der Betrachtungsweise des Körpers als Zweckding, als organische Wesen. Erst der Tod, das Ende des organischen Wesens also, ist die Befreiung der eigentlich geistigen Gestalt des Körpers, die im organischen Wesen verdinglicht ist.

> Der Tod . . . ist doch die Befreiung der inneren Lebensgestalt von der äußeren, die sie unterdrückt hält.[94]

Das Äußere der Verdinglichung ist deshalb ein Stillstand des geistigen Prinzips, weil es die feste Kontur und Form des Zwecks zeigt. Damit ist der organische Körper zum Gegenstand geworden. Am Leib als Gegenstand ist die Einheit von innerer und äußerer Gestalt nicht denkbar, da der organische Körper nicht zugleich seine Auflösung als Zweckding bewerkstelligen kann. Nur in einem Nacheinander, wie dies im Leben und Sterben stattfindet, kann diese Einheitlichkeit des Zweckgebundenen (des Organischen) und Zweckfreien (der Selbstfindung in der Veräußerlichung) erkannt werden.

> Und der Tod ist notwendig, weil jene zwei Lebensgestalten, da sie nach dem Herabsinken der Natur ins bloß Äußerliche nicht zumal seyn konnten, nacheinander seyn müssen.[95]

Das Leben allein demonstriert nie die Gleichzeitigkeit des Zwecks und des Zweckfreien, des Zweckmäßigen, welches nicht zweckmäßig hervorgebracht ist. Deshalb sind immer die zwei Gestalten, der äußere und der innere Leib, Leben und Tod also erforderlich, um das Organische in seiner Gesamtheit zu erfassen.[96]

Schelling hat deshalb den Leib nicht durch den bloßen Zweckbegriff dargestellt, wie dies Schopenhauer getan hat. Für Schopenhauer ist eine Gleichzeitigkeit gegeben zwischen dem Zweckgerichteten und dem Zwecklosen, das der Wille insgesamt ist. Diese Auffassung zeigt den Leib unmittelbar als zweckhafte, aber sinnlose Gestaltung des Willens an. Für Schelling dagegen ist das Lebendige zunächst zweckgebunden im Organischen. Der Tod beendet dann allerdings diese Oberfläche und läßt die Geistigkeit erscheinen. Der Tod ist somit die wahre Geburt des Lebendigen, das in der Verdinglichung des Organischen nur umklammert und

---

93 ebd.
94 Schelling, a.a.O., S. 157.
95 ebd.

fixiert ist, das sich deshalb in der Verdinglichung auch nicht erkennt, sondern sich
fremd bleibt. Das wahre Selbstbewußtsein der Natur, das Selbstbewußtsein des
Organischen, ist durch den Tod erreicht, hier ist die Geistigkeit sich selbst offenbar
geworden im Durchgang durch die Verdinglichung des Zweckgerichteten.

> Werden nicht mit Recht . . . jene auflösenden Wasser Geister genannt, und ist dieses
> Verschwinden der allerdichtesten und härtesten Körper nicht eine wirkliche Auflösung des
> Körperlichen ins Geistige, also ein Tod zu nennen[97]

Die Gleichzeitigkeit von Zweck und Zweckfreiem ist nur dort zu erreichen, wo
das Geistige wieder zu sich gekommen ist, wo es sich selbst wieder als geistige Gestalt
erfährt, und dies ist im Tod. Die geistige Gestalt drückt so die Rückkehr zum Prozeß
der Selbstfindung aus. Die Selbstfindung ist zwar nur durch die Suche, als welche sich
das Organische konstituiert, möglich, während dieser Suche ist es aber von sich als
Selbst entfernt und entfremdet. Das Ergebnis dieser Selbstsuche ist erst im Tod
erreicht, da der Tod als Auflösung des Organischen die Auflösung der Zweckgebundenheit bedeutet. Hier erst hat sich das organisch suchende Selbst gefunden. Der Tod
zeigt damit das wahre Leben an, er gibt die Innerlichkeit der einzelnen organischen
Gestalten zu erkennen und befreit sie aus der Bestimmtheit und Begrenztheit ihrer
einzelnen, zweckhaft gebundenen leiblichen Existenzen, indem er aus diesen Verhär-
tungen in den Fluß des Lebens zurückbringt. Erst damit ist der Sinn des Organischen
erfüllt. Die bloße Zweckgebundenheit des Organischen ist ein leeres und sinnloses
Treiben, das auch als solches in der Natur gar nicht vorkommt oder vorkommen
könnte, sondern so nur für den *Begriff* vorkommt, der, wie schon gezeigt, nur dieses
einzige Prinzip der Zweckmäßigkeit erfaßt und damit in der Natur eine Oberfläche
und ein Äußeres verschafft. Deshalb ist auch der Tod keine Zerstörung, wie es von
dieser Oberfläche und Äußerlichkeit her zu sein scheint, sondern ein Fest des
Lebendigen selbst.[98]

---

96 Kopper, J., Schelling über Seele und Leib des Menschen.
   So geht es in Schellings Lehre darum, daß das Unbedingte, das in der Reflexion offenbar ist, sich
   selbst als Determination erreiche: die Bedingungen der Möglichkeit der Erfahrung sollen als die
   Erfahrung selbst geschehen, das Sichverstehen des Menschen in seiner Leiblichkeit soll das
   Sicherleben im Leibe und das Gegebensein des Leibes selbst sein. Diesem Anspruch wird die Lehre
   Schellings in ihrer Intention nach gerecht, indem sie erkennt, (was Kant nicht erkannt hatte), daß
   der innere Leib als der äußere Leib geschieht und daß der äußere Leib, indem er durch sich den
   inneren Leib bezeugt, im Verlangen nach seiner Aufhebung in den inneren Leib hinein erlebt
   werden müsse. (S. 207)
97 Schelling, a.a.O., S. 158.
98 Kopper, J., Schelling über Seele und Leib des Menschen.
   Am Anfang des Gesprächs „Clara" steht der Gang über den Friedhof, durch den Schelling in der
   Einstimmung all das rege machen will, was im Gespräch dann ausgefaltet, und diskursiv
   abgehandelt wird. . . . Es ist der Allerseelentag, an dem Schelling uns den Kirchhof besuchen läßt,
   wo die Lebenden, die die Toten besuchen, ihnen die Gräber schmücken und Lichter anzünden, um
   so – für diese Welt – zu bezeugen, daß der Tod das Leben meine. Zu diesem Fest gehört eine
   schwermütige Heiterkeit, in der wir den äußeren Leib als den Leib wissen, der aufgehoben und
   überwunden werden muß, weil das unbedingte Wesen des Lebens geschieht, das sic in der
   Äußerlichkeit, sie aufhebend, gestaltet. (S. 211–212)

Dementsprechend ist auch der wahre Trieb des Lebendigen äußerlich als Todestrieb zu erkennen, wahrhaft jedoch ist dieser Trieb der Trieb zur Vergeistigung.

> Aber ... zeigen nicht aller körperlichen Dinge den Trieb sich zu vergeistigen? Was ist der Duft einer Blume, und wie geistig müssen die Ausflüsse riechender Körper seyn, die Jahre fortdauern, ohne sich zu verzehren? Will nicht alles Luft werden, um sich mit jenem reinen heiligen Element zu verbinden, das ich jedoch eher für ein selbständiges, untheilbares Wesen ansehen möchte, dessen Kraft alles Aufgenommene, so verschiedenartig es seyn möge, in Kurzem verwandelt und sich ähnlich macht.[99]

Obwohl also an dem organischen Körper dieser Trieb ganz deutlich sichtbar ist, besteht doch die Schwierigkeit, diesen Trieb nicht für das Bewußtsein, als Todestrieb also, sondern auch für das Selbstbewußtsein, als Lebenstrieb, darzustellen.

> ... nämlich das Äußere scheint mir das bloße Seyn des Inneren, das Innere aber das Seyende in diesem Äußeren zu seyn. ... und das Seyende erkennt ... das Seyn, nicht aber umgekehrt wird das Seyende erkannt von dem Seyn.[100]

c) Die Unbewußtheit des Todes

Sofern wir die Äußerlichkeit mit dem Selbstbewußtsein als Innerlichkeit erfassen, haben wir ein Bewußtsein vom Sein. In diesem Bewußtsein wird das Sein als ein Setzen von sich selbst erkannt.

> Alles Erkennen ist ein Setzen. ... Und das Seyn ist doch auch ein Setzen ... wenigstens ein Setzen von sich selbst ... Aber ein Setzen, das sich nicht wiedererkennt, denn wir sagten, es werde nur von dem Seyenden erkannt.[101]

Als Organisches kann das Selbst sich nicht entdecken, weil das Geistige im Ding nicht mehr sich selbst als Verdinglichung, sondern eben bloß noch als Ding erkennt. Deshalb erkennen wir im Tod nicht das Leben, sondern sehen im Tod bloß die Zerstörung des einzelnen Dinges.[102] Der Tod kann die Rückkehr zum Lebendigen, zum Prinzip des Lebendigen, aber nur anzeigen, wenn das Sein durch diese Äußerlichkeit des Seienden erkannt wird. Dies findet aber durch den Begriff nicht statt: *das Leben wird so nie als Leben erkannt, weil sich das Organische von sich her nicht begründet.* Der Begriff erfaßt am Lebensprozeß nur die Sterblichkeit, weil er nur bloß Organische erfaßt. Hierbei zeigt sich nur der äußerliche Ablauf des Zeugens, der Frucht und des Zerfalls, der dem Leben das Gepräge der Endlichkeit aufdrückt. Das Leben ist aber nicht von der Endlichkeit der Gestalten, sondern nur von der Unendlichkeit der Selbstsuche her zu verstehen möglich.

---

99 Schelling, a.a.O., S. 158.
100 Schelling, a.a.O., S. 160.
101 Schelling, ebd.
102 Kopper, Joachim: Schelling über Seele und Leib des Menschen.
   Wir fassen dies Überwunden haben selbst noch äußerlich auf und in der Äußerlichkeit unseres Auffassens finden wir den äußeren Leib des Anderen als den leblosen Leib, der in unserer äußerlichen Welt vorkommt. Aber die Aufhebung des äußerlichen Lebens, die sich uns so darstellt, ist eben Aufhebung, nur, sofern sie sich im äußerlichen Wissen der noch Lebenden äußerlich darstellt. Das innerliche Wissen weiß anders um den Tod; dieses Wissen faßt den Tod des Anderen nicht im Raume und in der Zeit als ein äußerliches Ereignis auf, sondern weiß darum, daß der äußere Leib in den inneren Leib hinein überwunden ist. (S. 211)

So kann auch der Leib, ebenso wie das Selbstbewußtsein als lebendiges Selbstbewußtsein, niemals von seiner Dinglichkeit her begriffen werden. Das Organische des Leibes drückt nicht seine Lebendigkeit aus. Das Ich kann das Leben, welches sich in der Meinigkeit kundtut und dort als Leib offenbart, nur vom Sinn der Selbstsuche Gottes her durch das eigene Selbstbewußtsein erkennen. Es zeigt sich im Tod, der ja nur für die Erkenntnis „Tod" bedeutet, für das Bewußtsein also, nicht jedoch für das Selbstbewußtsein. Für das Selbstbewußtsein offenbart der Tod nicht die Sterblichkeit und Endlichkeit des Organischen, sondern die Ungebundenheit der Selbstsuche Gottes. Deshalb ist er die Befreiung zum eigentlichen Leben. Dennoch ist es nicht so, daß der organische Prozeß eigentlich überflüssig ist, da sich das Selbst ja schon vor diesem Prozeß konstituiert hat, denn das Selbst ist nie ein Vorhandenes und Gesättigtes, sondern strebt nach der Selbstgeburt, dem gattungshaften Selbst.

„Es sei die Sehnsucht, die das ewig Eine empfindet, sich selbst zu gebären."[103]

Entsprechend ist der Lebensbegriff zu konstituieren.

Wenn . . . das Äußere so ganz von dem Inneren durchdrungen wäre, daß es in sich selbst das Erkennende sammt dem Erkannten hätte, . . so wäre dieß ja wohl das allerseligste und vollkommenste Leben zu nennen, und zwischen Äußerem und Innerem kein Unterschied mehr, weil in beiden das Nämliche enthalten wäre.[104]

In dieser Daseinsform gäbe es daher aber dann kein Streben. Die Erkenntnis wäre in einem Zustand ständiger Sättigung. Zu einer solchen Verschmelzung kann es nicht kommen, da das Selbst zu seiner eigenen Geburt hin strebt, somit kein einzelnes ist, sondern dieses gattungshafte Selbst. Dieses Streben aber ist unbewußt, da das Selbst nicht zu etwas hin strebt oder einem bestimmten Zweck folgt, wie dies organisch sich darstellt. Es ist so am Bewußtsein und Gewußten das Unbewußte und am Vorhandenen das Innere.

Also ist dieses Innere nichts Vorhandenes, sondern wird erzogen und gepflegte wie eine Blume in einem ihr fremden Erdreich.[105]

Deshalb ist es möglich, an diesem Streben das gattungshafte Selbst, wenn auch nicht begrifflich und bewußt, zu fassen. Es zeigt sich

als ein Streben, das Äußerliche soviel wie möglich als innerlich in uns zu setzen. . . . Also können wir schon hier, in gewissem Grade, zuwegebringen, was uns im anderen Leben widerfahren wird, nämlich die Unterordnung des Äußeren unter das Innere; sind nicht alle Reden der Philosophen voll solcher Ansprüche, daß der Weisheitsliebende schon hier als ein Gestorbener wandle.[106]

Leben und Tod sind Verleiblichung und Vergeistigung des gattungshaften Selbst auf dem Wege seiner zweckfreien, nicht an die organische Gestalt gebundenen Selbstsuche.

103 Schelling: Über das Wesen der menschlichen Freiheit, a.a.O., S. 251.
104 Schelling: Clara, a.a.O., S. 160.
105 Schelling, Clara, a.a.O., S. 162.
106 ebd.

d) Verleiblichung und Entleibung des gattungshaften Selbst

Im Gegensatz zum tierischen Sein ist das menschliche Sein nicht durch den Begriff des Organismus zu erfassen. Das tierische Sein ist als Sein-für charakterisiert, ein Zustand der im menschlichen Sein überwunden ist. Deshalb hat das menschliche Sein auch keinen von außen oder von innen her angelegten Zweck. Das Individuum hat auch nicht die Aufgabe einer organischen oder zweckhaften Selbstbildung, denn es ist schon das *Resultat* des organischen Selbstbildungsprozesses des gattungshaften oder göttlichen Selbst. Deshalb hat es schon immer seinen Zweck erreicht und hat seinen Sinn in der bloßen Bewußtheit und im bloßen Bewußtsein.

> Im Thier ist Anfang des zu sich Kommens, des bewußt *Werdens*, aber dieses Bewußt *werden* ist immer nur monentan für gewisse Zwecke, zu denen das Thier hingerissen wird, das Thier ist noch immer für etwas anderes da, der Mensch *hat* keinen Zweck, denn er ist selbst Zweck, er ist nur, um Bewußtseyn zu seyn, und das Bewußtsein ist der Zweck; der Mensch ist also *nichts* als Bewußtseyn, und nicht noch etwas anderes.[107]

Jede Anstrengung einer individuellen Selbstformung muß von diesem Standpunkt als Nacheiferung des organischen Gestaltens und damit als *Rückschritt* angesehen werden. Selbstverwirklichung findet als bloßes Bewußtsein statt.

Für Schelling ist diese Selbstverwirklichung als Bewußtsein, in dem das gattungshafte Selbst sich erblickt, kein faktisches Erlebnis für das individuelle Sein. Das Individuum erfährt hierbei nur eine geliehene Selbstvergegenwärtigung, die Bedeutung des Selbsthaften wird dem Ich auf Lebenszeit überlassen, wobei es das hierbei geliehene Sein nicht für sich vereinnahmen kann, das Ich sich also nicht aus sich heraus wissen kann.

> Der Mensch bekommt die Bedingung nie in seine Gewalt, ob er gleich im Bösen danach strebt; sie ist eine ihm nur geliehene, von ihm unabhängige; daher sich seine Persönlichkeit und Selbstheit nie zum vollkommenen Actus erheben kann.[108]

Der Grund bleibt getrennt vom Sein. Das Sein ist daher *geborgtes*, nicht eigentlich *wirkliches Sein*. Es hat, da es seine Wirklichkeit nur in der Möglichkeit hat, keinen wirklichen Sinn, sondern nur einen möglichen. Deshalb erleidet es auch seine Existenz, weil es nicht selbst wirkliche Existenz ist.

> Dieß ist die allem endlichen Leben anklebende Traurigkeit, und wenn auch in Gott eine wenigstens beziehungsweise unabhängige Bedingung ist, so ist in ihm selber ein Quell der Traurigkeit, die aber nie zur Wirklichkeit kommt, sondern nur zur ewigen Freude der Überwindung dient. Daher der Schleier der Schwermuth, der über die ganze Natur ausgebreitet ist, die tiefe unzerstörliche Melancholie alles Lebens.[109]

So bleibt im menschlichen Selbstbewußtsein immer dieser Zug von Fremdheit und Distanz zu sich, obwohl doch hier das Werk der Natur beendet ist. Für Schelling ist es offensichtlich, daß das im menschlichen Bewußtsein auftauchende Selbst eben nur jenes geliehene Selbst, kein durch sich zustandegekommenes und als Eigenes erfahrenes Selbst ist. Jedes Verwirklichenwollen durch sich bedeutet schon jenen Rückfall auf die Stufe der organischen Natur, die einen bestimmten Zweck anstrebt.

---

107 Schelling: Darstellung des Naturprozesses. Berlin 1843–44, a.a.O., Hauptband V, S. 428–29.
108 Schelling: Über das Wesen der menschlichen Freiheit, a.a.O, S. 291.
109 Schelling: a.a.O., S. 291.

Da dieser Zweck im menschlichen Bewußtsein erreicht ist, besteht der Lebenssinn nicht in der Selbstentfaltung oder Artentfaltung, sondern im Bewahren des Zustandes bloßer Bewußtheit und reinen Bewußtseins, jener Spiegelung des göttlichen Selbst, wobei jegliche Form eines bestimmten Selbstbewußtseins als ein in irgend einer Weise gestaltetes Sein-für schon wieder ein Abkommen von diesem Zustand der bloßen Bewußtheit ist. Der Tod aber, der diese einzelnen bestimmt gestalteten Selbstbewußtheiten wieder auflöst, hat damit die Bedeutung, diese göttliche Bewußtheit zu bewahren.

Das Auflösen dieser Gestaltungen ist also der Sinn des Lebens selbst, da alle Zielgerichtetheit im Organischen, alles Sein-für, nur der ungebundenen, nicht zu besonderen Zwecken bestimmten Bewußtheit dient. Das Schicksal der individuellen Sterblichkeit ist deshalb nur an die einzelne Gestaltung, nicht an das Sein gebunden. Sie ist die Bewahrung des Seinsbegriffs, der dem Individuum geliehen ist und den es nach dieser Überlassung wieder zurückgibt. Deshalb ist zwar der menschliche Leib ebenso wie die Individualität, insofern sie als eine einen Lebenssinn und ein Lebenswerk verfolgende, besondere Existenz angesehen wird, der Vernichtung unterworfen, doch ist dies nur ein Ergebnis der Betrachtungsweise, einer Betrachtungsweise, die ausschließlich vom Zweckgedanken und vom Begriff geleitet ist. Der bloße Begriff des Organischen macht aus der Natur ein Schlachtfeld sinnloser Leidenschaften und Leiden, wie dies Schopenhauer demonstriert hat. Schelling zeigt dagegen, daß die Sinnfrage gar nicht innerhalb des organischen Denkens gestellt werden darf, da hier tatsächlich nur ein blindes Sein-für zu konstatieren ist, daß die Sinnfrage und damit auch der Ursprung des Satzes vom Grunde im Selbst ist und vom Selbst ausgeht, wobei dieses Selbst nicht ein bloß anderer Name für das Zweckprinzip sein darf, wie dies bei Schopenhauer in dem Begriff des Willens geschieht, sondern reine Bewußtheit.

Dieser Selbstbegriff wird von Schelling zumindest angestrebt, wenngleich nicht inhaltlich beschrieben. Immerhin läßt sich aber dieses Selbst in seiner Verdinglichung, seiner Verleiblichung daran erkennen, daß es sich ständig wieder aus diesem Zustand befreit. Was sich hierbei bildet, ist die verklärte Leiblichkeit oder Geistleiblichkeit.

> Aber diese Entfaltung hat doch ihr Ziel, und dieses Ziel ist für die Natur, daß sie zu einem vollständigen geist-leiblichen Wesen gelange. Aber obwohl sie nur auf der letzten Stufe der Entfaltung ihre höchste Expansion erreichen kann, ist sie doch in jedem Moment derselben schon in sich und an sich kein leibliches, sondern ein geistleibliches Wesen. . . .[110]

In der Geistleiblichkeit wird dieses Selbst gleichsam empirisch erkennbar, es strahlt durch die Leiblichkeit hindurch.

> Doch besonders in der organischen Natur nähert es sich der Befreiung. Es ist das Öl, von dem das Grün der Pflanzen gesättigt wird, der Balsam des Lebens, von dem die Gesundheit ihren Ursprung hat; es ist erkennbar in dem Durchscheinenden des Fleisches und der Augen, in jenem unleugbar physischen Ausfluß, wodurch die Gegenwart des Reinen, Gesunden, Lieblichen wohltätig befreiend auf uns wirkt, ja unstreitig selbst in dem Unaussprechlichen, das als Anmuth in verklärter Leiblichkeit überströmt. . . .[111]

---

110 Schelling: Die Weltalter (1813), a.a.O., Hauptband, S. 657.
111 Schelling, a.a.O., S. 660.

So ist der Tod ein erstes Merkmal der Geistleiblichkeit, da er den vorübergehenden Charakter aller Gestaltungen verdeutlicht.

> Daher ist die Natur nur die zu einem Seyn erstarrte Intelligenz, ihre Qualität sind die zu einem Seyn erloschenen Empfindungen, die Körper ihre gleichsam getödteten Anschauungen. Das höchste Leben verhüllt sich hier in den Tod und kriecht nur erst durch viele Schranken wieder hindurch zu sich selbst. Die Natur ist die plastische Seite des Universums, auch die bildende Kunst tödtet ihre Ideen und verwandelt sie in Leiber.[112]

Diese Doppeldeutigkeit des Lebens und des Todes ist in dem Gestaltungswillen des Lebens selbst begründet, das in der Verleiblichung zu sich selbst kommen will.

> Der ganze Lebensproceß beruht auf dieser Zweiseitigkeit dessen, was wir Materie nennen, und dessen innere von unseren Sinnen abgewandte Seite wir wohl ahnen, aber nicht erkennen. Aus dem Körperlichen selbst steigt beständig ein Bild oder innerer Lebensgeist auf, der durch einen umgekehrten Proceß immer wieder verleiblicht wird.[113]

So ist zwar für Schelling das Selbst die Bedingung für die Verleiblichung, dieses Selbst wird aber von ihm nicht inhaltlich vorgestellt. Als potentielle Darstellung des höchsten Zwecks muß es von der Verwirklichung, die sich als Verleiblichung offenbart, abgeleitet werden. Diese Ableitung kann aber nur mit Begriffen geschehen, die eine spezielle und besondere Seinsgestalt aufheben und die Potentialität der verleiblichenden Kräfte darstellen. Hierzu gehören auch Schlaf und Hypnose, beides Kräfte, durch die eine Verbindung mit dem Gattungsprozeß des göttlichen Selbst, das unbewußt im individuellen Selbstbewußtsein gewußt wird, hergestellt wird:

> Bekanntlich sind die inneren Vorgänge des magnetischen Schlafs auch nicht immer dieselben; es gibt Grade jenes inneren Lebens, von denen wir in der Regel nur den untersten, den mittleren seltener, den dritten wahrscheinlich nie erblicken. . . . Die tiefste wäre die, wo Krisis oder wo das Materielle der menschlichen Natur in Befreiung gesetzt wird; hier nämlich kann die der Materie einwohnende, aber durch höhere Leben sonst gebundene Seele, die alles bildet, alles heilt, frei sich entfalten, hier der freie Verkehr zwischen dieser und dem Höheren eintreten. Jenem geistigen Wesen, der allgemeinen Arznei der Natur und der Ursache aller Gesundheit, der Tinktur, durch welche die strenge Natur immer gesänftiget wird. Jede untergeordnete Natur, deren leitende Verbindung mit ihren Höhen unterbrochen wird, ist krank; aber eben diese Leitung wird durch den magnetischen Schlaf immer wenigstens auf eine Zeit hergestellt.[114]

Eine Heilung eines kranken oder geschwächten Organs wird dadurch erreicht, daß die ständige Verbindung zwischen den verschiedenen Stufen des Organischen, die im Falle der Krankheit unterbrochen ist, wieder hergestellt ist. Der magnetische Schlaf bedeutet also zunächst für Schelling diese Herstellung der Verbindung zwischen den Potenzen. Darüber hinaus offenbaren sich aber noch andere Möglichkeiten.

> Der zweite Grad wäre der, wo das Geistige des Menschen gegen die Seele frei würde, und diese an sich zöge, um ihr die Verborgenheit des Inneren, und was an ihr selbst (an dem Zukünftigen und Ewigen des Menschen) noch nicht entwickelt liegt, wie in einem Spiegel zu zeigen. Dieser

---

112 Schelling: Ideen zu einer Philosophie der Natur (1797). A.a.O., Ergänzungsband I, S. 233.
113 Schelling: Weltalter, a.a.O., S. 660.
114 Schelling, a.a.O., S. 669.

Grad wäre unstreitig schon der höchste bekannte des magnetischen Schlafs, wo nämlich der in Krisis gesetzte ganz todt für alles Äußere, von der Sinnenwelt völlig abgeschnitten ist, wo eben darum auch die Zeichen eines höheren Bezugs sich einfinden.[115]

Das menschliche Selbstbewußtsein, dieses Verhaftetsein an das durch sich Gewisse, hindert den Menschen, an den diesem individuellen Selbst unbewußt bleibenden Inhalte des göttlichen Selbst teilzuhaben. Das bewußte Selbst ist nur eine Art und Weise der Selbsterfassung, die als individualisierte und verschlossene Selbsterfassung den Gattungsprozeß des Selbst nicht erfahren kann. So ist jede Verwirklichung der Potentialität als Individualität eine Unterbrechung des Gattungsvorganges und damit, als Bewußtsein aus sich, losgelöst vom Lebensprozeß und ein abgestorbenes Sein, im Unbewußten ist aber jede Verwirklichung mit dem Lebensprozeß verbunden und kann in diesen zurückgeführt werden.

Den Menschen hindert das In-sich-gesetzt-sein; ihm hilft das Außer-sich-gesetzt-werden.[116]

Der Mensch hat die Möglichkeit zu diesem Außer-sich-sein nicht nur durch den Tod, als eine Beendigung des Seins-für, zu kommen, sondern, da er ja schon von seiner Organisationsstufe das zweckgerichtete Dasein überwunden hat, durch seine Fähigkeit, bloßes Bewußtsein zu sein und damit die gesamte Potentialität des Selbst zu vergegenwärtigen, über die Grenzen der individuellen Gewißheit und der Individualität hinauszukommen. Das Selbst in seiner Ungebundenheit an bestimmte und einzelne Selbstbewußtheiten zu sehen, bedeutet letztlich die Weisheit, da erst hierin der kreative Geist des göttlichen Selbst sich erkennt.

In jenem göttlich geachteten und wahrhaft göttlichen Buch, das die Weisheit redend einführt, wird sie einem *Kind* verglichen; denn wie ein Kind selbstlos zu nennen ist, wenn in der frühesten Zeit zwar alle innerlichen Kräfte in naturgemäßer Wirkung und holdem Wechselspiel sich gegenseitig erregen, aber noch kein Wille, kein Charakter, kein sie zusammenhaltendes und beherrschendes Eins sich eingefunden, so ist jenes erste äußere von Gott an sich selbst bloß leidende, unausgesprochene Einheit und willenlos; daher auch jenes Schaffen oder Erzeugen von Bildern nur Spiel oder Lust ist.[117]

So ist der Leib nicht nur ein Teil der Natur, sondern ist durch die Tatsache, daß hierbei das gattungshafte Selbst sich erkennt, weit über die Bedeutung als bloßes einzelnes Wesen hinausgehoben. Die Einzelheit bildet nur den bewußten Teil dieser Verleiblichung, die, als bloß solche genommen, krank ist, die aber die Fähigkeit des Außer-sich-seins hat, und damit das lebendige Selbst erfahren kann.

Das Selbstbilden des Organischen als Anbilden und Einbilden ist also zunächst eine Entfremdung vom Sein. Da das Gebildete aber als Gestalt nicht das Sein ausdrückt, kann nur die Verklärung, die Aufhebung oder Zerstörung des Gebildes das Sein ausdrücken. Diese Aufhebung der Entfremdung ist für das Organische nur durch den Tod möglich. Das Leiden der Kreatur an sich selbst, das in dem Zustand des bloß geborgten Seins begründet ist, daß es sein Sein also nicht verwirklichen kann, wird durch den Tod aufgehoben und das Organische in sein Sein zurückgeführt.

Diesen Begriff des Todes, diese Vorstellung von Sterben und Absterben finden wir auch bei Baader:

115 ebd.
116 Schelling, a.a.O., S. 672.
117 ebd.

Wie das Kind in seiner Geburt vom Mutterleibe, mit welchem es bis dahin in Continuität seines Leibes bestund, sich lösend, dieser Continuität abstirbt, mithin seine Geburt durch den Tod bedungen ist, so stirbt der Mensch in seinem irdisch-leiblichen Tode seinen aus dem Mutterleib gebrachten gesonderten oder eigenen Leib ab und tritt als leiblich in eine universelle oder gemeinsame Leiblichkeit . . . ein, in welchem sein Leib seine Egoität ablegt, und eine höhere Selbheit als einzelnes Glied jenes universellen Lebens gewinnt, womit also das Leben nicht, wie die Spiritualisten meinen, untergeht, sondern nur in einer anderen höheren Potenz wiederkehrt. . .[118]

Das Absterben wird zu der Voraussetzung, jenen unendlichen Leib als Selbsterfahrung genießen zu können, so wie das Absterben aus dem Mutterleib, das Veröden der Nabelschnur, die Möglichkeit zu einer individuellen Welt leiblicher Existenz gegeben hat. Durch den Tod allein kann der Organismusgedanke gedacht werden, ohne den Gedanken des Todes ist er der bloße Mechanismus und die bloße Maschine. Der Tod ist die Möglichkeit zum Selbstwerden, durch den Tod und die Entleibung kann das Selbst zu sich kommen und sich als organisches Selbst, nicht nur als abstraktes Selbst, das keinen wirklichen, sondern nur einen geborgten Seinsbegriff hat, realisieren. Verwirklichung und Realisation ist auch hier so gedacht, daß es die Verfügung und Inbesitznahme des Grundes bedeutet. Der Tod als der wahre Zugang zu dem Selbstbewußtsein realisiert die Gestaltlosigkeit, die das eigentliche Prinzip für die Gestalten darstellt.

Das Verweisen der Gestalten auf ihren gestaltlosen Grund geschieht hier aber nicht in einem sich selbst verzehrenden Prozeß, wie dies bei Schopenhauer der Fall ist. Es ist immer ein Verweis auf etwas, hier bei Baader der geistige Leib, die dritte Leiblichkeit also, die der Mensch einnimmt und mit der er seine geistige Gestalt realisiert.

Aus dem Gesagten erhellt nun: (1) Der Unverstand Jener (Theologen und Philosophen), welche die leibliche Auferstehung (im Sinne der Schrift) leugnen, weil sie keinen Begriff von jener gemeinsamen Einverleibung haben, von welcher soeben die Rede war, sowie zugleich der Unverstand Jener erhellt, welche, weil ihnen die physiologische Kenntniss von der Untrennbarkeit und Solidarität des Lebens und Leibens mangelt, ein Wiederkommen der zweiten Beleibungsweise lehren, nemlich jenes abgesonderten Leibes, dem doch der Mensch (im Normalverhalten) für immer, absterben muß, um als Glied einer höheren Leiblichkeit geboren zu werden, womit der einzelne Mensch auch in leiblicher Beziehung seine wahrhafte Selbstheit durch Aufgabe seiner unwahrhaften, *darum* auch nicht bleibenden, nicht erfüllbaren Selbstsucht gewinnt.[119]

Die zweite Beleibungsweise drückt nicht das leibliche Sein aus, weil hier die Trennung der Leiber vorherrschend ist. Diese Separation aber ist nur der unvollendete Organismus, dessen ständiges Streben die Selbstsucht der getrennten Leiber ausdrückt. Durch diese Selbstsucht kann der Organismus sich nicht vereinheitlichen. die Erfüllung kommt nur dort zustande, wo die Leiber wahrhaft vereint sind, im geistigen Leib nach der Auferstehung. Doch schon in der Weltleiblichkeit zeigt sich diese wahrhafte Organisation demjenigen an, der die „physiologischen Kenntnisse von der Untrennbarkeit und Solidarität des Lebens hat".

118 Vgl. Baader, Fr. v., Sämtliche Werke, X, S. 285.
119 Baader, a.a.O., S. 278,8.

Diese physiologischen Kenntnisse sind damit ein ausschlaggebender Punkt für den Nachweis des *mehrfachen Leibens*. Das ist zunächst die Geburt, die für Baader ein Faktum der Solidarität des Lebens ist. Geburt aber ist hier in der Weise verstanden, daß sie der Tod ist. Nur vom *Begriff des Todes* her kann dieser Vorgang als Streben zu der wahrhaften Vereinigung und Solidarität des Lebens angesehen werden. Vom gewöhnlichen Begriff des Lebens bedeutet es also Trennung. Der wirkliche Vorgang dieser Trennung, die Sichtbarkeit der Abspaltung der Leiber, ist aus sich heraus nicht verstehbar, sondern wird erst dann verstanden, wenn der verweisende Charakter der Materie auf den eigentlichen Lebensbegriff hinweist. Das Sichtbare zeigt somit den Lebensbegriff nicht an.

Hier ist noch der Gedanke Kants spürbar, daß das Mannigfache nicht aus dessen Getrenntsein verstanden werden kann, daß der synthetische Begriff erst das Verstehen ermöglicht. Der synthetische Begriff des Lebens ist der Begriff, der die Trennung der Leiber und ihr Getrenntsein verstehen läßt. Das Verstehenkönnen ist aber für Baader darüber hinausgehend das Seinkönnen. Der synthetische Begriff des Lebens ist nicht das Einzelne, sondern das Gestaltlose, der geistige Leib, der im Tod offenbar wird sowohl für das Verstehen als auch für das Sein.

Auch für Baader ist Schlaf und Hypnose eine Möglichkeit, den Leib in seinem Prozeß des potentiellen Leibens zu beobachten. In enger Anlehnung an die aus den „Weltaltern" zitierten Stellen schreibt Baader:

> Alle . . . Magnetischen oder Somnambülen stimmen nemlich darin überein, daß sie durch ihre theilweise Desorganisirung oder irdische Entleibung der Gefahr, noch unter diese zu fallen. sich ausgesetzt befinden, daß sie aber durch Hilfe ihres sichtbaren Magnetiseurs . . . in ein höheres wahrhaft organisches Leben und Leiben (über dem Irdischen) sich erhoben und gehalten oder getragen befinden.[120]

Auch hier wird, ganz in Übereinstimmung mit Schelling, das Organische von seiner Potentialität gedacht, nicht von seinem wirklichen Sein. Das wirkliche Sein als das leere Sein drückt nicht das Innere aus, gibt nur seine Oberfläche zu erkennen. So ist die magnetisch-kataleptische Ekstase auch eine höhere Potentialität, in der die Wirklichkeit des Leibes verlassen ist und das Reich des Möglichen betreten ist. Die Hypnose wird deshalb als ein Mittel angesehen, die Wirklichkeit des Leiblichen als ein aus sich seiendes Einzelnes teilweise zu verlassen, diese Wirklichkeit teilweise aufzuheben, wie der Tod sie völlig aufhebt, um dadurch das Geistige deutlicher und vollständiger darzustellen. Hypnose ist ein kleiner Tod, insofern hier schon die höhere Leiblichkeit deutlich vorgezeichnet ist, die Vereinigung der Leiber im unendlichen Organismus. Durch diese Veränderung der Potentialität ist auch die Empfindung des Leiblichen und seine Wirklichkeit verändert.

> Man begreift aber leicht, daß die Seele mit einem solchen von seiner peripherisch-leiblichen Bindung mehr oder minder freien also central gewordenen siderischen Geist anders empfinden, schauen und wirken wird, als mit dem leiblich gebundenen, und daß es unverständig ist, die eine Wirkungswiese mit der anderen zu vermengen oder durch sie erklären zu wollen.[121]

Das Verstehen der Wirklichkeit des Leibes ist kein Verstehen aus sich heraus, sondern ein Verstehen, das sich auf eine höhere Seinsstufe verweisend von dieser her begreift. Die geistlose Seite des Lebendigen, sein bloßer Mechanismus und seine

---

120 Baader, a.a.O., S. 298.

Wirklichkeit ist das Ergebnis der *Betrachtungen* des Wirklichen an sich und aus sich heraus. Hier bleibt es bei der Konstatierung der getrennten Leiber, wobei dieser Zustand der Separation nie einen Begriff des Lebens ermöglicht. Das Lebendige und Geistige kann nur dort verstanden werden, wo die Getrenntheit über sich hinausweist, wo ein solcher Verweisungszusammenhang dem leeren Sein der Einzelheit und des einzelnen Leibes seine Bedeutung gibt. Eine solche Vollkommenheit ist also dann erreicht, wenn der Leib als Vergeistigung erkannt wird. Hier wird das Geistsein durch seine Verleiblichung und die Verleiblichung als Entgeistung im Sinne von Anbildung und Einbildung des Geistigen verstanden.

Baaders enges Verhältnis zu Schelling gibt sich dadurch zu erkennen, daß er den Lebens- und Leibbegriff von der Potentialität des Seins ableitet, für das das wirkliche Sein nur Resultat ist. Die Potentialität hat nicht die Form eines reinen Für-sich-seins, wie bei Schopenhauer, bei dem die Zweckverweisung rein reflexiv auf sich zurückführt. Bei Schelling ist die Wesenheit von der höchsten Potenz (A^3) abhängig und deshalb inhaltlich an ein göttliches Selbst gebunden. Bei Schopenhauer muß die Wirklichkeit nicht aufgelöst werden, um die Potentialität der Wirklichkeit zu offenbaren, sondern sie ist immer schon diese Potentialität selbst, sie ist also nicht durch einen abgestuften Bezug von ihrer Potentialität getrennt. Deshalb ist bei Schopenhauer das Resultat, die Erscheinungen des Willens als Leib, zugleich als Wille selbst zu erkennen. Der Wille ist zugleich Oberfläche und Inneres, Zweck und Zweckloses, Entstehen und Vergehen.

Zwar beschreibt Schelling den Willen in gleicher Weise wie Schopenhauer als intransitiven Vorgang, dennoch realisiert sich dabei das göttliche Selbst gattungshaft, ein Vorgang, der für Schelling ebenfalls nicht transitiv ist, da sich hierbei das sich vollendende Selbst anbildet oder einbildet. Darauf sollte geachtet werden, wenn solche an Schopenhauer erinnernde Stellen auftauchen:

> Dieser Wille, durch den ein unbegrenztes Seyn gesetzt wird, ist aber hier nicht … ein transitiver, ein Seyn außer ihm bewegender, sondern er ist ein intransitiver, ein nur *sich selbst bewegender Wille*.[122]

Entscheidend für die Abklärung des Willensbegriffs ist also der Leibbegriff, die Verleiblichung des sich begehrenden Selbst. Hier erst wird der Unterschied zu Schopenhauer deutlich. Was Schopenhauer als einen Leib verstehen konnte, kann sich bei Schelling und Baader nur in dreifacher Leiblichkeit darstellen. Der unendliche organische Leib ist nicht als solcher offenbar, er drückt sich in diesem dreifachen Leiben oder in seiner dreifachen Potenz aus. Das dreifache Leiben ist zwar in der Empirie vorfindbar, aber nur der wahrhafte Physiologe, das heißt derjenige, der den Organismusgedanken erfassen kann, kann dieses Dreifache wahrhaft verstehend als einen Leib auffassen. Nur einem solchen Physiologen stellt sich Geburt als ein Tod und Tod als eine weitere Geburt dar, nur ein solcher hat also den Begriff des Lebens und des Todes. Dieser Organismusgedanke Schellings ist der Begriff des Begriffs, der die höchste Potenz des Organischen erfaßt.

---

121 Baader, a.a.O., S. 300.
122 Schelling: Darstellung des philosophischen Empirismus (1836), a.a.O., Hauptband V s. 323.

Der letzte Zweck ist eben das seyn Sollende, ist A³ oder der Geist, und das producierende Princip handelt eben darin zweckmäßig, daß es stufenweise das Blinde seiner Natur überwindet um eben dies zum Anziehungspunkt des Geistes, allmählich zum wirklichen Sitz und Thron desselben zu bereiten, wo also auch dieses höchste Princip in das Seyn eintritt und als verwirklicht erscheint.[123]

Die Realisierung des göttlichen Selbst ist für Schelling nur im Gattungsprozeß erkennbar, wobei die Gestaltungen und Auflösungen der Gestalten auf das Prinzip hinweisen. Der Lebensprozeß kann also nur prinzipiell erfaßt werden, ist nicht als solcher in der Verleiblichung zu erkennen, obwohl er die Bedeutung der Leiblichkeit ausmacht. Das Prinzip ist nicht an der Einzelheit zu erkennen, sondern bleibt das Gestaltlose. Die einzelne Gestalt kann immer nur als Sein-für begriffen werden und hat somit nicht den Seinsbegriff eines sich genügenden Selbst. Das Selbst-sein ist nur als höchster Zweck denkbar und wird transzendental in den einzelnen Gestaltungen der Leiblichkeit miterfaßt.

e) Grundzüge des naturphilosophischen Materialisationsbegriffs

Die Konzeption des organischen, leiblichen Seins ist bei den Naturphilosophen in dieser Transzendentalität nicht mehr zu finden. Der Leib wird dabei als ein Phänomen verstanden, bei dem das göttliche Selbst sich schon materialisiert hat. Für Schelling drückt sich in der Materialisation das Selbst nie als solches, als Selbst aus, sondern als Wille zu sich. Dabei ist jede Gestaltung unangemessen, da jede bestimmte und gebundene Organisation und Person ein Eigensein repräsentiert und damit der Freiheit des Selbstseins unangemessen ist. Die Freiheit als eigentlicher Inhalt des göttlichen Selbst-seins kann sich inhaltlich nicht darstellen, sondern nur in der Auflösung bestimmter Inhalte. So ist der individuelle Tod und die Bewußtlosigkeit Ausdruck dieses freiheitlichen Willens zu sich.

Die Naturphilosophie geht nun davon aus, daß dieses göttliche Selbst nicht nur im Vollzug seiner Freiheit, in der Auflösung der Gestaltungen, zu erkennen ist, sondern auch an der Materialisation selbst, daß dieses Selbst immanent und nicht nur transzendental nachweisbar ist. Deshalb wird der menschliche Leib nicht von seiner Unangemessenheit zum Selbst-sein, die durch den Tod ausgeglichen wird, sondern von seiner Angemessenheit und seiner Ausdrucksfähigkeit eines Selbst-seins begriffen. Dies ergibt eine ganz andere Einschätzung auch der Einzelheiten des Leibes, die jetzt danach untersucht werden, inwieweit sie ein Selbst darstellen können, inwieweit also einzelne Teile des Leibes oder der Leib im ganzen Ausdruck davon ist, daß das Göttliche sich erreicht hat, daß diese Teile oder dieser Leib Darstellung eines solchen Reflexionsvorganges ist. Für Schelling ist eine solche Möglichkeit gestalthaft nicht zu erreichen, sondern nur durch das Bewußtsein der Gestalt, das dann aber die einzelne Gestalt in ihrer Bedingtheit überwindet und vernichtet. Der Unterschied zwischen Schelling und den Naturphilosophen liegt in der Einschätzung des Zweckbegriffs, der für Schelling nur die Organisation des Selbst ausdrücken kann, jedoch keinen Begriff des Selbst ermöglicht. Deshalb ist das Selbst auch nicht in der

---

123 Schelling: Darstellung des Naturprozesses, a.a.O., S. 422.

Wirklichkeit anschaubar. Für die Naturphilosophen kann der Zweck einen Begriff vom Selbst ermöglichen, jedoch nur, wenn auf Details am menschlichen Leib geachtet wird. Deshalb hat die empirische Forschung die Aufgabe, ein solches Erreichen des Selbst in der Gestalt des menschlichen Leibes im Unterschied zu anderen Naturkörpern zu zeigen und an Einzelheiten zu belegen.[124]

In diesem Sinn schreibt Carus seine „Symbolik der menschlichen Gestalt":

> Hat man also in dieser Weise erkannt, mit welcher Gewißheit eine richtig angewendete Symbolik mitten durch die ungeheure Mannichfaltigkeit des Thierreichs, zum bestimmten Anschauen innerster Lebensidee der einzelnen Gattungen leiten kann, so wird man aus diesem Gleichniß schon leicht entnehmen, wie sehr die genaue Auffassung des Besonderen in der äußern menschlichen Gestalt, förderlich sein müsse, um die seelische Eigenthümlichkeit irgend einer Persönlichkeit, so wohl in ihrem Unbewußten als Bewußten begreifen zu lernen, und zwar diese Eigenthümlichkeit noch ganz an und für sich, und abgesehen von allem Gebrauche, den sie selbst davon im Leben, bald zum Nutzen, bald zum Schaden ihrer selbst oder Anderer zu machen Gelegenheit finden könnte.[125]

Je mehr der Begriff eines zu sich kommenden Selbst, so wie ihn Schelling aufgestellt hatte und wie er die Grundlagen einer solchen Symbolik des Leibes bildet, wenn auch mit anderen Möglichkeiten der Darstellbarkeit des Selbst, aus den Augen verloren wurde, um so mehr befaßt sich das Denken mit der äußeren Erscheinung in Form einer Typologie der Gestaltungen, wie dies in der modernen Konstitutionslehre der Fall ist, wobei dann nebensächlich geworden ist, *was* sich zu solchen Typen gestaltet hat. Hier hat der Typus die Rolle des Selbst übernommen, indem an ihm einige Eigenschaften versammelt sind, die zusammen dieses oder jenes Selbstbild eines Charakters ausmachen. Es kommt nicht von ungefähr, daß Viktor von Weizsäcker die Einführung des Subjekts in die Wissenschaft fordert, nicht um einem idealistischen Hang nachzukommen, sondern um dadurch der Willkür statistischer Maßstäbe zu entgehen und der Tatsache des lebendigen, reflexiven Selbst Rechnung zu tragen.

Die naturphilosophische Betrachtungsweise bildet gewissermaßen einen Übergang vom Begriff des in der leiblichen Realisation ungebundenen Selbst bei Schelling zum Begriff des selbstlosen, aus der Typologie des Körperbaus analog zu erschließenden Charakters der modernen Konstitutionslehre, wie sie von Kretschmer gegründet wurde.[126] Diese erscheint jedoch nur als eine konsequente Fortführung eines Ansatzes, den Selbstbegriff von der Veräußerlichung, vom Zweckbegriff also zu konstituieren. Die äußerliche Erscheinungsform des Leibes als Beleg eines reflexiven Vorgangs in der Natur vorzuweisen, ist nur in der von Schopenhauer gezeigten Weise rational plausibel zu machen, da hier das Selbst zum bloßen Willen formalisiert ist.

Für Carus ist das Merkmal des Zusichkommens am Phänomen des Unbewußten festzustellen. Dazu gehört die Fähigkeit, bewußt vorgenommene Tätigkeiten unbewußt werden zu lassen:

---

124 Sehr eindrucksvoll bei: Oken, L., Lehrbuch der Naturphilosophie. Jena 1803–11, Neubearbeitung Zürich 1843.

125 Carus, C. G., Symbolik der menschlichen Gestalt. Leipzig 1858. Neuauflage Darmstadt 1962, S. 15.

126 Kretschmer, E., Körperbau und Charakter. (1921) Berlin New York 1977.

Hier, ganz in der Region des Bewußtseins und ausgeführt von durchaus der Willkür unterworfenen Muskeln, ist das, was wir „Erlernen", „Einübung"nennen, gar nichts anderes als ein Bestreben, etwas, das dem Bewußtsein angehört, wieder in die Region des Unbewußten zu bringen. Man denke sich den Klavierspieler... woraus sich denn klärlich ergibt, daß im *Können* auf gleiche Weise wie *im Wissen* das Hinübergreifen *aus dem Bewußten ins Unbewußte* zur Höhe menschlicher Vollendung wahrhaft gehört.[127]

Diese Steigerung ist zugleich wieder ein Zurückkommen in den Zustand der Schöpfung, es ist die Erfahrung des schöpferischen Selbst bei seinem unbewußten organischen Bildungsprozeß. Hierbei wird das dem Unbewußten eigentümliche prometheische und epimetheische Wissen offenbar. Dies stellt sich als Gattungswissen dar, von dem auch Spuren im einzelnen Bewußtsein in Form von Erinnerung und Vorausschau auftreten:

Ja, beobachten wir das Leben näher, so sehen wir, es müsse durchaus in seiner Fortstrebung ein Gefühl, eine unbewußte Erinnerung von dem Vorhandenen bleiben, was früher vorhanden war, sonst erklärte sich nicht, wie auf der Spitze einer Entwicklung, nach mannigfaltig durchlaufenen Phasen, etwas wiederkommen könne, gerade so, wie der Keim gestaltet war, von welchem die Bildung anhub (z.B. das Ei oder das Samenkorn); und hinwiederum erkennen wir, es müsse eine bestimmte, wenn auch unbewußte, Vorahnung von dem in ihm leben, *wohin* sein Bildungsgang sich richten und was es anstreben sollte, . . . Je mehr man sich nun in alles dieses hineindenkt, je bestimmter man erkennt, daß mit einer außerordentlichen Festigkeit das *Nachgefühl des Vorherdagewesenen* und das *Vorgefühl des Kommenden* sich hier unbewußt ausspricht, desto mehr muß man die Überzeugung gewinnen, daß alles, was wir im bewußten Leben Gedächtnis, Erinnerung nennen und noch weit mehr als alles, was wir in dieser Region Voraussehen, Vorauswissen nennen, doch gar weit zurück bleibe hinter der Festigkeit und Sicherheit, mit welcher in der Region des unbewußten Lebens dieses epimetheische und prometheische Prinzip, dieses Erinnerungs- und Vorahnungsvermögen noch ohne alles Bewußtsein einer Gegenwart sich geltend macht.[128]

Wenn das einzelne Bewußtsein im Wissen und im Können in das Gattungsbewußtsein eintritt, erfährt es den Bildungsprozeß des göttlichen Selbst, von dem es im Bewußtsein nur eine auf den persönlichen Bereich abgestimmte Befähigung hat.

Die Bedeutung dieser wenigen Thesen von Carus, die aber schon einen Einblick in die Bedeutung des Gesamtwerkes gestatten, liegt darin, daß er dem Leiblichen eine eigene Denkungsart, jenes epimetheische und prometheische Wissen, zuerkennt und damit Möglichkeiten des leiblichen Seins beschreibt, wie sie erst im 20. Jahrhundert wieder auftauchen.[129] Auch die Theorien der psychoanalytischen Richtung, die in der vorliegenden Abhandlung noch herangezogen werden, sind in hohem Maße mit diesem Denken verwandt, wenngleich diese Theoretiker sich nicht als von dieser Tradition herkommend betrachten.

127 Carus: Psyche. Pforzheim 1860. S. 18–19.
128 Carus: a.a.O., S. 30–31.
129 Leibbrand, W., Romantische Medizin, Das epimetheische Prinzip ist das des Erinnerns, das prometheische das der Vorahnung. Wenn also in niederen Tieren die verlorengegangenen Gliedmaßen sich auf das Vollkommenste, gleichsam nach ihrem in unbewußter Erinnerung fest gebliebenen Bilde, wieder erzeugen, so waltet das epimetheische Prinzip; wenn aber der Embryo das noch zu entwickelnde Bild des künftigen Lungenbläschengebildes vorausahnt, so ist dieser Vorgang prometheisch. Es steht außer Zweifel, daß hier eine gerade Linie zu den „Psychoiden" und zu den Gedanken der modernen Biologen (Uexküll) führt. (S. 80–81)

Hegel beschreibt das organische Denken als einen Trieb der Vernunft, die, indem sie ihm nachkommt, nichts anderes produziert als sich selbst. Seine Kritik des organischen Denkens richtet sich gegen die Tatsache, daß die Vernunft nicht die göttliche Schöpferkraft im organischen Begriff erfaßt, sondern bloß sich selbst produziert:

> Es findet daher in der Beobachtung der organischen Natur nichts anderes als dieses Wesen, es findet sich als ein Ding, als ein Leben, macht aber noch einen Unterschied zwischen dem, was es selber ist und was es gefunden, der aber keiner ist. Wie der Instinkt des Tieres das Futter sucht und verzehrt, aber damit nichts anderes herausbringt als sich, so findet auch der Instinkt der Vernunft in seinem Suchen nur sie selbst.[130]

Am Begriff des organischen Körpers, der als lebendiger Körper erfaßt werden soll, verdinglicht sich die Vernunft, indem sie das ist, was sie sucht, und das sucht, was sie ist. Das Entscheidende dabei ist, daß die beobachtende Vernunft diesen Zweckbegriff nicht erkennt, d.h. sich selbst nicht erkennt in diesem Prozeß der Erkenntnis, sondern das Erkannte für die Natur hält:

> Das Organische zeigt sich als ein *sich selbst Erhaltendes* und in sich *Zurückkehrendes* und Zurückgekehrtes. Aber in diesem Sein erkennt dieses beobachtende Bewußtsein den Zweckbegriff nicht, oder dies nicht, daß der Zweckbegriff nicht sonst irgendwo in einem Verstand, sondern hier existiert, und als ein Ding ist.[131]

Der Begriff des organischen Körpers, der nichts anderes darstellt als die Selbsterfahrung der Vernunft, scheitert nun für Hegel gerade an der Tatsache, daß der Bewußtseinsprozeß eigentlich außerhalb der Vernunft in der Natur stattfinden soll.

> Aber die Einzelheit (die Erfahrung als lebendiges Allgemeines gegenüber dem bloß Formalallgemeinen, die der Artbegriff schafft) ist nicht zugleich allgemeines Individuum, d.h. an dem die Allgemeinheit ebenso äußere Wirklichkeit hätte, sondern dies fällt außer dem Organisch-Lebendigen. *Dies allgemeine* Individuum aber, wie es *unmittelbar* das Individuum der natürlichen Gestaltungen ist, ist nicht das Bewußtsein selbst; sein Dasein als *einzelnes organisches lebendiges* Individuum müßte nicht außer ihn fallen, wenn es dieses Bewußtsein sein sollte.[132]

Gerade die Tatsache, daß das Bewußtmachen der Realisation des Sichwissens als organischer Körper nicht vom organischen Körper selbst herkommt, sondern von einem allgemeinen, göttlichen Individuum, macht eine Bewußtwerdung für ein Selbstbewußtsein prinzipiell unmöglich. Der Begriff einer sich selbst wissenden Natur ist kein echter Begriff eines Selbstbewußtseins. Die durch diesen Begriff einzelnen organischen Wesen sind nicht durch ein echtes Selbst-sein charakterisiert, sondern vielmehr nur durch das eines allgemein organischen Wesens. Der Begriff bleibt äußerlich und drückt das lebendige Sein des Einzelnen von außen her aus, macht ihn damit gerade nicht zum Begriff der Selbsterfahrung des einzelnen organischen Wesens. Die Form des Selbstbewußtseins hat der Begriff des Organischen nur deshalb, weil hier die Vernunft ein Sicherfahren als organisches Wesen und im organischen Wesen produziert. Hegels abschließendes Urteil hierüber ist, daß dieses Sicherfahren zwar zur Vernunft gehört, aber kein echtes Sicherfahren ist, weil es nicht als Wirklichkeit erfahren werden kann.

---

130 Hegel, Phänomenologie des Geistes, S. 196.
131 Hegel, a.a.O., S. 197.
132 Hegel, a.a.O., S. 218. (Klammer hinzugefügt).

Hegels Darstellung zeigt, daß der Versuch, den Selbstprozeß der Natur an äußeren Merkmalen aufzuzeigen, nur eine Reproduktion der Vernunft ist, bei der sie aber als Urheber verborgen bleibt. Der Beleg des Selbstprozesses an äußerlichen Merkmalen ist deshalb eine Tautologie, bei der die Vernunft nur ihren eigenen Denkprozeß im Umgang mit den Dingen darstellt. Diese Thesen Hegels sind bei einer Untersuchung des naturphilosophischen Leibbegriffs von Bedeutung, um zu zeigen, daß diese Ansätze doch über den von Hegel skizzierten Zustand des organischen Denkens hinausgekommen sind, da sie schon erste Schritte zu einem leiblichen Selbstbegriff unternommen haben. Die Skizzierung eines solchen leiblichen Selbst deutet sich schon bei Schelling an, der das Selbst unabhängig vom Zweckmechanismus darstellte und die Möglichkeiten einer Verleiblichung eines solchen Selbst in ihren verschiedenen Wandlungen sieht. Bei Carus ist das Kriterium für die Skizzierung eines leiblichen Selbstprozesses in dem Nachweis zu sehen, daß die leibliche Substanz eigene Fähigkeiten entwickeln kann, zu denen die Vernunft keinen Zugang hat und die deshalb auch nicht als Belege unbewußter Reproduktion und Projektion von Denkprozessen in die Natur angesehen werden können. Mag dieser Nachweis eines leiblichen Selbst in jeder Hinsicht vorläufig oder nur von historischer Bedeutung sein, so zeigt sich doch in den Intentionen gerade der Versuch, von einer bloßen Selbsterklärung und Selbstbelegung der Vernunft und des reflexiven Ich anhand organischer Prozesse wegzukommen, eine Intention, die bei Schopenhauer gerade nicht zu finden ist, weil sein Leibbegriff eher eine solche von Hegel beschriebene Reproduktion rationaler Prozesse und eine Auslegung derselben als natürliche Prozesse darstellt.

4. Die Magie des menschlichen Leibes bei Novalis

a) Das Werkzeug der Belebung

Eine Diskrepanz zwischen ideengeschichtlicher und inhaltlicher Bedeutung ist auch bei Novalis zu finden. Ideengeschichtlich ohne Belang sind seine Fragmente von in jüngerer Zeit stärker beachteten philosophischen Bedeutung[133] und können in bezug auf den Leibbegriff an die Seite Nietzsches gestellt werden. Was Novalis als „magischen Idealismus" bezeichnet,[134] deutet schon, wie hier gezeigt werden soll, jenes Vermögen der großen Vernunft des Leibes an, von der Nietzsche gesprochen hat. Wie Nietzsche hat er auf der Basis der ihm zugänglichen Physiologie spekuliert,[135] um das Phänomen des leiblichen Seins zu erfassen.

Im menschlichen Leib ist die Natur jener Kristall geworden, an dem sie durchsichtig geworden ist und ihr Prinzip durchscheinen läßt. In seinem Roman „Heinrich von Ofterdingen" stellt er diesen Vergleich auf:

---

133 Haering, Th., Novalis als Philosoph. Stuttgart 1954. Schipperges, H., Kosmos Anthropos. Entwürfe zu einer Philosophie des Leibes. Stuttgart 1981.
134 Haym, Rudolf, Die romantische Schule. Neuauflage Darmstadt 1961, S. 363–4.
135 Schipperges, H., a.a.O., S. 186–7.

Die Menschen sind Kristalle für unser Gemüth. Sie sind die durchsichtige Natur.[136]

Der Mensch ist deshalb durchsichtige Natur, weil sich an ihm, wie man mit Schelling argumentieren könnte, das Prinzip selbst gefunden hat. Bei dieser Selbstfindung verklärt sich das Fleisch, so daß es, durchsichtig geworden, das Prinzip der Natur offenbart. Novalis will das Prinzip der Selbstverwirklichung nicht vom Abstrakten, sondern von seiner Verwirklichung her wissen. Diese Verwirklichung aber findet im *Anschauen* statt, das Anschauen muß also den wesentlichen Bestandteil für die Belebung der Materie ausmachen:

> Jede Menschengestalt belebt einen individuellen Keim im Betrachtenden. Dadurch wird diese Anschauung unendlich — sie ist mit dem Gefühl einer unendlichen Kraft verbunden —und darum so absolut belebend. Indem wir uns selbst betrachten — beleben wir uns selbst.[137]

Diese Belebung und Verwirklichung findet bei der Betrachtung der Menschengestalt statt, bei dem Blick auf die durchsichtige Materie, durch das Kristall, durch das die unendliche Lebenskraft hindurchscheint. Deshalb ist dieser Blick nicht nur rezeptiv, sondern eine Kontaktaufnahme und Verbindung mit der Lebenskraft.[138] So offenbart die Menschengestalt als durchsichtige Materie einen Einblick in die Natur, der aber sogleich belebend ist, weil es nicht irgend ein Blick ist, sondern die Verbindung mit der Lebenskraft. Der Blick auf die offene und durchsichtige Stelle der Natur, auf den Menschenleib, wird damit zum Schöpfungsakt, da hier die Lebenskraft gleichsam zu sich zurückströmt und sich selbst erfährt.[139] Hierin liegt das Prinzip des magischen Idealismus. Die Grundlage für die magische Belebung ist der Leib, durch den ein Kontakt mit der Lebenskraft der Natur ermöglicht ist.

> Der thätige Gebrauch der Organe ist nichts, als magisches, wunderthätiges Denken, oder willkührlicher Gebrauch der Körperwelt — denn Willen ist nichts, als magisches, kräftiges Denkvermögen.[140]

Ist für Schelling die durch den Zweckbegriff offenbarte Körperlichkeit mit dem „Schleier der Schwermut" überzogen, weil die Geistleiblichkeit nie in eigentlicher

136 Novalis, Schriften, hrsg. v. R. Samuel, Bd. I, S. 280.
137 Novalis, a.a.O., Bd. II, S. 460.
138 Heftrich, E., Novalis. Vom Logos der Poesie. Frankfurt 1969, S. 141–142: Seine Einbildungskraft zu gebrauchen bedeutet für Novalis jedoch, in einer Weise schöpferisch zu werden, die für Kant nur als die Anschauung des Intellectus archetypus gelten könnte. Ein urbildlich anschauender Verstand ist, Kant zufolge, zwar denkbar, aber wir haben davon so wenig einen Begriff wie von den Wesen, denen er eigen wäre.
   Für Novalis hingegen ist in der „intellectualen Anschauung der Schlüssel des Lebens". Und die produktive Einbildungskraft ist schöpferisch, weil sie Analogie zur intellektualen Anschauung ist. Das Schaffen der produktiven Einbildungskraft wäre symbol-analogisches Schaffen. Novalis gibt ihm den theoretischen Namen eines magischen Idealismus. Der magische Idealismus könnte so definiert werden als die Theorie vom schöpferischen Gebrauch der analog zur intellektualen Anschauung des archetypischen Verstandes begriffenen produktiven Einbildungskraft.
139 Haering, Th., a.a.O., S. 426.
   So spielt Novalis sogar gelegentlich geradezu mit dem Gedanken, daß die Körperlichkeit bloßes Produkt unserer Sinne(esempfindungen) sein könnte; . . . Aber man darf auch hier wieder nicht vergessen, was schon zum Begriff der „schöpferischen Tätigkeit" und insbesondere zur „Magie" ausgeführt wurde. Diese „Willkürlichkeit" ist für Novalis in Wahrheit keine schrankenlose und ungeregelte.
140 Novalis, a.a.O., Bd. III, S. 466.

Weise wirklich werden kann, sondern immer nur möglich-wirklich ist, muß sie deshalb gerade als wirkliche Körperlichkeit ihre eigene Sinnlosigkeit erleiden und als wirkliche, daseiende an der nicht realisierbaren Idee der Gestaltlosigkeit sich verzehren, so zeigt Novalis, wie das Lebendige gerade an dieser Oberfläche der Körperlichkeit zu finden ist. Dies ist aber nur möglich, weil er eine veränderte Interpretation des Seinsbegriffs hat. Schon in dem obigen Zitat wird deutlich, daß der Seinsbegriff im Prozeß der Betrachtung und Selbstbetrachtung des Leibes *erst zustandekommt*. Der Sinn, die Bedeutung ist nicht das Ziel des Prozesses, sondern die Verwirklichung selbst.

> Sinn ist ein Werkzeug — ein Mittel.[141]

Diesen Satz möchte ich an das obige Zitat anschließen, daß die Selbstbetrachtung eine *Selbstbelebung* ist. Hier geht es nicht um das Resultat eines teleologischen Beweises, sondern um den Sinnvollzug.[142] Novalis zeigt damit einen Weg auf aus der letztlich *sinnzerstörenden* Interpretation der Zweckidentifikation des Körpers, wie noch näher zu zeigen sein wird. Der entscheidende Schritt bei Novalis ist also eine veränderte Deutung der Möglichkeiten der Sinngebung.

> Ein absoluter Sinn wäre Mittel und Zweck zugleich. So ist jedes Ding das *Mittel selbst* es kennenzulernen, es zu erfahren, oder auf dasselbe zu wirken.[143]

Durch diesen Gedanken wird der Zweck in das Ding integriert, aber nicht mit der Absicht, zu einer Überwindung des Dinghaften des Dings zu kommen. Hier wird das Ding an sich selbst hervorgebracht.[144] Durch diese Aufhebung eines zielhaft

---

141 Novalis, a.a.O., Bd. II, S. 550.
142 Hearing, Th., a.a.O., S. 424–425.
Ganz besonders bezeichnend für diese weder bloß teleologische noch bloß kausale, sondern wahrhaft dialektische Auffassung der Beziehung von physischem und psychischem Individuum ist bei Novalis die Rolle, welche bei ihm überhaupt die Sinne und Sinnesorgane als Mittler spielen. Hier tritt ganz besonders zugleich auch die oben schon angekündigte Art zutage, in welcher ebenso wie in der Körperwelt die Sinnesorgane, so in der psychischen Welt die Sinne eine „synthetische Funktion" zwischen beiden Welten darstellen, aber beide wiederum auch untereinander in dialektischer Einheit stehen. Diese letztere wird dabei oft so sehr betont, daß es zunächst wie eine Verwechslung physischer Sinnesorgane und psychischer Sinne erscheinen könnte. So sind ihm die Sinnesorgane einerseits Mittel für die Reizung der Psyche, also in einem gewissen Sinne Ursache für ihre Regungen; andererseits aber erscheint bei ihm oft auch der umgekehrte Gedanke, daß es die Seele sei, welche sich zu ihrer Äußerung diese Organe bilde. Nur dieses Wechselverhältnis ist es, was den Ausdruck „Sinne" bei ihm vielfach geradezu zwischen psychischer und physiologischer, seelischer und körperlicher Bedeutung schillern läßt. Er denkt jedoch nicht daran, sie dadurch etwa vereinerleien zu wollen, sondern der Gegensatz von innerem und äußerem Ich, von psychischen und körperlichen Sinnen bleibt ihm auch hier trotz bzw. gerade wegen ihrer dialektischen Einheit bestehen.
143 Novalis, ebd.
144 Heftrich, E., a.a.O, S. 131: Sinn ist Mittel und Werkzeug, ein absoluter Sinn wäre Mittel und Zweck zugleich. Kants Trennung von Ding als Erscheinung und Ding an sich hypothetisch aufhebend, erklärt Novalis auch die Dinge zu Vermittlungen des Absoluten. Kants Grenzbegriff, das Ding an sich, wird so zwar nicht einfach positiviert, aber dessen rein kritische Negation mediatisiert. Damit ist die theoretische Möglichkeit geschaffen, die phänomenale Welt in die noumenale zu transzendieren. Die Dinge so über die Grenze zu bringen heißt, sie in die Welt der Ideen zurückzutragen.

gerichteten Lebensbegriffs findet eigentlich erst die Belebung am einzelnen als an sich selbst Einzelnes statt.

> Um also eine Sache vollständig zu empfinden und kennenzulernen, müßte ich sie zu meinem Sinn und Gegenstand zugleich machen — ich müßte sie *beleben* — sie zum absoluten Sinn, nach der vorherigen Bedeutung, machen.[145]

Novalis stellt nun dar, wie dieser Prozeß möglich ist, daß ich etwas zu meinem Sinn und Gegenstand zugleich machen kann. Er hatte angedeutet, daß der Sinn ein Werkzeug ist, das Werkzeug der Belebung. Es geht hier also darum, das Sinn-schaffende, das Sinn-stiftende nicht als die Rezeption einer sinnhaften Einheit des Zweckes darzustellen. Die Sinnschaffung führt erst zu der Belebung.

So stellt die Mechanik zwar einen allgemeinen Sinn her, aber dieser Sinn kann nie individuell gesehen werden, er kann nie in das Individuum integriert werden, er wird hier noch nicht einmal festgestellt.

> Geist der Mechanik — ist wohl Geist des Ganzen, ohne Bezug auf die Teile oder die Individualität.[146]

Wie wir bei Schelling gesehen haben, kann ein teleologisches Prinzip auch mechanisch sein, wenn es diesen allgemeinen, sinnstiftenden Charakter hat. Für Novalis ist das teleologische Prinzip ein individuelles Prinzip des Einzelnen:

> Nenn ich das ganze Ding Welt, so würde ich ein integrantes Glied der Welt in mir, und das übrige außer mir haben, ich würde mir in theoretischer Hinsicht, in Rücksicht dieses Sinnes, als abhängig unter dem Einfluß der Welt erscheinen. Ich würde mich ferner, *in Betreff dieses Sinns*, zu einer Mitwirkung, als Weltglied, genötigt sehen — denn sonst würde ich meine Absicht bei der Belebung nur unvollständig erreichen.[147]

Das Leben, die Belebung ist nicht bloß ein Geschehnis, an dem das Individuelle partizipiert, von dem es getragen wird und abhängig ist. Dies ist ja die Auslegung des Geistes im Sinne des mechanischen Begriffs und des Zweckbegriffs, bei dem die Natur als das Durch-sich-seiende gedeutet wird, was aber nie zu einer Identifikation des Selbstbewußtseins führt, und deshalb nie zum Bewußtsein des Selbst des Individuums als Prinzip hinreicht.

> Ich würde meinen Sinn, oder Körper, teils durch sich selbst, teils durch die Idee des Ganzen durch seinen Geist — die Weltseele bestimmt finden und zwar beides als unzertrennlich vereinigt.[148]

Da der Körper nicht als die Verdinglichung eines Prinzips angesehen wird, kann er zum Sinn des Individuellen werden. Dies ist der entscheidende Schritt von Novalis über den bloßen Organismusgedanken hinaus. *Der Sinn des Individuums ist sein Werkzeug und dies ist sein Körper.* Indem der Körper meinen Sinn ausmacht, wird er zum Beispiel des Gesamt-Organismus, der dann durch Analogie erfahrbar wird.

> Meine Erkenntnis des Ganzen würde also den Charakter der Analogie haben — dies würde sich aber auf das innigste und unmittelbarste auf die directe und *absolute* Erkenntnis des Gliedes beziehen.[149]

---

145 Novalis, ebd.
146 Novalis, a.a.O., Bd. III, S. 51.
147 Novalis, a.a.O., Bd. II, S. 551.
148 ebd.
149 ebd.

Nur auf diese Art und Weise kann das Wirkgesetz des individuellen, körperlichen Seins bestimmt werden. Für Novalis ist hierbei weniger die Bedingung der Gestaltlosigkeit das Problem, als vielmehr die Wirklichkeit dieser Einbildung des Prinzips in das individuelle und durch das individuelle Gestalten.

Diese Wirklichkeit der Belebung findet nicht durch ein allgemeines und abstraktes Prinzip statt, sondern durch die Fähigkeiten der einzelnen Körper, die dadurch zugleich die Weltseele zum Ausdruck bringen:

> Ich finde meinen Körper durch sich und die Weltseele zugleich bestimmt und wirksam.... Was die Belebung des besonderen Gliedes betrifft, so finde ich mich in dieser Hinsicht bloß durch mich selbst, und zwar mittelbar durch die allgemeine Belebung bestimmt. Die Belebung selbst aber betreffend, so ist sie nichts anderes, als eine Zuneigung, eine Identifikation. Ich kann etwas nur erfahren, insofern ich es in mir aufnehme; es ist also eine Alienation meiner selbst und eine Zueignung oder Verwandlung einer anderen Substanz in die meinige zugleich.[150]

Der entscheidende, wirklichkeitsbildende Faktor ist also diese Verwandlung, wodurch die Identifikation zur Belebung wird.

> Ich vernehme nun jede Veränderung der zugeeigneten Substanz als die meinige und eine fremde zugleich; als die meinige, insofern ich sie überhaupt vernehme, als eine fremde, in wie fern ich sie so oder so bestimmt vernehme.[151]

Die Tatsache der Meinigkeit bezieht sich nur auf das allgemeine Vernehmen des Körpers, die Bestimmtheiten aber sind nicht durch das Ich begründbar. Der Mechanismus des Körpers ist nicht dem Ich in seinem Grund offenbar geworden, er zeigt sich als Fremdbestimmung des von außen Gegebenen. Der Geist des Ganzen bleibt so dem Individuum verborgen, obwohl es ihn mitgestaltet.

Entscheidend ist, daß Novalis diese Verschiedenheit der Bestimmungen als *ein* Geschehen aufzeigen kann. Diese Einheit ist die Einheit von Wissen und Willen. Dabei vernimmt das Individuum nicht nur die Wirkungen der Weltseele in rezeptiver Weise, so daß es die Gründe dafür äußerlich bestimmen und ableiten kann, sondern auch in spontaner Weise, so daß es in magischer Weise selbst Grund und Ursache der Wirklichkeit ist:[152]

> Ich selbst weiß mich, wie ich mich will und will mich, wie ich mich weiß — weil ich meinen *Willen will* — weil ich absolut will. In mir ist also Wissen und Willen vollkommen vereinigt.[153]

Durch den gewollten Willen ist der fremde, der in meinem Körper den Geist des Ganzen und damit die Mechanik darstellt, in einen von mir bewirkten Willen umgewandelt ist, der Mechanismus, der durch sich selbst nicht offenbar wird, durch die individuelle Aktion verwandelt und zugeeignet.[154] Dies ist aber ein Prozeß, der *Verklärung* genannt werden kann, das Durchsichtigwerden der Natur:

---

150 ebd.
151 Novalis, a.a.O., Bd. II, S. 552.
152 Dick, M., Die Entwicklung des Gedankens der Poesie in den Fragmenten des Novalis. Bonn 1967, S. 261–262.
153 Novalis, ebd.
154 Heftrich, a.a.O., S. 136.
> Allmächtig sind wir als personifizierte Punkte durch den Willen. Denn dieser ist als Grund der Schöpfung durch uns an der Bildung der Welt tätig. Der Wille ist Wissen, denn der von uns gesuchte Entwurf sind wir selbst. Finden wir uns selbst, so erkennen wir uns als allmächtige personifizierte Punkte. Die Einheit von Wille und Wissen nennt Novalis schon vor der Plotin-Begegnung intellektuelle Anschauung.

Ein Mensch, der Geist wird — ist zugleich ein Geist, der Körper wird. Diese höhere Art von Tod, wenn ich mich so ausdrücken darf, hat mit dem gemeinen Tod nichts zu schaffen — es wird etwas seyn, was wir *Verklärung* nennen können.[155]

Hier sind beide Seiten des geistig-körperlichen Lebensvorganges beschrieben. Die Vergeistigung ist zugleich eine Verkörperung, der geistige Vorgang ist unmittelbar ein körperlicher Vorgang. Dieser Vorgang der Verkörperung wird durch den Tod begriffen, durch eine höhere Art des Todes, die nicht nur das Verenden und Verwesen verdeutlicht, die Auflösung der Gestalten also, sondern den dabei eigentlich stattfindenden Prozeß der Materialisation.

b) Die Bildung der selbstischen Materien

Die als Beginnen und Verenden gefaßten Begriffe von Leben und Tod zeigen nicht die Einheit des geistig-körperlichen Vorganges an. Diese Einheit ist nur durch das Gesetz der Materialisation, der Oxydation, einsehbar. Durch die Oxydation ist die Einheit von Geist und Körper, von Leben und Tod in der höheren Art also, begreifbar. Hierdurch ist dann auch zu verstehen, wie das Leben erst im Tod zur Materialität kommt. Die Oxydation als Grundgesetz aller natürlichen Vorgänge reichert durch das Absterben und Verzehren die eigentliche Materie an.

Alle Naturkräfte sind nur Eine Kraft. Das Leben der ganzen Natur ist ein Oxydationsprocess: Aller *Reitz* ist oxydirend — Beförderungsmittel der Oxydation. Die todte Materie ist *Phlogiston*.[156]

Es gibt nun verschiedene Formen dieses Absterbens. Je nach Art der Oxydation wird eine unterschiedliche Materie verwirklicht:

4 Arten von Flammen — 1. diejenige, deren Excremente — die anorganische Naturen sind. 2. deren Excremente — Pflanzen —, 3. deren Excremente — Thiere, 4. deren Excremente — Menschen sind. Je höher die Flamme — Je *künstlicher* — desto komplicirter gebildeter das Excrement.[157]

Der Lebensprozeß ist damit zugleich als ein Zersetzungsprozeß dargestellt, bei dem das Lebendige und Geistige, auch das sich Verflüchtigende und Verkörpernde ist. Diesen verkörperten Geist nennt Novalis im übertragenen Sinne das Philogiston und bezeichnet damit dasjenige, was als Verwirklichtes zurückbleibt.

Die Oxydation geht nun nicht beliebig fort, sondern endet an dem Punkt, an dem das Verwirklichte nicht weiter entwickelt werden kann. Das Endprodukt der Oxydation ist damit diejenige Materie, die nicht mehr oxydieren kann, das edle Metall. Dieses Metall widersetzt sich dem Lebensprozeß des Verzehrens und Verflüchtigens und ist damit als schwerster Körper zugleich die höchste Form der Vergeistigung:

Die Schwere ist desoxydirende Kraft.[158]

Deshalb ist Gott als höchster Geist zugleich auch von höchster körperlicher Gediegenheit.

155 Novalis, a.a.O., Bd. III, S. 62.
156 Novalis, a.a.O., S. 659.
157 Novalis, a.a.O., Bd. III, S. 84–85.
158 Novalis, a.a.O., Bd. III, S. 659.

Gott ist von unendlich gediegenem Metall — das körperlichste und schwerste aller Wesen.[159]

Dies bildet nun den Gegensatz zum Prozeß der Verflüchtigung selbst, bei dem der Geist, das Phlogiston, frei wird. Von diesem soll gerade das Schwere herrühren.

Phlogiston = Geist. Dem Geist ist *Ruhe* eigentümlich. Das Schwere rührt vom Geist her.[160]

Der Zersetzungsprozeß, den wir als Lebensprozeß erkennen, ist deshalb eine Krankheit des Geistes. Der Geist ist ursprünglich das Schwerste und Härteste, das nicht der Zersetzung ausgesetzt ist. Durch den Eingriff des Prinzipes des Bösen aber

Die Oxydation kommt vom Teufel[161]

wird die geistige Materie angegriffen, widersetzt sich aber immer wieder entsprechend dem Grad der Vergeistigung, der Materialität also, und erhält sich in demjenigen, was wir Phlogiston nennen. Nur das Allerschwerste und Gediegenste entgeht vollständig der Zersetzung.

Diesem Lebensprozeß entgegengesetzt ist die Desoxydation. Sie ist damit die Wiederherstellung des Reiches Gottes.

Luftvernichtung ist die Herstellung des Reiches Gottes.[162]

Dem normalen Verstand erscheint diese Art der Wiederherstellung des Geistigen und Göttlichen durch die Luftvernichtung als Krankheit. Die Krankheit ist aber ein Ausdruck dieser Widersetzung gegen die Oxydation.

Ist das thierische Leben ein phlogistischer Process, so sind alle Krankheiten antiphlogistische Processe — Störungen des Brennens. Ihre Mannichfaltigkeit zeugt gerade von ihrer Personalentstehung.[163]

Hierdurch wird die Krankheit zur Möglichkeit für die Herstellung höherer Sphären.[164]

Das System der Moral muß System der Natur werden. Alle Krankheiten gleichen der Sünde, darein, daß sie Transcendenzen sind. Unsere Krankheiten sind alle Phaenomene erhöhter Sensibilität, die in höhere Kräfte übergehen will. Wie der Mensch Gott werden wollte, sündigte er. Krankheiten der Pflanzen sind Animalisationen. Krankheiten der Thiere Rationalisationen. Krankheiten der Steine — Vegetationen . . . Pflanzen sind gestorbene Steine. Thiere — gestorbene Pflanzen. etc. Theorie der Metempsychose.[165]

Durch die Krankheit werden also die einzelnen Stufen der Materialität erreicht. Die Krankheit reichert das Sein an, indem sie diejenige Realität schafft, die sich nicht im Lebensprozeß verflüchtigt, sondern sich in der Zersetzung umgebildet hat und nach dieser Umbildung die Zersetzung zunächst beendet. Dieser Transzendenzprozeß ist wie eine Sünde anzusehen, weil hierbei eine Organisationsstufe beendet oder vernichtet wird, indem das Gesetz dieser Organisationsstufe, die bestimmte Art der Oxydation also, durch ein selbsttätiges, diesem allgemeinen und übergeordneten Gesetz sich widersetzendes Prinzip außer Kraft gesetzt wird. Solche Störungen oder Beendigungen des Brennens werden also nicht durch den Lebensprozeß selbst verursacht, sondern durch geistige Kräfte, die den Charakter der *Selbsttätigkeit*

159 ebd.
160 ebd.
161 ebd.
162 ebd.
163 Novalis, a.a.O., S. 657–658.
164 Sohni, Hans, Die Medizin der Frühromantik. Freiburg 1973. S. 144–145.
165 Novalis, a.a.O., S. 662–663.

haben, da sie aus sich heraus, im Sinne eines Sich-bildens im Vollzug der Oxydation, in den Naturprozeß eingreifen. Dieser Selbstprozeß innerhalb des Lebensprozesses geht nun durch alle Stufen der Organisation und hat in seiner Vollendung den Charakter der Personalität.

Je höher die Kräfte, desto persönlicher.[166]

Durch den Selbstprozeß innerhalb des Naturprozesses kommt es zu einer Anreicherung der geistigen Körper und einer Höherbildung der Formationen.

Die Schwere, der Tod, die desoxydierende Kraft, das Phlogiston zeigen die Selbstbildung innerhalb des Organischen an, weil sich hier das Erhaltende, das sich Erfassende in der Zersetzung bildet. Das sich Erhaltende in der Zersetzung wird möglich durch die Personalität der sich bildenden Substanzen. Diese personalen Kräfte innerhalb der Zersetzung sind aber selbst der Zersetzung unterworfen, solange sie nicht reiner Geist, also gediegenste Körper geworden sind:

Oxydation Verminderung der Personalität.[167]

So stellen Oxydation und Desoxydation die beiden Seiten des Lebensprozesses dar, bei dem sich die Körper höherbilden, um die höchstmögliche Organisationsstufe zu erreichen, die unangreifbar und unzerstörbar gewordenen geistigen Körper. An diesem Prozeß wirken die einzelnen Körper mit, indem sie das anorganische Sein anreichern.

Das Produkt der Desoxydation wird abgesetzt im animalischen Körper, das Produkt der Oxydation eingesogen und angesetzt. Daraus entsteht eine Bewegung von Innen nach Außen und umgekehrt. Das Oxyd wird organisirt — das Desoxyd desorganisirt.[168]

Die Produktion von geistigen Körpern und personalen Kräften kann aber nicht vonstatten gehen ohne den Oxydationsvorgang. Dieser zeigt sich beim Menschen nicht nur in der Zersetzung des einzelnen Körpers, sondern auch der Gattung. Das Gattungsgefühl und der Gattungsvorgang müssen von dem Prozeß der Oxydation her verstanden werden als Gefräßigkeit des verzehrenden Prinzips der Organisation, wie dies schon an den einfachen Körpern zu ersehen ist.

Alles Fressen ist ein Assimilationsprocess — Verbindungs-Generations-Process — Die Flamme ist *das Gefräßige* katexochen die *Gärungen* — auch die Excremente haben noch Flammennatur — Sie fressen auch noch, wie z.B. die rostenden *Metalle*.[169]

Die Assimilation ist ein Produktionsprozeß, da die Zerfallsprodukte eine weitere und sogar höhere Generation bilden, der *Zerfall* ja der eigentliche *Gattungsbegriff* ist. Diesem Zerfallsbegriff als Lebensbegriff ist aber immer die Substanz, der Geist der Schwere und die Schwere des Geistes entgegengesetzt und kann auch in dieser Widersetzung wahrgenommen werden.

Je lebhafter das zu Fressende widersteht, desto lebhafter wird die Flamme des Genußmoments seyn. Anwendung auf Oxygene. Nothzucht ist der stärkste genuß. Das Weib ist unser Oxygene.[170]

166 Novalis, a.a.O., S. 662.
167 Novalis, a.a.O., S. 659.
168 Novalis, a.a.O., S. 653–660.
169 Novalis, a.a.O., S. 85.
170 Novalis, a.a.O., S. 262.

Für den Menschen ist die höchste Form des Oxydationsvorgangs der Geschlechtsvorgang, bei dem sich die menschliche Organisation, der Gattungsvorgang im Verzehrenden erhält.

> Wie das *Weib* das *höchste sichtbare* Nahrungsmittel ist, das den *Übergang vom Körper zur Seele* macht — so sind auch die Geschlechtsteile die höchsten, *äußern* Organe, die den Übergang von sichtbaren und unsichtbaren Organen machen.[171]

Dies ist für den menschlichen Leib die höchste Stufe der Verflüchtigung und Verzehrung. Dabei ist die Grenze der Sichtbarkeit erreicht, weil der unsichtbare Stoff der Seele verbrannt wird. Hierbei konstituiert sich der Geschlechtsleib in dem oxydierenden Zusammentreffen der Geschlechter.

> Der *Blick* — (die Rede) — die *Händeberührung* — der *Kuß* — die *Busenberührung* — der *Griff an die Geschlechtsteile* — der Act der Umarmung — dies sind die Staffeln der Leiter — auf der die Seele heruntersteigt — dieser entgegengesetzt ist eine Leiter — auf der der Körper heraufsteigt — bis zur Umarmung. *Witterung — Beschnüffelung — Act.* Vorbereitung der Seele und des Körpers zur Erwachung des Geschlechtstriebes. Seele und Körper *berühren* sich im Act. — *Chemisch* oder galvanisch — oder elektrisch — oder *feurig* — Die Seele ißt den Körper (und verdaut ihn?) *instantant* — Der Körper empfängt die Seele — (und gebiert sie?) instantant.[172]

Dieser Vorgang kann auch als magisch beschrieben werden. Das Magische ist das oxydierende Geschehen des Geschlechtsleibes, das nicht aus dem einzelnen Leib heraus erklärbar ist.[173] Wie auch im Zusammenführen der Substanzen, so ist nur im Zusammenführen der Leiber das eigentliche Lebensprinzip erkennbar, das dann jedoch nicht mehr auf das Individuum zurückgeführt werden kann. Die magische Bildung von Materie ist eine Art der Sinngebung, bei der im Zusammentreffen die Körper auf eine bestimmte Art sich verbrauchen und verzehren und dabei eine neue Organisation schaffen, die sich wiederum dem Verbrauch aussetzt. So ist auch der menschliche Leib nicht nur Teil des Geschlechtsleibes, sondern er ist selbst die Erscheinung interagierender Körper.[174]

Dies ist nun der eigentliche Sinn der Synthesis. Sie ist nicht bloß die Vereinigung des Mannigfaltigen, sondern die Vereinigung der sich begehrenden, der sich brauchenden und sich verbrauchenden, oxydierenden Körper.

> Über unser Ich — als *der Flamme* des Körpers, in der *Seele*. Ähnlichkeit der Seele mit Oxygene ... Alle Synthesis ist eine *Flamme* — oder Funken — oder Analogon derselben.[175]

171 Novalis, a.a.O., S. 264.
172 ebd.
173 Gebsattel, F. v., Prolegomena einer Medizinischen Anthropologie. Berlin 1954.
     Es gibt eine Stelle in den Fragmenten des NOVALIS, sie stammt aus einem Geheimwissen um das Phänomen, das uns hier beschäftigt. Die Stelle lautet: „Händedruck, Kuß, Busenberührung, Vereinigung bilden eine Leiter, auf welcher der Körper zur Seele hinauf, die Seele zum Leibe herabsteigt." In der Begegnung dieser sonst geschiedenen Pole der menschlichen Persönlichkeit, so können wir ergänzen, bildet sich der Geschlechtsleib. Dieser aber ist, für sich allein genommen, ein Noch-nicht-Seiendes. Sondern auf daß er zur vollen Wirklichkeit werde, gehört über die instante Aufhebung der Sonderung von Leib und Seele hinaus auch die Aufhebung des solitären Für-sich-Seins geschlechtsgetrennter Partner, die in der selbstvergessenen Totalvermischung eigen-eigener Leiblichkeit mit der fremd-eigenen ein Ganzes werden, ein Zweigeschlechterwesen, das im Bilde des zweieinigen Geschlechtslebens anschaulich wird. (S. 321)
174 Sohni, Hans, a.a.O., S. 53.
175 Novalis, a.a.O., S. 440.

Eine Synthesis ist dort erreicht, wo in magischer Weise die Substanzen aufeinander einwirken und sich verbrauchen. Die Seele enthüllt durch die Zerstörung des Körpers die Geistigkeit des Körpers und der Materie. Im Tod kommen Seele und Körper auf diesem Weg der Zersetzung zusammen. Das Weibliche ist das Oxygen des Männlichen, als solches zersetzt es dieses und bringt in der Zersetzung die Geistigkeit des Prinzips der Materie hervor. So ermöglicht der Geschlechtsakt die Einheit des Lebensprozesses, jedoch nicht in so vollkommenem Maße wie der Tod.

Der Geschlechtsakt, der Verzehr und die Verdauung zeigen nur das Geistige an, deuten nur das Prinzip der Materie somit an, ohne es als geistiges zu enthüllen. Der Geist, die Schwere, die Materie, kann sich nicht selbst ausdrücken. Dort, wo er sich auslebt, ist er nur in dem Verflüchtigenden und sich Verzehrenden erfahrbar geworden.

Der entscheidende Unterschied zu Schelling liegt darin, daß das körperliche Sein als solches den Geist darstellt.

> Es gibt nur einen Tempel in der Welt und das ist der menschliche Körper. Nichts heiliger, als diese hohe Gestalt. das Bücken vor Menschen ist eine Huldigung dieser Offenbarung im Fleisch. (göttliche Verehrung des Lingam, des Busens — der Statuen). Man berührt den Himmel, wenn man einen Menschenleib betastet.[176]

Der Körper kann sich aber nie in dieser reinen Form gleichsam als ruhiges Reich des Geistes offenbaren, sondern erscheint als zersetzender, zerfallender, verdammter, exkrementierender, begattender Körper. In der Krankheit und im Tod kommt die Materie zu sich, kehrt der Körper in sein ruhiges Reich ein, doch wird durch den Tod der phlogistische Prozeß nicht verstanden. Es wird nicht begriffen, *was* sich im Prozeß der Selbstzerstörung erhält. Der Tod, der nur die Negation des Gestalthaften und Bestimmten darstellt, kann damit nicht zum Begriff des Geistes der Materie hinführen. Nur in der Verschmelzung der Begriffe von Leben und Tod im Vorgang der Oxydation kann der Geist der Materie durchsichtig werden, kann der menschliche Körper als die durchsichtig gewordene Natur erkannt werden. Der Geist kann sich nicht durch sich selbst ausdrücken, er ist nicht an sich selbst durchsichtig, sondern er wird erst durchsichtig durch die in dem Prozeß der Reizung und der Zersetzung erwiesene Möglichkeit der Transzendenz der Körper. Auf diese Art und Weise kommt es zu einem Begriff des Seins. Die Tragik des körperlichen Seins liegt darin, daß es nicht in sich ruhen kann und darf, denn dies wäre die vollständige Entfaltung seines Seins, sondern daß es dem Prinzip der Oxydation unterworfen ist.

So steht bei Novalis das teleologische Prinzip nicht im Dienst einer Darstellung höherer Geistigkeiten. Der Geist wird durch die Gesetze der Materie sichtbar. Der Zweck des organisierten Körpers liegt darin, sich zu überwinden, zu Grunde zu gehen im Prozeß der Oxydation, und zwar in einer Restlosigkeit und Vollständigkeit, wie sie am Beispiel der schweren und edlen Metalle bereits verwirklicht ist, in einer Restlosigkeit und Vollkommenheit somit, die unangreifbar geworden ist für die Reizung und den Verbrauch. Nach diesem Prozeß des Zugrundegehens hat sich auch das Oxygen, der Reiz, das Weibliche, jeglicher Vorgang des Verzehrens also, verwandelt in gediegene Materialität. Damit ist das ruhige Reich Gottes eingetreten.

---

176 Novalis, a.a.O., S. 565–566.

Der zur schwerem Metall gewordene Körper ist letztlich der Körper, der für jeglichen Zweck unangreifbar geworden ist, er ist kein Um-zu mehr und damit reines Selbst.

Das im Prozeß der Zersetzung gebildete Selbst kann nicht durch den bloßen Zweckbegriff dargestellt werden, durch ein zugrundeliegendes Prinzip also, das alle Vorgänge steuert. Auch der Begriff des Todes hat bei Novalis nicht diese Funktion eines Mittels zum Zweck. So findet zwar die Höherbildung der Materie durch die Vernichtung statt, der Tod ist also damit auch eine Art der Geburt einer höheren Organisation, aber er ist kein gegensätzliches Prinzip zum Leben, das als höhere Macht dem Individuum gegenübersteht, sondern er ist ein ständiges Ereignis, an dem das Individuum auch willkürlich mitwirken kann. Der Unterschied zwischen Leben und Tod kommt aus der Verschiedenheit der Perspektive der Betrachtung, wie sich an der Darstellung der phlogistischen Prozesse erweist. Jenseits dieser Perspektiven ist der Lebensprozeß ein einheitlicher Vorgang der Bildung und Höherbildung der Materie, wobei sich im beständigen Vergehen und Verflüchtigen die personalen Kräfte konstituieren. Diese personalen Kräfte haben sich im menschlichen Leib zur Persönlichkeit angesammelt. Hier ist ein hohes Maß von personaler Materie angereichert, weshalb der Mensch auch durch Einbilden ein willkürliches Gestalten organischer Vorgänge in magischer Weise vornehmen kann.

In dieser Mächtigkeit, die Novalis dem Individuum zuschreibt, unterscheidet er sich von Schelling, der im Individuum in seiner Eigenheit und Persönlichkeit die negative Charakteristik einer Begrenzung der allgemeinen Bedeutung und Möglichkeit des Selbst überhaupt sah und deshalb den Tod als Erlösung aus der Bindung des Selbst an die einzelne Gestalt begriff. Das Selbst ist bei Novalis nicht ein einsam sich suchendes und nur als einsames sich finden wollendes Selbst, das alle Gestaltungen negiert, es bildet sein Selbst erst als Materie an. Die körperliche Selbstbildung ist ein eigenständiges Prinzip, das in sich geistig ist. Die Geistigkeit der Materie besteht aber in der Selbstgewinnung und Selbsterhaltung personaler Kräfte innerhalb des Prozesses der Verflüchtigung. Die körperliche Materie ist die Selbstgestaltung dieser personalen Kräfte, deren Selbstgewinnung und Selbsterhaltung sich als Materialität niederschlägt. Dabei ist das Selbst nicht vorformuliert, d.h. von einem allgemeinen oder göttlichen Selbst abgeleitet, sondern es konstituiert sich im Prozeß der Zersetzung und Verflüchtigung. Es ist deshalb, nicht wie bei Schelling, der Anlaß für die Zersetzung und Verwandlung der einzelnen organischen Gestalten.

Mit dieser Formulierung eines aus sich körperlichen Seins stellt das Denken von Novalis einen der wenigen Versuche des 19. Jahrhunderts dar, den menschlichen Leib nicht von einem übergeordneten Begriff aus zu erfassen und zu begreifen, sei dies die Natur, das Selbst oder die Materie oder ihn als ein Werkzeug für höhere Zwecke des Lebens anzusehen. Hier ist der Versuch zu sehen, das körperliche Sein in seiner Prinzipialität zu beobachten. Dabei stößt Novalis in seinem Begriff an eine Grenze, wenn er diese individuellen und personalen Kräfte als feste Größen nimmt und dies nicht weiter verfolgt.

B Gesellschaftliche Begründungszusammenhänge

1. Die marxistische Darstellung des Leibes als Produkt der Arbeit

a) Die Erzeugung des menschlichen Leibes

Der Gattungsbegriff des Menschen ist für Marx ein gesellschaftlicher Begriff, der nicht von der physischen und leiblichen Konstitution und Möglichkeit und der hier feststellbaren allgemeinen Merkmale abzuleiten ist, wie dies beim Tier gemacht werden kann, sondern der von dem in dem Verhalten des Individuums zu sich und zu anderen sich entwickelnden Gattungsleben abgeleitet werden muß. Das Gattungshafte kommt nur in dem Sich-zu-sich-Verhalten des Menschen zum Ausdruck.

> Der Mensch ist ein Gattungswesen, nicht nur indem er praktisch und theoretisch die Gattung, sowohl seine eigene als die der übrigen Dinge, zu seinem Gegenstand macht, sondern — und dies ist nur ein Ausdruck für dieselbe Sache — auch indem er sich zu sich selbst als der gegenwärtigen, lebendigen Gattung verhält, indem er zu sich als einem *universellen*, darum freien Wesen verhält.[177]

Im Sich-zu-sich-Verhalten manifestiert sich die Freiheit des Menschen, unabhängig von den triebhaften oder anderweitig festgelegten Verhaltensweisen zu sein und sich zu sich und den anderen überhaupt beziehen zu können. Dieser gesellschaftliche Bezug macht die eigentliche Bedingung oder den zureichenden Grund des menschlichen Seins aus, nicht die innerhalb des Bezugs geäußerten triebhaften Ansprüche. Dadurch kann der Mensch nicht auf natürliche Weise sich verwirklichen; natürliche und physische Verwirklichung ist nicht *sein* Verwirklichen, so daß die natürlichen Vorgänge ihm äußerlich, von außen herkommend erscheinen.

> Die Natur ist der *unorganische Leib* des Menschen, nämlich die Natur, soweit sie nicht selbst menschlicher Körper ist.[178]

Die Verwirklichung des Sich-zu-sich-Verhaltens vollzieht sich durch die produktive Tätigkeit des Menschen. Diese konstituiert den eigentlich organischen Bezug, in dem der Gattungsbegriff des Menschen möglich ist.[179]

> Das praktische Erzeugen einer *gegenständlichen Welt, die Bearbeitung* der unorganischen Natur ist die Bewährung des Menschen als eines bewußten Gattungswesens, d.h. eines Wesens, das sich zu der Gattung als seinem eigenen Wesen oder zu sich als eines bewußten Gattungswesens verhält. Zwar produziert auch das Tier. . . . sein Produkt gehört unmittelbar zu seinem physischen Leib, während der Mensch frei seinem Produkt gegenübertritt.[180]

In der Arbeit hat der Mensch sich als freies Wesen vergegenständlicht und kann sich jetzt an dieser Vergegenständlichung in seinem Gattungswesen erkennen.

> Der Gegenstand der Arbeit ist daher die *Vergegenständlichung des Gattungslebens des Menschen.*[181]

---

177 Marx, Karl, Ökonomisch-philosophische Manuskripte. In: Frühe Schriften, Bd. I, hrsg. v. Lieber und Furth. Darmstadt 1975, S. 566.
178 Marx, ebd.
179 Schmidt, Alfred, Der Begriff der Natur in der Lehre von Marx, Frankfurt 1962, S. 89.
180 Marx, a.a.O., S. 567–568.

Die Arbeit ist das gattungsbildende Element des Menschen. Hierdurch konstituiert er seine Geschichte, die keine Naturgeschichte mehr ist. Seine Verwirklichung durch die Arbeit als geschichtliche ist der Ausdruck des gattungshaften Gestaltens.

> Aber der Mensch ist nicht nur Naturwesen, sondern er ist *menschliches* Naturwesen, d.h. für sich selbst seiendes Wesen, darum *Gattungswesen*, als welches er sich sowohl in seinem Sein, wie auch in seinem Wissen bestätigen und betätigen muß. . . Und wie auch alles Natürliche *entstehen* muß, so hat auch der Mensch seinen Entstehungsakt, die *Geschichte*, die aber für ihn eine bewußte und darum als Entstehungsakt mit Bewußtsein sich aufhebender Entstehungsakt ist. Die Geschichte ist die wahre Naturgeschichte des Menschen.[182]

Die Geschichte als der bewußte Prozeß offenbart sich dann an dem Einzelnen und als dieser Einzelne. Dieser Gattungsbegriff zeigt also nicht eine bestimmte Verwirklichung des einzelnen Wesens auf, sondern nur die Art der Verwirklichung, die geschichtliche an. Durch die Geschichte, durch das geschichtliche Deuten des einzelnen Seins ist dieses einzelne Sein unmittelbar die Gattung, ohne daß die Gattung anders als auf dem Wege dieser Einzelheit angegeben zu werden braucht. Es ist dies also kein bestimmter Gattungsbegriff, in der Weise also, wie Aristoteles den Gattungsbegriff erfaßt hat, es ist dies ein reflexiver Gattungsbegriff.

Der reflexive Gattungsbegriff drückt den Sinn des einzelnen Lebewesens aus, indem er den bestimmten Zweck in einer sowieso schon zweckmäßig sein müssenden Existenz des Einzelnen dadurch aufstellt, daß er als gattungshafter Zweck gelten kann. Der *durch sich selbst geschaffene Gattungsbegriff* braucht nicht, wie der Begriff des Lebens, von einer bestimmten Organisation abgenommen zu werden. Hier wird der Gattungsbegriff durch den Einzelnen selbst geschaffen und gebildet, indem der Einzelne seine Sinn- und Zwecksuche allgemein erfüllt, indem der Einzelne sich gattungsmäßig durch den Zweck selbst bestimmt. So kommt es, daß das Durch-sich-sein das *gattungshafte Vermögen* selbst ist, weil auf diese Art und Weise der Gattungsbegriff geschaffen ist.

> Indem aber für den sozialistischen Menschen die *ganze sogenannte Weltgeschichte* nichts anderes als die Erzeugung des Menschen durch die menschliche Arbeit, als das Werden der Natur für den Menschen, so hat er also den anschaulichen, unwiderstehlichen Beweis von seiner *Geburt* durch sich selbst, von seinem *Entstehungsprozeß*.[183]

Das Durch-sich-sein ist das Vermögen der Gattungsbildung. Es ist eine Verrichtung, die sich als Arbeit von der naturbedingten Tätigkeit unterscheidet. Hierbei ist die Tätigkeit nicht mehr von außen bestimmt, sondern durch sich selbst, ein Umstand, der nur infolge einer Ablösung von Naturprozessen möglich ist. Engels sieht eine solche Ablösung und Befreiung in der Menschwerdung des Affen:

> Die Verrichtungen, denen unsere Vorfahren im Übergang vom Affen zum Menschen im Laufe vieler Jahrtausende allmählich ihre Hand anpassen lernten, können daher anfangs nur sehr einfache gewesen sein. . . . Bis der erste Kiesel durch Menschenhand zum Messer verarbeitet wurde, darüber mögen Zeiträume verflossen sein, gegen die die uns bekannte geschichtliche Zeit unbedeutend erscheint. Aber der entscheidende Schritt war getan: *die Hand war frei geworden* und konnte sich nun immer neue Geschicklichkeiten erwerben, und die damit

---

181 Marx, a.a.O., S. 568.
182 Marx, a.a.O., S. 652.
183 Marx, a.a.O., S. 607.

erworbene größere Biegsamkeit vererbte und vermehrte sich von Geschlecht zu Geschlechts. So ist die Hand nicht nur das Organ der Arbeit, *sie ist auch ihr Produkt.*[184]

Der Organisationsbegriff von Marx und Engels unterscheidet sich im wesentlichen von den anderen Organisationsbegriffen dadurch, daß hier eine Organisation veranschaulicht wird, die sich selbst durch die eigene Tätigkeit organisiert, eine Organisation durch sich ist. Diese sich selbst erzeugende und erschaffende Gattung wird nicht abstrakt dargelegt, wie dies bei den Materialisten, insbesondere bei Holbach, aufgezeigt wurde, sie wird konkret in ihrer Erzeugungsmöglichkeit beschrieben. Die große Wirksamkeit dieser Theorie liegt darin, daß sie das abstrakte Prinzip des Durch-sich-seins, welches gattungsmäßig und allgemein begreifbar ist, konkret beschreiben kann. Der konkrete Begriff findet durch die als gattungsbildendes Vermögen erkannte Arbeit statt.

Durch die Arbeit kann eine neue Gattung sich selbst erzeugen und hervorbringen. Daß der Begriff der Arbeit ein solches Bildungsprinzip sein kann, dafür sind einige physiologische Voraussetzungen notwendig. Engels sieht diese Notwendigkeit im freien Gebrauch der Hände und in der aufrechten Gangart des Menschen:

> Wohl zunächst durch ihre Lebensweise veranlaßt, die beim Klettern den Händen andere Geschäfte zuweist als den Füßen, fingen diese Affen an, auf ebener Erde sich der Beihülfe der Hände beim Gehen zu entwöhnen und einen mehr und mehr aufrechten Gang einzunehmen. Damit war *der entscheidende Schritt getan für den Übergang vom Affen zum Menschen.*[185]

Diese beiden entscheidenen Schritte sind aber nicht schon zureichende Bestimmungen für die Menschwerdung. Der aufrechte Gang und das Freiwerden der Hände sind noch Bestimmungen, die den Artbegriff des Affen bestimmen, obwohl dabei natürlich sofort die Frage aufkommt, weshalb diese Art des Affen bei dieser Fortentwicklungsmöglichkeit nicht ausgestorben ist, das heißt warum sich nicht alle Affen zum Menschen weiterentwickelt haben.[186] Das Absurde dieser Theorie tritt deshalb nicht offen zutage, weil diese physiologischen Vorbedingungen für den Gattungsbegriff der Arbeit zwar im Sinne einer Wirkursache angegeben werden, aber nicht wirkursächlich, sondern finalursächlich den Begriff dieser Gattung bilden. Die Bedingungen des aufrechten Ganges und des Freiwerdens der Hände werden also im Sinne eines Für-etwas verstanden, sie werden im Hinblick auf dasjenige verstanden,

---

184 Engels, F., Dialektik der Natur. In: MEW Bd. 20. Berlin 1972, S. 445.
185 Engels, a.a.O., S. 444.
186 Crosby, John, Zur Kritik der marxistischen Anthropologie. Diss. Salzburg 1970.
   Wie der Mann im Zustand des Rausches und das Kind im zartesten Alter bereits das Vermögen der Willensfreiheit besitzen, so besäße es auch der Affe, bevor er anfinge, die Fähigkeit, frei zu wollen zu entwickeln, es erwachte also in ihm bloß das, wofür er schon immer das Vermögen besessen hätte. In einer solchen Erklärung der Menschwerdung des Affen setzt man also schon voraus, daß der Affe bereits Mensch war, wir haben hier also eine *petitio principii* vor uns: Entweder waren die Affen wirklich Affen, in welchem Falle sie das Vermögen des freien Willens nicht besaßen und also nie anfangen konnten, frei zu wollen, oder sie konnten anfangen, frei zu wollen, in diesem Fall besäßen sie bereits das Vermögen, frei zu wollen, und waren damit bereits Menschen. (S. 48)

was sie zu bilden erst die Voraussetzungen sind.[187] Die Verstehensweise des Für-etwas-seins beinhaltet, daß der Artbegriff somit schon formal vorgebildet ist, bevor er realiter auftritt. Als Voraussetzung für die neue Art muß selbst schon die Art für ihn vorausgesetzt sein.[188] Durch den Begriff der Arbeit wird also dasjenige verwirklicht, was formaliter schon dasein muß.

> Sie hat den Menschen selbst geschaffen.[189]

Das Grundprinzip dieses Denkens besteht darin, daß hier das Lebendige nur als *Für-etwas-sein* verstanden werden kann. Das teleologische Prinzip ist das einfache Verstehensprinzip für die lebendige Dinglichkeit. Engels gibt sich durch diese Denkweise als typischer Vertreter des 19. Jahrhunderts zu erkennen. Im Unterschied zu seinen Zeitgenossen aber sucht er das Lebendige nicht in der Zersetzung der Individualitäten zu erfassen, in der Negation der teleologisch sich darstellenden Äußerlichkeit also, sondern im positiven Gestalten und Verdinglichen, wobei das Bildungsprinzip selbst das Gebildete ist.

Wir haben schon bei Schopenhauer gesehen, daß dieser Ontologismus aus dem teleologischen Prinzip heraus nur dann ein vollständiges System darstellt, wenn die höchste Potenz, die Endursache also, sich selbst aus sich selbst erfassen läßt und sich in dieser Erfassung gestaltlos macht, somit eigene Transzendenz aus sich heraus bildet. Während aber Schopenhauer alles von diesem Gattungsbegriff des Willens her ableitet und damit wenigstens ein rational einheitliches System vorstellt, versucht Engels, diesen Gattungsbegriff von gewissen Voraussetzungen abzuleiten, die ihrerseits selbst schon das Gattungsmäßige sein müßten. Die Voraussetzungen werden aber von ihrem Wofür her begriffen, wobei dieser Oberbegriff aber nicht selbst wieder bestimmend für die Voraussetzungen sein darf, da sonst alle Affen Menschen geworden wären. Engels will ein regelrechtes *Nacheinander* des *geschichtlichen* Ablaufes aufzeigen, kein zyklisches Regenerieren des Willens also wie Schopenhauer. Engels setzt zwar dieses organische Wofür-sein zunächst an der Hand und dem aufrechten Gang an, kann diese einzelnen Indizien jedoch sehr schnell verallgemeinern:

> Aber die Hand stand nicht allein, sie war nur einzelnes Glied eines ganzen, höchst zusammengesetzten Organismus. Und was der Hand zugute kam, kam auch dem ganzen Körper zugute, in dessen Dienst sie arbeitete.[190]

187 Crosby, John, a.a.O., S. 29.
  Es ist offensichtlich absurd zu behaupten, daß der Mensch sich in der Arbeit selbst schöpfe, da die Arbeit selbst ja schon den Menschen voraussetzt. Der Mensch muß also schon existieren, bevor er arbeitet; die Arbeit selbst könnte einsichtigermaßen nicht sein ohne einen Menschen, der sie verrichtet.
188 Crosby gibt eine schöne Analyse der Vermischung von Einzelbegriff (Fähigkeiten) und Artbegriff (Vermögen) innerhalb der marxistischen Theorie. A.a.O., S. 46: So wie ein Mensch sich eine Fähigkeit durch sein Tun erwerben kann, so könne auch ein Tier sich das Menschsein durch menschliches Tun erwerben. Aufgrund unserer obigen Ausführungen liegt die Äquivokation, die dieser Analogie zugrunde liegt, auf der Hand: Was der Mensch sich durch sein Tun erwerben kann, sind nur Fähigkeiten; was der Marxismus dem Tun von Tieren zuschreibt, ist eben der Erwerb von Vermögen. Aber wir haben gesehen: Während Fähigkeiten ohne weiteres erworben werden können, setzt jedes Erwerben die Vermögen des Erwerbenden schon voraus.
189 Engels, ebd.
190 Engels, a.a.O., S. 446.

Die eigentliche Ursache geht also gar nicht von der Hand aus, sondern von dem zu verwirklichenden, noch formalen Prinzip, welches der Artbegriff ist, der als formal daseiender anhand *der zweckdienlich interpretierten Glieder die Wirklichkeit dieser Glieder bestimmt.* Dies ist der eigentliche Sinn des Satzes:

Das Bedürfnis schuf sich sein Organ.[191]

Damit sind die einzelnen Glieder und Organe gar nichts an sich Existierendes, sondern sie sind *für* den Organismus, der aber auch nicht als solcher schon da ist, sondern erst durch diese Ermöglichung des Wofür sich verwirklicht. Alle Glieder sind bloß Bedingungen für den Bildungsbegriff der Arbeit, aber diese Bedingungen sind an sich schon das Produkt selbst.

Durch das Zusammenwirken von Hand, Sprachorganen und Gehirn nicht allein bei jedem einzelnen, sondern auch in der Gesellschaft, wurden die Menschen befähigt, immer verwickeltere Verrichtungen auszuführen, immer höhere Ziele sich zu stellen und zu erreichen.[192]

Der durch die Organisation gewiß gewordene Zweck der Organe wird nun wiederum Werkzeug für die Erreichung eines höheren Organisationsniveaus, der menschlichen Geschichte, die aber schon als Geschichte der Organe menschliche Geschichte war.

Der organische Körper ist also die Geschichte. Indem diese sich selbst bedingt in ihrem Wofür, bestimmt sie die Organisation der Materie, das Organische. Damit diese Selbstbestimmung aber nicht eine bloße Formalität und Tautologie bleibt, muß das Produkt zum Motiv der Geschichte bestimmt werden.

Der ontologische Beweis, das Formale selbst als Inhalt anzugeben und als Ding vorzuweisen, hat hier die Ausprägung, die Geschichte als das Wofür des Organischen aufzuzeigen. Dadurch sind alle Inhalte immer schon aus dem formalen Grund der Geschichtlichkeit der Inhalte begriffen. In diesem Begreifen wird das Individuum sich selbst nie begründen können, es kann sich begrifflich nur darin fassen, daß es sich vorweg schon geschichtlich bestimmt hat. War für die romantische Schule der Tod in seiner Funktion der Auflösung des Gestalthaften der eigentliche Lebensbegriff, so ist hier durch die Kristallisation der Geschichte im Individuum die Geschichtlichkeit selbst realisiert als Lebensprinzip. Das Individuum als die erscheinende Seite des Wofür der Geschichte realisiert diese Geschichte, indem es die Produkte zu Bedingungen und zu Motiven der Realisation macht.

Kurz, das Tier *benutzt* die äußere Natur bloß und bringt Änderungen in ihr einfach durch seine Anwesenheit zustande: der Mensch macht sie durch seine Änderung seinen Zwecken dienstbar, *beherrscht* sie. Und das ist der letzte, wesentliche Unterschied des Menschen von den übrigen Tieren, und es ist wieder die Arbeit, die diesen Unterschied bewirkt.[193]

Auch hier ist der Zweckbegriff der eigentlich leitende Begriff, durch den das Produkt als Bedingung und die Bedingung als Produkt dargestellt werden kann. Durch die Integration des Zweckgedankens (in dieser an sich gestaltlosen, aber gestaltschaffenden Weise der Geschichte) in den tierischen Körper ist der tierische Körper in den menschlichen verwandelt, hat die Natur den Menschen geboren. Das Tier, welches seine Tätigkeit dem Zweckgedanken unterwirft, nach dem Zweck

191 Engels, ebd.
192 Engels, a.a.O., S. 450.
193 Engels, a.a.O., S. 452.

ausrichtet, verrichtet keine Tätigkeit mehr, sondern *arbeitet, ist damit das sich realisierende Wesen, nicht mehr das die Natur realisierende*, ist damit zum Menschen geworden. Die Arbeit ist der Gattungsbegriff für den Menschen, weil hier jede Tätigkeit eine Selbstrealisation bedeutet, weil hier jede Tätigkeit *sich zugleich ihre Organe schafft*. Der organische Körper der Geschichte erscheint in Form dieser Selbstorganisation des Individuums, doch ist dies nur seine Erscheinungsform. Das dadurch ermöglichte Sich-gegenwärtig-sein und Sichbilden des einzelnen Körper, die durch den Gattungsbegriff ermöglichte Selbstorganisation ist damit an sich selbst zugleich das Produkt seiner Geschichte.

Dieser Begriff des Produkts, bei dem das Organische nur das geschichtlich realisierte Wofür und Woraufhin ist, ist der entscheidende Begriff der materialistischen Dialektik. Durch das Produkthafte unterscheidet sich nicht nur das Tätigsein des Tieres, welches produktlos ist, weil es selbst nur Produkt der Natur ist, von der Arbeit des Menschen, es ist auch das Prinzip der Realisation der Naturgeschichte.

> Die Natur ist die Probe auf die Dialektik, und wir müssen es der modernen Naturwissenschaft nachsagen, daß sie für diese Probe ein äußerst reichliches, sich täglich häufendes Material geliefert und damit bewiesen hat, daß es in der Natur, in letzter Instanz, dialektisch und nicht metaphysisch hergeht, daß sie sich nicht im ewigen Einerlei eines stets wiederholten Kreises bewegt, sondern eine wirkliche Geschichte durchmacht. Hier ist vor allem Darwin zu nennen, der der metaphysischen Naturauffassung den gewaltigsten Stoß versetzt hat, durch seinen Nachweis, daß die ganze heutige organische Natur, Pflanzen, Tiere und damit auch der Mensch, das Produkt eines durch Millionen Jahre fortgesetzten Entwicklungsprozesses ist.[194]

Darwin, der hier zu den dialektischen Denkern gezählt wird, hat damit den wahren Gattungsbegriff ausgesprochen, den Begriff der *Naturgeschichte*, in der ein Entwicklungsprogramm realisiert wird, dessen Resultate die Produkte sind.

Im Produkt der Arbeit, dem Produkt des Produkts, ist das Einzelwesen mit der Gattung vollständig verschmolzen. Das Einzelne, das sich selbst durch die Arbeit produzieren kann, ist dann identisch mit der Gattung, dem organischen Leib der Naturgeschichte überhaupt, der ebenfalls sich selbst produziert. Im Produkt der Arbeit hat deshalb nicht nur der Mensch zu sich gefunden, indem er sich durch die Arbeit als Gattung selbst hervorbringt, sondern auch die Natur hat hier zu sich gefunden, indem sie sich selbst an ihren Produkten und durch diese darstellt. Das Entscheidende dieser reflexiven Gattungsgeschichte ist also das Produkt, an dem die Natur ihr *Prinzip als Ding* vorstellen kann.

Der Mensch ist die Gattung, die sich selbst produziert und damit nicht nur sich selbst als Art herstellt, sondern darüber hinaus den Begriff dieser Produktion, den Gattungs- und Lebensbegriff erfaßt. Somit kann das Prinzip dieser Selbstentwicklung zugleich auch als das Prinzip der Naturprozesse selbst, als der Lebensbegriff also, angesehen werden. Der Leib ist das Selbstprodukt des Menschen, indem er das Resultat des Sich-durch-sich-zum Menschen-machenden Tieres ist, so wie er auch das Selbstprodukt der Geschichte ist, indem sie sich als Entwicklung von Produkten darstellt.

194 Engels, Die Entwicklung des Sozialismus von der Utopie zur Wissenschaft. In: MEW Bd. 19. Berlin 1969. S. 205.

Der nach diesem Organisationsprinzip interpretierte Leib bietet somit eine dreifache Möglichkeit der Begriffsbildung an. 1. Das Produkt des Leibes, die individuell verrichtete Arbeit, 2. das Produkt der Gattung, der Leib, und 3. das Produkt der Produkte, die Geschichte. Dabei ist der menschliche Leib das erste Produkt, welches nach dem Prinzip des Durch-sich-seins und Sich-zu-sich-verhaltens entstanden ist. Der menschliche Leib ist also das erste Produkt, welches den *Produktcharakter an sich selbst offenbart*, er wird damit das *Urbild* für alle Produkte, die von diesem Leib ausgehen.

Die Wirklichkeit aller Produkte des Leibes ist geprägt durch den Produktbegriff des Leibes selbst, den Zweck also. Die Wirklichkeit der Dinge, die vom Leibe ausgehen, werden von dem Zweck geprägt, nach dem der menschliche Leib sich selbst gebildet hat.

b) Die organische Selbsterfahrung des Menschen als gesellschaftlicher Leib

Ebenso, wie der menschliche Leib sich gebildet hat durch die Arbeit, bildet sich auch der gesellschaftliche Leib organisch durch das Sich-zu-sich-verhalten.

Der organisch-gesellschaftliche Leib produziert sich selbst durch die Arbeit der Individuen. Die Arbeit ist jedoch nicht schlechthin Tätigkeit, sie ist der *Prozeß der Seinsbildung* überhaupt, indem sowohl der Leib sich bildet, als auch der Sinn der Dinge, mit denen der Leib umgeht, unmittelbar geschaffen wird.

> Der Rohstoff wird konsumiert, indem er verändert wird, geformt durch die Arbeit, und das Arbeitsinstrument wird konsumiert, indem es verbraucht wird in diesem Prozeß aufgenutzt wird. Andererseits wird die Arbeit ebenfalls konsumiert, indem sie angewandt, in Bewegung gesetzt wird und so ein bestimmtes Quantum Muskelkraft etc. des Arbeiters verausgabt wird, wodurch er sich erschöpft. Aber sie wird nicht nur konsumiert, sondern zugleich aus der Form der Tätigkeit in die des Gegenstandes fixiert, materialisiert. Als Veränderung im Gegenstand verändert sie ihre eigene Gestalt und wird aus Tätigkeit Sein.[195]

Dazu ist es aber notwendig, daß die Arbeit nicht durch das Gesetz des Kapitalismus geprägt ist. Solange die Arbeit die Merkmale des Kapitalismus trägt, kann sich ein solcher Leib nicht bilden, da hier die durch die Arbeit hervorgebrachte Wertbildung nur im ständigen Verschwinden des Wertes in der Zirkulation des kapitalistischen Prozesses als Wert Gültigkeit hat. So kann sich das Wertprodukt des kapitalistischen Prozesses nicht vergegenständlichen, sondern erscheint als Wert nur in der Auflösung.

> Andererseits als *materieller Repräsentant des allgemeinen Reichtums* wird es bloß verwirklicht, indem es wieder in Zirkulation geworfen, gegen die einzelnen besonderen Weisen des Reichtums verschwindet. In der Zirkulation bleibt es als Zirkulationsmittel; aber für das aufhäufende Individuum geht es verloren, und dieses Verschwinden ist die einzig mögliche Weise, es als Reichtum zu versichern. Die Auflösung des Aufgespeicherten ist seine Verwirklichung. Es kann nun wieder von anderen Einzelnen aufgespeichert werden, aber dann fängt derselbe Prozeß von neuem an. Ich kann sein Sein für mich nur wirklich setzen, indem ich es als bloßes Sein für andere hingebe. will ich es festhalten, so verdunstet es unter der Hand in ein bloßes Gespenst des wirklichen Reichtums.[196]

195 Marx, Grundrisse der Kritik der politischen Ökonomie. 1857–1858. Berlin 1974, S. 207.
196 Marx, a.a.O., S. 144–145.

Die hier geleistete Wertbildung hat also keine Eigenständigkeit und Beständigkeit und trägt als ein sich in der Vernichtung erhaltender Wert zu keiner eigentlichen Wert- und Seinsbildung bei.

> Seine Selbständigkeit ist nur Schein; seine Unabhängigkeit von der Zirkulation besteht nur in Rücksicht auf sie, als Abhängigkeit von ihr.[197]

Das Kapital hat seine Wirklichkeit in einer ständigen Aufhebung dieser Wirklichkeit, es hat sein wertbildendes Moment nur in der *Zirkulation* und erscheint hier zwar als Geld, aber in dieser Erscheinung hebt es zugleich das Wertsein auf, da es hier nur symbolisch gilt. Verwirklicht wird der Wert nur im Dasein als nichtgegenständliches Wesen. Nicht der gesellschaftliche Leib, sondern das Kapital ist hier die sinnstiftende Einheit für den Wert der Arbeit. Das Kapital formt damit den Sinn des Produkts, nicht mehr das Bildungsprinzip des sich erarbeitenden Wesens.

Dasjenige, was sich im Zirkulationsprozeß vergegenständlicht, das inkarnierte Kapital, ist für das eigentliche Wesen des Kapitals verlorengegangen. Es wird nur dadurch wertbildend, daß es sich wieder aus der Vergegenständlichung löst.

> Die Akkumulation des Wissens und des Geschicks, der allgemeinen Produktivkräfte des gesellschaftlichen Hirns, ist so der Arbeit gegenüber absorbiert in dem Kapital und erscheint daher als Eigenschaft des Kapitals, und bestimmter des *capital fixe*, soweit es als eigentliches Produktionsmittel in den Produktionsprozeß eintritt. . . . Andererseits, soweit das capital fixe in seinem Dasein als bestimmter Gebrauchswert festgebannt, entspricht es nicht dem Begriff des Kapitals das als Wert gleichgültig jede bestimmte Form des Gebrauchswerts und jede derselben als gleichgültige Inkarnation annehmen oder abstreifen kann. Nach dieser Seite in, nach der Beziehung des Kapitals nach außen, erscheint das *capital circulant* als die adäquate Form des Kapitals gegenüber dem capital fixe.[198]

Da alle Formen der Vergegenständlichung der Arbeit zugleich auch wieder Aufhebungen dieser Fixierungen sind, hat die Arbeit den Charakter der leeren Tätigkeit, als die sie nicht mehr organisch-gesellschaftlich ist.

Die Gleichgültigkeit der Gestalten, in denen die als Kapital mißbrauchte Arbeit als Wert erscheint, macht aus der gattungsbezogenen und freien Gestaltung eine bloße Tätigkeit, die nicht um des freien Gestaltens, sondern um der bloßen Tätigkeit willen existiert. Die Tätigkeit als Tätigkeit drückt den Selbstzweck des Kapitals aus. Ist die Tätigkeit dieser Selbstzweck geworden, dient sie also nicht mehr dem Zweck der sich gestaltenden Gattung, so ist sie in den Dienst der physischen Existenz des Menschen getreten. Der Mensch hat dann keine Möglichkeit mehr, als Mensch zu leben gemäß seinem Gattungserleben, sich zu sich zu verhalten und durch sich zu sein. Der Mensch entfremdet sich deshalb von sich selbst.

> Denn erstens erscheint dem Menschen die Arbeit, die *Lebenstätigkeit*, das *produktive Leben* selbst nur als ein *Mittel* zur Befriedigung eines Bedürfnisses, des Bedürfnisses der Erhaltung der physischen Existenz. Das produktive Leben aber ist Gattungsleben. Es ist das Leben erzeugende Leben. In der Art der Lebenstätigkeit liegt der ganze Charakter einer species, ihr Gattungscharakter, und die freie bewußte Tätigkeit ist der Gattungscharakter des Menschen. Das Leben erscheint nur als *Lebensmittel*.[199]

197 Marx, a.a.O., S. 145.
198 Marx, a.a.O., S. 586.
199 Marx, Ökonomisch-philosophische Manuskripte. S. 567.

Die sich gestaltende Gattung hat aber die Arbeit nicht zur Erhaltung des individuellen tierischen Leibes, sondern zur Erhaltung des gesellschaftlichen Leibes

> Mit der Aufhebung aber *des unmittelbaren* Charakters der lebendigen Arbeit, als bloß *einzelner* oder als bloß innerlich oder äußerlich allgemeiner, mit dem Setzen der Tätigkeit der Individuen als unmittelbar allgemeiner oder *gesellschaftlicher* wird den gegenständlichen Momenten der Produktion diese Form der Entfremdung abgestreift, sie werden damit gesetzt als Eigentum, als der organische gesellschaftliche Leib, worin die Individuen sich reproduzieren als Einzelne, aber als gesellschaftliche Einzelne.[200]

Nur in der Entfaltung des gesellschaftlichen Leibes kann der Mensch sich selbst in seiner spezifischen und gattungshaften Weise erfahren. Die Erhaltung des bloß physischen Leibes degradiert ihn zum Tier. Die Tätigkeit als bloße Sorge um den tierischen Leib ist somit unmenschlich und kann auch nur im kapitalistischen Mißbrauch der Arbeit vorkommen, da nur hier die Arbeit nicht gattungsbildend ist, nicht also die Selbsterfahrung des Menschen als Menschen ermöglicht, sondern bloß Mittel zur Erhaltung der leiblichen Existenz ist. Vergegenständlichung ist hier also nur Selbstzweck des Kapitals, nicht Gattungsbildung. Der Sinn des Menschen ist aber nicht eine solche sich verzehrende Vergegenständlichung, sondern die Realisation des organischen gesellschaftlichen Leibes, das heißt die *Vergegenständlichung des Zweckes als Sein*, als *angebildeter Organismus.*

Das Ideal von Marx ist, daß der Begriff des Selbst nicht losgelöst existiert in einem reflexiven System, für das es charakteristisch ist, daß es sich selbst gerade nicht dinghaft erfährt, sondern in Form der zu Ende gekommenen Geschichte, als organischen Leib, an dem das Für-sich-sein nicht in einem ständigen für ein anderes Sein sich aufbraucht, sondern in dem alles, in dem es für ein anderes ist, gleichzeitig für sich ist, als das *gestaltete Für-sich-sein* also.

Im gestalteten Für-sich-sein sind alle einzelnen Gestalten verschwunden, aber nur, um als gesellschaftlicher Leib zu existieren, um nicht mehr als abstraktes Selbst, als Produkt des sich im Verzehren erhaltenden Kapitals sich selbst zu verlieren und zu entfremden. Der organisch-gesellschaftliche Leib ist das gestaltete Für-sich-sein, durch das sich die Art des Menschen selbst schafft und darstellt, das sich letztlich als Resultat dieser Seinsbildung ansehen kann. Sinnbildung findet nur dort statt, wo in Bezug auf den gesellschaftlich organischen Leib eine Vergegenständlichung geschehen ist. Dort, wo dieser Prozeß gestört ist, im Zeitalter des Kapitalismus, wo der Zweck nur als Selbstzweck regiert, findet keine *positive Seinsbildung* des Menschen statt.

Für den Marxismus liegt das Prinzip für die Leibbildung nicht im individuellen Leib selbst, sondern in den gattungsbildenden Kräften der Arbeit, durch die der Mensch die bloße biologisch-organische Verwirklichung überschreitet und die *Selbstverwirklichung* zu der entscheidenden Bestimmung seines Seins macht. In der Selbstverwirklichung durch die Arbeit bildet er den individuellen als den gesellschaftlichen Leib, es ist dieses das organische Gesetz für den von den Naturbestimmungen sich lösenden Menschen.[201] Die hier vonstatten gehende Seinsbildung, die

---

200 Marx, Grundrisse, S. 716.
201 Hierbei wird der individuelle Leib als Körper gleichsam ausgeschaltet, wie dies Rothacker beschreibt. Rothacker, E., Philosophische Anthropologie. Bonn 1964: Das Werkzeug tritt

also gleichsam eine Fortführung biologischer Gesetze ist, zerfällt in dem Maß, wie das Prinzip dieser Verwirklichung Selbstzweck wird. Als Selbstzweck ist die Arbeit eine Tätigkeit ohne Beziehung zur Sinnbildung des Menschen. Der Mensch entfremdet sich von sich selbst, weil er den Begriff von sich nicht mehr aus seinem für ihn maßgeblichen Verwirklichungsbegriff ableiten kann. Da der Mensch Selbstverwirklichung ist, kann er sich nicht mehr auf sein bloß organisch-biologisches Sein zurückziehen, um der Entfremdung und dem Zerfall seines Seinsbegriffes im Zustand des Kapitalismus zu entgehen oder zu entkommen. Hier ist nur eine Rückführung zum organisch-gesellschaftlichen Gestalten möglich, die dann vollzogen ist, wenn die Arbeit nicht mehr der Anreicherung kapitalistischer, nur in der Nichtung sich erhaltender Werte dient.

Neben der Problematik dieser Theorie muß hier der entscheidende Fortschritt in dem Versuch hervorgehoben werden, das organische und leibliche Sein nicht in biologischen Abfolgen zu sehen.[202] Die Schwierigkeit ist, das nur dem Menschen eigene, organbildende und organische Gesetz zu erkennen. Die von Marx und Engels herangezogenen Kausalbegriffe, auch wenn sie dialektisch mystifiziert werden, reichen nicht zur Darstellung des von ihnen angestrebten Sinnbegriffes des menschlichen organischen Seins. Hierzu ist vor allem die von Nietzsche geforderte und auch durchgeführte Revision des Kausalbegriffes vorab zu leisten. In diesem Punkt hat sich die marxistische Theorie nicht an den zeitgenössischen Entwicklungen orientiert und ist einem primitiven Teleologismus und Ontologismus zum Opfer gefallen.

2. Erzeugung und Bewirkung der leiblichen Reproduktion als konträre Grundlagen des Gattungsbegriffs bei Bachofen

Den Gegensatz zwischen einem organischen gesellschaftlichen Gesetz und einem sich abspaltenden Individualbewußtsein, das dieses organische Gesetz nicht erfüllt und dadurch, einem abstrakten Prinzip unterstellt, sich vom Leben, nicht als

fortschreitend an die Stelle des Organs. Ein Hammer ist keine verlängerte Faust, sondern ein Ersatz für die Faust. Das Werkzeug ist etwas Außerkörperliches. Es führt vom Organgebrauch weg. So tritt beim Menschen eine Organausschaltung, ja sogar eine Körperausschaltung ein, was besonders bei hochentwickelten Werkzeugen (Maschinen, Technik) ersichtlich ist. Alle zivilisatorische Entwicklung beruht gerade auf Körperausschaltung. S. 29.

202 Entsprechend kann ich mich nicht der Kritik von Deleuze/Guttari anschließen, die behaupten, daß Marx nicht den gesellschaftlichen, sondern den biologischen Körper als Maßstab der Integration und Entfremdung des Menschen in den kapitalistischen Produktionsverhältnissen genommen habe. Der entscheidende Grund, warum diese Verhältnisse dem Menschen äußerlich bleiben, liegt für Marx nicht in ihrer Differenz zum humanbiologischen Status, denn dieser ist ja nach der marxistischen Lehre auch ein Produkt der gesellschaftlichen Entwicklung, sondern in der Verselbständigung der Wertbildung im Kapitalismus, wobei dieser Wert nur dadurch Wert bleibt daß er sich auflöst und verzehrt wird. Ein Wert, der nur in seiner Nichtung sich erhält, verleiht dem vom Menschen hervorgebrachten Produkt den zerstörerischen Aspekt, daß die Arbeit leere Tätigkeit und bloße Beschäftigung ist, als welche sie nicht mehr organisch das gesellschaftliche Sein weiterbildet.
Deleuze, G./Guttari, F., Anti-Ödipus. Frankfurt 1974. S. 515 f.

bloß physisches Vegetieren, sondern als Gattungsleben, entfernt und entfremdet, finden wir noch bei einem anderen Vertreter einer gesellschaftlichen Leibinterpretation, wenn auch in einer von Marx völlig verschiedenen Formulierung, sowohl was die Inhalte seiner Philosophie als auch die Ziele angeht, bei Johann Jakob Bachofen.

Die generelle These der vorliegenden Arbeit zu Bachofens Interpretationen ist diese, daß die Leiblichkeit des Menschen nach ihm nur unter einem bestimmten Rechtsverhältnis, dem *Mutterrecht*, seinen Ausdruck findet und auch nur von hier her verstanden werden kann. Diese These sei hier kurz anhand einzelner Stellen aus Bachofens „Mutterrecht" dargestellt.

Entscheidend für das Verständnis des leiblichen und stofflichen Seins ist der Rechtszustand.

> Das Mutterrecht gehört dem Stoffe und einer Religionsstufe, die nur das Leibesleben kennt und darum wie Bellerophon, verzweifelnd vor dem ewigen Untergang alles Gezeugten trauerte. Das Vaterrecht dagegen gehört einem überstofflichen Lebensprinzip. Es identifiziert sich mit der unkörperlichen Sonnenkraft und der Anerkennung eines über allen Wechseln erhaben, zu den göttlichen Lichthöhen durchgedrungenen Geistes.[203]

Im Mutterrecht wird das stoffliche Sein selbst zum Ausdruck gebracht. Das Vaterrecht dagegen ist gekennzeichnet durch den Begriff, der von diesem stofflichen Gesetz der leiblichen Existenz und durch die Zeugung ermöglichten Reproduktion gebildet werden kann. Diese Begriffsbildung hat aber rein fiktiven Charakter, da sie nicht, wie das Gebären, in direkter und bestimmter Weise sichtbar und erlebbar wird. Der Erzeuger kann immer nur *vermutet* und *gedacht* werden, die Erzeugerin aber wird immer bestimmt *erkannt* und *erlebt*. An dieser Erkenntnismöglichkeit des stofflichen Gesetzes orientiert sich das Mutterrecht.

> Ruht die Verbindung der Mutter mit dem Kind auf einem stofflichen Zusammenhang, ist sie der Sinnenwahrnehmung erkennbar und stets Naturwahrheit, so trägt dagegen das zeugende Vatertum in allen Stücken einen durchaus entgegengesetzten Charakter. Mit dem Kinde in keinem sichtbaren Zusammenhange, vermag es auch in ehelichen Verhältnissen die Natur einer bloßen Fiktion niemals abzulegen. Der Geburt nur durch Vermittlung der Mutter angehörend, erscheint es stets als die fernerliegende Potenz.[204]

Was im Mutterrecht unmittelbar ausgelegt und dokumentiert ist, das stoffliche Gesetz des Leibes und seine Reproduktion, davon ist im Vaterrecht nur der *Begriff*, die fiktive, gedachte Zuordnung des Zeugers zu seinem Gezeugten möglich. Das Vaterrecht ist also gekennzeichnet durch das *Phänomen der übersinnlichen Begründung der leiblichen Reproduktion*. Dieser Ausgangspunkt des übersinnlichen Bezugs stellt ein Verhältnis zum Leib her, das nicht wieder reversibel gemacht werden kann. Durch den *Begriff der Erzeugung*, wie er im Vaterrecht seinen Ausdruck findet und grundlegend wird für das relationale Verhältnis des gesellschaftlichen Verständnisses und Seins, kommt es zum Reich der geistigen Erzeugung, zum Reich des Geistes im Sinne von Verursachung und Bewirkung.

> Zugleich trägt es in seinem Wesen als erweckende Ursächlichkeit einen unstofflichen Charakter, dem gegenüber die hegende und nährende Mutter als „Stoff", als „Stätte und Empfängerin des Werdens", als „Amme" sich darstellt. Alle diese Eigenschaften des Vatertums führen zu

203 Bachofen, J. J., Das Mutterrecht. In: Gesammelte Werke, Bd. II, S. 97.
204 Bachofen, a.a.O., S. 54.

dem Schlusse: In der Hervorhebung der Paternität liegt die Losmachung ihrer siegreichen Durchführung eine Erhebung des menschlichen Daseins über die Gesetze des stofflichen Lebens.[205]

Das geistige Reich bildet sich dadurch, daß über dem stofflichen leiblichen Gesetz ein fiktives System der Erzeugung und Verursachung konstruiert wird, mit dem Ziel, das ursprüngliche Herrschaftsrecht des stofflichen Gesetzes, welches bei der Frau liegt, zu rekonstruieren und auf den Mann zu übertragen.

Im ursprünglichen Herrschaftsverhältnis spielt das Geistige eine völlig untergeordnete Rolle, da hier das stoffliche Gesetz selbst noch die Herrschaft hat, nicht die Fiktion des stofflichen Gesetzes.

Keine Zeit hat auf die äußere Erscheinung des Körpers, auf die Unverletzlichkeit des Leibes ein so überwiegendes Gewicht, auf das innere geistige Moment so wenig Nachdruck gelegt, als die des Muttertums; keine in dem Rechte den mütterlichen Dualismus und den faktisch-possesorischen Gesichtspunkt so konsequent durchgeführt. . . . Mit einem Worte: Das gynaikokratische Dasein ist der geordnete Naturalismus, sein Denkgesetz das Stoffliche, seine Entwicklung eine überwiegend physische: eine Kulturstufe, mit dem Mutterrecht ebenso notwendig verbunden als der Zeit der Paternität fremd und unbegreifbar.[206]

Dies bedeutet auch, daß dieses ursprüngliche leibliche Leben vom späteren geistigen Standpunkt aus nicht nachzuempfinden ist. Der Begriff, der dadurch entstanden ist, daß der Erzeuger die Zuordnung zu dem Erzeugten als definitiv anzusehen verlangt, hat den Anschein einer *willkürlichen* Erfassung des ursprünglichen, stofflichen Gesetzes der Erzeugung. Dieser Anschein macht das Reich des Geistes zum Reich der Bestimmung.

Unter dem Vaterrecht ist die *geistige Ursache* zum entscheidenden Kriterium der Auslegung und Identifizierung, der Erklärung des leiblichen Seins geworden. Dies stellt Bachofen am Beispiel der Adoption dar, einem Phänomen, das im Mutterrecht undenkbar ist.

Die Annahme an Kindesstatt, undenkbar unter der Herrschaft rein hetärischer Zustände, muß neben dem demetrischen Prinzip eine ganze andere Gestalt annehmen als nach apollinischer Idee. Dort von dem Grundsatze mütterlicher Geburt geleitet, kann sie sich von der Naturwahrheit nicht entfernen; hier dagegen wird sie, getragen von der Fiktionsbedeutung der Paternität, zu der Annahme rein geistiger Zeugung emporsteigen, ein mutterloses, aller Materialität entkleidetes Vatertum verwirklichen und dadurch der Idee der Sukzession in gerader Linie, welche dem Muttertum fehlt, die zu apollinischer Geschlechtsunsterblichke führende Vollendung bringen.[207]

Neben dem Prinzip der geistigen Ursache ist also das Prinzip der *Sukzession in gerader Linie* ein wesentliches Moment des Vaterrechts, wodurch sich das Reich des Geistes manifestiert. In diesem übersinnlichen Reich des *Prinzips* ist der Gattungsbegriff nicht mehr dem Zeitbegriff unterworfen, das Geschlecht stellt sich als unendliches Geschlecht dar.

An die Stelle des aphroditisch-julischen Weltalters trat das apollinisch-solarische. Nur nach diesem apollinischen Rechte kann Cäsar sich einen geistigen Sohn, dem Reiche einen Nachfolger seiner Macht geben. Nach diese wird aber fortan das Geschlecht der Cäsaren

205 Bachofen, ebd.
206 Bachofen, a.a.O., S. 35.
207 Bachofen, a.a.O., S. 56–57.

unsterblich sein. Ist das durch körperliche Zeugung vermittelte Vatertum endlich dem Untergang durch Kinderlosigkeit ausgesetzt, so unterliegt dagegen die geistige Fortpflanzung dem Lose des Stoffes nicht.[208]

Die Ablösung der geschlechtlichen Generation vom Prinzip des Mutterrechts führt zur *Unkörperlichkeit* und *Geistigkeit* des Gattungsbegriffs selbst.

Der Adoptivsohn ist also stets mutterlos sein Verhältnis zu dem Vater ein unkörperliches, ohne alle auch nur fingierte Grundlage der Blutsgemeinschaft. Nur durch die völlige Lostrennung von der natürlichen Körperlichkeit wurde die Begründung des Sohnesverhältnisses durch testamentarische Verfügung möglich.[209]

Entscheidend für die Ausprägung des Gattungsbegriffes ist die Vorherrschaft, unter der der Gattungsbegriff gelebt wird. Dabei zeigt sich, daß das Prinzip des Vaterrechtes das des Mutterrechtes verdrängt, da in ihm diese Möglichkeit des geistigen und unsterblichen Reiches durch die fiktive und gedankliche Art und Weise des *metaphysischen* Gattungsbegriffes gewährleistet ist.

Dauernde und vollkommene Besiegung des Mutterprinzips ist nur auf dieser apollinischen Höhe erreicht, die entschiedene Überwindung des Weibes eine Tat des apollinisch-metaphysischen Prinzips. Des Dionysos phallische Stofflichkeit dagegen bewegt sich auf dem Gebiet der Sinnlichkeit, auf welchem die Herrschaft zuletzt notwendig dem Weibe und dessen entwickelterer Materialität verbleiben wird. Der Sieg des Mannes liegt in dem rein geistigen Prinzip. Vermag er zu diesem nicht durchzudringen, so wird auf den Sieg ein neues Unterliegen folgen. Denn an Sinnlichkeit überragt ihn das Weib, das der Begierde Stachel stärker antreibt, und das den zehnfachen Geschlechtsgenuß empfindet.[210]

Da das dionysische Prinzip kein rein geistiges Prinzip ist, unterliegt es wieder dem Mutterrecht. Nur in der Vollständigkeit des geistigen und übersinnlichen Prinzips ist ein Sieg desselben gewährleistet. Dies ist aber nur in der apollinischen Paternität erreicht.

In Apoll hat das Vatertum des Lichts seine Vollendung und seine unkörperliche Reinheit erreicht. In ihm erscheint es des Stoffes entkleidet, ungeschlechtlich, weiberlos. in Dionysos dagegen ist es stofflich zeugend, darum stets dem Weibe geeint, und an seiner Materialität beteiligt. Dort sieht es sich keinem neuen Unterliegen ausgesetzt, hier unfähig, seinen Sieg zu behaupten.[211]

Ursprung jeglicher Paternität aber ist im Gegensatz zur Zeugung der Begriff der Zeugung. Durch den Begriff der Zeugung wird jene Vorstellung von der Ursache gebildet.

So lange der Stoff als das Höchste gilt, so lange steht das weibliche Mondprinzip voran, der Mann kömmt nicht in Betracht. Aber von der Wirkung geht man nun zur Ursache, von dem Mond zur Sonne, von der Materie zur unkörperlichen Kraft über. Jetzt tritt der Mond in die zweite, die Sonne in die erste Stelle ein. Des Mannes unkörperliches, geistiges Prinzip gelangt zur Herrschaft.[212]

Das Prinzip der Paternität setzt sich also nur dort durch, wo es nicht dionysisch vermischt ist. Das Dionysische ist selbst noch ein Ausdruck des leiblichen und

---

208 Bachofen, Bd. III, a.a.O., S. 645.
209 Bachofen, a.a.O., S. 641.
210 Bachofen, a.a.O., S. 600.
211 Bachofen, a.a.O., S. 603–4.
212 Bachofen, a.a.O., Bd. II, S. 292.

stofflichen Gesetzes, ist selbst noch die Kultur des Leibes, wenn auch schon unter geistiger Führung.[213]

Diese Umdeutung des *Gattungsvorganges* und *Geschlechtsvorganges* des Leibes zum *Gattungsbegriff* hat also die Veränderung der Machtposition zur Folge, durch die das leibliche Sein immer mehr an Bedeutung verliert. Durch diesen Verlust tritt auch die weibliche Vorherrschaft in den Hintergrund.

> Je mehr die Bande der Materie abgestreift werden, um so mehr tritt das weibliche Gottheitsprinzip in den Hintergrund. Nur in vergeistigter Gestalt kann Athene ihre hohe Bedeutung wahren. Die stofflichen Naturmütter, die dem rein sinnlich gedachten physischen Leben zugrundeliegen, treten in eine untergeordnete Stellung und bezeichnen nur noch eine überwundene tiefere Stufe der Religion und des Lebens. . . . In der Vertauschung der dorischen Kleidung mit der ironischen liegt ein entscheidender Fortschritt dieser Entwicklung. Sie gibt denselben äußerlich zu erkennen, ohne selbst dessen Ursache zu sein. Die hohe, fast übermächtige, männlich gebietende Stellung der dorischen Frau hat in ihrer wenig verhüllenden, freier Bewegung günstigen, die Schenkel entblößenden, ärmellosen, durch Haften auf den Schultern zusammengehaltenen Kleidung einen von den Ioniern oft unziemliche Nacktheit geziehenen Ausdruck gefunden. . . . In der Vertauschung dieses dorischen Anzuges mit dem ganz entgegengesetzten ionischen, der die weibliche Gestalt in lang herabwallenden leinenen Kleide sorgsam verhüllt und die aufgeschnitzten Ärmel mit Ärmelschnallen zusammenhält, liegt eine Zurückführung des weiblichen Geschlechts aus der früheren Öffentlichkeit und Männlichkeit des Lebens zu jener Verborgenheit und Unterordnung, welche orientalische Sitte kennzeichnet und bald auch orientalische Ausartung im Gefolge hat.[214]

So wird auch die *Kleidung* Zeugnis für die Änderung der Machtstellung des weiblichen und damit leiblichen Gesetzes. In der Verhüllung des Leibes ist für Bachofen das deutliche Zeichen dafür gegeben, daß er nicht mehr die gesetzgebende Kraft der Kultur ist. Die kulturelle Verwirklichung des leiblichen Geschehens rückt in den Hintergrund zugunsten der leibabgewandten Kultur der Paternität. Durch die Verhüllung wird das Reich der offenbarten Wirklichkeit, das Reich des Leibes verdeckt, damit das Reich der gedanklich gesuchten und bestimmten Ursachen seine Vorherrschaft antreten kann.

Bachofens Interpretation des Leibes unterscheidet sich grundsätzlich von den bisher besprochenen Interpretationen des 19. Jahrhunderts dadurch, daß er dem leiblichen Sein eine eigene seins- und kulturbildende Seite zuspricht. Nur unter dieser Voraussetzung hatte es so etwas wie das Naturrecht gegeben. Das Mutterrecht ist also Ausdruck der gesellschaftlichen, seins- und kulturbildenden Kraft des Leibes. Der Leib ist in seiner gesellschaftlichen Darstellung im Mutterrecht selbst das Reich der Wirkungen. Dieses Reich der Wirkungen wird von Bachofen nicht ontologisch interpretiert, das Sein des Leibes wird also nicht erst durch die Kausalität begründet, der Leib ist das an sich schon Bedeutungshafte, das seine eigene Kultur und seine eigene gesellschaftliche Ausprägung hat. Dies bedeutet aber, den Leib nicht vom Begriff des Organischen her zu begreifen.

Das Prinzip des Organischen, das nur eine teleologische Auslegung des Leibes wiedergibt, stellt den Leib selbst gar nicht dar, sondern bedient sich der Metapher des Leibes. Bachofen hat den Horizont für eine prinzipielle Erfassung des Leibes selbst

213 Bachofen, a.a.O., 110.
214 Bachofen, a.a.O., S. 246–7.

geöffnet. Es ist dies die Erfassung der Wirkungen, die sich bei ihm kulturell und geschichtlich niederschlagen. Es hat sich gezeigt, daß das leibliche Sein nur im Bereich dieser Wirklichkeit aufgefaßt werden kann, die ursächliche Erfassung stellt dagegen den Begriff des Organischen dar. Was Bachofen hier kulturgeschichtlich und mythologisch deutet, bekommt später bei Nietzsche einen erkenntnistheoretischen Aspekt. Das Reich der Ursachen ist immer bloß die Fiktion des Reiches der Wirkungen, wobei allerdings letztlich dieses Reich der Ursachen an Vorherrschaft gewinnt aufgrund des unstofflichen und damit *unvergänglichen* Charakters dieser Fiktionen.

Der Charakter der Vergänglichkeit des Reiches der Wirkungen trägt letztlich für Bachofen den Grund am Untergang des Mutterrechts. Die Trauer und der Schmerz um die Vergänglichkeit lassen das geistige Reich erstarken, der Gedanke der Unvergänglichkeit und des ewigen Lebens führen das Vaterrecht zur Vorherrschaft.

> An Leichnamen und Verwesung nährt und erzeugt sich die Schmeißfliege, deren Farbe der das Fleisch der Verstorbenen von den Knochen abfressenden Eurynomus trägt. In ihrer unabtreibbaren Schamlosigkeit und Lüsternheit nach Blut zeigt sie den Menschen das unerbittliche Todeslos, dem alles Leben anheimfällt, und zwar auch sie wieder als Gesetz des mütterlichen Stoffs, nämlich weiblich als Myia, die gleich Diana den schönen Endymion liebt. Darum ist sie Herakles verhaßt, darum ihm gegenüber das Bild der finstern dämonischen Naturseite; darum ist sie unverträglich mit Apollos reiner Lichtnatur, darum durch das Stieropfer zu sühnen, darum endlich auf eine Linie gestellt mit dem Weibe, dessen Mutterschoß das Todesgesetz in sich trägt, und das an Achills Kenotaph beim Eintritt der Nacht das Klagelied über die Hinfälligkeit alles Lebens anstimmt, wenn die Eröffnung der Olympien und die Feier des männlich-heraklischen Unsterblichkeitsprinzips bevorsteht.[215]

Gerade in dieser Überwindung des Todesgedankens und der Sterblichkeit liegt also die Macht des geistigen Prinzips. Nur in der *Leibverachtung* ist diese Trauer um die Sterblichkeit und Vergänglichkeit des Leibes überwunden, die Leibverachtung ermöglicht den Gedanken der Unvergänglichkeit und des ewigen Lebens.

> Das Leben der Zikade, die ohne Speise und Trank singt, bis sie stirbt, . . . ist im Phaedrus das Vorbild des Philosophen, der, des Leibes nicht achtend, unablässig um die Kenntnis der göttlichen Dinge sich bemüht. . . . Die Fröhlichkeit aber, mit welcher das Tierchen dem schmerzlos sich nahenden Tod entgegensieht, um durch ihn zum Verein mit der ältesten Muse hindurchzudringen, bildet den Inhalt jener höchsten Sophia, die den Tod als den schönsten der Siege mit Freudenfesten feiert und der brechenden Saite verhallenden Ton der vollendeten Kunst des heiligen Sängers unterordnet.[216]

Bachofen zeigt hier das Ausmaß und die Folge dieser prinzipiellen Leibverachtung auf. Sie ist verknüpft mit der Trauer um die Sterblichkeit des Leibes, mit der Verwandlung dieser Trauer in ein Fest der Freude durch die Erkenntnis der prinzipiellen Unsterblichkeit. Diese ist aber nur unabhängig vom Leibe, eben nur *prinzipiell*, in der Leibverursachung zu begründen. Durch die Leibverachtung ist die Trauer um die Sterblichkeit des Leibes in die Freude um die Unsterblichkeit des Prinzips verwandelt. Das Prinzip aber ist der Begriff des Organischen, der teleologisch und ontologisch entwickelt wird. Hierbei stellt sich immer eine Art höhere Leiblichkeit heraus. Diese höhere Leiblichkeit ist allen Auslegungen des Leibes nach organischen

---

215 Bachofen, a.a.O., Bd. III, S. 695.
216 Bachofen, a.a.O., s. 789.

Gesichtspunkten gemeinsam. Die Leibverneinung, die im Begriff des Organischen aufzuspüren ist, hat den subtilen Grund, die Sterblichkeit des Lebens durch das kausale Überschreiten der stofflichen Existenz rational zu überwinden und damit die Unsterblichkeit des eigentlichen oder höheren Organismus abzuleiten. Dieses Motiv ist hier von Bachofen gleichsam gesellschaftlich und historisch belegt worden und ist deshalb von besonderem Wert, weil es die Ambivalenz des romantischen Denkens zum Leib zum Ausdruck bringt und gleichzeitig die Hintergründe nennt, die diese Ambivalenz bestimmen.[217]

Die Leibverachtung betrifft also den wirklichen Leib, mit dem Ziel, eine höhere Leiblichkeit zu rekonstruieren. Dabei wird eine Leiblichkeit dargestellt, ohne daß der Leib selbst in Augenschein genommen wird. Die höhere, *unstoffliche Leiblichkeit* aber hat alle Möglichkeiten der rationalen Darstellung, sie ist also ontologisch und teleologisch darstellbar.

217 Deubel, Werner, Der Kampf um Johann Bachofen. In: Materialien zu Bachofens „Das Mutterrecht". Frankfurt 1975, S. 161–171.

III. GRUNDZÜGE EINER LEIBLICHEN VERNUNFT

Unabhängig von den Grenzen des ontologischen Begriffs des Leibes, die insgesamt darin liegen, daß hier nur das Phänomen des Organischen plausibel gemacht wird, eigentlich also kein Begriff des Leibes selbst angestrebt und geleistet wird, weil der Leib in jeder Hinsicht nur als Exekutionsorgan eines sich konstituierenden natürlichen, göttlichen oder gesellschaftlichen Willens angesehen wird, eröffnen diese Auslegungen doch neue Sichtweisen, die eine ihre rationalen Gründe erforschende Vernunft nicht zu eröffnen in der Lage ist. Der Umgang mit der Welt wird als leibliches Phänomen definiert. Damit wird der Leib nicht in seiner für das rationale Bewußtsein sich darstellenden Nichtigkeit belassen, sondern in das Selbstverständnis der Menschen integriert. Diese Integration kann nicht hoch genug eingeschätzt werden angesichts der philosophischen Situation des Leibbegriffes im sogenannten neuzeitlichen Denken, das gerade im Gegenteil versucht hat, ein vom Leibbegriff gereinigtes Selbstverständnis des Menschen darzustellen und bei der Sinnfrage den Leib, als das Sinnlose schlechthin, nicht nur in bezug auf seine Vergänglichkeit, sondern auch in bezug auf die Möglichkeit, rational seinen Sinn zu erfahren und diesbezüglich mit ihm zu kommunizieren, zu einem Phänomen der äußeren Welt gemacht hat, zu dem das Ich, selbst im Falle des eigenen Leibes, nur auf dem Umweg über den Anderen in Verbindung treten kann. So haben die ontologischen und teleologischen Positionen des 19. Jahrhunderts das gemeinsame Bestreben, den Leib als Organismus für das Selbstverständnis des Menschen zu erschließen. Hierbei wird zwar kein spezifischer und eigentümlicher Leibbegriff gefunden, es werden vielmehr die Möglichkeiten der rationalen Darstellung des Leibbegriffs gesichtet.

Ist also eine Darstellung ontologischer und teleologischer Positionen danach zu unterteilen, in welchen Begründungszusammenhang der Leib gebracht wird, um dadurch auf die Unbedingtheit, die dem Prinzip der Leibbildung zuerkannt wird, rückschließen zu können und so den Charakter der Gewißheit der leiblichen Existenz auf eine transzendentale Selbstgewißheit zurückzuführen, so hat eine Untersuchung der Vernunft des Leibes nicht nach den Begründungsarten der Darstellungen zu unterscheiden, da hier der Kausalbegriff selbst ein leibliches Phänomen, kein reines Gesetz also ist und Unbedingtheit auch nur eine bestimmte Verfassung des Leibes ist und für alles andere als ein höchstes und letzthin gültiges Kriterium der Bewahrheitung dieser Vernunft gelten kann. Hier muß von dem *praktischen* Charakter dieser leiblichen Vernunft ausgegangen werden.

Die leibliche Vernunft ist eine praktische Vernunft, nicht nur, weil Therapeuten verschiedenster Art sich argumentativ und spekulativ damit auseinandergesetzt haben und auseinandersetzen und hilfreiche Thesen zu Fragen der Lebensführung entwickelt haben, sondern weil die hier gefundenen Ergebnisse nicht für sich bleiben können als Bereicherung auf dem Gebiet des Wissens, sondern unmittelbar leiblich oder zu Leib werden, wenn ein Organismus, d.h. jetzt eine leibliche Vernunft von ihnen Kenntnis nimmt. Die Wissensinhalte können hier also nicht gleichsam für sich behalten werden als abstraktes Wissen von etwas, sie verwandeln sich sofort zu leiblichem Geschehen in einer Unvermeidbarkeit, mit der etwa eine wiedererweckte Erinnerung im Bewußtsein aufsteigt, wenn sie in irgend einer Weise angesprochen wird. Wie bei der Erinnerung der Inhalt nicht abgetrennt werden kann vom Geschehen und gleichsam für sich bleiben kann, sondern immer Erinnern ist, so ist auch bei der leiblichen Vernunft kein Inhalt vom Erleben des Inhaltes abzutrennen möglich und die theoretische Beschäftigung mit dieser Vernunft infolge der Unmöglichkeit, diese Inhalte unbezüglich und unverbindlich, also neutral zur Kenntnis zu nehmen, praktisch.

Vielleicht liegt hierin auch der Grund, warum die leibliche Vernunft so schwer Eingang findet in die hierfür verantwortlichen Wissenschaften, vor allem aber in die Philosophie. Ich kann darüber jedoch nur spekulieren, wenngleich es auffällig ist, daß Strömungen, die von der Psychoanalyse ausgehen, einer geistigen Richtung also, die die Unverbindlichkeit der Wissensinhalte gleichsam abschaffen will, sich im besonderen Maß mit dem Leib beschäftigen, obwohl der Leib nicht zu den eigentlichen Themen dieser Wissenschaft gehört. Dieser praktische Charakter zeigt sich nicht nur darin, daß gewisse Erinnerungen und Bewußtmachungen leiblicher Funktionen, die normalerweise unbewußt und gleichsam automatisch gehen, wie Atmung, Herzschlag, Wärmeregulierung, Muskeltonus usw. eine unmittelbare Veränderung dieser Funktionen, in welcher Weise auch immer, hervorrufen, daß der Leib also in tierischer Weise auf Ansprechen reagiert, sondern daß er auch eine eigene Vernunft hat, die eigene Wertvorstellungen verfolgt und diese in unbeirrter und unbedingter Weise verwirklicht, wenngleich diese Verwirklichungen auch zustandekommen können, indem der Leib sich gegen sich selbst richtet oder zugrunderichtet.[1] Diese Werte der leiblichen Vernunft aufzuzeigen, wird hier als eine hauptsächliche Aufgabe einer Philosophie des Leibes behandelt. In diesem Sinne wird auch die Philosophie Nietzsches betrachtet.

---

1 So spricht Weizsäcker in einer näher noch auszuführenden Weise vom ‚Sinn‘ der Krankheit, ungelebtes Leben zu verwirklichen.
Weizsäcker, V. v., Pathosophie. Göttingen 1956. S. 249.
Die Krankheit soll, und zwar ausschließend, als Wirksamkeit des Ungelebten und als Verwirklichung des Unmöglichen eingesehen werden. Eine richtige Biographie kommt nur zustande, wenn sie im Sinne dieser Geschichtsauffassung aufgestellt wird. In der richtigen Biographie ist, nach Überwindung des Gegensatzes von krank und gesund, auch die neue Pathologie enthalten.

A. Die philosophische Konzeption eines euphorischen Seinsbegriffes bei Nietzsche

1. Die Ontologie und Logik eines sich mißverstehenden Leibes

a) Die Eitelkeit des Ichbewußtseins

Nach der Abklärung des ontologischen Leibbegriffes können zunächst die formalen Kriterien einer Vernunft des Leibes zusammengestellt werden. Der Leib muß angesehen werden als eine selbstische Größe, im Sinne der aristotelischen Substanz also, als etwas, was von sich her etwas zeigt, ohne daß es von etwas anderem ausgesagt wird und ohne daß es an einer anderen Substanz als Akzidenz vorhanden ist, nicht als Glied eines höheren, umfassenderen Leibes also. Wird beim Organismusgedanken der Leib immer im Ausgesagtsein, in der Prädikatisierung eines höheren Leibes gedacht, so ist dieser höhere Leib das Lebensprinzip für den realen Leib.

Spinoza zeigt, daß die Finalursächlichkeit die Affektivität des Leibes selbst ist. Ganz in diesem Sinne sieht Nietzsche das Verhältnis der Rationalität zur Leiblichkeit.

> Die unbewusste Verkleidung physiologischer Bedürfnisse unter die Mäntel des Objektiven, Idealen, Rein-Geistigen geht bis zum Erschrecken weit — und oft genug habe ich mich gefragt, ob nicht, im Grossen gerechnet, Philosophie bisher überhaupt nur eine Auslegung des Leibes und ein *Mißverständnis des Leibes* gewesen ist.[2]

Nietzsches Vermutung, daß Philosophie generell Philosophie des Leibes ist und hierbei in erster Linie ein Mißverständnis des Leibes bedeutet, schlägt sich vor allem im „Zarathustra" nieder, der unter dieser Prämisse jetzt untersucht werden soll.

Das Mißverständnis des Leibes bewirkt, daß die Dinge nicht mehr erkannt werden, wie sie sind, sondern innerhalb des Systems, welches *ein sich mißverstehender Leib* entwickelt. Der erste Schritt des sich verstehen wollenden Leibes liegt nun darin, die Mißverständnisse des sich nicht begreifenden Leibes, des sich mißverstehenden Leibes also, aufzuzeigen. Das Mißverständnis, die Vermeidung des Selbst des Aussichwirklichen, der individuellen Betroffenheit also, zugunsten eines Wissens, welches Etwas-für-Etwas konstruiert, hat nicht nur den Leib in der Erkenntnis verzerrt als Fleisch oder tierischer Körper, sondern auch die Dinge, die wegen der Vermeidung des Leibes nicht in ihrer leiblichen Bedeutung erkannt werden. Das erste Prinzip der Leibverachtung ist aber das teleologische Prinzip oder der Zweckgedanke, der den Dingen ihre Unschuld nimmt, ihnen also eine ihnen fremde Bedeutung auferlegt. Es drückt sich darin auch das Motiv des sich als Leib verachtenden Selbst aus, sich nur als abstraktes und reines Selbst zu erfassen, indem es sich selbst als das Ende und die Bedeutung der Wesen der Dinge setzt und so alle Dinge als auf sich als abstraktes Selbst und Sinn der Dinge hinarbeitend darstellt.[3]

---

2 Nietzsche, F., In: Sämtliche Werke, hrsg. v. M. Montinari, Bd. 3, S. 348.
3 Abel, G., Die Dynamik der Willen zur Macht und die ewige Wiederkehr. Berlin 1984. S. 95.
   Der Ausschluß der Teleologie gilt jetzt nicht mehr nur in bezug auf die Frage, ob die Welt ein sinnvolles Ganzes und auf den Menschen hingeordnet sei, sondern sogar auf der Ebene der Organisiertheit und Funktionalität der als Gebilde relativer Einheit und Dauer erscheinenden einzelnen Wirklichkeitsgestaltungen selbst. Damit kommt das anti-teleologische Motiv der neuzeitlichen Rationalität erst bei Nietzsche zu seiner vollen Entfaltung.

Was Nietzsche der Welt zurückgeben will, ist die *geistige Unschuld*, in der die Dinge das sind, was sie sind.

> Wahrlich, ein Segen ist es und kein Lästern, wenn ich lehre: „Über allen Dingen steht der Himmel Zufall, der Himmel Unschuld, der Himmel Ohngefähr, der Himmel Übermuth".
> „Von Ohngefähr" — das ist der älteste Adel der Welt, den gab ich allen Dingen zurück, ich erlöste sie von der Knechtschaft unter dem Zwecke.[4]

Der Zweckgedanke, der sich in den Dingen als Organismus, als Wille und Produkt darstellt, hat die Dinge entartet, um die Vernunft, als die sich selbst begrenzende und begründende Vernunft, die Nietzsche auch die kleine Vernunft nennt, zu begreifen.

> Was der Sinn fühlt, was der Geist erkennt, das hat niemals in sich sein Ende. Aber Sinn und Geist möchten Dich überreden, sei seien aller Dinge Ende: so eitel sind sie.[5]

Die Eitelkeit, der sich selbst vorstellende Sinn des sich selbst wissenden Geistes, die Eitelkeit des Cogito also,[6] hat den Zweckgedanken verewigt mit dem Ziel, sich als Ich zu begreifen und als Sein zu setzen. Die Setzung findet immer vom Ende her statt, von dem die Dinge gewußt sind. Diese Grenzen machen zugleich die Grenzen der Vernunft aus, die in sich nur eine Vernunft der Zweckmäßigkeit ist.[7] Doch dies ist gerade das Kleine und Häßliche am Menschen. Das Häßliche ist für Nietzsche dasjenige, das sich gefunden hat in einem Sinn, und das sich von diesem Sinn her selbst begründet als Vernunft. Dies ist die kleine Vernunft. Die größere Vernunft ist das darüber Hinausgehende, die Unendlichkeit und Grenzenlosigkeit des Sinnes der Erde, der nicht mehr jetzt Sinn der Zweck ist.

> Was groß ist am Menschen, das ist, daß er eine Brücke und kein Zweck ist: Was geliebt werden kann am Menschen, das ist, daß er *Übergang* und ein *Untergang* ist.[8]

Alles dasjenige dagegen, was zu Ende gekommen ist und sich von diesem Ende her versteht, mißversteht dasjenige, was das Selbst ist. Am Menschen ist dieses Selbst sein Leib.

> Hinter deinen Gedanken und Gefühlen, mein Bruder, steht ein mächtiger Gebieter, ein unbekannter Weise — der heißt Selbst. In deinem Leibe wohnt er — dein Leib ist er.[9]

Entgegen dieser Präsenz und Weisheit dieses Selbst versucht das Ich, sich selbst zu wissen gemäß den Mitteln und Werkzeugen, die es als kleine Vernunft hat. Die kleine Vernunft, die ja selbst nur ein Mittel und Werkzeug der großen Vernunft ist, versucht also, sich als *Mittel* und Werkzeug auch noch zu wissen als Selbst.

> Werkzeug deines Leibes ist auch deine kleine Vernunft, mein Bruder, die du „Geist" nennst, ein kleines Werk- und Spielzeug deiner grossen Vernunft.[10]

Das Mittel und Werkzeug, welches die kleine Vernunft für die große ist, ist der Satz vom Grunde. Hier mag Nietzsche noch Schopenhauer gefolgt sein. Die Ausle-

---

4 Nietzsche, a.a.O., Bd. 4, S. 209.
5 Nietzsche, a.a.O., S. 39.
6 Kaulbach, Friedrich: Nietzsches Interpretation der Natur. In: Nietzsche-Studien 10/11 (1981/82), S. 456.
7 Wisser, Richard: Nietzsches Lehre von der völligen Unverantwortlichkeit. In: Nietzsche-Studien 1 (1972) S. 171 f.
8 Nietzsche, a.a.O., S. 17.
9 Nietzsche, a.a.O., S. 40.
10 Nietzsche, a.a.O., S. 39.

gung des Prinzips in seiner Bedeutung ist für Nietzsche jedoch eine ganz andere. Er bezeichnet den Geist des Satzes vom Grunde als den Geist der Schwere, den Geist des Setzens und Tragens.

> Wo ich auch meinen alten Teufel und Erzfeind wiederfand, den Geist der Schwere und Alles was er schuf: Zwang, Satzung, Noth und Folge und Zweck und Wille und Gut und Böse.[11]

Der Geist der Schwere ist das sich selbst wissenwollende und sich als Wissen und Gewißheit setzende Werkzeug des Leibes. Das auf diese Weise verborgen Bleibende wird durch die Eitelkeit des Selbstbewußtseins der kleinen Vernunft als Verborgenheit mitgetragen.

> Der Mensch ist schwer zu entdecken, und sich selber noch am schwersten; oft lügt der Geist über die Seele. Also schafft es der Geist der Schwere.[12]

Der Geist der Schwere, das sich wissenwollende Werkzeug, schafft erst die Verborgenheit und lügt dann über die Art und Weise dieser Schaffung.

> Für seinen Eigener ist nämlich alles Eigene gut versteckt; und von allen Schatzgruben wird die eigene am spätesten ausgegraben, — also schafft es der Geist der Schwere.[13]

Der kleinen Vernunft geht es in ihrer Eitelkeit, dem Wissenwollen aus sich, um die Verbesserung des Eigenen, des Selbst, um die Vermeidung des Leibes. Durch Zwang, Satzung, Not, Folge, Zweck, Wille, Gut und Böse wird die Selbstoffenbarung des Leibes verdeckt und im Verborgenen gehalten. Für Nietzsche ist nun auch die Philosophie ein weiteres Mittel, diese Verborgenheit des Leibes durch die Selbstoffenbarung des Cogito zu festigen und den Leib in dieser Weise als Aussageloses philosophisch zu begründen.[14]

Die Frage, die sich hier stellt, ist nun, ob der Leib nach Nietzsche an sich selbst wirklich aussagelos ist und in dieser Aussagelosigkeit immer auf die kleine Vernunft, sein Werkzeug der Aussage, zurückgreifen muß, wobei dieser Rückgriff immer zu einer Verbergung des Leiblichen führt. Nun ist aber diese Selbstsetzung der Reflexion nach dem Satz vom Grunde leer. Im Cogito ist zwar eine Gewißheit vermittelt, die aber nur eine formale Gewißheit ist, das Wissen des Sich, das sich nicht inhaltlich erfährt. An der Inhaltslosigkeit der sich wissenden und gewissen, kleinen Vernunft geht nach Nietzsche diese Vernunft selbst zugrunde, es ist gleichsam die Notwendigkeit ihres Untergangs, ihrer Verwandlung und ihres Übergangs.

Nietzsche spricht von den drei Verwandlungen des Geistes, Verwandlungen, in denen die große Vernunft des Leibes sich darstellt und fassen will. Zunächst gibt es die Verwandlung zum Kamel, das den Geist der Schwere tragen muß. Doch das

---

11 Nietzsche, a.a.O., S. 248.
12 Nietzsche, a.a.O., S. 243.
13 Nietzsche, a.a.O., S. 242.
14 Kaulbach, F., Nietzsches Idee einer Experimentalphilosophie. Köln, Wien 1980.
Vom „Stande" dieses Willens und *seines* Ich aus beurteilt, ist die idealistische Herrschaftsstellung des Ich-Bewußtseins als Symptom und Ausdruck einer Verfassung des Leibes zu beurteilen, in welcher dieser an sich selbst und an der Erde „verzweifelt" ist. Das „Ich denke", welches zu *dieser* Verfassung gehört, muß die wahren Abhängigkeitsverhältnisse umkehren und nicht dem Leib, sondern dem Ich, dem Bewußtsein und dem intellektuellen Willen den Namen der „großen" Vernunft geben. Sie muß eine Philosophie der Verachtung des Leibes sein, in welcher dieser sich in der Form leibfeindlicher Metaphysik selbst die Stellung der Unfreiheit, des von der „Idee" Beherrschtseins gibt. (S. 16–17)

Kamel geht in die Wüste und erleidet dort die Leere des formal begründeten, aber inhaltlosen Geistes der Schwere. Hier ist das Selbst überhaupt nur formal da in der Selbstbegründung. Die weitere Verwandlung zum Löwen ist eine Verwandlung zur Inhaltlichkeit des Selbst hin. Der Löwe ist das Inhaltsschaffende im Wollen, das nicht in der Passivität des „du sollst" verharrt. Diese Verwandlung geschieht in der Öde des Cogito, des sich als Ich wissenden und dabei doch nichts erfahrenden Geistes.

> Aber in der einsamsten Wüste geschieht die zweite Verwandlung: zum Löwen wird hier der Geist, Freiheit will er sich erbeuten und Herr sein in seiner eigenen Wüste.[15]

In dieser Wüste verdorrt gleichsam die Eitelkeit des kausalen Wissensbegriffes, der sich im Cogito selbst begründen kann, ohne doch damit das Selbst inhaltlich bezeichnet zu haben, der sich als ein inhaltloses Selbst offenbaren kann. In der Gestalt des Löwen kündigt sich jetzt aber das eigentliche Selbst an, der Leib, der nach dieser Offenbarung, die zunächst einen zerstörenden Charakter hat, sich letztlich in seinem eigentlichen Sein, dem Geiste der Unschuld, ohne Begründung also offenbaren kann. Dies versinnbildlicht Nietzsche in der letzten Verwandlung, der Verwandlung zum Kind. Die Unschuld ist der schaffende, der nicht kalkulierende und berechnende Geist. In dieser letzten Verwandlung erst geschieht die eigentliche Selbstoffenbarung des Leibes, hier hat der Leib durch die verschiedenen Verwandlungen zu sich gefunden.

> Verlernt mir noch dies „Für", ihr Schaffenden: eure Tugend gerade will es, daß ihr kein Ding mit „für" und „um" und „weil" thut, gegen diese falschen kleinen Worte sollt ihr euer Ohr zukleben.[16]

Der Schaffende muß seine Inhalte nicht erst durch die Begründung schaffen, da der Leib sich selbst inhaltlich offenbart, an sich schon eine Inhaltlichkeit ist, die sich veräußert. Das leibliche Schaffen ist nicht abhängig vom Zweck der Begründung, es ist nicht abhängig von einem Sein für Etwas.

Nietzsches Philosophie des Leibes will den Leib als reines Aus-sich-sein vorstellen, erlöst vom Zweck, vom Produkt, vom Organismus, aber auch von einem Begriff des Willens derart, wie Schopenhauer ihn formuliert hatte. Für Schopenhauer wird das Aus-sich-sein des Leibes erst durch den Satz vom Grunde erfahrbar gemacht, erst hierdurch kommt der Wille zur Offenbarung, jedoch als Erscheinung, und nur in dieser Umdeutung durch die Rationalität ist sein Sein überhaupt sichtbar. Nietzsche muß also mit seiner Philosophie des Leibes eine neue Inhaltlichkeit vorstellen, muß Inhalte darstellen, die nicht durch den Beweis die Selbstdarstellung des Seins in Gestalt des Für-etwas-seins sind, bei dem das Etwas nur in der Form für etwas anderes sich inhaltlich auszeichnet und in dieser Auszeichnung und Ausweisung sowohl sich selbst als auch dieses andere als *Sein* belegt. Die Inhalte, die Nietzsche darstellen muß im Sinne des Geistes der Unschuld, des nicht Begründeten und Bezweckten also, müssen Inhalte sein, die aus sich heraus das Selbst zu erkennen geben, den Leib darstellen, die somit Ausdrücke der Leibsprache sind.

Diese Ausdrucksmöglichkeiten und Symbole dürfen auch nicht von der Art sein, daß sie durch sich die Inhalte des Leibes anzeigen, da diese Form, etwas anderes

---

15 Nietzsche, a.a.O., S. 30.
16 Nietzsche, a.a.O., S. 362.

durch sich auszudrücken, wieder die rationale Methode der kleinen Vernunft ist. Hierbei wird der Leib wieder durch das Ich ausgedrückt. Das Ich kann aber kein Begriff für das Selbst des Leibes sein, es kann noch nicht einmal Symbolträger für dieses Selbst werden. Der Leib darf auch nicht so gedacht werden, daß das Ausgesagt-sein die Substanz durch sich angibt, daß also der Prädikatsbegriff als Oberbegriff die Substanz bestimmt, sondern die Substanz muß sich von sich selbst her zu verstehen geben, muß also zugleich Prädikatscharakter haben. Die Leibsprache hat also bei Nietzsche keine Symbolfunktion, die Ausdrucksmöglichkeiten der Leibsprache, wie zum Beispiel der Tanz, zeigen nicht etwas an, sondern sind unmittelbar der Leib selbst. Der Tanz hat deshalb bei Nietzsche keine Symbolfunktion, er ist ein unmittelbarer Ausdruck der Leibsprache, durch die sich der Leib offenbart.

Die Macht des Für-etwas-seins, der rationalen Auslegung durch den ontologischen Beweis, ist in bezug auf den Leib in der vorangegangenen Untersuchung gezeigt worden. Es hat sich dabei erwiesen, daß diese Macht darin besteht, daß die Gestaltlosigkeit der eigentlich zureichende Grund zur Gestaltbildung ist, daß das gegenseitige Verweisen aufeinander, das Verweisen des Allgemeinen auf das Einzelne und umgekehrt diese Macht bestimmt und gerade in ihrer Unbegreifbarkeit das Sein in der Form des Für-etwas-seins begründet.

Nietzsches große Befreiung ist die Befreiung des Leibes von der Vorherrschaft einer formalen Begründung in ästhetischer, moralischer und philosophischer Art.[17] Die Frage ist jetzt, wie eine solche Substanz des Leibes ohne die Notwendigkeit einer Verweisung auf etwas hin und einer Begründung von etwas als Substanz überhaupt inhaltlich gemacht werden kann.[18] Das Problem liegt also darin, wie die Inhalte der Leibsprache rational beglaubigt werden können.

b) Die Perversität des reinen Bewußtseins

In seinen späten Schriften hat Nietzsche gezeigt, daß Kausalität, Ästhetik und Moral als Wirkungen des Leibes dargestellt werden können. Das Denken, das sich um Hintergründe bemüht, ist für Nietzsche Ausdruck desjenigen Bewußtseins, das sich infolge des Ekels vor sich, als leibliches oder weltliches Wissen, als reines Bewußtsein will.

> „Dem Reinen ist Alles rein" — so spricht das Volk. Ich aber sage euch: den Schweinen wird Alles Schwein.
> Darum predigen die Schwärmer und Kopfhänger, denen auch das Herz niederhängt: „die Welt selber ist ein kothiges Ungeheuer."

---

17 Nietzsche, a.a.O., Bd. 6, S. 88–97.
18 Abel, G., a.a.O., S. 421.
　　Auszugehen ist von der Auflösung eines festen Subjekt-, Ding- und Substanzbegriffs. Erfordert ist der Übergang vom Ding- in das Ereignis-Schema der Weltauffassung. Bausteine des Universums sind nicht mehr Dinge im Sinne materieller Körper, sondern Ereignisse im Sinne der immer nur für eine bestimmte Dauer zu relativ stabilen Einheiten zusammen- und dann wieder auseinandertretenden, konkreszierenden und disgregierenden Willen-zur-Macht-und-Interpretations-Prozesse.

> Denn diese alle sind unsäuberlichen Geistes; sonderlich aber jene, welche nicht Ruhe, noch Rast haben, es sei denn, sie sehen die Welt *von hinten*, die Hinterweltler![19]

Dies ist für Nietzsche eine Art der Pervertierung des sich mißverstehenden Leibes, der sich nicht an seinen Wirkungen erkennen will und deshalb auf apriorische Hintergründe zurückgreift. Das Zurückgewinnen der Unschuld bedeutet dann hier, den zum Selbstekel pervertierten Leib, der im Erkennen nicht sich sehen will, wieder zu seiner Natürlichkeit zurückzubringen. Dies ist nur möglich, indem das Erkennen wieder vom Leib ausgeht und den Leib integriert.

Die Kausalität wird dabei wieder im Sinne Spinozas verstanden als Wirkkausalität. Im Zarathustra hat Nietzsche die Entwicklung zur Unschuld so dargestellt: Der Geist der Schwere geht zugrunde durch die Schwermut und verwandelt sich nach dieser Verödung zum Löwen, der alles definitive Sein zerstört, das durch die Finalkausalität gesetzt wurde. Das Neue jedoch, das aus sich Gewisse der Unschuld zeigt die veränderte Kausalität auf. Unschuld ist nicht nur frei von Absichten, der Finalkausalität, sondern auch frei von der Notwendigkeit eines Verschuldetseins an seinen Ursachen, an dem Fremden, das nicht zum Selbst gehörig das Selbst bestimmt.

Das Aus-sich-sein der Unschuld muß konsequenterweise ein neues System der Logik, ein nichtprädikatisierendes System hervorbringen.

> In jedem Urteil steckt der ganze volle tiefe Glaube an Subjekt und Prädikat oder an Ursache und Wirkung. . . . Was uns die außerordentliche Festigkeit des Glaubens an Causalität gibt, ist *nicht* die große Gewohnheit des Hintereinanders von Vorgängen, sondern unsere *Unfähigkeit*, ein Geschehen anders *interpretiren* zu können denn als ein Geschehen aus *Absichten* . . . Sollte dieser Glaube an den Subjekts- und Prädikats-Begriff nicht eine große Dummheit sein; . . .[20]

Dieser Glaube an Absichten oder an Urheber des Geschehens ist aber nicht nur eine Fiktion, die getroffen werden kann oder auch nicht, er ist der geistige Akt, der die Gegenständlichkeit der Welt überhaupt vorstellt, gleichsam das Gesetz ist, das die empirische Erkenntnis bestimmt (wie dies mit anderer Bewertung allerdings auch schon Schopenhauer ausgeführt hat).

> Das *Geschehen als Wirken anzusetzen* und *die Wirkung als Sein*: das ist der *doppelte* Irrtum, oder *Interpretation*, der wir uns schuldig machen. Also zum Beispiel „der Blitz leuchtet" — : „Leuchten" ist ein Zustand an uns; aber wir nehmen ihn nicht als Wirkung auf uns und sagen: „etwas Leuchtendes" als ein „An-sich" und suchen dazu einen Urheber, den „Blitz".[21]

Die Gegenständlichkeit wird durch den Satz vom Grunde geschaffen. Der Urheber geht direkt in das ästhetische Sein ein und wird dort als das empirische Faktum genommen. Den Geist der Schwere zu töten bedeutet also nicht nur, metaphysische und christliche Inhalte zu beseitigen, sondern den Geist dieser Vergegenständlichung, das ontologische Wissen. Das Ding in Form der Gegenständlichkeit wird von Nietzsche erkannt als die zu Sein gewordene Interpretation eines Urhebers und einer Ursache. Dies zeigt sich in dem Zwang, die Dinge und Vorgänge von einer Absicht her abzuleiten. Es ist interessant, daß Nietzsche hierbei gerade

19 Nietzsche, a.a.O., Bd. 4, S. 256.
20 Nietzsche, a.a.O., Bd. 12, Fragment 2/83, S. 102.
21 Nietzsche, a.a.O., Fr.: 2/84, S. 104.

gegen Spinoza zu Felde zieht,[22] der doch in gleicher Weise wie er selbst den Kausalitätsbegriff von finalkausalen Auslegungsmöglichkeiten gereinigt hat.

> Der Glaube an causae fällt mit dem Glauben an tele. (gegen Spinoza und dessen Causalismus)[23]

Im gleichen Fragment äußert er auch den Grund, warum es nur eine Art von Kausalität gibt, nämlich diejenige, die der von ihm kritisierte Spinoza ebenfalls nur gelten läßt.

> Die Frage „*Warum?*" ist immer die Frage nach der causa finalis, nach einem „Wozu?" Von einem „Sinn der causa efficiens" haben wir nichts.[24]

Durch die Wirkursache findet keine *Sinnbildung* statt, wie wir schon bei Spinoza gesehen hatten, hier ist nur ein Sinnschwund zu verzeichnen, bei dem das Etwas in seinem Sein durch die Kausalität nicht bestärkt wird, sondern sich in unendlichen Relationen auflöst. Der Sinn wird nur hergestellt, wenn die Absicht eines Urhebers unmittelbar in das Geschehen eingebildet werden kann.

> Ein Zustand, der ein Geschehen begleitet und schon eine Wirkung des Geschehens ist, wird projizirt als „zureichender Grund" desselben.[25]

Den Grund für diesen Kausalismus sieht Nietzsche in einer Psychologie des Erkennens.

> Die psychologische Nötigung zu einem Glauben an Causalität liegt in der *Unvorstellbarkeit eines Geschehens ohne Absichten.*[26]

Der eigentliche Fehler dieser Kausalität liegt nun in der Abtrennung der Begründung vom eigentlichen Geschehen, um den Urheber rational greifbar zu machen.

> Die Trennung des „Thuns" vom „Thuenden", des Geschehens von einem Etwas, das Geschehen *macht*, des Processes von einem Etwas, das nicht Process, sondern dauernd, Instanz, Ding, Körper, Seele usw. ist, der Versuch, das Geschehen zu begreifen als eine Art Verschiebung und Stellungswechsel von „Seiendem", von Bleibendem: diese alte Mythologie hat den Glauben an „Ursache und Wirkung" festgestellt, nachdem er in den sprachlichen und grammatikalischen Funktionen eine feste Form gefunden hatte.[27]

Die Kausalität, die Gewißheit der Absichten eines Täters, stellt kein Wissen her, sondern spaltet bloß den Geschehensverlauf auf. Dies ist ein Mißverständnis dessen, was der Leib ausdrückt, die Grammatik ist eine Pervertierung der Leibsprache.

> Wir haben absolut keine Erfahrung über eine *Ursache* . . . Wir suchen nach einem Täter zu jedem Geschehen: Was haben wir gemacht? Wir haben ein Gefühl von Kraft, Anspannung,

22 Wurzer, W. S., Nietzsche und Spinoza. Meisenheim 1975. Nietzsches Kenntnis der grundlegenden Momente von Spinozas Metaphysik der Substanz scheint nicht sehr tiefreichend gewesen zu sein. Noch weniger wußte er über die Körperlehre und Erkenntnistheorie, wie sie im zweiten Teil der ‚Ethik' dargestellt sind. Dennoch war er sich der Übereinstimmungen mit Spinoza bezüglich des Ausgangspunktes sicherlich bewußt. Und auch die Einheit von Leib und Seele bei Spinoza konnte ihm nicht entgangen sein, da ja der Gedanke der absoluten Identität in dieser Philosophie unverkennbar ist. (S. 190)
23 Nietzsche, a.a.O., Fr. 2/83, S. 103.
24 Nietzsche, a.a.O., S. 102.
25 Nietzsche, a.a.O., Bd. 13 Fr. 14/81, S. 260.
26 Nietzsche, a.a.O., Bd. 12 Fr. 2/83, S. 103.
27 Nietzsche, a.a.O., Fr. 2/139, S. 136.

Widerstand, ein Muskelgefühl, das schon Beginn der Handlung ist, als Ursache *mißverstanden* *... Es gibt weder Ursache noch Wirkungen.* Sprachlich wissen wir davon nicht loszukommen. Aber darin liegt nichts. Wenn ich den Muskel von seinen „Wirkungen" getrennt denke, so habe ich ihn negiert. In Summa: *Ein Geschehen ist weder bewirkt noch bewirkend.*[28]

Das Gesetz der Kausalität hat nun für Nietzsche den *physiologischen* oder *psychologischen* Zweck, den Strom des ständig neuen Geschehnisses zu bannen und im Sinne eines Realitätsprinzips[29] in den Griff zu bekommen, ein die Schwäche des Verarbeitens ausgleichendes Prinzip also. Das Ziel dieses Realitätsprinzips ist es aber, dieses ständig Neue auf schon Bekanntes zurückzuführen.

Sobald im Neuen uns etwas Altes aufgezeigt wird, sind wir beruhigt. Der angebliche Causalitätsinstinkt ist nur die *Furcht vor dem Ungewohnten* und der Versuch, in ihm etwas *Bekanntes* zu entdecken.[30]

Dieses realitätsbildende Prinzip ist also durchaus kein Instinkt, sondern geradezu das Gegenteil eines Instinkts, ein dem Leibprozeß sich entziehen wollendes Bestreben zu Gunsten von Fiktionen. Die kleine Vernunft wird hier gesehen als Ausdruck der Pervertierung der Leibsprache, die an sich etwas anderes ausdrücken will. Auf diese eigentlichen und positiven Inhalte wird noch eingegangen werden.

Die Pervertierung aber geht, wie schon erwähnt, von einer Vermeidung dieser leiblichen Inhalte als solcher aus.

Die vollkommene Verachtung des *Leibes* ließ die Einzelpersonen nicht sehen, die vollkommene minutiueseste Art ihres Organisations-Spiels zur Selbst-Erhaltung und *Reinigung* der Art und Gattung: — mit anderen Worten den unendlichen Wert der *Einzel-Person* als Träger des Lebens-Prozesses und, *folglich*, ihr allerhöchstes Recht auf Egoismus . . .[31]

Nur am Leitfaden des Leibes ist eine lebendige Darstellung allein möglich. Eine andere Form der Darstellung des Lebendigen und Organischen kann nicht gefunden werden.

28 Nietzsche, a.a.O., Bd. 13 Fr. 14/98, S. 274.
29 Abel, G., a.a.O.
Wirklichkeit ist überhaupt nur als das sich macht-relational vollziehende Interpretations-Geschehen, oder umgekehrt: jedes wirkliche Dasein interpretiert. Es gibt keinen außerhalb des Interpretierens liegenden Fixpunkt und Maßstab der Interpretation. Das Interpretieren einer Interpretation ist keine metatheoretische Operation. Und was die Möglichkeit einer teleologischen Auffassung der Geschehensprozesse betrifft, so wird dieser auch von seiten des neuen Unendlichen der Interpretationen insofern die Basis entzogen, als Bestimmtheit, Gestalt, Sinn, Wert und Wahrheit des Geschehens nicht in einem Ziel, Zweck oder einer Zweckmäßigkeit, sondern in der Interpretation liegen, Interpretationen *sind*. (S. 152)
30 Nietzsche, a.a.O., S. 276.
31 Nietzsche, a.a.O., Fr. 22/22, S. 593.
32 Lampl, Hans Erich, Ex oblivone – Das Féré-Palimpset. Noten zur Beziehung Friedrich Nietzsche – Charles Féré (1857–1907). In: Nietzsche-Studien 15 (1986) S. 225–264. Das Stelldichein mit Ch. Féré gehört zu den einschneidendsten Erfahrungsrendevous von Friedrich Nietzsche. . . . Spätestens via und dank Charles Féré ist er mit einer Legio von Autoren und Werken in Fühlung getreten, die ihn in seinem ureigenen Anliegen, der physiologisch ausgerichteten Seelenlehre, tätig sekundieren und bereichern. (S. 248–9)

2. Die Physiologie der leiblichen Selbstbildung

a) Der sich verständigende Leib

Zu der Philosophie am „Leitfaden des Leibes" gehört, neben einer Kritik der kleinen Vernunft, der falschen Rationalität, Ästhetik und Moral, auch das Studium der Leibsprache selbst. Aus diesem Grund hat sich Nietzsche sehr für die Physiologie seiner Zeit interessiert. Bezeichnend dafür ist sein Studium der Schriften von Charles Féré.[32] Die Leibsprache, da sie der verstehbare Ausdruck des Selbstseins des Leibes ist, drückt sich zunächst im Bereich des Ästhetischen aus und hierbei im höchsten Maß entwickelt in der Kunst

> Der aesthetische Zustand hat einen Überreichtum von *Mittheilungsmitteln*, zugleich mit einer extremen *Empfänglichkeit* für Reize und Zeichen. Er ist der Höhepunkt der Mittheilsamkeit und Übertragbarkeit zwischen lebenden Wesen, — er ist die Quelle der Sprache.[33]

Die Quelle der Sprachen, der Urzustand von Mitteilungen zwischen Lebendigen überhaupt, ist diese leibliche Form des Aus-sich-seins, das sich nicht abstrakt, das heißt in Form des Begriffes dokumentiert, das ein reines Aus-sich-sein für ein anderes lebendiges Aus-sich-sein ist. Dies ist die Urverbindung zwischen Lebendigen, die Urfassung der Kommunikation zwischen lebendigen Wesen.

> Die Sprachen haben hier ihren Entstehungsherd: Die Tonsprachen, so gut als die Gebärden- und Blicksprachen. Das vollere Phänomen ist immer der Anfang: unsere Culturmensch-Vermögen sind substrahirte aus volleren Vermögen. Aber auch heute hört man noch mit den Muskeln, man liest selbst noch mit den Muskeln.[34]

Die pervertierte Form dieses lebendigen Verständnisses ist das Verständnis nach dem Satz vom Grunde, das Verstehenwollen des lebendigen und werdenden Prozesses als begründetes Sein. Da das Aus-sich-sein die Form der Mitteilung des Lebendigen ist, da diese Art des Verstehens das Lebendige als solches offenbart, drückt sich jede Veränderung in dieser Form des Aus-sich-seins aus. So ist die Sprache des Leibes nicht auf eine Form festgelegt, in der es sich äußert, auf eine Grammatik sozusagen, sondern das Verstehen ist abhängig von der Intensität des Leibes, der sich äußert. Durch die Unmittelbarkeit des Verstehens des Aus-sich-seins für ein anderes Aus-sich-sein gibt es keine allgemeinen Kodierungen dieser Äußerungen. Die Äußerung des Leibes und der Leibsprache ist deshalb nie abhängig von allgemeingültigen Bedingungen der Möglichkeit für diese Äußerungen, der Sinngrundlegung durch die Grammatik in der Subjekt-Prädikat-Zuordnung, der Sinn der Leibsprache wird unmittelbar im Moment der Äußerung erst geschaffen. Da alle Leiber diese Form des Aus-sich-seins des Verstehens haben, findet auch ein unmittelbares Verständnis untereinander statt. Dies ist der psychomotorische Rapport oder „induction psychomotric".[35]

> Jede Erhöhung des Lebens steigert die Mitteilungs-kraft, insgleichen die Verständniß-Kraft des Menschen. Das *Sichhineinleben in andere Seelen* ist ursprünglich nichts Moralisches,

33 Nietzsche, a.a.O., Fr. 14/119, S. 296.
34 Nietzsche, a.a.O., S. 297.
35 Lampl, H. E., a.a.O., S. 241–242.
Nietzsches Respekt für den psycho-physiologischen Ereigniskomplex der „induction psycho-

sondern eine physiologische Reizbarkeit der Suggestion: die „Sympathie" oder was man „Altruismus" nennt, sind bloß Ausgestaltungen jenes zur Geistigkeit gerechneten psychomotorischen Rapports (induction psycho-motrice meint Ch. Féré). Man teilt sich nie Gedanken mit, man teilt sich Bewegungen mit, mimische Zeichen, welche von uns auf Gedanken hin *zurückgewiesen* werden. . .[36]

Der psychomotorische Rapport besteht darin, daß eine Bewegung, die am lebendigen Leib des anderen wahrgenommen wird, einen unmittelbaren, suggestiven, physiologischen Reiz am eigenen Leib verursacht.[37] So kommt es zu einem unmittelbaren suggestiven Austausch der Leibäußerungen. Nietzsche fand in den Untersuchungen der französischen Physiologen den adäquaten Ausdruck für dasjenige, was er in der Ablehnung der ontologischen und teleologischen Methode philosophisch schon propagiert hatte, die Leibsprache als der ursprüngliche Ausdruck und die ursprüngliche Kommunikation des Lebendigen. Nietzsche fand hier nur bestätigt, was er also durch seine Destruktion des Ontologismus schon herausgestellt hatte.[38] Die Physiologie in dieser Art und Weise war damit zum adäquaten Ausdrucksmittel der Philosophie des Leibes geworden; es zeigte sich hier eine experimentelle Bestätigung dessen, was spekulativ und intuitiv für ihn schon deutlich war. Die Physiologie beschreibt somit positiv das Selbstbewußtsein des Leibes. Hierbei kann sich die große Vernunft selbst erfassen. Die auf diese Art und Weise sich erfassende Leiblichkeit ist Wissen, alle anderen Formen von Gewißheit sind nur Schattierungen einer den Leib mißachtenden oder verachtenden Betrachtungsweise.

b) Der sich verstehende Leib

Nietzsches „Philosophie am Leitfaden des Leibes" hat zur Folge, daß alle Phänomene, die bisher unter dem Prinzip des Zweckes gedacht wurden, jetzt als Äußerungen des Leibes selbst angesehen werden. Dadurch wird der Seinsbegriff wesentlich verändert. Dasjenige, was bisher als Sein gesetzt und erklärt wurde, wird

---

motrice" läßt sich aus mehreren von ihm signierten Passagen ablesen; außerdem durchwittert das Item häufig, in latenter, „maskierter" Form seine Überlegungen. Über die Bedeutung des rätselhaften Terminus technicus, der dringlich seine Entschlüsselung reklamierte, herrschte in der Sekundärliteratur beharrlich-betretenes Schweigen vor. (Sogar Malcolm Pasley, beispielsweise, hat ihn in seiner vorzüglichen Studie „Nietzsche's Use of Medical Terms", London 1978, schlichtweg ‚ausgegliedert"). Erst der Rückgriff auf Férés eigene Arbeiten vermochte uns selber klärend weiterzuhelfen und der Fremdvokabel ein Licht aufzusetzen.
Der im Schaffen des „„letzten Nietzsche" zentral einmontierte Terminus entstammt dem hervorragenden Opus ‚Sensation et mouvement' (1887) – nicht wie vormals vermutet ‚Dégénerescence et criminalité'.

36 Nietzsche, a.a.O., S. 297.
37 Lampl, H. E., a.a.O., S. 244.
In der Alltagspraxis spielt die IP hinsichtlich der Induzierung („Ansteckung") von Emotionen, Gefühlen, Leidenschaften sowie Gedanken eine erhebliche Rolle. Sie zeitigt Bewegungsnachbildungen (reproductions): Entsprechungen machen sich im physiognomischen Bereich (Haltung und Ausdruck) geltend. Die Reproduktion von Zügen der vis-à-vis-Personen tritt ein und, damit verbunden, deren zugehörige „hintergründige" Ideen oder Gemütserregung („suggestion").
38 Lampl, H. E., a.a.O., S. 246.

jetzt als vom Leibe ausgehend gedacht, als ein Phänomen, in dem der Leib *sich selbst* setzt, sich darstellt und sich seine Welt bildet, als Leibgesetz. Ist die Welt der sich entäußernde Leib, so ist die Tatsache der Zwecke auch dem Leibgesetz zuzurechnen, ein Mittel oder eine Gegebenheit, womit der Leib sich bildet.[39]

Der eigentliche Reflexionsvorgang liegt somit beim Leib. Die Dinge sind nicht an sich begründet und bekannt gemacht. Ihre Bedeutung ist auch nicht aus einem Zwecke heraus begründet. Im Leibsein findet die Selbstbildung statt, von der auch das Cogito als abstrakte und formale Struktur dieser Selbstbildung abgeleitet ist. Auch das abstrakte Wissen ist eine Art und Weise, wie der Leib sich selbst darstellt und seinen Seinsbegriff bildet.

> Das schaffende Selbst schuf sich Achten und Verachten, es schuf sich Lust und Weh. Der schaffende Leib schuf sich den Geist als eine Hand seines Willens.
> Noch in eurer Thorheit und Verachtung, ihr Verächter des Leibes, dient ihr eurem Selbst. Ich sage euch: euer Selbst selber will sterben und kehrt sich vom Leben ab.[40]

So muß das Bewußtsein und das Selbstbewußtsein mit seiner Geschichte unter dem Aspekt des sich als Bewußtsein und Selbstbewußtsein vollendenden Leibes gesehen werden.

Das leibverachtende Kausaldenken als Folge der Angst vor dem immer Neuen, der ständigen Veränderung sich abwechselnder Einmaligkeiten des Lebens, ist so nichts anderes als die Ankündigung des Todes, ist der Ausdruck des zum Sterben entschlossenen Organismus. Das große Selbst begeht in der sich als Leibverachtung herausstellenden abstrakten Vernunft einen Selbstmord und bekundet sich darin als autonome und große Vernunft. Die kleine Vernunft ist also nicht Gegenspieler und Feind des Lebens, sondern ist auch Ausdruck des Lebensprinzips, der Entschlossenheit des Lebens, in dieser Form und als dieser besondere und einzelne Organismus *nicht sein* zu können. Der Lebensbegriff geht also über den Seinsbegriff hinaus als das, was Nietzsche den ‚Willen zur Macht‘ nennt, und kann sich entsprechend der Art und Weise, in der er organisiert ist, gegen den einzelnen Organismus richten und so in der Selbstzerstörung seinen Ausdruck finden. So ist auch die Rationalität eine Erscheinungsform des sterben wollenden Selbst, das sich vernichtet infolge der Unangemessenheit des Seins zum Leben. Das große Selbst des Leibes ist Ausdruck jenes Prinzip des Willens zur Macht, das einen bestimmten Gestaltungswillen verfolgt und diesen auch in einer Art Geschichte dokumentiert.

In diesem Sinn ist auch Moral der Ausdruck dieses Gestaltungswillens des leiblichen Selbst.

---

39 Abel, G., a.a.O.
   Zweck und Zweck ist zweierlei, je nachdem, ob er im Sinne der alten Teleologie und damit einer Vernunft in der Sache und einer wie immer auch sublimierten Exogenität (worunter als Grenzwert auch die Entelechie noch zählt) verstanden wird, oder ob er im Sinne der endogenen, sich aus den tatsächlichen Kräfteverhältnissen und wirklichen Vollzügen der Willen-zur-Macht-Relationen ergebenden Funktionalität und Regularität sowie im Sinne des von innen heraus erfolgenden Zwecke-Produzierens aufgefaßt wird. Erst von einem nachträglich betrachtenden Auge werden diese Zusammenhänge dann als Zweckmäßigkeits-Gefüge gedeutet. Dann jedoch wird nicht der Vollzugscharakter der Vorgänge selbst getroffen. (S. 121)
40 Nietzsche, a.a.O., Bd. 4, S. 40.

Übelbefinden und das Böse.

Das Ausbrechen ganzer moralischer Strömungen als Correcturen des *Leibes*.

Moral als eine Gleichnißsprache über eine unbekannte Region der *leiblichen Zustände* — Hier ist noch ganz von Wille und Zweck die Rede *und von gar nichts Anderem*.[41]

Indem Nietzsche die Physiologie zum eigentlichen Wissen erhebt, wird der Seinsbegriff der kleinen Vernunft zum Ausdruck des Seinsbegriffs der großen Vernunft, zum Ausdruck des Leibes. Die kleine Vernunft ist hier auch eine Gestaltung der Selbstdarstellung des Leibes. Die kleine Vernunft wird also auch zum Mittel der Darstellung der großen Vernunft, sie wird von Nietzsche nicht nur in ihrem Seinsbegriff destruiert, sondern bekommt auch diese Bedeutung als Gestalt des eigentlichen Selbst. Dadurch wird an dem Leibe seine Geschichte festgestellt.

Ziel: Höherbildung des ganzen *Leibes* und nicht nur des Gehirns.[42]

Die kleine Vernunft ist für Nietzsche ein Beleg dafür, daß das Selbst sich entwickelt und in dieser Entwicklung den Zustand der kleinen Vernunft als eine Entwicklungsstufe nimmt. Von diesem Aspekt aus betrachtet ist die Moralität deshalb als eine Kinderkrankheit zu bezeichnen, eine Ausartung, durch die der Leib auch seinen Selbstbegriff formt und damit sich selbst vollendet.

Wird die Moralität unter dem Aspekt des sich so vollendenden Leibes gesehen, so fällt sie auch nicht unter die Differenzierung von Gut und Böse und kann physiologisch als Kinderkrankheit angesehen werden.

Wer einigermaßen sich vom Leib eine Vorstellung geschaffen hat, — wie viele Systeme da zugleich arbeiten, wieviel füreinander und gegeneinander gethan wird, wieviel Feinheit in der Ausgleichung usw., da ist: der wird urteilen, daß alles Bewußtsein dagegen gezeichnet etwas Armes und Enges ist. ... Das Bewußtsein ist eben ein Werkzeug: in Anbetracht, wieviel Großes ohne Bewußtsein geleistet wird, nicht das nöthigste noch das bewunderungswürdigste. Im Gegenteil: Vielleicht giebt es kein so schlecht entwickeltes Organ, kein so vielfach fehlerhaftes, fehlerhaft arbeitendes: es ist eben das letzt-entstandene Organ und also noch ein Kind — verzeihen wir ihm seine *Kindereien*! Zu diesen gehört außer vielen Anderen die *Moral*, als die Summe der bisherigen Werturteile und Handlungen und Gesinnungen der Menschen.[43]

Daraus ergibt sich für Nietzsche eine Konsequenz, die letztlich auch eine andere Einschätzung der Moralität nach sich führen wird.

Also müssen wir die Rangordnung umdrehen: alles Bewußte ist nur das *Zweit-Wichtigste*, ... also *umlernen*! In der Hauptschätzung! Das Geistige ist als Zeichensprache des Leibes festzuhalten![44]

Das Umlernen in der Einschätzung der kleinen Vernunft wird es mit sich bringen, die sich selbst gewisse Moralität nicht mehr unter dem Maßstab dieser Selbstgewißheit als Moralität, sondern als Selbstgewißheit des Leibes zu sehen, für den sie nur eine Gestalt ist.

Und kurz gesagt: es handelt sich vielleicht bei der ganzen Entwicklung des Geistes um den *Leib*; er ist die *fühlbar* werdende Geschichte davon, daß ein *höherer Leib sich bildet*. Das Organische steigt noch auf höhere Stufen. Unsere Gier nach Erkenntnis der Natur ist ein Mittel, wodurch der Leib sich vervollkommnen will. Oder vielmehr: es werden hunderttausende von Experi-

41 Nietzsche, a.a.O., Bd. 10, Fr. 4/217, S. 172.
42 Nietzsche, a.a.O., Fr. 16/21, S. 506.
43 Nietzsche, a.a.O., Fr. 7/126, S. 284–5.
44 ebd.

menten gemacht, die Ernährung, Wohnort, Lebensweise des Leibes zu verändern: das Bewußtsein und die Werthschätzung in ihm alle Arten von Lust und Unlust sind *Anzeichen dieser Veränderungen und Experimente. Zuletzt handelt es sich gar nicht um den Menschen: er soll überwunden werden.*[45]

Dieser Gedanke der Überwindung kann nur von der Philosophie des Leibes gedacht werden. Er ist nicht bloß ein Gedanke der Negation. Die bloße Negation der an sich unbefriedigt gebliebenen kleinen Vernunft, der bloße Zusammenbruch des sich nicht sinnhaft erfahrenden abstrakten Selbst kann keinen positiven, inhaltlichen Hinweis auf eine Überwindung dieser Vernunft geben. Offenbart sich aber das Wissen der kleinen Vernunft als Anzeichen der großen Vernunft, zeigt sich hier dieser Bildungsbegriff des Leibes, so kann dieses Zugrundegehen der kleinen Vernunft als diese Verwandlung in der „Wüste" zum „Löwen" gedacht und als *Entwicklung* somit begriffen werden. Hierin wird auch der Werkzeugcharakter dieser kleinen Vernunft ersichtlich. Der Zweck und Ausdruck und Niederschlag von Lust und Unlust sind *Selbstbildungsmaßnahmen* des Leibes, der sich über sich hinaus bilden will, dessen Selbst diese Entwicklung ist. Diese Tendenz ist im bloßen Seinsbegriff nicht offenbart, hier ist nur das Gegenwärtige dargestellt. Als Gegenwärtigsein ist der Leib gerade nicht sein Selbst. Weder wird durch das Gegenwärtige das Sein des Leibes begriffen, noch begreift der Leib sich selbst im Gegenwärtigen. Im Gegenwärtigen aber bildet er sich und konstruiert an seiner ständigen Weiterentwicklung. Nicht im Begriff des Seins ist das Selbst zu suchen auf ontologischem Wege, das Prinzip für das Sein ist der sich vollendende Leib. Die ist die „Zukunft der Moral".

> Groß genug um das Verachtete zu vergolden: Geistig genug, um den Leib als das Höhere zu begreifen — das ist die Zukunft der *Moral!*[46]

Der Seinsbegriff der kleinen Vernunft bedeutet nur eine Oberfläche des eigentlichen Seins des Körpers und wird von Nietzsche positiv im Sinne einer Bescheidenheit des Bewußtseins interpretiert.

> Lust und Schmerz sind ganz seltene und spärliche Erscheinungen gegenüber den zahllosen Reizen, die eine Zelle, ein Organ auf eine andere Zelle, ein anderes Organ ausübt.
> Es ist die Phase der *Bescheidenheit des Bewußtseins.* Zuletzt verstehen wir das bewußte Ich selber nur als ein Werkzeug im Dienste jenes höheren überschaubaren Intellekts: und da können wir fragen, ob nicht alles bewußte *Wollen* alle *bewußten Zwecke,* alle *Wertschätzungen* vielleicht nur MITTEL sind, mit denen etwas wesentlich *Verschiedenes erreicht werden* soll, als innerhalb des Bewußtseins es scheint.[47]

Der Seinsbegriff ist nur ein Mittel und ein Werkzeug des sich vollendenden Lebens. Der Seinsbegriff einer zu sich gekommenen Vernunft ist so ein weiterer Schritt nach der anorganischen und organischen Organisation der Leiber auf dem Weg zu *sich.* Der bewußte, nach Zwecken ausgerichtete Einsatz der Kräfte führt zu einer Weiterentwicklung, bei der der Leib sich selbst in dem Seinsbegriff erkennt und sich damit als Urheber anerkennt. Losgelöst vom Organischen und vom Leib ist das Bewußtsein eine sich selbst setzende Substanz, es ist nicht einmal das Bewußtsein von Werkzeughaftigkeit überhaupt. Das ontologische Wissen als Ausdruck dieses

---

45 Nietzsche, a.a.O., Fr. 24/16, S. 655–6.
46 Nietzsche, a.a.O., Fr. 7/155, S. 293.
47 Nietzsche, a.a.O., Fr. 24/16, S. 654.

Bewußtseins wird aber unter der physiologischen Betrachtung zum Ausdruck des Leibes. Dadurch wird Aufschluß gegeben darüber, in welcher Art und Weise der Leib sich organisch perfektioniert. Nachdem Nietzsche also die Moralität nicht mehr als Moralität überhaupt, sondern als Leiberscheinung ansieht, kann er sie als Gestaltung des Leibes begreifen. Die Zersetzung des Leibes ist somit nicht von der Moralität, sondern vom Leibe selbst abhängig.

> Untergehen will euer Selbst, und darum wurdet ihr zu Verächtern des Leibes! Denn nicht mehr vermögt ihr über euch hinaus zu schaffen.[48]

Der physiologische Seinsbegriff, der vom Leib abgeleitet ist, hat die Eigentümlichkeit, daß er nicht den Charakter einer Selbstgewißheit hat, weil der Seinsbegriff ein Werdebegriff ist. Für Nietzsche ist die Tatsache einer Selbstgewißheit immer ein Merkmal des Fixierten und damit Selbstzerstörerischen, das zugleich auch in der zweifelhaften Art dieses Wissensbegriffes zum Ausdruck kommt. Was vom Selbst offenbart ist, sind nur Inhalte des Gedächtnisses, keine Gewißheiten.

> Der größte Theil unseres Wesens ist uns unbekannt. Trotzdem lieben wir uns, reden als von etwas ganz Bekanntem, aufgrund von ein wenig Gedächtnis.[49]

Daß das Gedächtnis und nicht ein Kausalschluß diese Funktion ausübt, hat Nietzsche einige Jahre früher (1873) schon einmal erwähnt.

> Tropen sind's, nicht unbewußte Schlüsse, auf denen unsere Sinneswahrnehmungen beruhen. Ähnliches mit Ähnlichem identificiren — irgend welche Ähnlichkeit an einem und einem anderen ausfindig machen, ist der Urprozeß. Das *Gedächtnis* lebt von dieser Tätigkeit und übt sich fortwährend.[50]

Der Grund dafür ist, daß Nietzsche schon zu dieser Zeit eine Kausalitätskonzeption hatte, die der späteren sehr nahe kommt und bereits als *physiologisch* angesehen werden kann.

> Ein Urphänomen ist: den im Auge empfundenen Reiz auf das Auge zu beziehen, das heißt eine Sinneserregung auf den Sinn zu beziehen. An sich gegeben ist ja nur ein Reiz: diesen als Aktion des Auges zu empfinden und ihn sehen zu nennen ist ein Kausalitätsschluß. *Einen Reiz als eine Thätigkeit zu empfinden*, etwas Passives aktiv zu empfinden ist die erste Kausalitätsempfindung, d.h. die erste Empfindung bringt bereits diese Kausalitätsempfindung hervor. Der innere Zusammenhang von *Reiz* und *Thätigkeit* übertragen auf alle Dinge. So ein Wort „sehen" ist *ein* Wort für jenes Ineinander von Reiz und Thätigkeit. *Das Auge ist thätig auf einen Reiz*: d.h. sieht. An unseren Sinnesfunktionen deuten wir uns die Welt: d.h wir setzen überall eine Kausalität voraus, weil wir selbst solche Veränderungen *fortwährend erleben*.[51]

Der kausale Vorgang ist ein physiologischer Vorgang, bei dem die Rezeptivität in Spontaneität umgedeutet wird, bei dem das Leidende als Tätiges sich empfindet. Das Motiv für diese Umdeutung liegt in dem Willen des Organismus, sich selbst zu erfassen, ein Vorgang, der im reflexiven Selbst des Cogito einen *trügerischen Abschluß* gefunden hat.

> Wir haben ein *Phantom vom „Ich"* im Kopf, das uns vielfach bestimmt. Es soll Konsequenz der Entwicklung bekommen. Das ist die *Privat-Kultur-That* — wir *wollen Einheit erzeugen* (aber meinen, sie sie nur zu *entdecken*!).[52]

---

48 Nietzsche, a.a.O., Bd. 4, S. 40–1.
49 Nietzsche, a.a.O., Bd. 8, Fr. 32/8, S. 561.
50 Nietzsche, a.a.O., Bd. 7, Fr. 19/217, S. 487.
51 Nietzsche, a.a.O., Fr. 19/209, S. 483-4.
52 Nietzsche, a.a.O., Bd. 8, S. 561.

Das reflexive Selbst geht davon aus, mit dem Phantom, als welches es sich selbst entdeckt hat, den Organismus auf die Stufe der Reflexion gebracht zu haben. Tatsächlich aber ist es so, daß im Bewußtsein des Menschen keine Selbstentdeckung ist, daß dies ein Privatkult des Leibes ist, ein *Mythos des Selbstbewußtseins*, durch das er sich zwar ein Höchstmaß an Gewärtigsein und Innesein verschafft, das aber nur als Werkzeug einer Einheitsbildung angesehen werden muß. Der Organismus oder irgend etwas real Existierendes, das lebendige Sein des Selbst ist damit nicht entdeckt, weil durch das Ich-Begreifen und das Begreifen überhaupt gar nicht *entdeckt* sondern *erzeugt* wird. Das Selbstbewußtsein ist also ein Mythos im Dienst der großen Vernunft des Leibes.

Es muß somit immer diese doppelte Betrachtungsart Nietzsches beachtet werden. Einmal ist das Kausalgesetz ein physiologischer Vorgang, bei dem die Umdeutung des Reizes in Tätigkeit vonstatten geht, das andere Mal ist das Kausalgesetz ein ontologisches Gesetz, durch das die Umdeutung von Wirken in Sein stattfindet. Die doppelte Betrachtungsart kommt immer durch das doppelte Verstehen des Leibes als große und kleine Vernunft zustande. Einmal trägt das Kausalgesetz damit zur Selbstgewißheit der großen Vernunft bei, die Organisation der Höherbildung, das andere Mal ist es die Selbstgewißheit der kleinen Vernunft, die Seinsbildung.

Das ontologische Wissen ist dem physiologischen nicht entgegengesetzt, vielmehr ist es als Teil des physiologischen Gesetzes der Leibbildung zu betrachten. Dabei ist aber das Physiologische des Selbstbildungsprozesses nicht durch das Ontologische mit ausgedrückt, wie dies bei Schopenhauer der Fall ist. Schopenhauer, der die Leibvorgänge ontologisch und teleologisch interpretiert hat, bzw. von den ontologischen und teleologischen Interpretationen auf den Gesamtorganismus des Leibes, den Willen zurückgeschlossen hat, der somit das Sein als Indiz und Beleg für den Willen genommen hat,[53] wird von Nietzsche aus diesem Grund in seiner Konzeption abgelehnt.

> Schopenhauer's Lehre ist eine verkappte Teleologie, aber die eines bösen und blinden Wesens, welches Zwecke erstrebt, die nicht zu bewundern und nicht zu lieben sind. Schien es bei der früheren Teleologie, als ob der Kopf des Universums und die hellste gerechteste Einsicht in ihm die Welt und die Menschen gemacht habe — ... so schient bei Schopenhauer der Unterleib des Universums die Wurzel der Dinge zu sein: und die Begierden desselben erfunden sich erst einen Inhalt, um sich mit seiner Hülfe bessere Nester zu bauen. Eins ist so falsch wie das Andere: aber das Letztere ist unklarer, weil es vom Wollen redet, ohne von vornherein einen Intellekt

---

53 Abel, G., a.a.O.
   So teilt Nietzsche mit Schopenhauer zwar die Auffassung, daß es sich in allen Vorgängen, d.h. auf den verschiedenen Stufen von der (mechanischen, chemischen, physikalischen) Ursache-Kausalität, über die (vegetabilische, organische) Reiz- bis zur (anschaulichen, gedacht-abstrakten) Motiv-Kausalität um Erscheinungsformen von Willenstätigkeit handelt. Doch bereits die Frage, was dieser Wille ist und worum es in seinen Vollzügen geht, führt zu unübersehbaren Unterschieden.
   Grundlegend ist, daß es sich Nietzsche zufolge in Geschehensvorgängen nicht, wie Schopenhauer behauptet, um einen ‚Willen zum Leben', einen ‚Willen zum Dasein', sondern um ‚Willen zur Macht' handelt. Leben selbst ist nichts anderes als der komplexe Vollzug vielfältigen Machtwollens. (S. 64)

anzunehmen, der sich vorstellen konnte, *was* er will: einen solchen Willen ins Blaue (oder in's Dasein!) gibt es nicht, es ist ein leeres Wort.[54]

Gerade die Inhaltslosigkeit, die Nietzsche hier anprangert, macht die Perfektion der Teleologie Schopenhauers aus. Schopenhauer will den Leib und den Willen durch das kausale Gesetz zum Ausdruck bringen, Nietzsche dagegen sieht das kausale Gesetz als Teil der Physiologie, die die Selbstvollendung des Leibes beschreibt. Nietzsches Kritik an dem ontologischen Nachweis des Leibes und des lebendigen Organismus wird deshalb immer von zwei Seiten geführt, einmal von der ontologischen Seite selbst, indem er die Absurdität des Zweckgedankens aufzeigt, bei dem der Zweck sich selbst durch sich darstellt, das andere Mal wird die Kritik vom Standpunkt der Physiologie geführt, wobei der Zweck als eine Leibbildungsmaßnahme erscheint. Dieser letzte Standpunkt ist vor allem in den spätesten Schriften Nietzsches erkenntlich, dagegen läßt sich die Kritik am Zweck an sich und dessen Absurdität schon wesentlich früher aufzeigen. Diese Kritik an der Absurdität bezieht sich jedoch immer auf die sich durch einen Zweck vergewissernde kleine Vernunft, nie auf den Gesamtkomplex der großen Vernunft. Doch auch dabei werden die Zwecke nie begriffen, sondern sind Vorstellungen der kleinen Vernunft von der großen.

> „Die *Zwecke* bringen uns in *Verwirrung.*"[55]

Das Verwirrende an dem Zweck ist das seinssetzende Moment, die Sinnstiftung im Formalen und damit auch die Erwartung eines inhaltlichen Sinns. Dadurch bekommen die Inhalte von vornherein einen sinnhaften oder sinnlosen Charakter.

> Durch Zwecke wird das Leben ganz unsinnig und *unwahr*. Man arbeitet, *um* sich zu nähren? man nährt sich, *um* zu leben? Man lebt, *um* Kinder (oder Werke) zu hinterlassen. Diese ebenso — und so weiter und zuletzt salto mortale.[56]

Ist das Um-zu die Form des Wissens, dann muß alles nach dieser Bedeutung und durch diesen Sinn sich ausweisen. Dies ist die alte Form, die Welt zu begreifen. Sie hat sich herausgestellt als Kinderkrankheit des Begreifens, die Anfangsschwierigkeiten eines mit Bewußtsein sich organisierenden Leibes. Darin lag für Nietzsche auch der Grund und die Struktur der Gottesvorstellung. Das Um-zu hat alle Wissensinhalte in dieser Weise verzerrt. Dadurch ist nie das Organische oder Lebendige begriffen worden.

Das Organische wird nur begriffen durch das Bewußtmachen des *Ob*. Das physiologische Selbstbewußtsein und Bewußtsein ist das *Ob-Bewußtsein*.

> Angebliche Zweckmäßigkeit der Natur — bei der Selbstsucht, dem Geschlechtstrieb, wo man sagt, sie benutze das Individuum, bei der Lichtausströmung der Sonne und so weiter — alles Erdichtungen! es ist vielleicht die letzte Form einer *Gottes*-Vorstellung — aber dieser Gott ist nicht sehr klug und sehr unbarmherzig. Leopardi hat die böse Stiefmutter Natur, Schopenhauer den „Willen"..., „Ich esse, um mich zu sättigen" — aber was *weiß* ich von dem, was Sättigung ist! In Wahrheit wird die Sättigung erreicht, aber nicht *gewollt* — die momentane Lustempfindung bei jedem Bisse, solange Hunger da ist, ist das Motiv: nicht die Absicht „um", sondern ein Versuch bei jedem Bissen, *ob* er noch schmeckt.[57]

54 Nietzsche, a.a.O., Bd. 9, Fr. 4/310, S. 177–8.
55 Nietzsche, a.a.O., Bd. 7, Fr. 19/173, S. 472.
56 Nietzsche, a.a.O., Bd. 8, Fr. 41/5, S. 584.
57 Nietzsche, a.a.O., Bd. 9, Fr. 11/16, S. 447.

Das Um-zu ist das Prinzip des ontologischen Wissens, des Selbst, das physiologische Selbstwissen hat als Kriterium nur das Ob. Dennoch muß gesehen werden,
daß durch die Dimension des Um-zu ein Mehrwert an Sinn hergestellt wird. Das
einfache Essen um des Essens willen wäre ja keine Zweckauslegung. Diese ständige
Sinnvermehrung, die im Zweckdenken da sein muß, damit es als *Wissen gelten kann*,
gibt für Nietzsche erst den genügenden Beweis dafür, daß der Zweckgedanke eine
Täuschung ist. Das physiologische Wissen dagegen zeigt den Sinn ohne die Sinnvermehrung an, es läßt damit aber auch keinen zureichenden Grund im rationalen Sinne
erkennen.

> Man ist thätig, weil alles, was lebt sich bewegen muß — *nicht UM der Freude WILLEN*, also
> *ohne Zweck*: obschon Freude dabei ist.[58]

Die grundsätzliche Erfahrung des Lebendigen findet also nicht durch die
Begründung und Belegung des Warum und des Wofür statt, sondern durch die
Gewißwerdung des Ob. Das Ob gibt also die eigentliche Begründung von Lebens-
vollzügen, es ist die Form, die Art und Weise, die die große Vernunft begründet. Dies
kann sich dann aber so gestalten, daß das Hineinlegen eines Zweckes Ausdruck einer
solchen Ob-Erfahrung ist.

> Die Menschheit als Ganzes ist in ihren Bewegungen ohne Zwecke und Ziele, es ist darin von
> vornherein *kein Wille*: wohl aber wäre es nicht unmöglich, daß der Mensch einmal einen Zweck
> hineinlegte, so wie gewisse ursprünglich zwecklose Bewegungen der Thiere zum Dienst ihrer
> Ernährung verwandt werden.[59]

Die Privatkultur der Rationalität dient dem Leibe in seiner Ob-Erfahrung.
Dieses Verhältnis darf jedoch auch nicht zweckmäßig gedacht werden, sondern im
Sinne des sich physiologisch vervollkommnen Leibes. Diese Vorstellung von der
Selbstvervollkommnung des Leibes ist nun keineswegs eine teleologische Vorstel-
lung, denn das, was der Leib tut, wird grundsätzlich nicht erkannt im Wofür und
Warum.

> Jede Handlung ist von dem bleichen Bewußtseinsbild, das wir von ihr während ihrer Ausfüh-
> rung haben, etwas unendlich Verschiedenes. . . . Das *erste* Gelingen auf den ersten Nerven- und
> Muskelbahnen gibt die verfrühte Vorstellung des Könnens, und daraus *resultirt* das verfrühte
> Bild des gewollten Zwecks: die *Zweckvorstellung* entsteht, *nachdem* schon die Handlung im
> *Werden* ist.[60]

Diese Zeitverschiebung, die durch die Zweckauslegung zustande kommt, ist
von Nietzsche öfters angeführt worden. Das Werden der Dinge kann nicht von der
Rekonstruktion in bezug auf ein Wofür begriffen werden, sondern nur vom Ob der
unmittelbaren leiblichen Erfassung. Dies heißt aber, den Ereignissen nicht mehr auf
ihre Täterschaft hin nachspüren, sondern sie von jeglicher Schuld freisprechen, ihnen
ihre Unschuld zurückgeben, wie Nietzsche dies im Zarathustra formuliert hat.
Dadurch befreit sich der Geist von seiner Tätigkeit der Schuldsuche und wird selbst
unschuldig.

Die Unschuld kennzeichnet das physiologische Selbstbewußtsein, das sich in
der Abkehr vom in seinem Warum und Wofür gewissen, damit aber nichtwissenden

---

58 Nietzsche, a.a.O., Fr. 1/45, S. 16.
59 Nietzsche, a.a.O., 1/70, S. 21.
60 Nietzsche, a.a.O., Fr. 6/254, S. 263–4.

Selbstbewußtsein herausbildet. In der Unschuld gibt sich die leibliche Vernunft zu erkennen, die Vermeidung des Selbstwissens als leibliches Selbstwissen ist damit beendet. Dies bedeutet eine Erlösung für das Wissen.

> Mit „um zu" hat man einen Zwang geschaffen und die *Freiheit vernichtet.* Zur Erlösung von den *Zwecken.*[61]

Im Um-zu kann der Leib nie als Leib gesehen werden, sondern immer nur als Bereitsteller einer höheren geistigen Einheit, eines höheren Sinnzusammenhanges. Die Unschuld, die das Bewußtsein konstituiert, geht deshalb einher mit der Ausschließung der Zwecke.

> Wichtigster Gesichtspunkt: die *UNSCHULD des Werdens* zu gewinnen dadurch, daß man die ZWECKE ausschließt.[62]

Die Unschuld sieht den Leib als Leib, sie sieht ihn in den Handlungen, sie pervertiert nie diese Sichtweise zu dem bloß beabsichtigten und zu erreichenden Ziel. Die Perversion des Leibes ist die durch sich begründete und ihr Wofür kennende Vernunft, da, um an einen oben vorgetragenen Gedanken anzuschließen, der Leib hiermit seine Vernichtung herbeiführt. Die Selbstgewißheit der Vernunft ist Ursache und Wirkung ihres Sterbens zugleich. Sie ist ein Anzeichen, insofern hier nicht gemäß der Ob-Erfahrung begriffen werden kann und ein morbides Begreifen auf Vergangenes zurückgreift (Nietzsches Kausalitätsbegriff), sie vernichtet damit auch gleichzeitig sich selbst, indem sie hinter dem Werde-Bewußtsein des sich höherbildenden Leibes zurückbleibt, als Seinsbewußtsein ins Leere greift und der sich hierbei bildenden Todessehnsucht nicht entgehen kann. Seinsbewußtsein von sich ist ein sich hinrichtendes Bewußtsein. Die Erlösung von den Zwecken muß deshalb gesehen werden als eine Lebensrettung der Vernunft mit physiologischen und hygienischen Maßnahmen, die hier im einzelnen noch vorgeführt werden sollen.

> Es ist dieses *Augenmerk auf Zwecke* ein Zeichen der *tiefen* Stufe des Intellekts — alles Wesentliche, *die Handlung selber und das Resultat werden ÜBERSEHEN.*[63]

Das Übersehen ist aber gleichbedeutend mit dem Umdeuten, denn das Übersehen geschieht nur auf Grund der Tatsache, daß der Sinn für das Phänomen schon bereitgestellt ist. Das hat zur Folge, daß auf die Ob-Erfahrung verzichtet werden kann. In diesem Verzicht auf das leibliche Wissen liegt für Nietzsche der Ursprung der Moral.

> Wie wir unverstandene körperliche Zustände als moralische Leiden auslegen — an uns, an unseren Mitmenschen uns dafür rächen.[64]

Das Verstehen körperlicher Zustände heißt aber nicht eine detaillierte Kenntnis der physiologischen Abläufe, sondern bedeutet lediglich ein Umstellen des Gesichtspunkts. Die Rache ist nicht die Konsequenz eines bestimmten Verabsäumens, eines bestimmten Übersehens oder einer bestimmten Handlung. Sie erfolgt durch die Art der Betrachtung, indem die Handlung nach ihrem Wofür und Warum eingeschätzt wird, eine Betrachtungsweise, die dem Ereignis das Gepräge gibt, daß es so, aber auch anders hätte geschehen können und so entsprechend den Motiven und Absichten des

---

61 Nietzsche, a.a.O., Bd. 10, Fr. 15/40, S. 490.
62 Nietzsche, a.a.O., Fr. 7/21, S. 245.
63 Nietzsche, ebd.
64 Nietzsche, a.a.O., Bd. 11, Fr. 26/206, S. 204.

Täters eine ins *Belieben* gestellte Begründung erfährt, bei der der Leib und seine Disposition übersehen oder nicht beachtet werden.

> Die bösen Handlungen, welche uns jetzt am meisten empören, beruhen auf dem Irrthume, daß der Andere, welcher sie uns zufügt, freien Willen habe, also daß es in seinem *Belieben* gelegen habe, uns dies Schlimme nicht anzutun. Dieser Glaube an das Belieben erregt den Hass, die Rachsucht, die Tücke, die ganze Verschlechterung der Phantasie, während wir einem Thiere viel weniger zürnen, weil wir dies als unverantwortlich betrachten.[65]

Das leere Sein der Selbstgewißheit wird so anhand der Motive und Absichten gesichtet und entsprechend begriffen. Die sich so veräußerlichende Vernunft beschäftigt sich nur noch insofern mit sich, als sie sich oder andere als Urheber zur Verantwortung zieht. Dadurch wird das Lebensgefühl selbst kausal und erschöpft sich in Rache und Genugtuung. Das leere Begreifen von sich formuliert den Urheber und geht damit den ersten Schritt zur Selbstvernichtung. Die Rache ist jene selbstzerstörerische Kraft, die das abstrakte Selbstbewußtsein zerfrißt und ihren Tod herbeiführt. Sie ist die Krankheit zum Tode und für den Physiologen das Anzeichen des pervertierten und untergehenden Leibes.

Das sichgewisse Selbstbewußtsein weiß sich als Freiheit und nimmt diese Freiheit auch vom anderen Selbstbewußtsein an. Der Ursprung der Freiheitsidee aus dem Belieben und der Absicht liegt somit im formalen Selbstbewußtsein, der völligen Bestimmungsmöglichkeit aus sich als Gewißheit. Das sichgewisse, unendlich bestimmbare, freie und formale Sein dieser Vernunft bekommt seine Bestimmungen und Determinationen nicht von natürlichen, leiblichen Ursachen, sondern von außerhalb liegenden Ursachen einer abstrakt zugrundegelegten Absicht. Dadurch ist das Motiv jeglicher Handlung immer außerhalb des Handelns zu suchen, wodurch die Handlungen nie einen *selbstischen* Charakter im leiblichen Sinn annehmen können. Durch die angenommene Absicht, die als losgelöste, isolierte Absicht eines formalen Sichgewißseins angesehen werden kann, bekommt die Handlung ein Gepräge, eine Deutung und Bedeutung des Für-mich-bestimmt-seins, das es als Handlung eines tierischen Leibes nicht hat. Die Handlung als die beabsichtigte Handlung ist die vom Ziel her gedeutete Handlung. Diese kann nicht mehr als Ausdruck des Organismus verstanden werden, sie besteht nur sinnhaft und bedeutungshaft in dieser Bestimmung des Für-sich-bestimmt-seins, des absichtlich Gewollten und Gemeinten. In diesem Für-mich-bestimmt-sein wird wiederum nicht der Organismus angesprochen, sondern das sich selbst bestimmende, freie Selbst.

Nur durch diese Lehre der formalen Selbstbestimmung ist die Identifikation des Beabsichtigten mit dem Selbst möglich. In dieser Lehre weiß sich das Selbst nur als beabsichtigtes und beabsichtigendes. Das so gedeutete Handeln ist immer das schuldige Handeln, da es immer auf eine Absicht zurückgeführt werden kann.[66]

---

65 Nietzsche, a.a.O., Bd. 12, S. 96.
66 Lowen, Alexander, Der Verrat am Körper, Reinbek 1982.

> Die Kausalität ist verantwortlich für Emotionen wie Schuld und Scham, die den Kern aller psychischen Störungen bilden. Schuld beruht auf dem Wissen, etwas Falsches getan zu haben und auf dem Bewußtsein, wie unser Handeln sich auf andere auswirkt. Wer sich schuldig fühlt, geht irgendwie davon aus, daß er die Macht hat, zwischen Richtig und Falsch zu wählen. Diese Voraussetzung ist die Grundlage der Doktrin vom freien Willen und beruht auf dem Glauben an die Macht des Ichs, das Verhalten zu steuern. (S. 273)

> Wir klagen die Natur nicht als unmoralisch an, wenn sie uns ein Donnerwetter schickt und uns nass macht: warum nennen wir den schädigenden Menschen unmoralisch? Weil wir hier einen willkürlich waltenden, freien Willen, dort Notwendigkeit annehmen. Aber diese Unterscheidung ist ein Irrthum.[67]

Die Unschuld dagegen liegt darin, das Handeln aus einer Notwendigkeit des Leibes heraus zu sehen, unabhängig von einer vorgestellten Absicht. Aus dieser Sicht heraus gibt es kein An-sich-sein der Zwecke, und damit kein geistiges System einer sich von Prinzipien ableitenden Weltanschauung. Die physiologische Betrachtung, die das Sein auf das Leibsein reduziert, löst alle Moralitäten auf, denn alles, was sich wirkursächlich vom Leibe aus ergibt, ist gut. Die Vernunft erfährt in der Rückführung auf den Leib, in dem sie sich leiblich erfaßt, ein Verständnis für alles Falsche und Einseitige, für das Motiv der Handlung und die Perspektive der Betrachtung, weil sie nicht auf den unbedingten, nur durch sich gegründeten Grund, der Urheberschaft, sondern auf das Bedingte, auf die leibliche Disposition zurückführt.

> Ausgangspunkt vom *Leibe* und der Physiologie: warum? ... wir gewinnen eine Schätzung auch für das Nicht-wissen das Im-Großen-und-Groben-Sehen, das Vereinfachen und Verfälschen, das Perspectivische.[68]

Durch den Charakter des Perspectivischen hat auch die kleine Vernunft mit ihrem Selbstbild und ihrem Begriff der Gewißheit eine Bedeutung innerhalb der großen Vernunft. Die Verfälschung durch das Bewußtsein ist physiologisch angelegt.

> Es gibt also im Menschen so viele „Bewußtseins" als es Wesen gibt — in jedem Augenblick seines Daseins — die seinen Leib constituieren. Das Auszeichnende an dem gewöhnlich als einzig gedachten „Bewußtsein", am Intellekte, ist gerade, daß er vor dem unzählig Vielfachen in den Erlebnissen dieser vielen Bewußtseins geschützt und abgeschlossen bleibt und, als ein Bewußtsein höheren Ranges, als eine regierende Vielheit und Aristokratie, nur eine *Auswahl* von Erlebnissen vorgelegt bekommt, dazu noch lauter vereinfachte, übersichtlich und fasslich gemacht, also *gefälschte* Erlebnisse.[69]

Die Verfälschungen dienen der Organisation des Ganzen, der Abstimmung des Bewußtseins, dienen der Funktion somit und können nicht im Sinne einer Selbstbegründung der Vernunft verwandt werden. Am „Leitfaden des Leibes" zeigt sich die Sichtweise des bewußten, sich wissenden Geistes als Betrug. Was für den Leib eine wichtige funktionelle Bedeutung hat, wird als Begründung eines Sichwissens zum Selbstbetrug und zur Selbsttäuschung. Diese Charakteristik hat es als leibliche Funktion nicht, wenngleich auch hier die Täuschung und Selbsttäuschung vorliegt. Unabhängig von der leiblichen Bindung wird diese Selbsttäuschung des wissenden Bewußtseins zu einer gefährlichen Verirrung, wie dies die Moral zeigt, da sie als begründete Wahrheit ausgewiesen wird. Die Begründung und Kausalität kann aber nur in Verbindung mit dem Leib gesehen werden und hat hier sinnbildende Funktion. Als ontologische Tatsache ist das Denken eine Farce, ein grammatikalisches Gaukelspiel. Über die allgemeine Verständigung in diese Einsicht, wie Nietzsche das im folgenden Zitat voraussetzt, mag er sich doch getäuscht haben.

> Abgesehn von den Gouvernanten, welche auch heute noch an die Grammatik als veritas aeterna und folglich als Subjekt Prädikat und Objekt glauben ist Niemand heute mehr so unschuldig,

---

67 Nietzsche, a.a.O., S. 99.
68 Nietzsche, a.a.O., Bd. 11, Fr. 40/21, S. 638.
69 Nietzsche, a.a.O., Fr. 37/4, S. 577–8.

noch in der Art des Descartes das Subjekt „ich" als Bedingung von „denke" zu setzen. . . . Das
Denken ist uns kein Mittel zu „erkennen", sondern das Geschehen zu bezeichnen, zu ordnen,
für unseren Gebrauch handlich zu machen.[70]

Das Abschiednehmen von dieser grammatikalischen Gaukelei ist nur am
Leitfaden des Leibes möglich.

Am Leitfaden des Leibes, wie gesagt, lernen wir, daß unser Leben durch ein Zusammenspiel
vieler sehr ungleichwertigen Intelligenzen und also nur durch ein beständiges tausendfältiges
Gehorchen und Befehlen — moralisch geredet: durch die unausgesetzte Übung vieler *Tugenden* — möglich ist.[71]

Die physiologische Betrachtung am Leitfaden des Leibes stellt die Unschuld
des Bewußtseins, die Unschuld der Dinge wieder her, indem hier die natürliche
Kausalität des Leibes und der Körper erkannt, erfaßt und dargestellt wird. Die
Unschuld faßt die Dinge nicht in ihrem Etwas-sein, sie läßt die Dinge in dem reinen
Für-den-Leib-sein bestehen und verschwinden.

c) Der sich erfahrende Leib

Der Begriff der Liebe in der von Nietzsche gemeinten Art und Weise erschließt
für ihn alle Phänomene des Leibes. Die Liebe erschließt den Zugang zum natürlichen
Anteil der Leibhandlungen, unabhängig von der bewußtseinsmäßigen Ausdeutung
desselben. Sie bildet den Gegenbegriff zum Begriff der Rache und Aufopferung, die
Vergeltung und Belohnung für das absichtlich Gemeinte suche. Die Liebe ist ein
natürliches Erfassen und Aussenden leiblicher Zeichen und damit die Sprache der
leiblichen Vernunft. Als solche ist sie nicht zu verwechseln mit der Liebe der sich
gründenden Vernunft, die als Begründungs- und Seinsbildungsbegriff nur das Wofür
hat, die somit nur das kausale, zweckgerichtete Sein erleben kann und hierbei immer
nach Sinn und Belohnung fragt. Hier dagegen findet ein Austausch von leiblichen
Verständigungen im Sinne des psychomotorischen Rapports statt.

Der Liebende ist mehr wert, ist stärker. Bei den Thieren treibt dieser Zustand neue Stoffe,
Pigmente, Farben und Formen heraus: vor allem neue Bewegungen, neue Rhythmen, neue
Locktöne und Verführungen. Sein Gesammthaushalt ist reicher als je, mächtiger, *ganzer* als im
Nichtliebenden. Der Liebende wird Verschwender: er ist reich genug dazu. Er wagt jetzt, wird
Abenteurer, wird ein Esel an Großmuth und Unschuld.[72]

Dieses Überfließen und Geben von Kraft hat Nietzsche auch als *schenkende
Tugend* bezeichnet und damit zum Ausdruck gebracht, daß der wesentliche Geist
dieses Leibgesetzes das Aus-sich-herausbestimmen ist und Selbsterfahren nur im
Geben möglich ist, nicht im Nehmen des Für-mich-bestimmten.[73]

70 Nietzsche, a.a.O., Fr. 40/20, S. 637.
71 Nietzsche, a.a.O., Fr. 37/4, S. 578.
72 Nietzsche, a.a.O., Bd. 13, Fr. 14/120, S. 299–300.
73 Dies ist eine philosophische Auslegung der physiologischen Ansichten Férés, wie schon angedeutet.
Lampl, H. E., a.a.O., S. 245.
Das Individuum spendet dem „Nächsten" Gefallen, Lust, Freude zum Behufe der Erhöhung
persönlicher Euphorie. Deutlicher ausformuliert: Dem Verhalten des Altruismus liegt letztlich ein

In diesem Zusammenhang spielt der Begriff der Begierde eine Rolle. Ebenso wie aus dem absichtlich gemeinten Sichwissen Rachsucht, Ehrsucht usw. entsteht, kann auch die Begierde als das Resultat dieses rationalen Selbstbewußtseins angesehen werden. Die Begierde ist nicht einfach nur das Nehmen, das Nehmen ist nicht einfach Begierde. Begierde ist ursprünglich ein Merkmal der schenkenden Tugend, ein Zeichen des sich gebenden Leibes. Die Deutung dieses Phänomens hängt davon ab, unter welchem Gesichtspunkt das Selbst sich begreift, der physiologischen oder ontologischen Begründung, der großen oder der kleinen Vernunft. Das Gesetz für die Begründung des Phänomens ist maßgeblich, nicht das Phänomen selbst.

> Unersättlich trachtet eure Seele nach Schätzen und Kleinodien, weil eure Tugend unersättlich ist im Verschenken-Wollen.
>
> Ihr zwingt alle Dinge zu euch und in euch, daß sie aus eurem Borne zurückströmen sollen als die Gaben eurer Liebe.
>
> Wahrlich, zum Räuber an allen Werten muß solche schenkende Liebe werden; aber heil und heilig heisse ich diese Selbstsucht.
>
> Eine andere Selbstsucht gibt es, eine allzuarme, eine hungernde, die immer stehlen will, jene Selbstsucht der Kranken, die kranke Selbstsucht.[74]

Die kranke Selbstsucht besteht dort, wo das Selbst nur Bewußtsein hat im Erfahren und Nehmen des Wofür, wo das Selbstbewußtsein sich auf diese Weise als vom Grund her nehmendes Selbstbewußtsein erlebt. Hat der Inhalt des Bewußtseins und Selbstbewußtseins grundsätzlich die Form des Um-zu, hat es die Struktur des Seins-für, so ist es gar nicht in sich gegründet da, sondern immer nur in verschiedenen Formen des Wofür, ist damit *nehmende* Selbstsucht. Nietzsche bezeichnet dies deshalb als Krankheit des Leibes, weil in dieser Form der Selbstsucht keine Selbstgegenwärtigkeit da ist, weil hier der Leib sich nicht vorstellt, sondern sich immer nur von einem Hinblick auf etwas, von einer Verdinglichung her erleben darf, nicht aus sich.

In diesem Nichts der kausalen Vergegenwärtigung erfährt sich der Leib nur aus den Handlungen, die er am anderen Leib wahrzunehmen scheint, indem er diese auch in einer Bedeutung für das Gegenwärtigsein des eigenen Leibes sieht.[75] Die Blindheit des Leibes gegenüber sich selbst ist also nicht darin zu sehen, daß dem Leib ein Erkenntnisorgan oder eine Erkenntnisfähigkeit ausgefallen wäre, sondern eben darin, daß unter diesem Aspekt des Wofür überhaupt nur erfahren wird. Unter diesem Aspekt ist die ureigenste Form des sichwissenden Leibes, das Wissen aus der Selbst-

---

physiologisch bedingter und erklärbarer „selbstsüchtiger" Ursprung zugrunde. Férés medizinische, weltanschaulich neutrale Revision der Gewichte greift markant bis in den Kern eines häufig zwiespältig-mißtrauisch beurteilten Propriums von Nietzsche über: seine Umwertungslehre (in der Hauptsache: Entsündigung und Hochwertung des „Egoismus"). Die gängigen gegnerischen Mißdeutungen der „neuralgischen Tugend"(?) scheinen uns daher zu rühren, daß sie die Berücksichtigung des unabdingbar beigeordneten und beizuordnenden Komplementär-Imperativs „schenkende Tugend" ausgrenze. Die konträren Antriebe sind – gleich wie bei Féré – voneinander unablösbar; zwei-einig gehen sie auf eine gemeinsame Wurzel zurück. Ersichtlicherweise treibt auch der Franzose, wenngleich rudimentär, Moral-Genealogie „am Leitfaden des Leibes". Zufolge der Begegnung, wird Nietzsche die ihm zugestellten „embryonär-gehaltenen" Fazits explizitieren, forcieren, eskalieren und „pathetisieren".

74 Nietzsche, a.a.O., Bd. 4, S. 98.
75 S. Kapitel über Sartre.

gegenwärtigkeit, nicht als Gewißheit oder Wissen akzeptiert. Ein Wissen, das die Struktur des Um-zu und des Sein-für hat, vergewissert sich nicht aus sich selbst. Vielmehr erlebt es seine Gewißheit in der Gewißheit des Anderen, der selbst auch nur seinerseits von der Gewißheit des ersten zehrt.

Begierde ist ursprünglich nicht dieses dialektisches Phänomen, bei dem es letztlich zu einem Kampf auf Leben und Tod kommt, sondern bezeichnet, wie noch näher ausgeführt wird, die Selbsterfahrung der leiblichen Vernunft. Es gibt somit eine Begierde des gesunden und des pervertierten Leibes. Entsprechend der Konstitution des Leibes ist dieser in der Lage, im Sinne des Um-zu das Sein oder im Sinne des Ob das Werden zu begreifen und zu erleben. Der entartete Leib aber erfaßt sich nicht mehr, sondern stellt nur noch begründete Seinsbezüge zu sich, dem Anderen und den Dingen her.

> Krankheit redet aus solcher Begierde und unsichtbare Entartung; von siechem Leibe redet die diebische Gier dieser Selbstsucht.
> Sagt mir, meine Brüder: Was gilt uns als Schlechtes und Schlechtestes? Ist es nicht *Entartung*? — Und auf Entartung raten wir immer, wo die schenkende Seele fehlt.
> Aufwärts geht unser Weg, von der Art hinüber zur Über-Art. Aber ein Grauen ist uns der entartende Sinn, welches spricht: „Alles für mich."[76]

Dies ist nicht zu verwechseln mit dem An-und-für-mich-sein der Dinge, von dem Nietzsche im positiven Sinne spricht (s.u.). Der Unterschied liegt in diesen verschiedenen Bedeutungen der Begierde. Bei seiner Entartung erfaßt sich der Leib nur noch aus dem *Spiegel* seiner ursprünglichen Selbstsucht, dem Geist, nicht mehr aus sich selbst. Im nehmenden Verstehen der Bedeutung wird die ursprüngliche Sinnstiftung eines immer schon bestehenden An-und-für-mich-seins nicht erkannt und den Dingen ein zusätzlicher, kausal begründeter Bezug zum Ich aufgezwungen. Die Bedeutung dieses ständig schon gewährten An-und-für-mich-seins wird noch näher in seiner Funktion als Gattungserlebnis charakterisiert. Hier ist nur festzuhalten, daß der Seinsmangel des Sich-wissens des entarteten Leibes aus der Unfähigkeit der Einsicht in die ursprüngliche Seinsstiftung des Leibes und aus der daraus resultierenden unendlichen Gier nach Sein stammt.

Die Schwierigkeit der Darstellung dieser ursprünglichen Selbstsucht liegt nun darin, wie sie begriffen werden kann, ohne eine bloße Tautologie zu sein. Sie kann zunächst einmal an demjenigen gesehen werden, was sie angebildet hat.

d) Der sich bildende Leib

Der Leib kann nur aus sich selbst heraus interpretiert werden, alles ist leibliches Phänomen, auch der Geist, der den Leib erklären will. Kriterium für eine solche Selbstdarstellung des Leibes ist deshalb nur die *Geschichte des Leibes*. Zu ihr gehört die Entartung ebenso wie alle positiven Formen der Selbstdarstellung des Leibes. Die Geschichte des Leibes ist der eigentliche Ort, wo der Leib sich selbst als Leib darstellt, nicht von einer abstrakten Bewertung also dargestellt wird.

---

76 Nietzsche, a.a.O., S. 98.

> Aufwärts fliegt unser Sinn: so ist er ein Gleichniss unseres Leibes, einer Erhöhung Gleichniss. Solcher Erhöhungen Gleichnisse sind die Namen der Tugenden.
> Also geht der Leib durch die Geschichte, ein Werdender und ein Kämpfender. Und der Geist — was ist er ihm? Seiner Kämpfe und Siege Herold, Genoss und Wiederhall
> Gleichnisse sind alle Namen von Gut und Böse: sie sprechen nicht aus, sie winken nur. Ein Thor, welcher von ihnen wissen will![77]

Sieht also der Geist sich nur als ein Gleichniss des Leibes, ist er ein sich als Spiegel wissender Spiegel, so sind auch alle Inhalte Gleichnisse und damit nicht mehr in sich begründete Werte. Ein Tor ist derjenige, der dieses Gleichnis als Sein und Seiendes begreift, als etwas, das an sich besteht. Ist es dagegen als Gleichnis gesehen, so ist dem Leib damit seine ursprüngliche Sinnlichkeit wiedergegeben, er ist auferstanden.

> Erhöht ist da euer Leib und auferstanden; mit seiner Wonne entzückt er den Geist, daß er Schöpfer wird und Schätzer und Liebender und aller Dinge Wohlthäter.[78]

Durch eine solche Umdeutung des Geistes als Gleichnis kann Tugend und Gesetz wieder zur schenkenden Tugend werden. Die schenkende Tugend wird ein Wohltäter an allen Dingen, sie gibt den Dingen ihren Sinn, anstatt sich den Sinn zu holen von einer ins Unendliche reichenden Begründung und Wiederbegründung und ihn so zu vernichten. Der Leib selbst setzt den Sinn fest, indem er gleichnishaft und spielerisch namensetzend ist. In dieser schenkenden Tugend findet der Lieb wieder zu sich zurück.

> Führt, gleich mir, die verflogene Tugend zur Erde zurück — ja, zurück zu Leib und Leben: dass sie der Erde ihren Sinn gebe, einen Menschen-Sinn![79]

Die Entartung ist selbst eine Verleiblichung des geschichtlich zu sich kommenden Leibes, die Leibverachtung ist selbst verleiblicht worden, da die Geschichte des Leibes nie vergangen ist, sondern sich immer angebildet hat als Fleisch.

> Hundertfältig verflog und vergriff sich bisher so Geist wie Tugend. Ach, in unserem Leibe wohnt jetzt noch all dieser Wahn und Fehlgriff: Leib und Wille ist er da geworden.
> Hundertfältig versuchte und verirrte sich bisher so Geist wie Tugend. Ja, ein Versuch war der Mensch. Ach, viel Unwissen und Irrthum ist an uns Leib geworden!
> Nicht nur die Vernunft von Jahrtausenden — auch ihr Wahnsinn bricht an uns aus. Gefährlich ist es, Erbe zu sein.[80]

Für Nietzsche ist die Ursache dieser Leibverneinung im Christentum zu sehen. Das Christentum hat den Seinsbegriff wesentlich dadurch geprägt, daß es das leibliche Begreifen ausgeschlossen hat. Nach dieser Ausklammerung kann das lebendige Sein nur in einem Bezug begriffen werden. Es hat dabei nur dort einen Sinn, wo es sich als Sinn ständig vermehren kann in einer ständigen Weiterbegründung. Dieses Kriterium des Sich-vermehren-müssens, um Sinn zu sein, zeigt sich inhaltlich als der Geist des Profits und des Profitablen. Alle Handlungen und Fähigkeiten werden danach nur im Hinblick auf Belohnung und Bereicherung ermessen. Durch dieses Kalkül werden alle Handlungen, die ursprünglich Tugenden des Leibes waren,

---

77 Nietzsche, ebd.
78 Nietzsche, a.a.O., S. 99.
79 Nietzsche, a.a.O., S. 100.
80 Nietzsche, ebd.

und als solche schenkende und nicht berechnende Tugenden, um ihre Unschuld gebracht.

> Alles ist gefälscht und verdorben: der Tod als Strafe; das Fleisch; das Irdische; die Erkenntniß; das ewige Leben als Lohn
>
> die sämmtlichen Handlungen der Liebe, Mildtätigkeit und seelischer Delikatesse als Schlauheiten der Auserwählten in Hinsicht auf die überreichlichste Belohnung
>
> die ganze Tugend ist um ihre „Unschuld" gebracht . . . — *Die Widerlegung der evangelischen Reden liegt in deren „denn".*[81]

Den Gedanken führt Nietzsche dann auch im „Antichrist" aus.[82] Für Nietzsche ist die Unschuld der Tugend unabhängig von der Kalkulation eines „denn", hier ist das Handeln nicht erst als begründetes Handeln sinnvoll.

> Ihr wollt noch bezahlt sein, ihr Tugendhaften! Wollt Lohn für Tugend und Himmel auf Erden und ewiges für euer Heute haben?
>
> Und nun zürnt ihr mir, daß ich lehre, es gibt keinen Lohn- und Zahlmeister? Und wahrlich, ich lehre nicht einmal, daß Tugend ihr eigener Lohn ist.
>
> Ach, das ist meine Trauer: in den Grund der Dinge hat man Lohn und Strafe hineingelogen — und nun auch noch in den Grund eurer Seelen, ihr Tugendhaften![83]

Das Christentum, das diesen Geist des Kalküls kultiviert hat, hat mit der Vernichtung der unschuldigen Werte die Arbeit der antiken Kultur zunichte gemacht.[84]

> Die ganze Arbeit der antiken Welt *umsonst* ich habe kein Wort dafür, das mein Gefühl über etwas so Ungeheures ausdrückt.[85]

Auch hier finden wir eine ähnliche Bewertung vor, wie dies schon bei Bachofen gezeigt wurde. Die Arbeit der antiken Kultur bestand danach darin, die unschuldigen Werte, die vom stofflichen Gesetz sich ableitenden Inhalte als solche zu nehmen, unabhängig von dem Begriff dieser Werte. Die Abwendung vom stofflichen Gesetz lag für Bachofen darin begründet, die Unsichtbarkeit des zeugenden Prinzips in einer fiktiven, aber doch bestimmten Gestalt sichtbar werden zu lassen. Für Nietzsche ist das Entstehen des Geistes eine Notwendigkeit der Schwachen, des dekadenten Leibes.

81 Nietzsche, a.a.O., Bd. 12, Fr. 10/200, S. 578.
82 Nietzsche, a.a.O., Bd. 6, S. 221–2.
83 Nietzsche, a.a.O., Bd. 4, S. 120.
84 Die Auseinandersetzung bedarf einer eigenen Untersuchung. Es sei hierzu nur folgendes angemerkt: Dörrie, Heinrich, Leiblichkeit in der griechischen und römischen Antike, in: Leiblichkeit. Hrsg. v. H. Petzold, Paderborn 1985, S. 178.
   Nun liegt es nahe, den folgenden, vereinfachenden Schluß zu ziehen: die Antike habe ein ungebrochenes Verhältnis zur Leiblichkeit gehabt; damals habe man ein unbeschwertes „Ja" zum Leibe (und zu den leiblichen Genüssen) nicht nur ausgesprochen, sondern zum Lebensinhalt gemacht; darum sei antikes Lebensgefühl der Leibfeindlichkeit späterer Zeiten, besonders der christlich bestimmten Epochen des Mittelalters und der Neuzeit, diametral entgegengesetzt. So gelangte man zu einer allzu simplen Antithese: hier die des Leibes frohe Antike – dort die finstere, Verdrängungen bewirkende Leibfeindlichkeit der christlichen Kirche. Leider sind aus dieser Antithese mancherlei Argumente gewonnen worden, um gegen die Kirche und ihre ethischen Postulate zu polemisieren. Indes ist die soeben skizzierte Antithese falsch. Denn sie läßt außer acht, daß antikes ‚Bewußtsein der Leiblichkeit' sich an einer Wertung orientierte, die tief im Religiösen begründet war.
85 Nietzsche, a.a.O., Bd. 6, S. 247.

Die Gattungen wachsen *nicht* in der Vollkommenheite: die Schwachen werden immer wieder über die Starken Herr.... Darwin hat den Geist vergessen..., *die Schwächen haben mehr Geist.* .. Man muß Geist nötig haben, um Geist zu bekommen.[86]

Was Bachofen und Nietzsche verbindet, ist die Tatsache, daß für beide der Geist die verlorene Selbstgewißheit des Leibes ist. Nietzsche macht allerdings den Leib selbst verantwortlich für diese Dekadenz.

Es steht niemandem frei, Christ zu werden: man wird nicht zum Christentum „bekehrt", — man muß krank genug dazu sein.[87]

Der Zustand des Leibes ist damit die maßgebliche Instanz für die Bewertung der geistigen Kultur. Auch das Phänomen der Erzeugung von Hinterwelten ist nur der Ausdruck dieses Verhältnisses des Leibes zu sich.

Allzu gut kenne ich diese Gottähnlichen: sie wollen, dass an sie geglaubt werde, und Zweifel Sünde sei. Allzu gut weiß ich auch, woran sie selbst am besten glauben.

Wahrlich nicht an Hinterwelten und erlösende Blutstropfen: sondern an den Leib glauben sie am besten, und ihr eigener Leib ist ihnen ihr Ding an sich. Aber ein krankhaftes Ding ist er ihnen: und gerne möchten sie aus der Haut fahren.[88]

Dennoch folgt aus der Tatsache des kranken Leibes nicht unmittelbar eine solche geistige Verfassung, wie Nietzsche dies mit dem Christentum beschreibt. Auch der Buddhismus ist eine Dekadenzreligion, die sich jedoch dem leidenden Leib selbst zuwendet, nicht aber, wie das Christentum, mit dem Gefühl des Ressentiments gegen den Starken und Gesunden wendet.

Der Buddhismus ist die einzige eigentlich *positivistische* Religion, die uns die Geschichte zeigt, ... er sagt nicht mehr „Kampf gegen *Sünde*", sondern ganz der Wirklichkeit das Recht geben „Kampf gegen das *Leiden*".[89]

Im Buddhismus behandelt sich der kranke Leib nicht moralisch, sondern hygienisch, indem er sich direkt dem Leiden zuwendet. Durch Moralität wird auch im gesunden Leib eine Veränderung des Seinsbegriffes hervorgebracht. Eine solche Instinktverunsicherung stellt der kategorische Imperativ dar.

Nichts ruiniert tiefer, innerlicher als jede „unpersönliche" Pflicht, jede Opferung vor dem Moloch der Abstraktion — daß man den kategorischen Imperativ Kants nichts als *lebensgefährlich* empfunden hat! ... Der Theologen-Instinkt allein nahm ihn in Schutz! — eine Handlung, zu der der Instinkt des Lebens zwingt, hat in der Lust ihren Beweis, eine *rechte* Handlung zu sein: Und jener Nihilist mit christlich-dogmatischen Eingeweiden verstand die Lust als *Einwand* ... Was zerstört schneller, als ohne inneres Nothwendigkeit, ohne eine tief persönliche Wahl, ohne *Lust* arbeiten, denken, fühlen? als Automat der „Pflicht"? Es ist geradezu das *Rezept* zur décadence, selbst zum Idiotismus.[90]

Die Dekadenz, der kranke Leib also, und die Rezepte zur Dekadenz stehen nicht in einem wechselseitigen Verhältnis, sondern sind beide Ausdruck des leiblichen Niedergangs, des Verlustes der Selbstgewißheit des Leibes. Ausgehend von diesem Verlust, der schon Ausdruck des kranken Leibes ist, findet die Verachtung und Verleumdung des Leibes statt, für das auch der kategorische Imperativ ein Dokument

86 Nietzsche, a.a.O., S. 120.
87 Nietzsche, a.a.O., S. 231.
88 Nietzsche, a.a.O., Bd. 4, S. 37–8.
89 Nietzsche, a.a.O., Bd. 6, S. 186.
90 Nietzsche, a.a.O., Bd. 6, S. 117.

ist, indem hier der Instinktverlust durch ein allgemeines Gesetz des Handels kompensiert wird. Insofern muß auch die Heilung des kranken und siechen Leibes wieder vom Leibe selbst ausgehen, sie muß erst leiblich stattfinden.

> Man soll sich nämlich über die Methodik hier nicht vergreifen: Eine blosse Zucht von Gefühlen und Gedanken ist beinahe Null (— hier liegt das grosse Missverständnis der deutschen Bildung, die ganz illusorisch ist): man muß den *Leib* zuerst überreden. . .
>
> Es ist entscheidend über das Los von Volk und Menschheit, dass man die Kultur an der *rechten* Stelle beginnt — *nicht* an der „Seele" (wie es der verhängnisvolle Aberglaube der Priester und Halbpriester war): Die rechte Stelle ist der Leib, die Gebärde, die Diät, die Physiologie, der *Rest* folgt daraus. . . . Das Christentum, das den Leib verachtete, war bisher das größte Unglück der Menschheit.[91]

Ohne die Selbstgewißheit des Leibes entartet alles zu Zweifel. Der mangelnde Instinkt wird erkenntnistheoretisch durch den zureichenden Grund, moralisch aber durch den kategorischen Imperativ kompensiert. Das Weltverständnis des Leibes, der seine Selbstvergewisserung verloren hat, ist geprägt von Begriffen, durch die sich der Verlust dieser Selbstvergewisserung als Mißachtung des Leibes ausdrückt. Die Erkenntnisse, die nicht ausgehen vom Leib, sondern von dieser Ungewißheit des Leibes, begehen die von Nietzsche häufig zitierten Fehler, die Ursache mit der Wirkung zu vertauschen, Ursachen zu erfinden und eine Willkür des Handelns anzunehmen. Hierbei ist der eigentliche Ausgangspunkt, der Leib und seine Geschichte, immer das Bewirkte, er wird immer als das Resultat eines biologischen, geschichtlichen Prozesses dargestellt, nie in seinem Selbstsein also gesehen. Durch die Erkenntnis der Kausalität wird die Leibfunktion wieder in ihrer Selbstbildung gesehen.

3. Erkenntnis als Gattungserlebnis

a) Das Kriterium des gebenden und nehmenden Leibes für die Erkenntnis

Den Leib in der Funktion der Selbstbildung zu sehen, ist für Nietzsche die Aufgabe des „Zarathustra".[92] Dazu gehört die Richtigstellung der sogenannten Untugenden.

> Welches sind in der Welt die drei bestverfluchten Dinge? Diese will ich auf die Waage tun. *Wollust, Herrschsucht, Selbstsucht*: Diese Drei wurden bisher am besten verflucht und am schlimmsten beleu- und belügenmundet, — Diese Drei will ich menschlich gut abwägen.[93]

Durch die Richtigstellung der Kausalität sind die Untugenden als schenkende Tugenden anzusehen. Sie zeigen sich nicht gebunden an eine Reaktion, sondern sind selbst aktiv.

---

91 Nietzsche, a.a.O., S. 149.
92 Mittasch, Alwin, Friedrich Nietzsche als Naturphilosoph. Stuttgart 1952.
So wird der ganze „Zarathustra" wesentlich die leidenschaftlich werbende Verkündigung einer neuen Lebensordnung, gegründet auf den Sinn menschlichen Leiblebens, wie ihn Nietzsche aus seinen Naturerkenntnissen und seinen geschichtlichen Erkenntnissen heraus empfunden hat. (S. 273)
93 Nietzsche, a.a.O., Bd. 4, S. 236.

Und damals geschah es auch, und wahrlich, es geschah zum ersten Male! — dass sein Wort die *Selbstsucht* selig pries, die heile, gesunde Selbstsucht, die aus mächtiger Seele quillt:
— aus mächtiger Seele, zu welcher der hohe Leib gehört, der schöne, sieghafte, erquickliche, um den herum jedwedes Ding Spiegel wird:
— der geschmeidige überredende Leib, der Tänzer, dessen Gleichnis und Auszug die selbstlustige Seele ist. Solcher Leiber und Seelen Selbst-Lust heisst sich selber: „Tugend".[94]

Durch die schenkende Tugend des Leibes wird die Sicht der Dinge verändert, sie bekommen einen anderen Charakter durch diesen Akt des gebenden, nicht des nehmenden Erkennens. Sie sind nicht Gegenstände, *sie spiegeln den Leib wider*, werden das Medium, wodurch der Leib *sich* ausdrückt.[95] Dieser Spiegel des Leibes in den Dingen ist der Ursprung der Erkenntnis überhaupt, aber auch der Ursprung der ästhetischen Anschauung. In dieser Weise findet also auch die Unterscheidung von Schön und Häßlich statt.

Der Mensch glaubt die Welt selbst mit Schönheit überhäuft — er *vergisst* sich als deren Ursache. Er allein hat sie mit Schönheit beschenkt, ach! nur mit einer sehr menschlich-allzumenschlichen Schönheit. . . Im Grunde spiegelt sich der Mensch in den Dingen, er hält alles für schön, was ihm sein Bild zurückwirft: das Urteil „schön" ist seine *Gattungseitelkeit*.[96]

Der Mensch erkennt die Dinge nur dadurch, daß er sich in den Dingen als Leib erkennt. Die Erkenntnis der Dinge ist deshalb immer schon eine Gattungserkenntnis des Menschen selbst, wobei diese Erkenntnis dann als schön bezeichnet wird, wenn die Gattung sich als bildender Leib in die Dinge hineinspiegelt, als häßlich dagegen, wenn die Dekadenz sich projiziert.

Das Häßliche wird verstanden als ein Wink und Symptom der Degenerescenz: was im entferntesten an Degenerescenz erinnert, das wirkt in uns das Urteil „hässlich'. . . . Ein *Hass* springt da hervor: Wen hasst da der Mensch? Aber es ist kein Zweifel: den *Niedergang seines Typus*. Er hasst da aus dem tiefsten Instinkte der Gattung heraus.[97]

Durch den Gattungsbegriff, durch das Gattungsbegreifen setzt der Leib die Dinge, er begreift sich hierbei selbst als schön oder häßlich, je nachdem, ob das Gattungsbegreifen den gesunden oder kranken Leib erfährt. Das Gattungsbegreifen stellt eine gebende Kausalität vor, ein wirkursächlich gedachtes Begründen der Dinge aus dem Sichbegreifen des Leibes, das sein Gattungsbegreifen ist. Dieser Gattungsbegriff ist also die Erkenntnis überhaupt. Das Vorstellen der Dinge als *Gegebene* ist schon Ausdruck einer Kausalität, die das Ergebnis, das Resultat des Gattungsbegreifens, zum Ausgangspunkt verkehrt. Die Gegebenheit, bei der die Dinge als solche gesehen werden und in diesem Status auch erkannt werden sollen als Dinge an sich, ist die Fiktion der entleibten Welt, bei der die Welt zur *Vorhandenheit* degradiert ist. In diesem Zustand der Gegebenheit und Vorhandenheit ist der Leib als Gebender nicht mehr wirksam und nimmt sich deshalb Gegebenheit. Damit ist aber auch der ei-

---

94 Nietzsche, a.a.O., S. 238.
95 Abel, G., a.a.O.
Die Rede von der ‚Gegebenheitsweise' ist nicht als Repräsentation, sondern als schema-interne Welt-*Erzeugung* aufzufassen, und das Interpretations-Schema ist darin nicht auf die Strategien des bewußt werdenden Denkens begrenzt, sondern hat Sitz und Funktion auf der Ebene der Leib-Organisation, als deren Vollzüge der Mensch seine Welt *ist*. S. 306.
96 Nietzsche, a.a.O., Bd. 6, S. 123.
97 Nietzsche, a.a.O., S. 124.

gentliche Realgrund der Dinge verdeckt. Die verkehrte Welt der verkehrten Kausalität geht vom Nehmen aus, ist somit der rezeptive Geist, der nur in der Rezeptivität seine eigene Spontaneität erfährt und aus dieser Erfahrung formal das Selbst bestimmt. Anders ist dieses Geben der schenkenden Tugend, das die Welt unter den Modus des Empfangens stellt, durch den die Dinge als Leiber da sind und den Leib darstellen im Gattungsbegreifen. Dies ist ein Erotismus, bei dem der Leib der Spender ist. Die Dinge können nicht aus sich heraus das Wesen des Erotischen darstellen, aus sich heraus sind sie wieder schön noch häßlich und deshalb gar nicht wesenhaft da, sondern abstrakt, denn nur das, was sich als Gattung leiblich-erotisch erfährt, ist überhaupt existent. Nur aus dieser Bejahung ist der Existenzbegriff der Gattung überhaupt abzuleiten.

> Nichts ist bedingter, sagen wir *beschränkter* als unser Gefühl des Schönen. Wer es losgelöst von der Lust des Menschen am Menschen denken wollte, verlöre sofort Grund und Boden unter den Füßen. Das „Schöne an sich" ist bloss ein Wort, nicht einmal ein Begriff. Im Schönen setzt sich der Mensch als Maß der Vollkommenheit; in ausgesuchten Fällen betet er sich darin an. Eine Gattung *kann* gar nicht anders dergestalt zu sich allein Ja sagen.[98]

Tugend und Moralität sind die Sprache des Leibes, sind der Inhalt, den der Leib an den Dingen als sein Selbst darstellt. In der Bejahung der Gattung und des Gattungsbegreifens findet auch die Bejahung der Dinge statt. Ihre Existenz ist nur vom schaffenden Leib abzuleiten, nur im anderen Fall, in der Ableitung der Gegebenheit aus der Gegebenheit, können sie in ihrer Existenz verneint werden. Die rationale Existenz der Dinge ist also immer dem Zweifel und der Verneinung aussetzbar, weil hier die Dinge abstrahiert werden von der Setzung durch das Gattungsbegreifen und als scheinbar eigenständige Dinge gehandhabt werden. So ist die Subjekt-Objekt-Trennung, durch die die Welt als fremdes und feindliches Gegenüber erscheint, das Ergebnis der Leibverachtung, durch die die Welt nicht mehr im Sinne des Gattungsbegriffes erfaßt werden kann. Der Gegenstand, die Außenwelt als äußere ist immer schon das Ergebnis dieser verneinenden Geisteshaltung, die den Gattungsbegriff auflöst. Das Resultat dieses Unvermögens ist, wie schon gesagt, der Haß oder das Ressentiment.

> Diese Umkehrung des werthsetzenden Blicks — diese *nothwendige* Richtung nach Aussen statt zurück auf sich selber — gehört eben zum Ressentiment: die Sklaven-Moral bedarf, um zu entstehen, immer zuerst einer Gegen- und Aussenwelt, sie bedarf, physiologisch gesprochen, äusserer Reize, um überhaupt zu agieren, — ihre Aktion ist von Grund aus Reaktion.[99]

Die Außenwelt ist als solche schon das Ergebnis des Ressentiments, des nicht schaffenden Bewußtseins, sie ist Ausdruck des „kranken Leibes" und „niedergehenden Typus". Was sich im Bewußtsein von der Gegebenheit einer Außenwelt überhaupt ausspricht, ist das Ressentiment. Die Umkehrung des wertsetzenden Blicks, das ist die Umkehrung, die im rezeptiven Bewußtsein vorliegt, welches die Welt nicht mehr aus sich heraus schafft, nicht Tat und Aktion des Leibes in den Dingen sich spiegeln läßt, sondern welches die imaginäre Tat einer wirkenden Außenwelt anstelle dieses versagten Selbstbegriffes des Leibes setzt und aus diesem Haß die Welt abspaltet.

---

98 Nietzsche, a.a.O., S. 12.
99 Nietzsche, a.a.O., Bd. 5, S. 271.

b) Der Weltbegriff des kranken Leibes und seine Medikation

Das Ressentiment schafft erst die Außenwelt, bringt das Gegenüber hervor, prägt zugleich aber auch den Bezug zu diesem Gegenüber. Hierbei zeigt sich, daß es eine selbstzersetzende und verbrauchende Kraft ist. Ist die Welt das Gegenüber, so verzehrt sich der Leib deshalb, weil er sich selbst als niedergehenden Typus erfaßt. In dieser gattungsmäßigen Bedeutung des Ressentiments liegt seine vernichtende Kraft.

> Und mit Nichts brennt man rascher ab, als mit den Ressentiments-Affekten. Der Ärger, die krankhafte Verletzlichkeit, die Ohnmacht zur Rache, die Lust, der Durst nach Rache, das Giftmischen in jedem Sinne — das ist für Erschöpfte sicherlich die nachtheiligste Art zu reagieren: ein rapider Verbrauch von Nervenkraft, eine krankhafte Steigerung schädlicher Ausleerungen, zum Beispiel der Galle in den Magen, ist damit bedingt. Das Ressentiment ist das verbotene *an-sich* für den Kranken — *sein* Böses: Leider auch sein natürlichster Hand — das begriff jener tiefe Physiolog Buddha. Seine „Religion", die man besser als eine *Hygiene* bezeichnen dürfte, um sie nicht mit so erbarmungswürdigen Dingen wie das Christenthum ist, zu vermischen, macht ihre Wirkung abhängig von dem Sieg über das Ressentiment: die Seele *davon* frei machen — erster Schritt zur Genesung.[100]

Der Sieg über das Ressentiment ist nur dort möglich, wo das geistige Begreifen Gattungsbegreifen ist, wo also jene Selbstgewisserung des Leibes stattfindet, unabhängig von dem spaltenden und entfremdenden Begründungsvorgang der finalen Kausalität.

Am Ressentiment zeigt sich, daß die Suche nach der Schuld eine seinsbildende Kraft ist, die sich gegen den Leib richtet. Sie ist ebenfalls ein physiologischer Vorgang, bei dem sich aber der Organismus selbst vergiftet und den krankhaften Vorgang verstärkt und beschleunigt. Das Motiv für diese Selbstzerstörung sieht Nietzsche aber darin, daß durch das Ressentiment eine narkotische Betäubung stattfindet, die über den krankhaften und schwächlichen Zustand des Leidenden hinweghilft.

> Jeder Leidende nämlich sucht instinktiv zu seinem Leid eine Ursache; genauer noch, einen Thäter, noch bestimmter, einen für Leid empfänglichen *schuldigen* Thäter. . . . Hierin allein ist, meiner Vermutung nach, die wirkliche physiologische Ursächlichkeit des Ressentiment, der Rache und ihrer Verwandten, zu finden, in einem Verlangen also nach *Betäubung von Schmerz durch Affekt.*[101]

Die Entfremdung, die hier stattfindet, ist in letzter Hinsicht die Entfremdung vom Leib, vom Ausgangspunkt aller Wirklichkeit und wirkenden Kräfte.

In einer Welt, die durch das Ressentiment und die damit verbundene Schwäche erst als außenliegende Welt empfunden wird, sucht der Leidende eine Schuld für das Leiden, er beginnt kausal zu denken. Dabei ist die Tatsache des außenliegenden Grundes der Anstoß der Selbstzerstörung.

> „Ich leide: daran muss irgend Jemand schuld sein" — also denkt jedes krankhafte Schaf.[102]

Die asketischen Ideale sind eine Milderung dieser Selbstvergiftung, wenngleich sie dieses Leiden nicht ausheilen können. Die Heilung ist nur über den Leib,

---

100 Nietzsche, a.a.O., Bd. 6, S. 272–3.
101 Nietzsche, a.a.O., Bd. 5, S. 373–4.
102 Nietzsche, a.a.O., S. 375.

nicht aber über Ideale möglich. Dennoch wird durch die Ideale eine Besserung erreicht, einfach nur dadurch, daß die Kausalität des Schuldigseins in ihrer Zielrichtung verändert wird. Dadurch wird der außenliegende Grund wieder in das eigene Selbst, wenngleich nicht in das leibliche, sondern bloß in das gedachte, das Ich, hineingenommen und dadurch in seiner zerstörenden Kraft gemindert.

> Aber sein Hirt, der asketische Priester, sagt zu ihm: „Recht so, mein Schaf! Irgendwer muss daran schuld sein: aber du selbst bist dieser Irgend-Wer, du selbst bist daran allein schuld — *du selbst bist an dir allein schuld!*". . . Das ist kühn genug, falsch genug: aber eins ist damit wenigstens erreicht, damit ist, wie gesagt, die Richtung des Ressentiments — *verändert*.[103]

Durch diese Maßnahme wird die extremste Form der Entfremdung durch das Ressentiment, die Seinsbildung der Außenwelt mit den dort ansässigen Schuldigen und Verursachern des eigenen Leidens, zurückgenommen und in das gedachte Selbst integriert. Diese Integration der Schuldigen in das eigene Selbst ist für Nietzsche eine Hygienemaßnahme, durch die die vollständige Verzehrung durch das Ressentiment abgewendet wird, durch die aber keineswegs eine Heilung von der Krankheit insgesamt stattfindet. Dennoch wird hierdurch die zerstörende Macht der Kausalität zum Teil abgebaut, indem die hier gebildeten Gestalten des Schuldigen und Beabsichtigenden in der Gestaltlosigkeit des gedachten Selbst sich auflösen, unsichtbar werden, und damit einen wesentlichen Teil ihrer Objektivität einbüßen. Die Schuld der Außenwelt am eigenen Leiden geht so im abstrakten Selbst unter. Es kommt zu einer Milderung des Leidens.

> Ist er aber eigentlich ein *Arzt*, dieser asketische Priester? — Wir begriffen schon, inwiefern es kaum erlaubt ist, ihn einen Arzt zu nennen, so gern er auch selbst sich als „Heiland" fühlt, als „Heiland" verehren läßt. Nur das Leiden selbst, die Unlust des Leidenden wird von ihm bekämpft, *nicht* deren Ursache, *nicht* das eigentliche Kranksein, — das muss unsern grundsätzlichsten Einwand gegen die priesterliche Medikation abgeben.[104]

Die eigentliche Ursache des Leidens, der kranke Leib und was damit zusammenhängt, das Gattungsbegreifen als Kausalitätsbegriff, als Kausalitätsglaube, ist durch diese Symptombehandlung keineswegs aufgehoben, nur das Phänomen der Entfremdung und der damit einhergehenden Auszehrung ist beseitigt und durch die Integration des Welt-schuldig-seins in das Selbst, durch die Zurückgewinnung des Objektgrundes in das Subjekt. Der Schuld- und Kausalitätsbegriff ist damit zwar nicht beseitigt, er ist aber unter die Verfügung des Selbst gekommen. Dies ist die Medikation für diejenigen, die nicht die Schaffenden sind, sondern die Richtenden. Sie können nun über sich Gericht halten und sich selbst richten.

Der richtende Geist des Menschen ist ein Widerspruch zum Leben. Der Mensch ist deshalb dem Leben gewissermaßen mißraten.

> Alle die reifen und wohlgerathenen Thiere, deren die Erde selber stolz ist. Mißrieth ihr der Mensch bisher? Wohlan! Aber der Löwe gerieth.[105]

Der Löwe wird zum Zeichen des wohlgeratenen Lebens, das seine Prinzipien verwirklicht hat. Die Verwirklichung ist aber nur dort geleistet, wo das Leben ein Selbstverausgaben, ein Sich-verschenken ist. Ist diese physiologische Grundbedin-

---

103 Nietzsche, ebd.
104 Nietzsche, a.a.O., S. 377.
105 Nietzsche, a.a.O., Bd. 11, Fr. 32/15, S. 415.

gung gewahrt, so kann sich das Leben weiterbilden, zeugen und neu erschaffen. Der Lebensvorgang ist etwas Ansteckendes und Höherbildendes, wie Nietzsche dies auch bei Féré experimentell bestätigt sah. Die Perversität und Krankheit des menschlichen Leibes und damit seiner Vernunft liegt letztlich darin, daß er sich dagegen immun macht, indem er richtet.

c) Das Prinzip der Erkenntnis innerhalb der gespaltenen Vernunft

Der gebende Sinn bezeichnet die Dinge in einem Für-mich-sein, in welchem das Selbst die Bestimmung vornimmt. Dies steht im Gegensatz zu dem passiven Für-mich-bestimmtsein einer angenommenen äußerlichen Willkür und einer außerhalb des Selbst gedachten oder unterstellten Selbstbegründung oder freien Selbstbestimmung. Das gebende Für-mich-sein hat die Macht der Dingschöpfung, es ist das Prinzip der Erkenntnis.

> Und was in allen Meeren *mir* zugehört, mein An-und-für-mich in allen Dingen — *Das* fische mir heraus, *Das* führe zu mir herauf: des warte ich, der boshaftigste aller Fischfänger.[106]

Im An-und-für-mich-sein ist jener Gattungsbegriff vollzogen, in dem sich die Gattung als aus sich verstehend erkennt. Die Dinge aus sich verstehend und damit gleichsam schöpfend, lebt die große Vernunft immer gattungshaft. Das-Sich-wissen ist so ein Sich-verausgaben des leiblichen Verstehens. Nur aus diesem gattungshaften Verstehen ist dann auch der einzelne Leib in seinen physiologischen Prozessen zu verstehen. In diesen Prozessen schreibt er die Geschichte des Leibes überhaupt. Hierbei hat die verausgabende Kraft des Leibes, die schenkende Tugend, die entscheidende Bedeutung, da der Leib ja dieser Ding-Schöpfer ist. In dieser ungeheuren Verschwendung und maßlosen Produktivität der schenkenden Tugend kommt der Leib, als allgemein gedachter Leib, über sich hinaus zu neuen Formen.

> Ich liebe den, welcher nicht ein Tropfen Geist für sich zurückbehält, sondern ganz der Geist seiner Tugend sein will: so schreitet er als Geist über die Brücke.[107]

Nur in der Verfassung der Unschuld kann dieses unkalkulierte und verschwenderische, dieses ziellose Sich-verausgaben stattfinden.

> Unschuld ist das Kind und Vergessen, ein Neubeginnen, ein Spiel, ein aus sich rollendes Rad, eine erste Bewegung, ein heiliges Ja-Sagen.[108]

Nietzsche beschreibt hier den höheren Leib als die erste Ursache, dieses reine Aus-sich-sein, das nur im aus sich rollenden Rad, nicht aber an sich und bestehend identifizierbar ist.

> Einen höheren Leib sollst du schaffen, eine erste Bewegung, ein aus sich rollendes Rad — einen Schaffenden sollst du schaffen.[109]

Entgegen der Logik der kleinen Vernunft, die das Ich identifizierbar schafft zum Zweck der Rache und des Ressentiments, ist eine Identifizierung dieses höheren Leibes nicht möglich. Nietzsche verweigert sich dieser Identifizierung des höheren

---

106 Nietzsche, a.a.O., Bd. 4, S. 298.
107 Nietzsche, a.a.O., S. 17.
108 Nietzsche, a.a.O., S. 31.
109 Nietzsche, a.a.O., S. 90.

Leibes, da die Identifizierung ein grundsätzlicher Akt der leibverachtenden, aus sich begründenden Vernunft ist. Eine solche Inbesitznahme des Sinnes, wie sie im Identifizieren des Leibes durch die kleine Vernunft vorgenommen wird, die Feststellung der Person mit einem freien Willen, stellt gerade das Gegenteil der schenkenden Tugend dar. In dieser Gier und Inbesitznahme des Leibes durch die kleine Vernunft ist aber der Leib selbst gar nicht gemeint, sondern nur die Krankheit des Leibes. Es ist die sich als krank erkennende Vernunft, die das Leben als Sich-verausgaben nicht mehr vollziehen kann und sich dadurch heilt, daß sie sich hinrichtet. Die kleine Vernunft ist die in diesem Sinne sich heilende große Vernunft. Dabei erscheint der kleinen Vernunft die große als Verbrecher. Die kleine Vernunft muß die Verbrechen der großen Vernunft, das Ungeheuerliche also, umdeuten und ihnen nachträglich eine Absicht geben, um die Grundlosigkeit der leiblichen Vernunft seinsmäßig zu erfassen und so zu bgründen.

Der Wahnsinn vor der Tat ist das Symbol für das leibliche Handeln. Sie ist grundlos zu nennen und wird erst im Wahnsinn nach der Tat zum eigentlichen Verbrechen. Bei der Analyse des Typus des Verbrechers unterscheidet Nietzsche zwischen diesen beiden Arten des Wahnsinns einer kranken Vernunft. Der Wahnsinn nach der Tat ist die Rechtfertigung der Sinnlosigkeit der Tat durch eine nachträgliche Zweckdienlichkeit derselben.

> So spricht der rothe Richter: „Was mordete doch dieser Verbrecher? Er wollte rauben!" Aber ich sage euch: seine Seele wollte Blut, nicht Raub: er dürstet nach dem Glück des Messers! Seine arme Vernunft aber begriff diesen Wahnsinn nicht und überredete ihn. „Was liegt an Blut", sprach sie; „willst du nicht zum mindesten einen Raub dabei machen? Eine Rache nehmen?"
>
> Er horchte auf seine arme Vernunft: Wie Blei lag ihre Rede auf ihm, — da raubte er, als er mordete. Er wollte sich nicht seines Wahnsinns schämen.[110]

Die Sinnlosigkeit der Tat beschämt die arme Vernunft, sie gibt der Tat selbst nachträglich einen Zweck. Dies nennt Nietzsche den Wahnsinn nach der Tat. Zwischen der Tat und diesem Wahnsinn nach der Tat liegt für Nietzsche eine unüberbrückbare Kluft, es ist der Riß in der Vernunft des kranken Leibes. Zwischen diesen Welten gibt es keine Sinnbrücke, die Vernunft wird sich deshalb nicht begreifen können.

> Aber ein Anderes ist der Gedanke, ein Anderes die That, ein Anderes das Bild der That. Das Rad des Grundes rollt nicht zwischen ihnen.[111]

Die kleine Vernunft versucht immer, der Tat des Leibes eine Sinndeutung zu geben.

> Seht diesen armen Leib! Was er litt und begehrte, das deutete sich diese arme Seele — sie deutete es als mörderische Lust und Gier nach dem Glück des Messers.[112]

Nicht die Tat selbst, sondern die Deutung dieser Tat führt zum Wahnsinn.

> Ein Bild macht diesen bleichen Menschen bleich. Gleichwüchsig war er seiner That als er sie tat: Aber ihr Bild ertrug er nicht, als sie gethan war.[113]

---

110 Nietzsche, a.a.O., S. 46.
111 Nietzsche, a.a.O., S. 45–6.
112 Nietzsche, a.a.O., S. 46–7.
113 Nietzsche, a.a.O., S. 46.

Der deutende Mensch erlebt die Zerrissenheit zwischen Tat und Bild, zwischen großer und kleiner Vernunft, da es keine Sinnbrücke gibt, auf der die Vernunft begreifend zu sich gelangt.[114] Sie ist als verstehende immer schon von sich abgekehrt, als begründende ist sie schon die Vernunft, die sich von sich abstößt und hinrichtet, die kleine Vernunft. Sie ist hier ihre eigene Aufhebung und kann sich deshalb nur aus der Negation erschließen, nicht aber begreifen. Der Verbrecher ist der Typus dieses gespaltenen Menschen, der unter dem Zwang der sinnsuchenden, aber den Sinn nie erreichenden kleinen Vernunft steht. Im Typus des Verbrechers kommt diese Zerrissenheit der Vernunft als Krankheit zum Ausbruch. Hier zeigt sich die Unterschiedlichkeit des Selbstverstehens von großer und kleiner Vernunft, für die es keine gemeinsame und einheitliche Form des Selbstbewußtseins des Menschen geben kann. Das Selbst des Leibes und das Selbst des Geistes, beide meinen zwei grundsätzlich verschiedene Zustände: das Selbst des Leibes, das Sichwissen im Verausgaben, das aus sich rollende Rad; das Selbst des Geistes, das Sichwissen im Identifizieren, im Nehmen und Erhalten von Sinn.

Das Fehlen der Sinnbrücke führt zu einer krankhaft empfundenen Orientierungslosigkeit des Selbstbewußtseins. Am Typus des Verbrechers kommt damit die Krankheit des Leibes ebenso zum Ausbruch wie am Typus des Priesters. Beide sind Ausdruck der sich durch den Tod heilenden Vernunft. Der Verbrecher unterscheidet sich aber für Nietzsche vom Typus des Priesters dadurch, daß er sich selbst richtet und damit nicht durch eine Verherrlichung der Krankheit diese zu einer ansteckenden Krankheit auch für Gesunde macht, wie dies der Typus des Priesters tut.

> Der Verbrecher-Typus, das ist der Typus des starken Menschen unter ungünstigen Bedingungen, ein krank gemachter starker Mensch. . . . Seine *Tugenden* sind von der Gesellschaft in Bann gethan; seine lebhaftesten Triebe, die er mitgebracht hat, verwachsen bald mit den niederdrückenden Affekten, mit dem Verdacht, der Furcht, der Unehre. Aber dies ist beinah das *Recept* zur physiologischen Entartung.[115]

Die Stärke des Verbrecher-Typus zeigt sich darin, daß er die durch die Moral entstandene Zerrissenheit zwischen der Tat und dem Bild der Tat, im Sinne der *Tat* selbst beendet.

> Dass er sich selber richtete, war sein höchster Augenblick: Lasst den Erhabenen nicht wieder zurück in sein Niederes!
> Es gibt keine Erlösung für Den, der so an sich selber leidet, es sei denn der schnelle Tod.[116]

---

114 Kaulbach, F., Nietzsches Idee einer Experimentalphilosophie:
Im Blick auf den Raubmörder z.B., der vor dem Richter steht, zeigt sich, daß dessen Tun Resultat seines leiblichen Zustandes und der Welt- und Wertperspektive ist, die ihm von den ihn beherrschenden leiblich motivierten Affekten suggeriert werden. . . . Der ihn beherrschende Affekt und der Wille seines „Selbst" besteht in der Gier nach Blut. In der Perspektive dieses Affektes sieht und deutet er die Welt. . . . Damit tritt dieser Leib und sein „Selbst" mit der in unserer geschichtlichen Gegenwart gültigen Wertordnung in Konflikt: es wird von demjenigen Bösen überfallen, das „jetzt böse ist". Es will wehe tun mit dem, „was ihm wehe tut. Aber es gab andere Zeiten und ein andres Böses und Gutes."
Sein „Ich" aber, seine „Vernunft" begreift diesen Wahnsinn nicht und überredet ihn zu einer „normalen" Interpretation seiner selbst." (S. 19)

115 Nietzsche, a.a.O., S. 146.

116 Nietzsche, a.a.O., Bd. 4, S. 45.

Die Zerrissenheit des Selbstbegriffs macht den starken Typus im Zuge seiner Selbstidentifikation zum Verbrecher, indem er für die Tat noch ein Motiv sucht. Hier zeigt sich das Unvermögen eines Selbstverstehens bloß aus dem Begriff heraus, die grundsätzliche Fremdheit des Ichs, mit der es sich selbst betrachtet und begreift. Der Mythos des Selbstbewußtseins bildet sich nur aus der zweckmäßig sich auslegenden begreifenden Vernunft, dem Bild der Tat. Doch dieser Mythos, der sich durch einen solchen nachträglichen Begriff vom tätigen Sein bildet, ist kein Bewußtsein von sich, sondern dokumentiert und fundamentiert das Unvermögen eines eigentlichen Selbstbegriffes des kranken Leibes. So ist dies auch kein Weg einer Selbstfindung, sondern der Weg der Selbstjustiz eines nicht mehr leben könnenden Organismus.[117] Der Begriff vom Selbst, das sich begründende Selbstbewußtsein, ist so nichts anderes als der Verzicht auf das Leben.

4. Die Therapie des Selbstbewußtseins

a) Die Heilung eines sich von sich entfernenden Selbstbewußtseins

Aus dieser Situation der rationalen Zerrüttung gibt es für Nietzsche aber auch den Weg der Heilung. Diese ist in erster Linie eine Heilung vom Zeitbegriff. Der Zeitbegriff der kleinen Vernunft spielt bei dem Niedergang der Instinkte eine entscheidende Rolle, er ist die formale Möglichkeit der Selbstentzweiung.

„Es war": heisst des Willens Zähnknirschen und einsamste Trübsal. Ohnmächtig gegen Das, was gethan ist — ist er allen Vergangenen ein böser Zuschauer.

Nicht zurück kann der Wille wollen; dass er die Zeit nicht brechen kann und der Zeit Begierde, — das ist des Willens einsamste Trübsal. . . .

Diess, ja diess allein ist *Rache* selber: des Willens Widerwille gegen die Zeit und ihr „Es war".[118]

Die Bedingung der Zeit als die Form des Kausalbegriffs lähmt den Willen, in dem dieser zwar innerhalb der Vorstellung, des Bildes der Tat, nicht aber tätig zu der Tat zurückgehen kann und hier nur ein ohnmächtiger Zuschauer ist. Durch diesen Zeitbegriff also wird das Ich sein eigener Zuschauer, es kann zu sich selbst nur im Bild

---

117 Müller-Lauter, W., Nietzsche – Seine Philosophie der Gegensätze und der Gegensätze seiner Philosophie. Berlin 1971. Auch der nihilistische Zerfallsprozeß ist noch durch Zusammenhalt gekennzeichnet, und auch dieser wird durch einen inneren Willen gestiftet. Jeder Zusammenhalt setzt die Herrschaft *eines* ‚Triebes' voraus, der sich eine Mannigfaltigkeit von Trieben und Kräften unterordnet. Soll nun die Disagregation des ursprünglich unter einer solchen Herrschaft Zusammengehaltenen betrieben werden können, so ist das nur möglich, wenn der herrschende ‚Trieb' selber die Anweisung dazu gibt. Die den untergeordneten Trieben *gemeinsame* Wirksamkeit, sich aus dem Verband des Ganzen herauszulösen, wäre sonst unverständlich. . . . Der herrschende Wille in einem solchen Ganzen muß daher ein *Wille zum Zerfall* sein. Und insofern er mit dem Zerfall das Ende oder das Nichtsein der durch ihn organisierten Einheit anstrebt, ist er Wille zum Ende oder Wille zum Nichts bzw. ins Nichts. (S. 71)

118 Nietzsche, a.a.O., S. 179–180.

der Tat auf eine fiktive Weise zurückkehren.[119] Doch gerade durch den fiktiven Charakter dieser Rückkehr, die der Zeitbegriff herausgefordert hat, ist er sich selbst gegenüber ohnmächtig, hat er sich selbst seinem eigenen Zugriff entzogen. Auch hier treffen zwei Welten des Verstehens aufeinander, zwischen denen es keine Verbindung gibt: das Handeln selbst und das Getane. Das Getane, das unter dem Aspekt des Wofür betrachtet wird, wird nicht mehr von seinem Ursprung, dem handelnden Leib gesehen. Die weiteren Handlungen werden dann nach dem schon Getanen ausgerichtet. Auch hierbei findet eine Entfremdung vom tatsächlich handelnden Leib statt, ein Vorgang, der nur unter der Voraussetzung der Leibverneinung des kranken Leibes überhaupt vonstatten gehen kann. Die Erlösung von der Rache und der Prozeß der Heilung kann deshalb nur hier am Zeitbegriff ansetzen.

> Das Vergangene zu erlösen und alles „Es war" umzuschaffen in ein „so wollte ich es!"— das hiesse mir erst Erlösung.[120]

Das heißt aber nichts anderes, als den Ursprung der Handlungen wieder zu erkennen. Dieser Ursprung wird nicht erkannt, wenn die Tat als das Ergebnis eines freien, bloß durch *sich* bestimmten Willens erscheint. Die Tat erscheint hier nämlich durch nichts anderes bestimmt als durch diesen leeren Grund des Durch-sich-seins, das auch beliebig viele Alternativen zu der vollzogenen Handlung ebenfalls hätte begründen können. Als bloß durch sich bestimmt erscheint die Handlung dem Ich selbst gegenüber also nicht zwingend, sondern eher noch unbestimmt oder von außen angeregt und geleitet. In keinem Fall läßt die auf das Durch-sich-sein gegründete Handlung die Bestimmtheit des gerade *so* Gewollten erkennen. Dies ist aber der Fall, wenn sie aus dieser reflexiven und unbedingten Bestimmung herausgeführt wird, sie also nicht mehr das Ergebnis einer leeren Unbedingtheit, sondern einer so gewollten Zufälligkeit ist.

> Als Dichter, Rätselrather und Erlöser des Zufalls lehrte ich sie an der Zukunft schaffen, und Alles, das *war* —, schaffend zu lösen.[121]

Durch die Rückführung auf das eigene schaffende und seinsbildende Vermögen ist alle Beliebigkeit, Unbestimmtheit und Fügung an der Handlung verschwunden, und sie erscheint als das einmalige Kunstwerk und die Schöpfung des handelnden Selbst.

> Alles „Es war" ist ein Bruchstück, ein Räthsel, ein grauser Zufall — bis der schaffende Wille dazu sagt: „Aber so wollte ich es!"[122]

Dies ist nun keine betrachtende Begründung mehr, kein Bild der Tat, sondern die Rückkehr zur Tat selbst, die Versöhnung.

---

119 Kaulbach, F., Nietzsches Idee einer Experimentalphilosophie:
   Chronos verschlingt seine eigenen Kinder: die Begierde der Zeit verwandelt jede Gegenwart in eine Vergangenheit. Der Wille ist ein Gefangener der Vergangenheit: nicht nur deshalb, weil er sie nicht verändern kann, sondern vor allem aus dem Grund, weil: „Es war" immer eine die Gegenwart bestimmende Vergangenheit ist. Nicht die vergangenen Fakten, sondern die vergangenen *Interpretationen* sind es, die den Willen gefangen nehmen, weil er ihr Enkel ist und durch sie geprägt wurde. (S. 44)
120 Nietzsche, a.a.O., S. 179.
121 Nietzsche, a.a.O., S. 248–9.
122 Nietzsche, a.a.O., S. 181.

Das Bild der Tat, das betrachtend nur den Zweck sieht, wird hier wieder zur Tat selbst, indem die Verbindlichkeit und Betroffenheit des handelnden Selbst im So-gewollten aufgedeckt und der Erkenntnis zugeführt wird. Diese lebendige Kausalität gibt der Handlung in der Vergangenheit den Charakter der Unaustauschbarkeit und Notwendigkeit, nicht im allgemeinen, aber im individuellen Sinne.[123] Es ist die Notwendigkeit des so und so bedingten Leibes. Hierdurch kommt es zu einer Selbstbejahung, bei der auch jeder Fehler das so Gewollte ist. Der abstrakte Zeitbegriff des unwiederholbaren Nacheinander reißt eine Kluft zwischen dem handelnden Leib und dem Getanen auf. Infolge dessen ist das Getane nur an sich oder für etwas sinnvoll, wenn es vom Sein, nicht vom Leib aus beurteilt wird. Das bloße „Es war" ist der Ausdruck für das Nichtverstehen des handelnden Leibes, zeigt nur das objektive Sein ohne das dazugehörige Selbstverständnis und Selbstbewußtsein der großen Vernunft und ist nur möglich in einer vom Leibe isolierten Betrachtungsweise.

> Wenn das fühlende Individuum sich selbst betrachtet, so hält es jede Empfindung, jede Veränderung für etwas *Isolirtes*, das heisst Unbedingtes, Zusammenhangloses: es taucht aus uns auf, ohne Verbindung mit Früheren oder Späteren.[124]

Durch das „So wollte ich es" ist aber die Verbindung zur großen Vernunft geschaffen und die Möglichkeit zu einer Einheitlichkeit der Vernunft eröffnet. Mit der Rückführung des Zeitbegriffs auf den Willensbegriff verschwinden auch alle anderen Phänomene, die die bloße Folge des Denkens des „Es war" waren. Nicht der sich aufgebende Wille wird vom Geist der Rache erlöst, wie bei Schopenhauer, sondern der sich bejahende Wille. Nur in einer uneingeschränkten Bejahung des Getanen als Gewolltem kann die Rückführung zum Grund geleistet werden. Damit aber verschwinden die Begriffe von Schuld, Sühne, Gut, Böse, Strafe, Gerechtigkeit, Richter usw., die alle nur Phänomene des ohnmächtigen, an seinen Taten verzweifelnden Willens sind. Durch diese bloße Anerkennung der Wirkursache des eigenen Grundes im So-gewollten ist aber schon die Sinnbrücke zur großen Vernunft hin geschlagen. Die große Vernunft muß für Nietzsche inhaltlich erkannt werden, sie ist erkannt in der Anerkennung als handelnde Vernunft in einem ewigen Jetzt. Eine weitere, darüber hinausgehende Erkenntnis etwa, warum die Vernunft so handelt, ist keine Einsicht mehr in diese Vernunft, sondern tritt schon heraus in eine Sphäre der Zeitlichkeit und des Sinnes.[125]

---

123 Kaulbach, F., Nietzsches Interpretation der Natur, S. 462.
   Wie sich der Mensch von der Notwendigkeit der Natur befreit, die er zugleich liebt, so macht er sich vom „Drachen" des „Ich war" (vgl. Zarathustra) frei, sofern er die Vergangenheit und die mit ihr gegebene Notwendigkeit als selbst *gewollt* und als in ihrer Notwendigkeit geliebt versteht und behandelt. Dann erweist er sich nicht mehr nur als Objekt des aus der Vergangenheit her sich notwendig ereignenden Geschehens, sondern behauptet die Stellung der Freiheit dieser gegenüber, sofern er sie dadurch in die Hand bekommt, daß er ihr einen Sinn gibt und sie interpretiert. Geschichtliche Vergangenheit und Natur vermag der Mensch zu bewegen, wenn er sich als Sinngebender, Sinnschaffender und Interpretierender erweist; wenn er dadurch „vollkommen der Wahrheit" ist, daß er die Aufgabe des Schaffens von Maßstäben erfüllt.
124 Nietzsche, a.a.O., Bd. 2, S. 39–40.
125 Kaulbach, F., Nietzsches Interpretation der Natur: Wir müssen die Welt als sinn-loses Geschehen ohne Endziel annehmen, welches von der Notwendigkeit des Fatums bestimmt ist, um uns selbst

b) Das ewige Leben einer sich anerkennenden leiblichen Vernunft

Die große Vernunft erfaßt sich in der bloßen Anerkennung der Wirkursächlichkeit. Es ist dies der entscheidende Schritt zu einer Heilung und Genesung, zu einer Überbrückung der in sich und durch sich gespaltenen Vernunft und damit zu einem Leibbegriff überhaupt, der ohne diese Zusammenführung, also einseitig von der kleinen Vernunft, aus der Objektivität des Leibes her, nicht abgeleitet werden kann.[126] Vergangenheit, die Gräber, wie Nietzsche sagt, sind nicht mehr abgeschiedene, aber noch mächtige Kräfte, sie werden lebendig gemacht und in die Gegenwart integriert. Nach dieser Erlösung und Versöhnung der Vernunft gibt es kein Nicht-sein mehr, alles ist unter dem Begriff „So wollte ich es" zu Sein geworden.

> Ihr höheren Menschen, erlöst doch die Gräber, weckt die Leichname auf! Auch was gräbt noch der Wurm?[127]

Nach der Erlösung des „Es war" gibt es kein Vergangenes mehr. Das Vergangene ist nur der Ausdruck der sich von sich selbst durch den Zeitbegriff trennenden Vernunft. Diese schafft keinen Bezug zur eigentlichen Wirkursache, zum eigentlichen Willen. Unter der täuschenden und falschen Kausalität kann es zum Begriff des Vergangenen überhaupt kommen. Das Vergangene ist somit das Resultat des von der leiblichen Begründung abgetrennten Begreifens. Durch die Richtigstellung des Begreifens, wie sie im „So wollte ich es" stattfindet, werden alle Leichname zu Leben erweckt.

Für die physiologische Betrachtungsweise gibt es kein bloßes „Es war", kein vergangenes und durch den Zeitbegriff abgelöstes und unerreichbar gewordenes Sein. Der neue Zeitbegriff, den das „So wollte ich es" bildet, offenbart die *Lust zur ewigen Wiederkehr* alles Seienden.[128] Diese Lust offenbar sich erkenntnismäßig denjenigen, die diesen Sinn erfaßt haben, die also über die Sinnbrücke zur großen Vernunft des Leibes gegangen sind, indem sie im bloßen Anerkennen erkannt haben.

---

allein als die Quelle alles Sinnes erweisen zu können. Daher ist es nötig, daß wir das Weltgeschehen nicht teleologisch, sondern nach dem Modell der ewigen Wiederkehr auslegen. Wir verwandeln die Sinn-losigkeit in Sinn dadurch, daß wir in Freiheit die Welt des ewigen Wiederkehrens zu der unserigen machen und im Sinne des Amor fati Stellung zu ihr nehmen. (S. 462)

126 Schipperges, Heinrich, Kosmos Anthropos:
Am Leitfaden des Leibes befindet sich der Mensch bereits auf jener „Fährte der wissenswürdigen Dinge", die das philosophische Denken einzuschlagen hat. Dem Philosophen in der Not der Zeit wird die Aufgabe zugewiesen, alle Möglichkeiten der Gestaltung einer Lebenswelt auszuschöpfen, um das große Menschentum zu fördern. Der Philosoph wird zum Diagnostiker der gesunden Lebenswelt, womit er sich zugleich zum Therapeuten der kranken Verhältnisse berufen fühlt: Er wird zum Arzt der Kultur. (S. 417)

127 Nietzsche, a.a.O., Bd. 4, S. 399.

128 Abel, G., a.a.O.
Der Wiederkunftsgedanke ist äußerster Prüfstein und zugleich höchster Ausdruck eines vom Geist der Rache befreiten Welt- und Selbst-Verständnisses, einer vorbehaltlosen Bejahung aller Realität, der vergangenen, gegenwärtigen und zukünftigen, der Geschichte und der materiellen Natur, des Werdens und des Vergehens. Wer die ewige identisch Wiederkehr von allem und jedem wollen kann, der steht jenseits des Rache-Syndroms. (S. 345)

> Es lohnt sich auf der Erde zu leben: Ein Tag, Ein Fest mit Zarathustra lehre mich die Erde lieben. „War *DAS* — das Leben?! will ich zum Tode sprechen. „Wohlan! Noch Ein Mal!"[129]

Doch trotz der Ähnlichkeit mit der Erlösung des faustischen Bewußtseins ist diese Bejahung doch eine ganz andere.

> Du alte Glocke, du süsse Leier! Jeder Schmerz riss dir in's Herz, Vaterschmerz, Urväter-schmerz; deine Rede wurde reif, —
> — reif gleich goldenem Herbste und Nachmittage, gleich meinem Einsiedlerherzen — nun redest du: Die Welt selber ward reif, die Traube bräunt.
> — Nun will sie sterben, vor Glück sterben. Ihr höheren Menschen, riecht ihr's nicht? Es quillt heimlich ein Geruch herauf,
> — ein Duft und Geruch der Ewigkeit, ein rosenseliger brauner Gold-Wein-Geruch vom altem Glücke,
> — von trunkenem Mitternachts-Sterbeglücke. . . .[130]

Es ist nicht das Haltenwollen der Zeit, die Bejahung des Augenblicks, was Nietzsche hier anspricht, sondern es ist ein völlig neuer Zeitbegriff, den er durch die Logik des Leibes, durch die Logik des Begründens auf das „So wollte ich es" geschaffen hat. Statt dem von sich abtrennenden Bewußtsein der Zeitlichkeit entsteht durch den neuen Zeitbegriff die Gewißheit der Ewigkeit. Hier ist auch das Leid als Ausdruck eines innersten und tiefsten Wollens verstanden. Das Leid ist nicht das der Lust prinzipiell Fremde, das Leid ist nicht ein Fremdkörper im Selbst und in der Geschichte des Selbst, es ist auch Ausdruck einer ursprünglichen Bejahung. Im bloßen Nebeneinander und Nacheinander, unter dem Zeitbegriff der kleinen Ver-nunft kann es diese Selbstbejahung nicht geben, sondern nur unter dem Zeitbegriff der anerkannten großen Vernunft, der Wiederkunft.

> „Ich will Erben, so spricht alles, was leidet, ich will Kinder, ich will nicht *mich*," — Lust aber will nicht Erben, nicht Kinder, — Lust will sich selber, will Ewigkeit, will Wiederkunft, will Alles-sich-ewig-gleich.
> Weh spricht: Brich, blute, Herz! Wandle, Bein! Flügel, flieg! Hinan! Hinauf! Schmerz!" Wohlan! Wohlauf! O mein altes Herz: *Weh spricht:* „Vergeh!"[131]

Das Sich-wollen dagegen ist zeitlos. Es kann als solches nicht vergehen wollen noch erst zu sich kommen wollen. Es ist immer schon bei uns, weder vergehend noch kommend. Nur die Gestaltungen dieses Sich-wollens vergehen oder kommen, wie ja auch die Todessehnsucht des kranken Leibes ein Ausdruck des Sich-wollens ist. So gibt es keine Begrenzungen, weder von demjenigen, was es nicht war, noch von demjenigen, was es noch nicht ist. Das Sich-wollen ist ein unbegrenztes Erfassen und Begreifen des Selbst. Bei diesem Begreifen zeigt sich, daß Kausalität ein Phänomen des Sich-begehrens, der Lust ist. Der Satz vom Grunde ist dann die formale und inhaltsleere Phrase dieses allgemeinen Begehrens und dieser allgemeinen Lust zu sich als gattungshaft erfahrenes Sich-wollen.

> Schmerz ist auch eine Lust, Fluch ist auch ein Segen, Nacht ist auch eine Sonne, — geht davon! oder ihr lernt: Ein Weiser ist auch ein Narr.
> Sagtet ihr jemals Ja zu einer Lust? O meine Freunde, so sagtet ihr Ja zu *allem* Wehe. Alle Dinge sind verkettet, verfädelt, verliebt, — . . .

---

129 Nietzsche, a.a.O., S. 396.
130 Nietzsche, a.a.O., S. 399–400.
131 Nietzsche, a.a.O., S. 401–2.

— Alles von neuem, Alles ewig, Alles verkettet, verfädelt, verliebt, o so liebet ihr die Welt, —
— ihr ewigen, liebt sie ewig und alle Zeit: Und auch zum Weh spricht ihr: Vergeh, aber komm
zurück![132]

Die Selbstbejahung und die Lust bilden den Seinsbegriff aller Dinge, das Nicht-
sein erscheint als Ausdruck eines Denkens, das sich nicht will. Ist die Vernunft das
Sich-wollen, so kann sie sich aus der Ewigkeit des Lebens begreifen. Dieser
Seinsbegriff bestimmt den schenkenden und gebenden Modus der Tugend dieser
Vernunft. Auf diese Art und Weise muß auch der Leib verstanden werden. Es gibt
somit kein Wissen vom Leib, sondern nur diese gebende Gewißheit des Sich-wollens,
das Leib geworden ist. Ein Wissen vom Leib hat dagegen den Modus des von sich
Abtrennens, den Modus der kleinen Vernunft, im Sinne eines Wofür und Warum den
Leib von einem Zweck und Grund her zu wissen. Dieser nehmende Modus kann nie
das Bei-sich-sein und das Sich-verausgaben der schenkenden Tugend dokumentie-
ren. Der Seinsbegriff des Selbst-wollens, der Seinsbegriff des Leibes kann nie
abgeleitet werden im Sinne eines Wissens-als. Das sich so von sich trennende
Bewußtsein entfremdet sich in seinem Sich-wollen, erleidet sich, *leidet also.*

Für Nietzsche ist also das Wissen nicht bloß ein abstrakter Vorgang, sondern
auch ein unmittelbares und leibliches Erlebnis. Wissen im Sinne der kleinen Vernunft
heißt Leiden, weil es sich nicht zu dem bekennen kann, was es ist, sondern nur zu dem,
von dem es sich begründet glaubt. Das Selbstbewußtsein ist hier ein ständiges
Sichverlieren in der eigenen Geschichte. Für das Wissen dagegen, für das es kein
verloren gegangenes und gleichzeitig begründendes Vergangenes gibt, für das die
Zeit nur und ausschließlich die Selbsterfüllung des Willens bedeutet, gibt es kein
Wissen vom Leib, sondern nur dieses Wissen des Leibes, seinen eigenen Grund zu
haben im Sich-wollen, den wissenden Leib. Dieser veränderte Wissensbegriff hat
eine unmittelbare Konsequenz im Erleben. Ist das Sein-als-etwas und das Sein-für das
kranke Sein, so ist durch die Erkenntnis, seinen Grund und sein An-sich im Sich-
wollen zu haben, das Sein geheilt.

Also sprach der hässlichste Mensch, es war aber nicht lange vor Mitternacht. Und was glaubt
ihr wohl, dass damals sich zutrug? Sobald die höheren Menschen seine Frage hörten (War das
— das Leben?), wurden sie sich mit Einem Male ihrer Verwandlung und Genesung bewußt.[133]

Durch die Einsicht in die Lust als das Prinzip alles Seins geschieht zugleich die
Einsicht in die ewige Bejahung. Diese hat die ewige Wiederkunft als Zeitbegriff.
Alles Vergangene wird dadurch gegenwärtig, daß es an die Gegenwart einer ständi-
gen Selbstbejahung, eines ständigen Selbstwollens gebunden ist. In diesem Sinne
kann man vom *Unvergangenen* reden. Das Unvergangene wäre der Gegensatz zum
Unvergänglichen, welchem der formale Zeitbegriff des Nacheinander zugrundeliegt.

Ist das Erlebte in Alternativen denkbar, so ist die Wirklichkeit nur eine der
Möglichkeiten, das wirkliche Sein ist nur eine der vielen Seinsmöglichkeiten.[134]

132 Nietzsche, a.a.O., S. 402.
133 Nietzsche, a.a.O., S. 396. (Klammern hinzugefügt).
134 Klages, Ludwig, Die psychologischen Errungenschaften Nietzsches. In: Ludwig Klages: Sämtliche Werke, Bd. 5, Bonn 1979.
Nicht der Leib, dies ewige Hier und Jetzt leidvoll-freudvoller Widerfahrnisse, vermag zu

Dadurch wird nicht die leibhaftige Wirklichkeit erfaßt. Diese ist nur erfahrbar, wenn die Sinnbrücke des „So wollte ich es" zur Seinsmöglichkeit hin geschlagen ist. Dadurch erst ist die Seinsmöglichkeit zur Seinswirklichkeit geworden.

Das Vergangene, das Nicht-sein, dokumentiert ohnedies keinen wirklichen, leiblichen Bezug. Das bloße Vergangene ist als „Es war" nie wirklich gewesen. Wirklich gewesen ist es nur als So-gewolltes. Als so-gewollt wird der Sinn des „Es war" begriffen und in die unmittelbare leibhaftige Gegenwart gebracht. Vergangen-heit und Nicht-sein sind also Vermeidungen und Verneinungen des Sich-wollens. Hierbei ist die Krankheit Bewußtsein geworden. Die Vermeidung des Sich-wollens, das Sich-wissen als Vergehendes und die Bestürzung und Schamhaftigkeit des handelnden Bewußtseins über sich selbst, ist das Bewußtsein, das nur im Nachhinein lebt und hierbei Rache nimmt für das Ungetane und Ungelebte. Die Tatsache einer Diskrepanz des Lebens zum Ungelebten ist Ausdruck des am Leben scheiternden Lebens. Dies ist die Disposition für die Krankheit schlechthin.[135] Hier drückt sich das Selbstwollen als Wille zum Vergehen aus. Doch ist mit dieser Erkenntnis des zu sich distanzierten Selbstbewußtseins als sich verwerfendes Gestalten des Sich-wollens, wobei das Leben nur noch im Ungetanen und noch nicht Getanen, dem Ungelebten also, vorkommt, ein erster Schritt zur Heilung gemacht. Die bloße Erkenntnis, daß das Leben nur im fiktiven Bereich dieses Ungelebten stattfindet und daß der Lebenswille des Sich-wollens ständig am Zeit- und Raumbegriff des zeitlich und räumlich von sich entfernten Selbstbewußtseins scheitert, führt zu der Einheitlichkeit des zeit- und raumlosen Sich-wollens des großen Selbst zurück. Für dieses Sich-wollen ist gerade die Sinnsuche die stärkste Bedrohung und Zerrüttung, denn sie bedeutet dieses ständige Entfernen von sich.

> Diess Suchen nach *meinem* Heim: oh Zarathustra, weisst du wohl, diess Suchen war *meine* Heimsuchung, es frisst mich auf.[136]

Diese große Gefahr eines räumlich und zeitlich sich begründenden Selbst liegt in der hierfür vorliegenden Motivation, eine Heimat für das Selbst, einen Sinn außerhalb des Selbst in Zeit, Raum und Bedeutung zu suchen. Hierbei wird das Leben im Ungelebten des War, des Noch-nicht und des Grundes der aber nie erreicht wird, gefunden. Demgegenüber beginnt die Heilung im Erkennen der Ziellosigkeit des lebendigen Jetzt, dem „Heimweh ohne Heim"[137] und in der Auflösung alles Begrün-deten und Festgestellten im Symbol des Tanzes, dem leiblichen Ausdrucksmittel von Bedeutungen eigener Art.

> O meine Seele, ich lehrte dich „Heute" sagen wie „Einst" und „Ehemals" und über alles Hier und Da und Dort deinen Reigen hinweg tanzen.[138]

wünschen; dahingegen der Geist, ruhelos pendelnd zwischen dem Ehemals und Dereinst, hat an der Lebendigkeit *nur* durch Vermittlung von Wünschen teil: so wütet Nietzsche folgerichtig gegen den wünschenden Menschen und seine vampirischen „Ideale" und hat wie keiner zuvor die paradoxe Entsprechung erschlossen, die zwischen Zweckwahn und Vergangenheitsmumifizie besteht. Der Protest des Lebens gegen den Übermut des Bewußtseins wächst aus dem Prozeß des *Leibes* gegen den „*heiligen* Geist" heraus! (S. 84)

135 S. Fußnote 1, S. 116.
136 Nietzsche, a.a.O., S. 340–1.
137 Nietzsche, a.a.O., Bd. 11, Fr. 32/8, S. 401.
138 Nietzsche, a.a.O., Bd. 4, S. 278.

Hier gibt es kein Ungelebtes, hier ist Vergangenheit und Zukunft gegenwärtig und verfügbar.

> O meine Seele, es giebt nun nirgends eine Seele, die liebender wäre und umfangender und umfänglicher! Wo wäre Zukunft und Vergangnes näher beisammen als bei dir?[139]

Das Selbst drückt sich aus in den Dingen, spiegelt sich in den Dingen wider, unabhängig von einer zeitlichen und systematischen Determination, ist selbst sinn-setzend als das ewige Prinzip der Bejahung.[140]

Die Heilung vom Geist der Schwere und der Schwermut zeigt sich aber nicht nur als Heilung des einzelnen Leibes, es ist die Heilung des geschichtlichen Leibes, der Gattung selbst. Die Heilung kündigt Nietzsche im Zarathustra durch das „Zei-chen" an, doch sie tritt noch nicht ein. Im Zarathustra fliehen die „höheren Men-schen", als sie das Zeichen, den lachenden Löwen, sehen. Sie sind nicht reif für die Heilung, da sie sich in jeder Hinsicht, auch in der Erkenntnis, daß sie mißraten sind, ernst nehmen.

> Ihr höheren Menschen, euer Schlimmstes ist: ihr lerntet alle nicht tanzen, wie man tanzen muss — über euch hinweg tanzen! Was liegt daran, dass ihr missriethet!
> Wie Vieles ist noch möglich! So *lernt* doch über euch hinweg lachen![141]

Der Weg der Heilung vom Geist der Schwere kann nur dort stattfinden, wo es das Ernstnehmen nicht mehr gibt. Im Ernstnehmen bezeugt sich die alte Kausalität, der Geist der Schwere, das Unbedingte und die Objektivität durch den zureichenden Grund. Im Ernstnehmen drückt sich schon das Häßliche und Kranke aus, das den Gegenstandsbegriff bestimmt.

> Und aller großer Ernst — ist er nicht selbst schon Krankheit? Und eine *erste* Verhäßlichung? Der Sinn für das Häßliche erwacht zu gleicher Zeit, wo der Ernst erwacht; man *deformirt* bereits die Dinge, wenn man sie ernst nimmt.[142]

Die kleine Vernunft nimmt die Dinge ernst in ihrem Grund und in ihrem Wofür. Dagegen richtet sich das Sprichwort Zarathustras, das den neuen Seinsbegriff zum Ausdruck bringt.

> Kurz, wie das Sprichwort Zarathustra's lautet: „was liegt daran!"[143]

Diese Unbeschwertheit ermöglicht, daß das Leben sich als ewiges Leben erfaßt. Das Leben hat sich damit vom Geist der Schwere erlöst, von dem Zwang, daß das Jetzt aus sich heraus keine Bedeutung hat, sondern nur sinnvoll ist im Hinblick auf etwas. Die Leibhaftigkeit des Jetzt ist die Gewißheit des ewigen Lebens, an dem das Ich teilhat, wenn es diesen unbeschwerten Blick auf das Leben werfen kann. Im Ernst-nehmen wird das Leben vom Ungelebten ergriffen und bestimmt und damit

---

139 Nietzsche, a.a.O.,S. 279.
140 Montinari, Mazzino, Nietzsche lesen: Die Götzen-Dämmerung. In: Nietzsche-Studien 13 (1984), S. 69–79.
   Eine durchgängige Systematisierung des Willens zur Macht als Prinzip würde zum einen den zum Austragen des Kampfes notwendigen Perspektivismus beseitigen, zum anderen dem Aufbau einer Metaphysik des Willens zur Macht (analog der Schopenhauerschen Metaphysik des Willens zum Leben) gleichkommen. Aber gerade die Präsenz des Gedankens der ewigen Wiederkunft verhindert jede Systematisierung. (S. 79)
141 Nietzsche, a.a.O., S. 367.
142 Nietzsche, a.a.O., Bd. 13, Fr: 15/18, S. 416.
143 Nietzsche, a.a.O., Bd. 4, S. 396.

gleichsam ausgesetzt. Doch in dieser Wüste verwandelt sich für Nietzsche die Vernunft von einer durch die Leere oder das Nichts unbedingt sich begründenden Vernunft zu einer leiblichen Vernunft, die ihr Sein als Fest des ewigen Lebens feiert.

Anhang:
Die ontologische Deutung von Nietzsches Leibbegriff durch Heidegger

Das geheilte Sein läßt sich ontologisch nicht mehr erfassen, da die Ontologie die Wissenschaft des kranken, an sich leidenden Seins ist. Dieses Resultat steht im Gegensatz zu den Ergebnissen von Heidegger, der bei seiner Nietzsche-Interpretation eine ontologische Deutung des leiblichen Seins vornimmt. Dies soll hier kurz vorgeführt werden.

> Wir „haben" nicht einen Leib, sondern wir „sind" leiblich. Zum Wesen dieses Seins gehört das Gefühl als das Sichfühlen. Das Gefühl leistet im Vorhinein den einbehaltenden Einbezug des Leibes in unser Dasein.[144]

Heidegger stellt hier für das leibliche Sein einen Seinsbegriff auf, durch den es erst dieses leibliche Sein ist. Auch wenn er den Modus des Habens zurückweist, so hat er doch damit nicht den Seinsbegriff des Leibes, sondern nur den Seinsbegriff des Cogito für den Leib beansprucht. Das Sichfühlen ist im Grunde das Sichwissen des Cogito. Ich möchte deshalb an dieser Stelle die Interpretation Heideggers zurückweisen. Das von ihm beschriebene leibliche Sein, das vom Dasein sich als Selbst weiß, kann als das Gegenteil davon angesehen werden, was Nietzsche darunter verstanden wissen wollte. Das Sich-vorweg-sein als schon Sein-bei des Daseins, an das der Leib gebunden ist, kann nicht den selbstischen Bezug für das leibliche Sein herstellen, da es wieder den Seinsbegriff eines Sein-für dem leiblichen Sein zugrundelegt, eine Position, die für Nietzsche nur den Zustand der kranken Vernunft dokumentiert. Das Sichfühlen ist jene blinde Erkenntnis, bei der die abstrakte Bezugnahme durch das Sich erst den Grund und die Bestimmung des Fühlens ausmacht. Daran ändert auch das Bemühen nichts, von einem mechanistischen Leibbegriff wegzukommen.

> Wir sind nicht zunächst „lebendig" und haben dann dazu noch eine Apparatur, genannt Leib, sondern wir leben, indem wir leiben. Dieses Leiben ist etwas wesentlich anderes als nur ein Behaftetsein mit einem Organismus. Das meiste, was wir in der Naturwissenschaft vom Leib und seinem Leiben kennen, sind bloß Feststellungen, bei denen der Leib zuvor zum bloßen Körper mißdeutet wird.[145]

Der Leib ist zwar daseinsbezogen, er hat in diesem Bezug aber die Rolle, sich selbst im Sinne des Seins des Daseins aufzulösen und daseinsmäßig zu werden. Dies wird besonders deutlich bei der Besprechung Heideggers von Nietzsches „Physiologie der Kunst", Nietzsches Fundierung der Kunst auf das leibliche Sein.

> Nietzsches Besinnung auf die Kunst ist „Ästhetik", weil sie auf den Zustand des Schaffens und Genießens blickt. Sie ist „extremste" Ästhetik, sofern dieser Zustand bis ins Äußerste der Leibzuständlichkeit verfolgt wird, in jenes, was vom Geist und der Geistigkeit des Geschaffenen und seiner Formgesetzlichkeit am weitesten absteht.[146]

144 Heidegger, M., Nietzsche, Bd. 1, S. 118. Pfullingen 1961.
145 Heidegger, a.a.O., S. 119.
146 Heidegger, a.a.O., S. 152.

Der Abstand, den Heidegger hier skizziert zwischen der Leibzuständlichkeit und dem Geist, zeigt an, in welchem Sinne er Nietzsche zu interpretieren sucht. Geist und Geistigkeit ist für Nietzsche immer die des Leibes, auch dort, wo sie sich auf dem Wege der Selbstbegründung vom Leibe entfernt, wo sie kleine Vernunft ist. Die Selbstbegründung des Geistes ist immer eine Form der Geistigkeit des Leibes, obgleich sich hieran eine Deformation und Selbstentfremdung des Leibes zeigt. Heideggers Interpretation nimmt die Position der Leibverneiner ein, derer also, die die Selbstbegründung des Geistes nicht als Erscheinungsform des Leibes ansehen, sondern diesen selbstbegründeten Seinsbegriff allem zugrunde legen. Heidegger deutet deshalb Nietzsches Betonung der Leiblichkeit nur als einen Trick der Darstellung, den Nietzsche benutzt, um aus dem äußersten, gegenteiligen Extrem dieser Leiblichkeit dann die Geistigkeit um so deutlicher darstellen zu können.

> Allein, gerade in diesem Äußersten der physiologischen Ästhetik erfolgt er Umschlag; denn dieses „Physiologische" ist nicht solches, worauf alles Wesentliche der Kunst zurückgeführt, woraus es erklärt werden könnte. Indem das Leibzuständliche eine Mitbedingung des Schaffenvollzuges bleibt, ist es zugleich dasjenige, was im Geschaffenen gebändigt, überwunden und aufgehoben werden soll.[147]

Dies kann nur als Mißdeutung eines wesentlichen Gedankens von Nietzsches Philosophie angesehen werden. Heidegger will Nietzsches Begriff des leiblichen Seins im Sinne eines Ontologismus verstanden wissen, so daß dieses Sein etwas an sich ist, was zugleich über sich hinaus weist. So erkennt Heidegger zwar die Sinnlichkeit als eine entscheidende, wissensbildende Instanz an, die im Sinne eines umgekehrten Platonismus an sich das Wahre ist.[148] Die Sinnlichkeit ist jedoch nur dann sinnvoll und wahr, wenn sie ontologisch verstanden wird.

> Als Grundwirklichkeit für die Kunst erkennt Nietzsche den Rausch. Nietzsche versteht im Gegensatz zu Wagner dieses Gefühl der Prachtentfaltung, der Fülle und der wechselweisen Steigerung aller Vermögen als das Über-sich-hinaus-Sein und so als das zu-sich-selbst-Kommen in der höchsten Durchsichtigkeit des Seins, — nicht als das blinde Verschweben im Taumel. Zugleich aber liegt für Nietzsche darin das Heraufkommen des Abgrundes des „Lebens", seiner Widerstreite in sich, aber nicht als moralisch Böses und zu Verneinendes, sondern als Bejahtes. Das „Physiologische", das Sinnlich-Leibliche, hat in sich dieses Über-sich-hinaus. Verdeutlicht wurde diese innere Verfassung des „Sinnlichen" durch die Heraushebung des Bezuges des Rausches zur Schönheit und des Schaffens und Genießens zur Form. Zu ihr gehören das Beständige, die Ordnung, die Übersicht, Grenze und Gesetz. Das Sinnliche ist in sich auch über sich, Ordnung, Beherrschbares und Festgemachtes gerichtet.[149]

Das Leibliche verhilft dem Geist zu sich, es ist in seinem Über-sich-hinaus-sein das zu sich kommende Sein. Heidegger weist zwar immer wieder darauf hin, daß der entscheidende Punkt der Auslegung Nietzsches im Begriff der Sinnlichkeit liegt.

> Dagegen gilt es die Mißdeutung und Verketzerung des Sinnlichen, insgleichen die Übersteigerung des Übersinnlichen zu beseitigen. Es gilt, den Weg zu einer neuen Auslegung des Sinnlichen aus einer neuen Rangordnung von Sinnlichem und Nichtsinnlichem freizumachen.[150]

147 Heidegger, a.a.O., S. 152.
148 Heidegger, a.a.O., S. 188.
149 Heidegger, a.a.O., S. 243–4.
150 Heidegger, a.a.O., S. 242.

Entscheidend ist jedoch, welche Art des Selbstbegriffes Heidegger an diesem von Nietzsche entworfenen sinnlichen Sein, an diesem Leib-Sein zu entdecken vermeint. Nicht der Ausgangspunkt also, der umgekehrte Platonismus ist für Nietzsche das charakteristische Merkmal seiner Philosophie. Es ist dies vielmehr die Art, wie er den Selbstbegriff des Leibes formuliert. Hierbei ist in der vorliegenden Arbeit herausgestellt worden, daß dies gerade nicht nach dem Schema eines ontologischen Verfahrens, eines ontologischen Beweises geschieht, wie dies Heidegger hier glaubhaft machen will. Das Selbstwissen soll nach Nietzsche physiologisch sein, es soll seinen Selbstbegriff gerade nicht auf die Weise eines über sich hinausweisenden Sinnes erfahren. Dieser ontologische Vorgang ist für Nietzsche immer das sichere Zeichen der Entartung, denn der Sinn des Selbst kann nicht auf einem Wege des Zusichkommens gewonnen werden, er ist, wie reichlich dargelegt wurde, immer schon da. Das Zusichkommen ist das sichere Anzeichen, daß dieser Sinn nicht mehr unmittelbar gegenwärtig ist, daß er nach dem Satz vom Grunde rekonstruiert werden muß. Diese Rekonstruktion wird aber immer fiktiv vorgenommen und ist damit nicht mehr primär leiblich. Diese Situation des Weges zu sich und der Reflexion auf sich ist also nicht Darstellung des „Leibens", kann nicht im Sinne Nietzsches physiologisch genannt werden. Der Leib ist hier schon in den Mythos des Selbstbewußtseins, den formalen Prozeß der Reflexion als inhaltlichen ausgeben zu können, einbezogen und von diesem Mythos her verstanden. Auf diesem Wege der Selbstvergewisserung verliert sich aber das Verstehen, es zersetzt sich in einem unendlichen Prozeß einer stets neuen Wiederbegründung aus dem stets über sich hinaus Verweisenden. Das leibliche Sein hat nicht die Form des Um-zu, ein solches Verstehen ist schon der „böse Blick" für das Wirkliche. Der Seinsbegriff des über sich hinaus zu sich kommenden Seins soll nach Heidegger den Prozeß der Heilung und Befreiung des leiblichen Seins charakterisieren.

Nietzsche beschreibt den Prozeß der Heilung unter anderem als Frei-werden-für im Gegensatz zum Frei-sein-von.

Frei wovon? Was schiert das Zarathustra! Hell aber soll mir dein Auge künden: frei *wozu*?[151]

Das Frei-sein-für ist ein wesentlicher Bestandteil der Seinsauslegung Heideggers.

Die Angst offenbart im Dasein das *Sein zum* eigensten Seinkönnen, das heißt das *Freisein für*, die Freiheit des Sich-selbst-wählens und -ergreifens. Die Angst bringt das Dasein vor sein *Freisein für* ..., die Eigentlichkeit seines Seins als Möglichkeit, die es immer schon ist.[152]

Das „Freisein-für", welches die Eigentlichkeit aufdeckt, offenbart das Gefühl des „Un-Zuhause", das Gefühl, daß sich das Dasein bei sich nicht Zuhause fühlt, weil sich im Zustand dieses Bei-sich-seins das Nichts offenbart. Dies ist aber eine substantielle Interpretation des Seins, für die das Dasein, wenn es bei sich ist, sich nicht selbst noch einmal begründen kann. Dieses Gefühl des Un-Zuhause ist also die Begleiterscheinung einer rationalistischen Auslegung des Daseins. Das Sein kann und darf sich nicht an sich selbst inhaltlich zeigen, denn dies würde die Art und Weise offenbaren, wie es ausgelegt ist in seinem Bezug zur Welt, als verdinglichtes also. Insofern muß es sich immer jeglicher Inhaltlichkeit enthalten, wenngleich es immer

---

151 Nietzsche, a.a.O., Bd. 4, S. 81.
152 Heidegger, Sein und Zeit. Tübingen ¹¹1967, S. 188.

auf diese Inhaltlichkeit angelegt ist. Es muß sich immer zeigen als das Nicht-Vorhandene, als das Nichts an Sein. Es ist dies eine Selbstvergewisserung, die das nicht sein darf, was sie ist, die Selbstauslegung als verdinglichtes Sein. Deshalb ist auch jegliche Art der Verwirklichung des Seins für Heidegger zugleich eine Seinsvernichtung. Seinsverwirklichung meint immer die Bestätigung eines Sinnes, die Erfüllung dessen also, was es als Frei-sein-für gerade nicht sein darf und will. Da aber das Frei-sein-für von Heidegger kausal ausgelegt wird, kann eine andere Verwirklichung als die einer Zweckerfüllung vom Sein gar nicht vorgenommen werden. So ist das Sein in seiner Verwirklichung stets auch seine Vernichtung.

> Das besorgende Aus-sein auf ein Mögliches hat die Tendenz, die Möglichkeit des Möglichen durch Verfügbar-machen zu *vernichten*. . . . Es bleibt, wenngleich verwirklicht, als Wirkliches ein Mögliches für . . . , charakterisiert durch ein Um-zu.[153]

Die Vernichtung des Seins findet dadurch statt, daß das Mögliche zum Wofür-Möglichen verändert wird, daß die ursprüngliche Offenheit des Frei-seins-für vergegenständlicht verstanden wird und sich in der Verwirklichung vergegenständlicht.

Für Nietzsche dagegen ist das Sein als leibliches Sein inhaltlich erfahrbar, es wird sich also nicht infolge der fehlenden Begründung auf unheimliche Weise offenbar. Das leibliche Sein, dieses in der Lust offenbarte Freisein-für, zeigt damit nicht das Un-Zuhause seiner ständigen Selbstvernichtung auf, sondern schafft sich ständig selbst unabhängig von einem Um-zu.

Für Heidegger ist die einzige Möglichkeit die sich als Möglichkeit aushält, der Tod. Er ist das immer *möglich Bleibende*. Im zweckmäßig ausgelegten Frei-sein-für zeigt er die einzige Möglichkeit einer nicht inhaltlichen Verwirklichung dieses Freiheitsbegriffes an. Vom *Tod* her als der immer möglich bleibenden Möglichkeit, nicht vom *Leib*, versteht Heidegger das Sein als Frei-sein-für. Im besorgenden Tun der Seinsverwirklichung wird aber dieser Seinsbegriff ständig vernichtet.

Heidegger hat dem Leibbegriff Nietzsches in seiner Interpretation die Bedeutung eines Vermögens gegeben, Unvergängliches zu bilden.

> „Leben ist jedoch der Name für das *Sein*, und Sein will heißen: anwesen, dem Verschwinden und Schwund standhalten, bestehen, Beständigkeit. *Ist* also das Leben dieses chaotische Leiben und umdrängte Sichüberdrängen, soll es das eigentlich Seiende *sein*, dann muß dem Lebendigen zugleich und gleichursprünglich daran liegen, den Drang und Überdrang je noch zu überstehen, gesetzt nämlich, daß dieser Drang und Überdrang nicht in die bloße Vernichtung drängt. . . . Das Beständige und der Drang dazu sind daher nicht ein dem Lebensdrang Fremdes *Widersprechendes*, sondern sie *entsprechen* dem Wesen des leibenden Lebens: Lebendiges muß, um zu leben, um seiner selbst willen *auf Beständiges drängen*.[154]

Dies kann nicht der Seinsbegriff der leiblichen Vernunft sein, da hier das entleibte und tote Sein einer durch den Zeitbegriff sich von sich entfernenden Vernunft zugrundegelegt wird. Aber gerade die sich hierbei manifestierende Gegenständlichkeit und Beständigkeit, zu der die Vernunft keinen Zugang hat, da diese in die Zeitlichkeit gehüllt ist, dem Zeitbegriff also unterworfen, ruiniert das leibliche Sich-wissen, wie gezeigt wurde, indem es sich hier im Ressentiment verzehrt. Heidegger skizziert in diesem Begriff des auf Beständiges drängenden Leibes die

---

153 Heidegger, a.a.O., S. 261.
154 Heidegger, Nietzsche, S. 571.

kranke leibliche Vernunft, die nicht mehr das Ob-Bewußtsein zu vollziehen in der Lage ist.

Es ist hier deshalb ein so großes Gewicht auf die Interpretation von Nietzsches Leibbegriff gelegt worden, weil eine Mißdeutung sehr nahe liegt. Selbst eine so tiefgehende Interpretation Nietzsches, wie sie von Heidegger vorgenommen worden ist, muß sich den Vorwurf gefallen lassen, ihn ontologisch ausgelegt zu haben. Hierbei wird aber die Eigentümlichkeit und Spezialität dieses Leibbegriffes nicht deutlich.

Es war das Anliegen dieser Arbeit, den Leibbegriff Nietzsches aus seiner völlig neuen Grundlegung heraus zu verstehen und darin eine wesentliche Bereicherung des Selbstwissens und der Selbsterfahrung des Menschen zu sehen. Diese Bereicherung liegt im wesentlichen in der praktischen Bedeutung, die die Selbstverwirklichung durch den Leibbegriff erfahren kann. Hierbei ist auch eine Befreiung von der ontischen und ontologischen Selbstauslegung und Selbstkonstitution festzustellen, indem diese in ihrer pathologischen Natur erkannt wird. Im wesentlichen aber wird das Feld des Unbewußten erschlossen.

Welche Bedeutung der Genesungsgedanke im Gesamtwerk Nietzsches haben mag, soll hier nicht entschieden werden. Hier soll nur dargestellt werden, daß dieser Genesungsgedanke physiologisch konzipiert ist. Dabei sollte herausgestellt werden, daß der durch den Genesungsgedanken ermöglichte Seinsbegriffs nicht eine Verklärung des gegenständlichen Seins bedeutet, sondern das vergegenständlichte Sein auf seine leiblichen Ursprünge zurückführt und in der Konstitution des Leibes begriffen sein läßt. Das Sein-für wird also nicht in der Hinbildung auf den Tod metaphysisch gemacht, das Sein-für wird als leibliche Verfassung erkannt, die auf einen bestimmten Zustand des Leibes zurückweist. Nur durch diese Rückführung auf das leibliche Sein kann das Sein sich aus der Vergegenständlichung lösen und damit heilen. Das vergegenständlichte Sein des Daseins hat aus sich heraus diese Möglichkeit nicht, es kann sich selbst nur von sich enthalten, indem es sich an der Inhaltslosigkeit des zu erwartenden Todes orientiert. Aber auch dann, wenn es sich so enthält von sich selbst, bleibt es doch immer dieses verdinglichte Sein, es hebt trotz der Enthaltung seinen Modus der Verdinglichung nicht auf. Nietzsches Rückführung auf die Physiologie und der damit verbundene Weg der Heilung kann als Ausweg aus dieser Verdinglichung gesehen werden. In dieser Erfassung des Selbst des Leibes und seiner Leibsprache sah Nietzsche in den späteren Jahren die Möglichkeit, das Selbstbewußtsein wieder zu vereinheitlichen und ein inhaltliches Wissen vom Selbst zu erlangen.

B Spekulative und naturwissenschaftliche Konzeptionen eines euphorischen Seins

1. Die Physiologie der Lust

a) Sichwissen und Es-Wissen

Nietzsches Einsamkeit in der Neuerschließung des leiblichen Bewußtseins ist nicht nur in bezug auf seine Vorgänger, sondern auch gegenüber seinen Auslegern festzustellen. Aufgrund der Wirkungen, die seine Philosophie hervorgebracht hat, kann er keineswegs als Wegbereiter einer neuen Philosophie des Leibes bezeichnet werden. Es ist festzustellen, daß seine Philosophie des Leibes als Möglichkeit eines Selbstbewußtseins in dieser von ihm intendierten Art der Genesung einer sich selbst wieder gefundenen Vernunft nicht Fuß gefaßt hat. Zwar haben spätere Philosophien des Leibes einen ähnlichen Ansatzpunkt, wie dies hier noch gezeigt wird, jedoch ohne die Einheitlichkeit. Es läßt sich auch kein eigentlicher Bezug zu Nietzsche feststellen. Diese Denker, die auf eigenen Wegen zu ähnlichen Gedanken gekommen sind, zum Teil aus anderen Wissenschaftsbereichen, der Medizin, der Psychologie und der Biologie, haben dann auch das von Nietzsche erreichte Reflexionsniveau in dem Maße nicht erreicht, haben dafür aber empirisch und diskursiv gearbeitet. Nietzsche hat diesen empirischen Ansätzen diesen Punkt voraus, daß seine Konzeption den Leib nie als leeres Etwas, als Maschine oder belebtes Ding zugrundegelegt hat. Die Empiristen, wie noch zu zeigen sein wird, haben den Leibbegriff nicht reflektiert, haben dann aber auf einem maschinenartig konzipierten Leibbegriff Ergebnisse erzielt, die diese Fundierung hinfällig und fragwürdig machen. Hierbei sind besonders die psychoanalytischen Denkmodelle gemeint. Solche Formulierungen und Modelle stoßen auf die Widersprüche, die zustandekommen, wenn ein Lebendiges von außen her begriffen werden soll. Doch gerade die psychoanalytischen Beispiele zeigen, daß solche Fundierungen die Ergebnisse nicht absolut beeinflussen, daß trotz solcher Fundierungen ein Selbstbegriff des Leibes, der zunächst maschinell verstanden wurde, möglich sein kann.[155] Dennoch wird hier dieser Widerspruch nie ausgeräumt. Gerade Sigmund Freud hat mit seiner Libido-Theorie immer wieder diese Kontroverse erfahren müssen. Dies sind Schwierigkeiten, die aufgrund einer mangelnden theoretischen Klärung des Leibbegriffes entstehen. Nietzsche hätte hier allen diesen Empiristen eine hervorragende Grundlage in dieser Frage sein können, doch er wurde in diesem Punkte nicht zu Rate gezogen, so wie das auch heute noch im wesentlichen der Fall ist. Die Schuld daran soll aber keineswegs von Nietzsche abgewendet werden; seine euphorische und verworrene Darstellung bietet keinen leichten Zugang zu seinen Gedanken. Auch moderne Wissenschaft kann heute noch bei Nietzsche fündig werden, wenn auch die Erforschung leiblicher Phänomene sehr viel weiter gekommen ist, als dies zu Nietzsches Zeit der Fall war. Gerade in Fragen der theoretischen Abklärung kann Nietzsche wertvolle Dienste leisten. Wegen dieser grundlegenden Abklärung des Leibbegriffes, unabhängig von diesem Mangel an wissen-

---

155 Dieckmann, Bernhard, Der psychoanalytische und der organlose Körper. In: Der andere Körper. Hrsg. v. Kamper, d. und Wulf, Chr., S. 103–123. Berlin 1984, S. 105.

schaftlichen und inhaltlichen Kenntnissen des Leibes, kann Nietzsche als derjenige angesehen werden, der die fundierteste Theorie einer leiblichen Vernunft geschrieben hat.

Diese Grundzüge einer solchen Theorie des Leibes wären wie folgt zu charakterisieren: Für die Gewißheit des Denkens ist das Denken selbst nicht verantwortlich, es kennt aus sich nicht die Regeln, die das Gewißwerden von Inhalten des Selbstbewußtseins ermöglichen. Die reflexive Gewißheit, die Gewißheit des Denkens also, wird vom Leib hergestellt und ist kein Begriff eines Selbstbewußtseins. *Die reflexive Gewißheit ist damit bloß ein Sich-gewisses, aber kein Selbst-gewisses.* Das Sichgewisse erfüllt zwar alle Bedingungen des reflexiven Wissens, es hat für sich den Charakter eines abgeschlossenen und sicheren Systems. Dieses System stellt aber nicht das Selbst dar, es ist kein Wissen dieses Selbstwissens des Leibes und kein inhaltliches Bewußtsein der Leibvorgänge. Das Sichgewisse ist nur ein Bewußtwerden eines Sein-für. Bei dem Bewußtwerden des Sichgewissen als Sein-für zeigt sich aber, daß dieses Sein sich nur auf dem Wege der Seinsvernichtung verwirklichen kann. Das in der Gewißwerdung des Denkens erfahrene Sein kann sich somit nicht als *Sein erhalten*, es diffundiert in der Vergegenständlichung zum *Seienden*. Zeigt sich dieser Vorgang aber als normaler Prozeß eines leiblichen Seins, so ist die Seinsvernichtung nicht mehr ein Problem für das Selbstbewußtsein, sie kann physiologisch als Indiz für einen bestimmten Leibzustand gedeutet werden. Der Leib ist dann nicht nur tierischer Leib gegenüber dem geistigen Prinzip des Sichgewissen, sondern Seinsgewissheit. Alle Seinszustände kommen als Leibzustände zum Ausdruck, sie können auch als solche begründet werden. Alle Seinszustände sind Selbstgewißheiten des Leibes. Ihre Reduktion zu bloßen Sichgewißheiten ist der Ausdruck des sich entfernenden Selbstbewußtseins, wie Nietzsche das gezeigt hat. Dabei wird der Leib als kranker wahrgenommen und erscheint jetzt als Körper, als Stoff, als Maschine. Es kommt zu einem Leib-Seele-Dualismus. Die Leiblichkeit alles Wissens geht also dort verloren, wo das Sein begründet wird. Mit dieser Begründung ist aber zugleich auch der Bezug des Leibes zur Welt gestört, da auch in den äußeren Inhalten der Welt diese abstrakte Selbständigkeit waltet, die dem Sichgewissen als Sein zukommt. Aus diesem Bezug erst ist der Begriff der Gegenständlichkeit der Welt ableitbar und verstehbar. Die Gegenständlichkeit also ist schon Resultat dieser Entstellung. Auch dieser Weltbezug eines abstrakten Selbst zu den abstrakten Sinnen trägt den Charakter des Verzerrten und Blinden, da das Leiburteil über Maß und Ziel, Gesundheit und Bekömmlichkeit, Häßlichkeit und Schönheit durch ein Reglement einer vernünftigen Lebensführung ersetzt ist. Dieses Reglement erfordert aber einen komplizierten Apparat von Weisungen, der die Gesundheit in einer fremden und feindlichen, vom Leibe getrennten Umwelt ermöglicht. Da das Sichgewisse blind und inhaltsleer ist, erfordert es eine Wissenschaft und eine Technik, die das Sichgewisse durch das Wissen ersetzt.

Inwieweit Nietzsche mit seiner Darstellung des Leibes seine Zeit übersprungen hat, kann erst heute ermessen werden, da viele Richtungen der Psychologie, Medizin und Psychotherapie den leiblichen Ansatzpunkt sich zunutze machen, nicht nur im Sinne einer philosophischen Begründung, sondern auch im Hinblick auf Therapie. Nietzsches großer Vorsprung in theoretischer Hinsicht mag hierfür auch heute noch von Nutzen sein, wie schon erwähnt. Dennoch muß auch gesehen werden, daß seine

Leibphilosophie durchaus auch spekulativen Charakter hat. Dieser spekulative Zug, der sich mit der Zukunft des leiblichen Seins im Übermenschen befaßt, ist von der Nietzsche-Rezeption in übermäßigem Maße in Augenschein genommen worden, ohne daß der eigentlich fundierende Leibbegriff erkannt worden wäre. Statt der ermüdenden Diskussionen um die Existenz eines Übermenschen sollte Nietzsche zukünftig als derjenige Philosoph gesehen werden, der konkrete Anweisungen für die Wiedergewinnung der Weisheit des Leibes und seines Selbstwissens gibt.

Was Nietzsche den Theoretikern des *Es-wissens*, die im folgenden besprochen werden, voraus hat, ist die Einsicht in die Funktion des Denkens.

> Was den Aberglauben der Logiker betrifft: so will ich nicht müde werden, eine kleine kurze Thatsache immer wieder zu unterstreichen, welche von diesen Abergläubischen ungern zugestanden wird — nämlich, dass ein Gedanke kommt, wenn „er" will, und nicht wenn „ich" will; so dass es eine *Fälschung* des Thatbestandes ist, zu sagen: das Subjekt „ich" ist die Bedingung des Prädikats „denke". Es denkt: aber dass diess „es" gerade jenes alte berühmte „Ich" sei, ist, milde geredet, nur eine Annahme, eine Behauptung, vor Allem keine „unmittelbare Gewißheit". Zuletzt ist schon mit diesem „es denkt" zuviel gethan: schon diess „es" enthält eine *Auslegung* des Vorgangs und gehört nicht zum Vorgange selbst. Man schliesst hier nach der grammatischen Gewohnheit „Denken ist eine Thätigkeit, zu jeder Thätigkeit gehört einer, der thätig ist, folglich —". Ungefähr nach dem gleichen Schema sucht die ältere Atomistik zu der „Kraft", die wirkt, noch jenes Klümpchen Materie, worin sie setzt, aus der heraus sie wirkt, das Atom; strengere Köpfe lernten endlich ohne diesen „Erdenrest" auskommen, und vielleicht gewöhnt man sich eines Tages noch daran, auch seitens der Logiker ohne jenes kleine „es" (zu dem sich das ehrliche alte Ich verflüchtigt hat) auszukommen.[156]

Dokumentiert das Es-wissen die Abkehr vom Cogito, so ist es aber dennoch der Grammatik dieses Cogito unterstellt. Trotzdem läßt sich sagen, daß dieses Es von Nietzsche als philosophische Möglichkeit einer Erschließung des leiblichen Seins benutzt wird. Für ihn ist das Es jedoch keine einfache und bloße Ersetzung des Ich. Dies ist dann der Fall wenn alle grammatikalischen Bezüge beibehalten werden. Das Es-wissen hat also eine eigene Grammatik, die unabhängig von der Subjekt-Prädikatsrelation ist.

Im formal begründeten Sichwissen muß das Ich transzendental bleiben. Jeder Versuch, dieses Wissen auch inhaltlich darzustellen oder zu begreifen, ist ein Versuch der Selbstauflösung, ähnlich den logischen Prozessen, die Bateson[157] als krankhaft beschreibt. Es ist der Versuch, die logische Fundierung, die Grammatik des Wissens, daß das Ich als Grund fungiert, durch ein Wissen, in dem das Ich schon ein Gewußtes ist, zu entwerten. Deshalb ist Kants Formulierung des Sichwissens als transzendentale Einheit der Apperzeption die letztgültige Formulierung für diese Vernunft. In der Kant nachfolgenden Philosophie zeigen sich jedoch verschiedene Versuche, mit dieser Art des Sichwissens zu brechen. Die vorliegende Arbeit hat jedoch gezeigt, daß die Versuche eines Bruches mit dem Sichwissen immer von der Grundlage dieses Sichwissens aus geführt wurden. So sind diese Versuche eines Es-wissens ganz in dem von Nietzsche gedeuteten Sinn nur Verkleidungen des Sichwissens. Daß das Es-wissen bis zu Nietzsche den Kriterien des Sichwissens unterstellt ist, ändert aber nichts an dem Motiv, die Abstraktheit des Selbstbewußtseins als

---

156 Nietzsche, a.a.O., Bd. 5, S. 30–31.
157 Bateson, G., Ökologie des Geistes, übers. v. G. Holl, Frankfurt 1981, S. 271.

synthetische Einheit der Apperzeption zu überwinden, um das Sichwissen in irgendeiner Weise als körperliches Wissen ausweisen zu können. Das deutlichste Beispiel hierzu hat Schopenhauer geliefert. Zwar hat Schopenhauer den entscheidenden Schritt getan, das Selbstbewußtsein aus dem Bewußtsein des Willens heraus abzuleiten, so daß das Selbstbewußtsein sich als Es-Bewußtsein erkennen kann. Doch dieses Es ist nur jenes verkleidete Ich, von dem Nietzsche spricht, es ist das kosmisch ausgestaltete Sichgewisse des Ichs.

Das Interesse und auch Gemeinsame dieser Versuche der nachkantischen Philosophie besteht darin, das Ungenügende der Fundierung zu überwinden in einer metaphysischen Verklärung des Ichs zum Es. Doch Nietzsche gibt zu bedenken, daß das Es-wissen keine zusätzliche Vergewisserung bedeutet, wenn es der Grammatik des Sichgewissen unterstellt ist. Das Es-wissen ist deshalb nicht Ausdruck der Logik des Leibes, wenn es noch der Ästhetik, der Erkenntnistheorie und der Moralität des Sichgewissen, leibverachtenden Standpunktes verpflichtet ist.

Nietzsches Philosophie des Leibes ist also keine Entscheidung für ein Es-wissen gegenüber einem Sichwissen, es ist die Ablehnung eines jeglichen Seinsbegriffes im Sinne des Sein-für und des Sein-als, die Ablehnung jeglicher Begründung des Seins. Sein euphorischer Seinsbegriff muß immer als Seinsbegriff der Vernunft des Leibes gesehen werden, soll nicht ein platter Irrationalismus dokumentiert werden. Der Leib selbst hat diese Offenbarkeit, die keiner Hintergründigkeit bedarf, ausgehend vom Leibe ist dann auch die Welt in dieser Weise deutbar. So ist das Es-wissen zwar der Versuch, von einem ausweglosem Standpunkt wegzukommen, es ist damit jedoch noch nicht das Selbstwissen des Leibes. Nietzsches Bemühen einer Grundlegung und Erkenntnis der Vernunft durch den euphorischen Seinsbegriff verhindert, daß ein Es-Bewußtsein mit der Grammatik des Ich-Bewußtseins konstruiert wird.

b) Die Objektbildung als Verleiblichung des Es-wissens

Die Verbindung Freuds zur Philosophie der Romantik ist immer noch Gegenstand von Spekulationen.[158] Im folgenden Abschnitt soll nicht diesen Spekulationen nachgegangen werden, um hierbei eventuelle plausible Lösungen herauszustellen, sondern es soll dargestellt werden, daß mit dem Es-Bewußtsein eine leibliche Vernunft beschrieben ist, die große Affinitäten zu Nietzsches Beschreibung hat.[159]

Aus der Forschungsgeschichte Freuds ist ersichtlich, daß die Psychoanalyse am Phänomen der Hysterie, der Verkörperlichung von Gedachtem, ihren Ausgangspunkt genommen hat.[160] Entsprechend benutzt Freud auch den von Groddek für den Leib gebrauchten Begriff des Es als Synonym für das Unbewußte. Freud sagt:

158 Leibbrand, W., Die spekulative Medizin der Romantik. s. 294 f..
159 Brun, J., Le retours de Dionysos. Paris 1976.
160 Grunert, S., Körperbild und Selbstverständnis. Psychoanalytische Beiträge zu Leib-Seele-Geist. München 1977. S. 7.

In Anlehnung an den Sprachgebrauch bei Nietzsche und infolge einer Anregung von Groddek heißen wir es fortan das *Es*.[161]

Die Konzeption Groddeks, auf die Freud hier zu sprechen kommt, bewegt sich im wesentlichen um den Gedanken, daß das Es als gestaltende Kraft nicht nur die Individualität des einzelnen Körpers schafft, sondern daneben auch noch die Individualität der einzelnen Teile des Körpers, der Glieder und Organe.[162] Aufgrund dieser Betrachtungsweise wird der Körper als ein Zusammenhang dieser Individualitäten gesehen, Gesundheit und Krankheit sind damit nicht mehr Tag- und Nachtzeit eines Körpers, sondern Äußerung dieser Individualitäten, die jede für sich ihr Recht beanspruchen und jenseits von Gut und Böse sich realisieren wollen.

> Und daraus ergibt sich für mich, daß auch jede einzelne Zelle ein solches Individualitätsbewußtseins hat, jedes Gewebe ebenso, jedes Organ auch, und jedes Organsystem desgleichen. Mit anderen Worten: Jede Es-Einheit kann, wenn sie Lust dazu hat, sich selbst weismachen, sie sei eine Individualität, eine Person, ein Ich.[163]

Für Groddek ist das Es-wissen jene erweiterte Form des Sichwissens und des Ichwissens, von der Nietzsche gesprochen hat. Es ist hier die Frage, ob mit dieser erweiterten Formulierung tatsächlich eine neue Art des Bewußtseins hergestellt ist. Zunächst einmal läßt sich feststellen, daß es einen rein oberflächlichen und äußerlichen Gegensatz zwischen Es-wissen und Sichwissen gibt. Dieser Gegensatz besteht darin, daß hier ein nicht auf die Weise des Sichvergewisserns gewiß gewordenes System, eine Zelle, ein Organ, ein Körper usw. ohne weiteres Selbstbewußtsein für sich beanspruchen zu können scheint. Die Identität dieser Iche, die das Es sind und Es-Bewußtsein haben, sind also nicht durch die Innerlichkeit eines Sichvergewisserns offenbar geworden, sondern durch die bloße Setzung als solche Es-Iche. Dieses Es-Bewußtsein ist also nicht innerlich erfahren, es wird gleichsam von außen bestimmt. Doch als Ausdruck ist das Es die Innerlichkeit des Ichs und der organischen Iche.

> Dieses von mir für die Zellen, die Organe und so weiter beanspruchte Ich ist mir nicht etwa dasselbe, wie das Es. . . . Vielmehr ist dieses Ich nur ein Produkt des Es, etwa wie die Gebärde oder der Laut, die Bewegung, das Denken, Bauen, Aufrechtgehen, Krankwerden, Tanzen oder Radfahren ein Produkt des Es ist. Die Es-Einheit betätigt ihr Lebendigsein einmal auf diese, einmal auf jene Weise: Dadurch, daß sie sich in eine Harnzelle verwandelt oder einen Nagel bilden hilft oder ein Blutkörperchen wird oder eine Krebszelle oder sich vergiften läßt oder

---

161 Freud, neue Folge der Vorlesungen zur Einführung in die Psychoanalyse.Studienausgabe, Bd. 1, S. 509.

162 Plaum, F. G., und Stephanos, S., Die klassischen psychoanalytischen Konzepte der Psychosomatik und ihre Beziehungen zum Konzept der „pensée opératoire". In: Lehrbuch der Psychosomatischen Medizin.
Mit Hilfe der Symbolisierungsfähigkeit des Es versucht er, unbegrenzt körperliche Symptombildungen psychologisch zu erklären. Damit wird deutlich, daß Groddek das Freudsche Konversionsmodell in banaler Weise auf organische Krankheiten übertragen hat. Psychosomatische Störungen waren für ihn stets ein Ausdruck eines psychoneurotischen Phantasiegeschehens, meist sexuellen Charakters; sie waren letztlich also Varianten der Konversionshysterie. Diese gleichsam gläubige Überdehnung des konversionsneurotischen Ansatzes führte ihn zu originellen Einsichten, aber auch zu Konstruktionen, die uns heutzutage geradezu phantastisch anmuten. (S. 209).

163 Groddek, G., Das Buch vom Es. Hrsg. v. H. Siefert, Frankfurt 1979, S. 253.

einem spitzen Stein ausweicht oder sich irgendeines Phänomenes bewußt wird. Gesundheit, Krankheit, Talent, Tat und Gedanke, vor allem aber das Wahrnehmen und Wollen und das Sichbewußtwerden sind nur Leistungen des Es, Lebensäußerungen. Über das Es selbst wissen wir nichts.[164]

An solchen Passagen wird die Ähnlichkeit zu Schopenhauer deutlich. Das Zitat könnte von ihm stammen, der statt vom Es vom Willen spricht, und doch zeigt sich ein entscheidender Unterschied. Groddeks Es ist nicht aus einem sichwissenden und wollenden Willen abgeleitet. Deshalb ist das Es auch in seinen Motiven nicht bekannt. Es ist nicht Etwas, wie der Wille ja Etwas ist, indem er sich objektiviert. Während der Wille bei Schopenhauer in seinen Motiven durchsichtig ist, ist hier bei Groddek das Motiv des Es nicht aus einer Idee ableitbar. Das Es-wissen ist also nicht das Produkt einer ontologischen Vergewisserung. Es erlaubt deshalb auch ein inhaltliches Körperwissen und damit ein inhaltliches Selbstbewußtsein. Unbelastet von der prinzipiellen Nötigung eines formalen Selbstwissens, bei dem es kein inhaltliches Wissen gibt, kann es sich selbst inhaltlich erfahren. Dadurch ist das Selbstbewußtsein nicht mehr das Wissen des Prinzips wie beim formalen Sichwissen, es ist das Leiberlebnis als Wissen.

Bei dem Es-wissen bleibt der Charakter des Selbstischen unbewußt, er tritt nicht bestimmend in diesem Wissen und für dieses Wissen auf. Deshalb hat das Es-wissen auch nichts Ichliches, es ist somit nicht formal identifiziert. Das Es wird erst dann für das Ich wißbar, wenn es das Ich und dessen Welt mit Energie besetzt und ihnen in dieser Besetzung das Gepräge einer Individualität verschafft. Dies ist der eigentliche Prozeß der Verinnerlichung, an dem Subjekt und Objekt in gleicher Weise teilhaben.

Diese Art der Beziehung und Besetzung des Es auf Objekte jeglicher Art, wobei diese einen ichhaften Charakter annehmen, wird auch *Objektbesetzung* genannt.[165] Was in dieser Weise der Objektbesetzung gewußt wird, gehört noch zum leiblichen Körper dazu, ist Teil dieses leiblichen Körpers, auch wenn diese Objekte sozusagen außerhalb des Leibes liegen. Die Objektbesetzung ist die ursprünglichste Art des

---

164 Groddek, a.a.O., S. 253-4.
165 Mit der Bildung des Objekts im Sinne der psychoanalytischen Deutung hat sich besonders René Spitz beschäftigt.
Spitz, R., Vom Säugling zum Kleinkind. Stuttgart ²1983.
Das „Objekt" der akademischen Psychologie, das wir ein „Ding" nennen wollen, bleibt konstant, identisch mit sich selbst, und kann durch ein raumzeitliches Koordinatensystem beschrieben werden.
Das Objekt der Libidio ist ein Begriff ganz anderer Art. Es kann nicht durch räumliche und zeitliche Koordinaten bestimmt werden, denn es bleibt nicht konstant oder mit sich selbst identisch. Das gilt allerdings nicht während jener Perioden, in denen keine größere Neuverteilung jener Triebmengen erfolgt, mit denen das Objekt der Libido besetzt ist. Deshalb wird das Objekt der Libido vorwiegend in dem Begriffssystem seiner Genese beschrieben, das heißt seiner Geschichte. In bezug auf das Objekt der Libido spielen die raum-zeitlichen Koordinaten, die das Objekt der akademischen Psychologie bestimmen, nur eine untergeordnete Rolle. Stattdessen wird das Objekt der Libido durch die Struktur der Triebe und Partialtriebe sowie durch die Triebschicksale charakterisiert, die auf es gerichtet sind, und kann auch so beschrieben werden. (S. 34–5)

Wissens, es ist die Art, wie der Organismus weiß. Dabei ist das Sichwissen des Ichs, der Person jetzt, auch nur eine Folge dieser Objektbesetzung, ein Ergebnis und Produkt dieses Wissens und erscheint als ein vom Es-wissen Gewußtes. Das Sichwissen und das Ichwissen, das Ich überhaupt, ist damit kein ursprüngliches, es ist ein Es-Bewußtsein. Nicht das Ich weiß, sondern das Ich wird gewußt.

> Das Ich ist doch nur ein Stück vom Es. . . . In dynamischer Hinsicht ist es schwach, seine Energien hat es dem Es entlehnt, und wir sind nicht ganz ohne Einsicht in die Methoden, man könnte sagen: in die Schliche, durch die es dem Es weitere Energiebeiträge entzieht. Ein solcher Weg ist zum Beispiel die Identifizierung mit beibehaltenen oder aufgegebenen Objekten. Die Objektbesetzungen gehen von den Triebansprüchen des Es aus. Das Ich hat sie zunächst zu registrieren. Aber indem es sich mit dem Objekt identifiziert, empfiehlt es sich dem Es anstelle des Objekts, will es die Libido des Es auf sich lenken.[166]

Für Freud ist das Ich, im Gegensatz zu Groddek, ein eigenes System, nicht bloß das Produkt einer Objektbesetzung durch das Es. Dennoch wird sich am Begriff der „Einverleibung" zeigen, daß auch das Nicht-Ich diesen Charakter des Ichs bei dieser Einverleibung annimmt. Ein eigentliches Bewußtsein über innen und außen, über Raum und Zeit und über Ich und Nicht-Ich und sonstige logische Verhältnisse scheint es in diesem Wissen als Objektbesetzung nicht zu geben.[167] Doch konsequent hat dies nur Groddek ausgedrückt, für den das Ich und alles Ichhafte von Teilen des Körpers ein solches Produkt des Es-Bewußtseins ist. Nur unter dieser Voraussetzung, daß das Ich gar kein eigenständiges Wissen ist, kann es zu dieser Verwischung von innen und außen kommen, wie dies beim Begriff der Objektbesetzung geschieht. Die konsequente und grundlegende Position für diesen Begriff der Objektbesetzung gibt deshalb nur Groddek zu erkennen.

> „Ich ist durchaus nicht Ich", sondern eine fortwährend wechselnde Form, in der das Es sich offenbart, und das Ichgefühl ist ein Kniff des Es, den Menschen in seiner Selbsterkenntnis irre zu machen, ihm das Sich-selbst-Belügen leichter zu machen, ihn zu einem gefügigeren Werkzeug des Lebens zu machen.[168]

Nur aufgrund dieser herabgesetzten Bedeutung des Ich-Bewußtseins kann ein solcher Begriff der Objektbesetzung sinnvoll sein. Die Objektbesetzung ist ein blinder Vorgang, bei der es zu einer Weltbildung des leiblich erkennenden Organismus kommt. Entsprechend dem Ort und dem Maß dieser Besetzung besteht für das Ich die Möglichkeit einer Identifizierung dieser Objekte als beständige Objekte, die Möglichkeit also, eine Objektkonstanz aufzubauen. Dies gilt auch für das Ich, das ganz im Sinne dieser Seinsbildung dadurch hervorgebracht wird, daß es mit Besetzungsenergie versehen wird. Nur das Es-Besetzte ist als Etwas da, existiert überhaupt. Die Es-Besetzung ist also die Seinsbildung überhaupt. Obwohl Freud das Es nicht in der Weise mit dem Körper in eins setzt, wie Groddek dies getan hat, kann doch gesagt werden, daß das Es-wissen auch im Sinne Freuds als das Wissen des leiblichen

---

166 Freud, a.a.O., Bd. 1, S. 513–4.
167 Dieses Wissen ist das leibliche Wissen, das weltbildende Wissen des Leibes, wie dies auch von Merleau-Ponty nachgewiesen wird.
Frostholm, Birgit, Leib und Unbewußtes. Freuds Begriff des Unbewußten, interpretiert durch den Leibbegriff Merleau-Pontys. Bonn 1978. S. 115.
168 Groddek, a.a.O. S. 252.

Körpers bezeichnet werden kann.[169] Es ist zum Beispiel das Wissen der Zelle, die sich als Zellverband weiß.

> Nach allgemeiner Einsicht ist die Vereinigung zahlreicher Zellen zu einem Lebensverband, die Vielzelligkeit der Organismen, ein Mittel zur Verlängerung ihrer Lebensdauer geworden. Eine Zelle hilft dazu, das Leben der anderen zu erhalten, und der Zellenstaat kann weiterleben, auch wenn einzelne Zellen absterben müssen. Wir haben bereits gehört, daß auch die Population, die zeitweilige Verschmelzung zweier Einzelliger, lebenserhaltend und verjüngend auf beide wirkt. Somit könnte man den Versuch machen, die in der Psychoanalyse gewonnene Libido-theorie auf das Verhältnis der Zellen zueinander zu übertragen und sich vorzustellen, daß es die in jeder Zelle tätigen Lebens- und Sexualtriebe sind, welche die anderen Zellen zum Objekt nehmen, deren Todestriebe, das ist von diesen angeregten Prozesse, teilweise neutralisieren und sie so am Leben erhalten, während andere Zellen dasselbe für sie besorgen und noch andere in der Ausübung dieser libidinösen Funktion sich selbst aufopfern.[170]

Die Möglichkeit der Übertragung der Libidotheorie auf das somatische Geschehen kann nur deshalb vorgenommen werden, weil das somatische Geschehen selbst in dieser Weise als dem psychologischen Geschehen unterworfen betrachtet wird.

Das Es-wissen ist durch die folgenden Kriterien charakterisiert.

> Fassen wir zusammen: *Widerspruchslosigkeit, Primärvorgang* (Beweglichkeit der Besetzungen), *Zeitlosigkeit* und *Ersetzung der äußeren Realität durch die psychische* sind die Charaktere, die wir an dem System Ubw gehörigen Vorgängen zu finden erwarten dürfen.[171]

Diese Passage ist in einem Brief an Groddek kommentiert.

> In meinem Aufsatz über das Ubw, den Sie erwähnen, finden Sie . . . eine unscheinbare Note: „Die Erwähnung eines anderen bedeutsamen Vorrechts des Ubw sparen wir für einen anderen Zusammenhang auf.“ Ich will Ihnen verraten, was hier zurückgehalten worden ist: Die Behauptung, daß der unbewußte Akt eine intensive plastische Einwirkung auf die somatischen Vorgänge hat, wie sie dem bewußten Akt niemals zukommt.[172]

Diese plastizierende Fähigkeit der Libido ist dasjenige, was *Verleiblichung* genannt werden kann. Durch die Objektbesetzung findet jene Verleiblichung im weitesten Sinne statt. Im Laufe der verschiedenen Phasen der psychoanalytischen Begriffsbildung ist dieses Verhältnis unterschiedlich beschrieben worden. Da die Objektbesetzung ein leibliches Wissen und Vergewissern der Objekte ist, ist hierfür auch der Begriff Einverleibung (Introjektion) benutzt worden, soweit es sich um Verleiblichungen handelt, die außerhalb des Leibes liegen und anzusetzen sind. Die Objekte werden introjiziert.

Durch diese Introjektion und Einverleibung sind Objekte erst Objekte. Der gegenteilige Vorgang hierzu ist der der Ausstoßung, der Auslöschung des Objektcha-rakters der Objekte. Die Objekte werden angeleibt oder entleibt, wobei im Laufe eines

---

169 Bernard, Michel, Der menschliche Körper und seine gesellschaftliche Bedeutung. Bad Homburg 1981. S. 73.
Die Erzählung unserer Träume ist für FREUD „eine architektonische Symbolik des Körpers“. . . . Diese ganze Symbolik, die sich ständig entsprechend den imaginären Assoziationen der subjektiven Erfahrungen bereichert, offenbart also, daß *unser Körper immer Sprache über den Körper ist.*

170 Freud, a.a.O., Bd. 3, S. 259.

171 Freud, a.a.O., S. 146.

172 Freud, ebd.

individuellen Lebens diese Prozesse immer *symbolischer* werden. Auch bei der symbolischen Einverleibung und Ausstoßung sind orale und anale Charakteristika der Einverleibung und Ausstoßung festzustellen. Im Laufe der Entwicklung eines Individuums verändert sich die Bedeutung dieser einverleibenden Organe darin, daß sie ihre reale Tätigkeit in diese symbolische verwandeln, dabei aber immer Organe der Einverleibung bleiben. Deshalb kann von oralen und analen Tätigkeiten, Fixierungen usw. gesprochen werden.

Die Objektivität eines Sachverhaltes ist also dadurch gekennzeichnet, inwieweit etwas einverleibt ist oder nicht. Das ausgeprägte Festhalten an symbolischen Einverleibungen und Ausstoßungen in übermäßigem Maße ist als Fixieren der Libido bekannt, das zu verschiedenartigen, zum Teil als krankhaft empfundenen Veränderungen der Persönlichkeit führt, wobei die Fixpunkte besonders erfolgreiche und lustbringende Objektbesetzungen innerhalb der Geschichte eines Individuums sind, auf die in Situationen des Versagens und der Belastung oder der Unlust die Libido regrediert. Die verschiedenen Erscheinungsformen solch pathologisch aussehender Libido-Konstellationen oder Einverleibungen, die aber eigentlich vom *Leibverständnis* her *Heilungsvorgänge* oder *Auswege* einer die Realität nicht besetzen könnenden Libido sind, sollen hier nicht weiter besprochen werden. Den alleinigen Betrachtungspunkt für die gegenwärtige Untersuchung bildet der Versuch dieser Theorie, das hierbei sich vollziehende Es-wissen für ein Sichwissen des Selbst und eine Theorie desselben verfügbar zu machen. Dieser Versuch liegt in der Maxime der Theorie der Psychoanalyse begründet, durch Bewußtmachung unbewußter Vorgänge den pathologisch fixierten Organismus heilen zu können. Eine Heilung soll also durch Bewußtmachen erwirkt werden, durch Erkennen und Verfügbarmachen innerhalb eines Sichwissens.

> Die Symptombildung ist ein Ersatz für etwas anderes, was unterblieben ist. Gewisse seelische Vorgänge hätten sich normalerweise so weit entwicklen sollen, daß das Bewußtsein Kunde von ihnen erhielte. Das ist nicht geschehen, und dafür ist aus den unterbrochenen, irgendwie gestörten Vorgängen, die unbewußt bleiben mußten, das Symptom hervorgegangen. Es ist also etwas wie eine Vertauschung vorgefallen; wenn es gelingt, diese rückgängig zu machen, hat die Therapie der neurotischen Symptome ihre Aufgabe gelöst.[173]

Dieser Vorgang des Rückgängigmachens kann nur durch ein Verfügbarmachen für das Bewußtsein stattfinden.

> Unsere Therapie wirkt dadurch, daß sie Unbewußtes in Bewußtes verwandelt, und wirkt nur, insoweit sie in die Lage kommt, diese Verwandlung durchzusetzen.[174]

Pathologische Objektbesetzungen, solche also, die in übermäßigem Maße regressiv sind, müssen aus diesem Zustand des Unbewußten herausgehoben werden, damit sie als Fehlbesetzungen erkannt und verändert werden können.

173 Freud, a.a.O., Bd. 1, S. 279.
174 ebd.

c) Entwicklungen der Verleiblichung

Da der Prozeß der Objektbesetzung ein Vorgang der Verleiblichung, der Leibwerdung ist, ist der Entwicklungsstand des Leibes das maßgebliche Kriterium für die Möglichkeiten dieser Objektbesetzung sowie für das Aussehen und den Zustand des Objekts selbst. Ein Schüler von Freud, Karl Abraham, hat eine Entwicklungsgeschichte der Libido geschrieben, in der er einen Vergleich zwischen der Entwicklung des Embryos und der Entwicklung der Libido zieht.[175] Entsprechend der leiblichen Entwicklung des Embryos im Mutterleib verleiblicht sich auch das extrauterine Dasein, indem es die Objektwelt entsprechend der embryonalen Entwicklung leiblich gestaltet. Die embryonale Verleiblichung wird gleichsam nochmal wiederholt, so daß es ein orales, anales und genitales Verstehen der Objekte gibt.[176]

Die Darstellung Abrahams läßt sich dahingehend auslegen, daß der Mensch außerhalb des Uterus zum zweiten Mal einen Leib bildet, den man nun den psychischen Leib nennen kann. Die Welt der Psyche ist also ein Leib und läßt sich von den leiblichen Vorgängen dieses Leibes her erklären. Alle Bedeutungen, die der Leib selbst hat, treten in diesem zweiten Leib wieder auf. Alle Funktionen haben auch den gleichen Zweck der Lebenserhaltung, nur daß es sich einmal um den Leib als organisches Gebilde handelt, das andere Mal um den Leib als geistigen Leib, um die Leibstruktur und Leibgestalt der Umwelt eines jeden Individuums. Der Mensch muß beide Leiber ausbilden, um sich vollständig zu entwickeln. Die Entwicklung des geistigen Leibes kommt unter Umständen nicht zum Abschluß. Diese Unreife des geistigen Leibes wird auch als Krankheit empfunden und muß in diesem Sinne behandelt werden.[177] Die pathologische Regression der Objektbesetzungen geht zu dem Punkt des geistigen Leibes zurück, der am besten entwickelt ist. Doch diese Regressionen werden immer als pathologisch empfunden, sie sind nicht relalitätsangemessen, da eine starke Differenz zwischen der Entwicklung des geistigen und des organischen Leibes besteht, die als Fehlanpassung gefühlt wird. Durch die Kraft des Bewußtseins werden diese Fixierungen gelockert und gelöst, so daß eine vollständige Reifung des Leibes dann möglich ist. Die Vollständigkeit ist mit der genitalen Orga-

---

175 Abraham, K., Versuch einer Entwicklungsgeschichte der Libido. In: Gesammelte Schriften, Bd. II, Hrsgg. v. Cremerius. Frankfurt 1983.

176 Abraham, a.a.O., S. 100–102.

177 Uexküll, Th. V. und Wesiak, W., Realität – soziale Wirklichkeit – und der diagnostisch-therapeutische Zirkel. In: Lehrbuch der Psychosomatischen Medizin, S. 72. Körper und individuelle Wirklichkeit bilden gemeinsam zwei Kompartimente oder, wie wir auch sagen können, zwei Organe eines größeren Organismus, in dem sie spezifische Funktionen füreinander und für das Gesamtsystem erfüllen. Der ständige Auf- und Abbau des „Organs" individuelle Wirklichkeit läßt sich mit dem Stoffwechsel des Organs Haut vergleichen, dessen Zellen ja ebenfalls einer dauernden Erneuerung unterliegen. . .
Erkrankungen des „Organs" individuelle Wirklichkeit und ihre Wechselwirkungen zum Körper sind Gegenstand der psychosomatischen Medizin. Da sie Veränderungen dieses Organs nicht direkt beobachten kann, hat sie viel größere Schwierigkeiten, die Vorgänge zu erfassen und zu beschreiben, die sich bei Erkrankung des Organs individuelle Wirklichkeit abspielen. Auf der anderen Seite werden diese Vorgänge aber von den Betroffenen viel intensiver miterlebt, als Vorgänge im Hautorgan.

nisationsstufe, entsprechend der Genitalität des Embryos erreicht, wobei der geistige Leib zur Objektliebe fähig ist. Objektliebe ist also der Zustand der Libido auf genitaler Entwicklungsstufe. Eine Entwicklung ist hierbei abgeschlossen, weil der geistige Leib den Zustand seines Selbst zu einem weltenden Selbst ausgeweitet hat, das auf Objekte ausgeht und sich Objekte einverleibt hat, so daß das reine Selbst als bloßer Bezug auf sich nun bereichert worden ist. Auch dies ist der rein organischen Situation, dem rein organischen Leib nachempfunden, der auch die Selbstorganisation unter ständig wechselnder Zuhilfenahme der Objekte erweitert und zu einem Abschluß bringt. Die Möglichkeit für eine solche vollständige Objektbesetzung oder Objektliebe ist für die psychoanalytische Theorie dort möglich, wo der Ambivalenzkonflikt in seiner höchsten Stufe, dem Ödipuskomplex, überwunden wird und die Person des anderen in ihrer Gesamtheit, nicht nur teilweise, leiblich besetzt werden kann. Diese Fähigkeit der Übertragung ist aber eine Fähigkeit der Libido, den möglichen Bereich der Objektbesetzung auszuweiten.[178]

Wird die Bildung eines solchen Objektleibes nicht erreicht, bleibt also der Leib im Zustand der Selbstbezogenheit auf sich, ohne daß größere Bereiche an Umwelt, an Objekten besetzt werden, so finden die Materialisationsphänomene am eigenen Leib statt, der eigene körperliche Leib wird so das Gestaltungsfeld des Objektiven, wird so zur Objektwelt, wobei der geistige Leib sich nicht als die Objekte der Welt, sondern als körperlicher Leib materialisiert.[179] So bilden diese Materialisationsphänomene eine Darstellung physischer Wünsche an Teilen des eigenen Leibes. Diese Materialisationen sind also Genitalisierungen, Objektbildungen an einzelnen Teilen des Leibes. Sie werden auch als hysterische Phänomene bezeichnet.

> Schließlich entdecken die letzten entscheidenden Untersuchungen Freuds über die Neurosenwahl auch die genetische Fixierungsstelle in der Entwicklungsgeschichte der Libido, die die Disposition zur Hysterie bedingt. Das disponierende Moment fand er in einer Störung der normalen Genitalentwicklung bei schon vollkräftigem Primat der Genitalzone. Der dieserart Disponierte reagiert auf einen erotischen Konflikt, der das psychische Trauma abgibt, mit der Verdrängung der Genitalregungen, eventuell mit der Verschiebung dieser Regungen auf scheinbar harmlose Körperstellen. Ich möchte das so ausdrücken, daß die Konversionshysterie jene Körperstellen, an denen die Symptome sich äußern, *genitalisiert*.[180]

178 Abrahm, Studien zur Charakterbildung, a.a.O., Bd. II, S. 138–139.
179 Ammon, G., Die Rolle des Körpers in der Psychoanalyse. In: Petzolt, H., Leiblichkeit. Paderborn 1985, S. 393.
   Das Konversionssymptom ist ein Materialisationsphänomen, das entsteht, wenn affektbesetzten Gedankenkomplexen der Weg zur Motilität durch die Zensur versperrt ist und sie sich regressiv auf der primären Wahrnehmungsstufe aus der dem Körper verfügbaren Stofflichkeit realisieren. Dieser Regressionsvorgang steht somit in einer gewissen Analogie zu den Traumbildungsprozessen, in denen sich Wunschgedanken halluzinatorisch äußern; im hysterischen Symptom reicht die Regression bis in Schichten des physiologischen Ursprungs des Psychischen, in die protopsychische Struktur primitiver körperlicher Reflexvorgänge. Von hier aus gesehen, erscheint *Ferenczi* der rätselhafte Sprung vom Psychischen ins Körperliche „minder wunderbar" zu sein (Ferenczi 1919). War bei *Freud* das Symptom noch die Körperrepräsentation verdrängter Triebspannungen, die im Psychischen eben keine Repräsentanz haben finden können, so kommt bei Ferenczi die Konversion durch die regressive Dynamik der seelischen Regungen auf ihre organischen Grundlagen zustande.
180 Ferenczi, S., Hysterische Materialisationsphänomene. In: Schriften zur Psychoanalyse. Hrsg. v. M. Balint, Frankfurt 1982, Bd. 2, S. 11.

Die genitale Stufe ist die Entwicklungsstufe des geistigen Leibes, bei der es überhaupt zu einer Objektbesetzung, d.h. zur Objektivität kommt. Beim Materialisationsprozeß wird diese Objektivität am eigenen organischen Leibe erstellt.

> Für die beschriebene Art der hysterischen Symptombildung, aber auch für dieses psychophysische Phänomen überhaupt, ist also ein besonderer Name erforderlich. Man kann es ein *Materialisationsphänomen* nennen, da sein Wesen darin besteht, daß sich in ihm ein Wunsch, gleichsam magisch, aus der im Körper verfügbaren Materie realisiert und — wenn auch in primitiver Weise — plastisch dargestellt wird, ähnlich wie ein Künstler die Materie seiner Vorstellung nachformt.[181]

Das Besondere am Materialisationsphänomen ist nun, daß bei schon bestehender genitaler Organisationsform der Libido diese entwickelte Fähigkeit nicht genutzt werden kann oder darf, aus welchen Gründen auch immer, so daß sie sich letzlich am eigenen Leibe objektiviert. Für diese Theorie hat also die Libido den Zwang zur Objektivierung, sie unterliegt der Notwendigkeit einer objektiven Bildung. Dieses Zur-Materie-werden der Libido ist für das Bewußtsein das Erscheinen der Außenwelt, zu dem dann auch schon der eigene Leib gehört. Die Außenwelt ist das Produkt des Selbstwissens der Libido, das Es-wissen. Dabei konstituiert sich der geistige Leib über den Bereich des körperlichen Leibes hinaus. Die unterentwickelte oder krankhafte Form davon ist die Genitalisierung des eigenen Leibes, wobei der geistige Leib nicht zu sogenannten Objekten kommt, also im Bereich des körperlichen Leibes bleibt. Dies Letztere hat aber zur Folge, daß es zu einer Verzerrung der Wahrnehmung und Erkenntniswelt kommt, daß die Objektwelt nicht organisch ausgereift ist. Ist der Körper das durch das Lustprinzip gestaltete Objekt, so wird er in eine erotische Landschaft verwandelt.

> Der Magen, der Darm treibt Puppenspiel mit der eigenen Wandung und ihrem Inhalt, anstatt diesen Inhalt zu verdauen und auszuscheiden; die Haut ist nicht mehr die schützende Körperdecke, deren Empfindlichkeit vor übergroßen Insulten warnt: sie gebärdet sich als echtes Sexualorgan, dessen Berührung zwar bewußt nicht perzipiert wird, aber unbewußt Lustbefriedigungen bereitet. Die Muskulatur, anstatt wie sonst durch zweckmäßig geordnete Handlungen zur Erhaltung des Lebens beizutragen, ergeht sich in der dramatischen Darstellung phantastischer Lustsituationen. Und es gibt kein Organ, keine Körperstelle, die vor solcher Lustverwendung gefeit wäre.[182]

Die Physiologie, die die Organe und den Körper unter dem Prinzip der Mechanik und dem Zweck betrachtet, ist zur Erklärung solcher Phänomene nicht in der Lage. Ferenczi fordert deshalb eine Lustphysiologie, für die solche Phänomene der Materialisation erklärbar und ableitbar sind.

> Vermutlich ruhen aber diese Lustbestrebungen der Körperorgane auch bei Tage nicht ganz, und es wird einer eigenen *Lustphysiologie* bedürfen, um sie in ihrer ganzen Bedeutsamkeit zu erkennen. Die bisherige Wissenschaft von den Lebensvorgängen war ausschließlich *Nutzphysiologie*, sie beschäftigte sich nur mit den für die Erhaltung nützlichen Funktionen der Organe.[183]

Da die Seinsbildung von der Libido ausgeht, ist eine Physiologie der objektivierenden Libido erforderlich. Die Libido und ihre Organisationen bestimmen den

181 Ferenczi, a.a.O., S. 16.
182 Ferenczi, a.a.O., S. 23.
183 Ferenczi, ebd.

Geist der Realität, von der das Nutzprinzip nur den Verlauf der Funktionen anzeigt, nicht aber das Prinzip für die Funktionen. Das Nutzprinzip ist überhaupt kein selbständiges Prinzip, das das Lebendige durch sich selbst darstellen könnte, es ist die interpretierte Erscheinung des Lustprinzips. Von dieser Erscheinung ist aber noch nicht mal ein Rückschluß auf das Lustprinzip möglich. Der Zweck gibt keinen Aufschluß über den Sinn des Lebendigen, ganz im Gegenteil zu Schopenhauer, für den es prinzipiell möglich ist, vom Nutzprinzip auf das Lustprinzip, den Willen, zu schließen. Daß für Schopenhauer ein solcher Schluß möglich ist, liegt an der Art und Weise seiner Formulierung der Möglichkeiten der Gewißwerdung des lebendigen Prinzips auf ontologischem und teleologischem Wege. In diesem Sinne kann auch die Schopenhauersche Philosophie als Nutzphysiologie bezeichnet werden. Ein ganz anderes Bewußtsein und Wissen wird dagegen in der Lustphysiologie erfordert. In der Lustphysiologie wird das Es-wissen nicht durch die Prinzipien des Sichwissens darstellbar gemacht, sondern anhand biologischer Prozesse, die von einer Tiefenbiologie erkannt werden.

2. Die Kategorien der leiblichen Vernunft

a) Das Zeitbewußtsein in der Regression

Forschungen im Sinne einer Tiefenbiologie sind Versuche einer Darstellung des Es-Bewußtseins der Materie und ihrer Organisationen. Hierbei werden Prinzipien und Erkenntnisse der Psychoanalyse dazu benutzt, das organische Selbst als Leib zu begreifen und die Entwicklung des individuellen Leibes als Rekapitulation der gesamten Leibgeschichte zu sehen und zu begreifen. Die Vorgänge im Es-Bewußtsein sind deshalb nicht ontogenetisch, sie sind phylogenetisch angelegt, und erst die Rückführung auf diese phylogenetische Potenzialität läßt die Leibvorgänge aus ihren *Wirkursachen* begreifen.

> Wie dem auch sei, die bioanalytische Auffassung der Entwicklungsvorgänge sieht überall nur *Wünsche* nach *Wiederherstellung früherer Lebens- oder Todeszustände* am Werk. Sie lernt von der psychoanalytischen Beobachtung der Hysterie, daß die psychische Macht des Wunsches auch im Organischen wirksam sei, daß ein Wunsch sich im Körper „materialisieren", den Körper nach seinem Vorstellungsbild ummodeln kann.[184]

Diese Begriffsveränderung hat aber auch zur Folge, daß die leiblichen Besetzungen und Bindungen nicht aus der Persönlichkeit ableitbar sind, sondern daß sie von ihrem tiefenbiologischen Sinn her begriffen werden müssen. Auf diesem Wege gelangt die Wissenschaft zum biologisch Unbewußten.

> Es hat den Anschein, daß hinter der Fassade, die uns die naturwissenschaftliche Deskription gibt, gleichsam als das *biologische Unbewußte*, die Arbeitsweise und Organisation scheinbar längst überholter Phasen der Individual- und Artentwicklung fortleben; sie fungieren nicht nur als geheime Lenker auch der manifesten Organbetätigung, sondern überwältigen in gewissen Ausnahmezuständen (Schlaf, Genitalität, organische Krankheit) mit ihren archaischen Ten-

---

184 Ferenczi, Versuch einer Genitaltheorie, a.a.O., S. 396.

denzen die oberflächlichen Lebensbetätigungen ebenso wie in den Neurosen und Psychosen das normale Bewußtsein von psychologischen Archaismen überflutet wird.[185]

Eine solche Theorie ist nur möglich, wenn das durch die Psychoanalyse aufgedeckte Prinzip des Leibens, der oralen, analen und genitalen Organisationsstufe des körperlichen und geistigen Leibes, als Prinzip des phylogenetischen Leibens erkannt wird. Ferenczi erkennt innerhalb dieser Leibgeschichte fünf Katastrophen, die grundsätzliche Veränderungen in der Art und Weise dieses Leibens zur Folge hatten.[186] Bezeichnend dafür ist zum Beispiel die Katastrophe der See-Eintrocknung, die eine Anpassung des Leibes und eine Umstellung auf das Landleben zur Folge hatte. Diese phylogenetischen Organisationsumstellung des Leibens sind im biologisch Unbewußten gespeichert. Deshalb wiederholt jeder individuelle Organismus diese Umstellungen. Bei der Geburt wird die Katastrophe der See-Eintrocknungen wiederholt, die Geburt zeigt die Lösung und Überwindung dieses Problems durch eine neue Form des Leibens. Alle weiteren Stufen nach der Geburt sind nun nicht nur, wie bei Abraham, bloße Wiederholungen des embryonalen Zustandes, sie wiederholen darüber hinaus die Umorganisation innerhalb der gesamten Leibgeschichte. Die Umorganisation bildet immer wieder neue Gestalten des Leibes heran, während die alten, die überwunden wurden und unbrauchbar geworden sind, im biologisch Unbewußten erhalten bleiben.

Ähnlich wie bei Psychosen oder Neurosen kommt es zu Regressionen zu unbewußt gewordenen Organisationen früherer Stufen der Verleiblichung. Diese sind dann aber nicht mehr Regressionen innerhalb der persönlichen, physischen Entwicklung und Geschichte, es sind Regressionen in der Leibgeschichte, an der jeder einzelne Leib beteiligt ist durch die Tatsache seines Leibseins, und zu der jeder einzelne Leib fähig ist. Solche Regressionen sind zum Beispiel Schlaf, Ernährung, Erbrechen, Genitalität, Krankheit usw., Vorgänge also, die als rein leibliche Vorgänge charakterisiert werden. Diese für das Selbstbewußtsein äußerlichen Leibphänomene sind deshalb vom Bewußtsein getrennt und dem Bewußtsein nicht verfügbar, weil hier der Leib gar nicht *bei sich* ist, sondern auf niedere Stufen regrediert, auf Stufen des primitiven Tierseins oder Fischseins, auf das biologisch Unbewußte also.

Am Beispiel der Ernährung läßt sich ersehen, welche Überlegenheit in theoretischer Sicht die Lustphysiologie über die bloße Nutzphysiologie hat.[187]

Durch die chemisch-physikalische Charakterisierung wird eigentlich eine anorganische Maschine beschrieben. Das als Leib, als Organ und Leibgeschichte sich materialisierende und materialisierte Lustprinzip unterliegt nicht den Regeln der Mechanik.

Wenn zum Beispiel Lamarck den Gebrauch oder Nichtgebrauch der Organe für die Fort- oder Rückbildung verantwortlich macht, so übersieht er, daß er das eigentliche Problem umgeht, die Frage nämlich, warum im Lebendigen der Gebrauch eines Organs nicht wie bei der anorganischen Maschine zur Abnützung, sondern zur Erstarkung führt.[188]

185 Ferenczi, a.a.O., S. 390.
186 Ferenczi, a.a.O., S. 378.
187 Ferenczi, a.a.O., S. 391.
188 Ferenczi, a.a.O., S. 396.

Weder eine Nutzphysiologie noch die Mechanik sind in der Lage, den Lebensbegriff zu erfassen, wohl aber der Begriff des sich bildenden Leibes. Lebendige
Tätigkeit und lebendiger Umgang kann nicht mit den Mitteln der Physik erklärt
werden, sondern muß von diesem Vorgang des Leibens, der Verleiblichung aus
gesehen werden. Das Leibliche konstituiert sich so, daß es sich durch die Besetzung
bildet und regeneriert. Die Besetzung ist nicht nur ein erkenntnismäßiger Vorgang,
sie ist auch ein vegetativer Vorgang der Selbsterhaltung des Leibes. In der Pathologie
ist anhand der Fehlbesetzungen dieser Vorgang der Besetzung überhaupt deutlich
geworden.[189] Insofern bietet die Psychopathologie einen Erkenntniswert für den normalen Besetzungsvorgang und zeigt damit die Gesetze der leiblichen Selbstbildung.
Dadurch wird dann auch ein normaler physiologischer Vorgang, wie die Ernährung
das ist, von diesem Gesichtspunkt der Selbstbildung des Leibes aus deutlich.

> Dem Bioanalytiker wird nebst alledem noch auffallen, daß das erste Nährmaterial des
> Säuglings eigentlich der Körper der Mutter ist (resp. ihre in der Milch suspendierten Gewebe-
> Elemente) sind. Nach Analogie des genitalen und embryonalen Parasitismus wird er sich
> denken, daß der Mensch, indem er Muttermilch und andere tierische Produkte verzehrt,
> eigentlich zeitlebens ein Parasit ist, der den Körper seiner menschlichen und tierischen
> Vorfahren einverleibt, die Darstellung dieser Nahrungsstoffe selbst aber seinen Wirten
> (Mutter, Tier) überläßt. . . . In der Ernährung mit Muttermilch ist also nach der bioanalytischen
> Auffassung irgendwie die ganze Artgeschichte der Ernährung versteckt, zugleich aber auch in
> fast unkenntlicher Form dargestellt.[190]

Hierzu gibt Ferenczi selbst noch eine Fußnote, in der er darauf hinweist, daß aus
der Zusammensetzung des Leibes auf die Geschichte seiner Selbstbildung zurückgeschlossen werden kann.[191] In der Ernährung mit Muttermilch zeigt sich, daß der Leib
das in ihm angereicherte Wissen weitergibt zur Erhaltung des neuen Lebens. Der Leib
ist nicht Einzelleib, sondern Gesamtleib. Der Gesamtleib ist aber die Möglichkeit des
Lebendigseins, aus der heraus der einzelne Leib da ist und die er an den anderen Leib
weitergibt. Dieser Vorgang des Leibens ist das Selbst des Leibes, ein im allgemeinen
Organismus feststellbares psychophysisches Gesetz, das sich an jedem individuellen
Leib wiederholt, so daß das individuelle psychische Leben Ausdruck dieses allgemeinen Leibes und Ausdruck dieses Selbst ist. So sind auch die Regressionen des leiblich
Unbewußten *Selbsterhaltungsweisheiten*, die in erfolgreicher Weise eine Anbildung
und Umbildung des Leibes in verschiedenen kritischen Momenten der Geschichte
bedeuteten. Eine solche Regression ist der Schlaf, aber auch Entzündungsvorgänge
bei Erkrankungen.[192]

Daß jeder Mensch nicht nur seine gesamte Artgeschichte, sondern die Geschichte des Lebens überhaupt wiederholt, sind Gedanken, die über die Psychoanalyse hinausgehen. Durch den Begriff des biologisch Unbewußten ist der Leib nicht
nur das Unbewußte für die Seele, sondern der Leib hat selbst wieder ein Unbewußtes,
eine Fülle von Selbsterhaltungswahrheiten, durch die erst der Einzelne zu einem
solchen Leib wurde, der er ist. Der wesentliche Punkt dieser Theorie liegt darin, daß

---

189 Ferenczi, a.a.O., S. 396–7.
190 Ferenczi, a.a.O., S. 391–2.
191 Ferenczi, a.a.O., S. 392.
192 Ferenczi, ebd.

das leibliche Selbst ein Wissen hat, das in Form des biologischen Unbewußten auftritt. Das Unbewußte ist also nicht nur die Gesamtheit der Individualgeschichte, sondern der Gattungsgeschichte. Deshalb ist es auch nicht am einzelnen Individuum zu identifizieren, sondern kann nur aus der Gattungsgeschichte erkannt werden. Dies aber gibt eine wesentliche Erhellung darüber, was der Begriff des Unbewußten überhaupt ist. Das Unbewußte ist nicht etwas Vergessenes oder Verlorenes, auch nicht etwas Bewußtloses, es zeigt sich im Gegenteil als die höchste Sicherheit und Bewußtheit, die im Wissen erreicht werden kann. So sind alle vegetativen Funktionen einschließlich der Möglichkeit der Bewußtwerdung von Welt Ausdruck einer höchsten Vergewisserung.

Was hier in der Nachfolge der Theorie Freuds aus seinen Gedanken entwickelt wurde, ist die Fundierung der Psychoanalyse auf eine Leibtheorie, in der die Gesamtheit des leiblichen Seins zu erfassen versucht wird. Dabei zeigt das leibliche Sein eine bewußte und eine unbewußte Seite. Das Unbewußte ist der Sammelbegriff für alle jene Wissensinhalte, die als archaisches Wissen im Laufe der Leibgeschichte angeleibt wurden. Die verschiedenen Stufen innerhalb dieser Leibgeschichte sind durch starke äußerliche, katastrophenartige Veränderungen der Außenwelt zu erklären. Die hierbei gebildeten archaischen Inhalte bieten aber immer noch Wissensmöglichkeiten in leiblicher Hinsicht und werden auch im Zuge der Regression von jedem Individualleib in Anspruch genommen. Nach dem Muster des allgemeinen Leibens überhaupt gestaltet sich auch das individuelle Leiben. Alle Formen eines psychopathologischen Verhaltens, aber auch des normalen psychischen Verhaltens können daraus erklärt werden, daß hier eine Erscheinungsweise des allgemeinen Leibens im Individuum stattfindet. Es ist also dadurch zu erklären, daß der einzelne Leib die Geschichte des Gesamtleibes wiederholt. Daneben zeigt sich aber auch am einzelnen Leib dieses Gesamtleibliche überhaupt, die Leibgeschichte; es zeigt sich in dem was Ferenczi den „regressiven Leib" nennt. Der Leib in der Verrichtung in den für uns typischen Körperfunktionen ist der regressive Leib, der progressive Leib erscheint in den kreativen Zügen des Leibes, der Schaffung neuer Organe, neuer Organtätigkeit, aber auch in der Schaffung neuen Lebens selbst.

Ausgehend von der Theorie Freuds sehen diese spekulativen Rückführungen der Freudschen Theorie auf eine Leibtheorie das gesamte menschliche Wissen, das organische Wissen wie auch das bewußte Wissen als eine Ausformung dieses Es-wissens des Leibes an, das sich entsprechend der psychoanalytischen Deutung des Einzelorganismus aus der Gesamtsituation des organischen leiblichen Daseins erklärt. Der Wissensbegriff wird hier auf den Leib ausgeweitet, so daß nur dasjenige als Wissen bezeichnet werden kann, was sich als Leib angebildet hat. Das als Leib angebildete Wissen ist kein Wissen von etwas, sondern weiß stets nur sich selbst, doch dieses Sichwissen ist ein Es-wissen, es ist das Wissen der in der Leibgeschichte angesammelten Überlebensweisheit. Das leibliche Wissen ist nicht nur die Darstellung des Sich, es ist seine auto- und alloplastische Herausbildung im Besetzungs- und Materialisationsvermögen. Insoweit ist es progressiv zu nennen. Dies ist gleichsam auch die bewußte Seite des leiblichen Seins. Daneben hat es die Fähigkeit, zu einem archaischen Wissensschatz zurückzukehren. Diese Verinnerlichung kann normal oder krankhaft empfunden werden, kann als Gesundheit oder Krankheit auftreten, in jedem Fall dient sie dem Prinzip des leiblichen Wissens, dem Leben-können und damit dem unbedingten Anspruch der Existenzverwirklichung des leiblichen Seins.

In der Fähigkeit zur Regression enthüllt sich das Unvergangene einer ständigen Präsenz aller erreichten Bewußtseinszustände. Die Regression ist somit die Erinnerung eines sich wollenden Organismus an bestimmte Verwirklichungen und als diese Erinnerung die ständige Gegenwart der zum Leben drängenden Verleiblichung. Sie ist, um einen Begriff Nietzsches zu gebrauchen, der vom Bewußtsein nicht erkannte und oder nicht anerkannte Rückgang auf das So-gewollte.[193] In diesen Fällen äußert sich das Leibbewußtsein in einer vom Ich-Bewußtsein unterschiedenen Art. Die Einsicht des Ich-Bewußtseins in dieses Leibbewußtsein ist ein wichtiges Anliegen der hier vorgestellten Theorien. Sie bringen damit auch ein von Nietzsche vorgetragenes Anliegen zum Ausdruck, die durch den Zeitbegriff von sich sich distanzierende Bewußtheit wieder zu vereinheitlichen. Der Tatsache, daß in der Regression das Unvergangene des So-gewollten zum Ausdruck kommt, tragen diese Theorien Rechnung, indem sie eine Aufklärung des sich verdrängenden Bewußtseins betreiben. Das sich verdrängende Bewußtsein, das zum Zweck einer Differenzierung vom So-gewollten sich dem unbezüglichen und unverbindlichen Zeitbegriff des Vergehens von leeren Jetzt-Momenten unterworfen hat und damit das Sein vergänglich und vergangen gemacht hat, hat eine pathologische Selbstdifferenzierung hervorgerufen, an der das somit von sich entfremdete Ich leidet, indem es keine Einsicht, das heißt jetzt keinen Bezug zu seinen vegetativen und unbewußten Prozessen, insgesamt aber zu seinem *Willen* hat. In der Wiederherstellung dieses Bezugs ist also zunächst die Gemeinsamkeit zwischen Nietzsche und den Theoretikern psychoanalytischer Herkunft zu sehen.

b) Das Raumbewußtsein im Körperschema[194]

Wie das Zeitbewußtsein, so ist auch das Raumbewußtsein der leiblichen Vernunft kein objektives und unverbindliches Feststellen eines Sachverhaltes, wie etwa die Feststellung eines geometrischen Raumes. Der Raum ist vielmehr die extensive Dimension des Selbstbildes. Dieses Raumbild geht aus von der lebendigen Vorstellung des Leibes von sich. Schilder bezeichnet dies als das Körperschema.

> Als Körperschema bezeichne ich das Raumbild, das jeder von sich hat.[195]

Dieses Raumbild ist nun nicht nur eine beliebige Vorstellung, die jeder von sich machen kann oder auch nicht, es ist das Räumliche des Leibes.[196] Der Leibraum ist

---

193 Brun, J., a.a.O., S. 58–59.
194 Joraschky, P., Das Körperschema und das Körper-Selbst als Regulationsprinzip der Organismus-Umwelt-Interaktion. München 1983.
195 Schilder, P., Das Körperschema. Berlin 1923, S. 2.
196 Plügge, Herbert, Vom Spielraum des Leibes. Salzburg 1970. S. 20.
   Große Teile unserer Körperoberfläche werden uns, wenn wir nicht kompliziert ausgetüftelte Spiegelstellungen zuhilfe nehmen, nie sichtbar. Ich sehe weder meinen Rücken, noch meine Fußsohlen mein Gesäß, meinen Hinterkopf. Ja, ich sehe nicht einmal mein Gesicht, meine Augen, Mund und Ohren, ohne daß ich in den Spiegel schaue. Nehme ich aber einen Spiegel zuhilfe, so

die materialisierte Vorstellung vom Leibe, die zusätzlich zum bloß physischen Leibe besteht. Dies wird besonders dann deutlich, wenn Teile des Leibes beschädigt sind, wenn Verstümmelungen des Leibes zwar den Leib, aber nicht den Leibraum beeinträchtigen. Der Leibraum hat damit eine eigene Existenz neben der tatsächlichen körperlich räumlichen Vorhandenheit. Dies liegt daran, daß der Leibraum, das Körperschema, unabhängig von der körperlichen Ausbildung aufgebaut wird.

> Mir scheint gerade bei der Bildung des Körperschemas deutlich zu werden, daß an ihm das Interesse an der eigenen Person „narzistische Libido" mit beteiligt ist . . . Die allgemeine Arbeitsweise des Psychischen scheint also die zu sein, daß aufgrund von Einzelerlebnissen sofort Komplexe gebildet werden und daß diese in jenes neue Einzelerlebnis eingreifen. Dabei erfolgt die Bildung eines solchen Komplexes aus dem Bedürfnis der Persönlichkeit heraus, und welches Bedürfnis wäre dringender, als das Bild des eigenen Körpers aus der Welt auszusondern und mittelst dieses Bildes eine größere Freiheit des Handelns zu gewinnen.[197]

Neben diesem allgemeinen Zweck, den das Körperschema für das Individuum erfüllt, zeigt Schilder die konkreten Züge der Materialisation des Körperschemas auf.

> Man gewinnt bei der Untersuchung von Amputierten den entschiedenen Eindruck, das Phantomglied, wenn es vorhanden ist, sei kinästhetisch-optisch-taktil gegeben. Die Elemente sind teils empfindungs- teils vorstellungsmäßig da. Doch wird das Ganze von einer Wahrnehmungsintention getragen. Doch ist es sicher, daß dieses Erlebnis auf sehr verschiedener Bewußtseinsstufe stehen kann. Bisweilen hat man sogar den Eindruck, es sie nur ein Wissen um den eigenen Körper.[198]

Die Grenzen zwischen vorstellungsmäßiger und empfindungsmäßiger Repräsentation sind hier schwimmend. Es ist dies ein für diese Theorie typisches Beispiel von libidinöser Besetzung, die sowohl eine vorstellungsmäßige wie auch eine direkt leibliche empfindungsmäßige Seite hat. Im Falle des Phantomgliedes muß aus diesem Grund sowohl hirnpathologisch wie auch tiefenpsychologisch untersucht werden.[199] Das Körperschema ist also als physiologisches Phänomen materialisiert und hat einen taktilen und optischen Anteil.[200] Es hat die für den einzelnen Organismus notwendige Bedingung des Lebens und Überlebens, einen vorstellungsmäßigen und empfindungsmäßigen Leibraum zu schaffen, dessen schematische Abgrenzung

handelt es sich bei dem so erzielten Bild um ein rationales Versuchsergebnis und nicht um einen vorgegebenen cerebralen Hirnapparat im Sinne eines ‚Schemas'. Das Resultat ist ein mühselig durch Kombination und Reflexion zusammengebrachtes „Bild". Dabei muß man wissen, daß die optische Wahrnehmung für die Erfahrung meines Körpers weitgehend entbehrlich ist. Ein Blinder hat die gleiche Erfahrung seines Körpers wie ein Sehender. Und umgekehrt: am Beispiel der Anosognosie läßt sich demonstrieren, daß der Kranke seinen gelähmten Arm, den er ja sieht und als den seinen erkennen müßte, ganz entschieden als den eines *anderen* Menschen erfährt. Ja, wenn man den Kranken zwingt, den Arm von den Fingern aufwärts bis zu den Schultern und dem Thorax zu verfolgen, um ihm den angeblich unübersehbaren Zusammenhang mit all den Teilen seines von ihm als eigen anerkannten Körpers zu demonstrieren, so wird er standhaft sagen, daß er diesen Zusammenhang zwar sehe, aber dennoch genau wisse, daß es sich nicht um *seinen* Arm handele.

197 Schilder, a.a.O., S. 86–87.
198 Schilder, a.a.O., S. 29.
199 Schilder, a.a.O., S. 28.
200 Stephanos, S., Das Konzept der „pensée operatoire" und das psychosomatische Phänomen. In: Lehrbuch der Psychosomatischen Medizin, a.a.O., S. 227–228.

dem Individuum in jeder Hinsicht, d.h. in jeder erkenntnismäßigen Notwendigkeit gewiß ist. Durch solch ein Körperschema ist ein individuelles Leibsein erst möglich, es ist die notwendige Bedingung dafür, ein sich frei bewegender Leib zu sein. Das Körperschema, das unbewußte Wissen von den Grenzen des Leibes, ist somit notwendiger Bestandteil für eine Existenzmöglichkeit desselben. Entsprechend der „Klebrigkeit der Libido", von der Freud öfters spricht[201], bleibt dieses materialisierte Körperbild auch dann erhalten, wenn das reale Körperbild sich verändert hat durch Verletzung oder Amputation. Hier zeigt sich das libidinöse Wissen noch den alten, vor der Verletzung oder Amputation bestandenen Zustand der Integrität des Leiblichen an, im sogenannten Phantomglied.

Das Phantombild selbst ist ja schon der Ausdruck der Liebe zum eigenen Körper, des Unvermögens, auf die Integrität des Körpers zu verzichten.[202]

Das Körperschema gibt also ein Beispiel eines libidinösen Wissens zu erkennen, ein Wissen, das sogleich auf leibliche Weise, als leiblich erfahrenes Wissen stattfindet, ein Wissen also, was sowohl Vorstellung als auch physiologischer Vorgang ist,[203] ein Wissen von gleicher Art, wie der bei Ferenczi beschriebene geistige Leib. Die tiefgreifende Bedeutung des Kastrationskomplexes für diese Theorie leitet sich daraus ab, daß diese Verletzung als Verletzung des Körperschemas libidinös gewußt wird. Hierbei ist die Zerstörung der Integrität des Körperbildes eine Zerstörung des räumlichen Sichwissens des Leibes. Die gleiche Bedeutung hat die Vorstellung einer Zerstückelung des Leibes oder einzelner Leichenteile. Auch hier hat die bloße Vorstellung der abgelösten Leibteile die als Ekel oder Angst empfundene Beeinträchtigung des Selbstwissens zur Folge.[204] Diese Negation des Raumbildes in der Vorstellung wird aufgrund der libidinösen Art des Wissens immer unmittelbar und leibhaftig erfahren.

201 Freud, a.a.O., Bd. 1, S. 341.
203 Schilder, a.a.O., S. 28.
203 Bernard, M., a.a.O.
    Von da an darf der Begriff „Körperschema" nicht mehr als einfaches, auch noch so geschmeidiges posturales Modell auf physiologischer Basis verstanden werden, sondern als libidinöse dynamische Struktur, die sich gemäß unserem Verhältnis zum physischen, vitalen, sozialen Milieu pausenlos ändert, und die sich daher „in ständiger Selbstverwirklichung und innerer Selbstzerstörung befindet". Es ist mit anderen Worten ein kontinuierlicher Prozeß der Differenzierung und Integration aller im Laufe unseres Lebens zum persönlichen Besitz gemachter Erfahrungen (perzeptiver, motorischer, affektiver, sexueller usw.). (S. 26–27)
204 Schilder, P., The Image and Appearance of the Human Body. New York 1950 (1933)
    There is also a general fear about the integrity of the body, or, as I have called it, a general dismembering motive and fear. In psychosis especially this dismembering motive plays an important part. In the last analysis it is based upon the structural qualities of the body-image. The fear of operation belongs to the same category. When we build up a persistent and coherent image of the body, we build it up out of our emotional mood, which is based upon biological tendencies. The unity of the body-image thus reflects the life tendency of the biological unit. The change in the biological unit reflects itself in the more plastic image of the body: the tendency of the organisation to self-defence reflects itself in the fear of castration and pregenital castration in the fear of being dismembered. We understand why, in the psychosis in which the unit of the instincts is so much endangered, the motives of castration, dismembering plays such a great part. (S. 190)

Entsprechend der libidinösen Art des räumlichen Selbstwissens ist dieses auch abhängig vom Reifegrad der Libido. Die Beeinträchtigung des räumlichen Selbstwissens kann also nicht nur durch äußere Verletzungen dieses Selbstwissens in Vorstellung und Wirklichkeit, sondern auch durch innere Insuffizienzen zustandekommen. Auch hier gilt, ähnlich wie beim Zeitbewußtsein der leiblichen Vernunft, daß ein vollständiger Leibraumbegriff erst auf genitaler Organisationsstufe der Libido möglich ist.[205]

Das Körperschema ist das libidinöse Wissen des Leibes von sich als Körper. Als libidinöses Wissen ist es zugleich Subjekt und Objekt, ist es zugleich bloße Vorstellung und angeleibte Leiblichkeit. Durch diese Doppelseitigkeit ist im Körperschema die materialisierte Libido immer zugleich auch Selbstvergewisserung. Wird der Begriff der Libido in dieser seinsbildenden Funktion des Leibes gesehen, so entsteht kein Widerspruch mehr bei der Beschreibung einer Objektbesetzung, die Selbstbewußtsein sein soll. Daß dies zwei Seiten eines Prozesses sind, kann aber nur von diesem Leibbegriff aus gesehen werden. Ohne diesen Leibbegriff, ohne eine Theorie des geistigen Leibes ist der Begriff der Besetzung sinnlos, da er durch die Beschreibung eines äußerlichen Vorganges eine Innerlichkeit darstellen soll.

Das Verhältnis des Individuums zu seiner Welt ist durch die Konstituierung dieser angeleibten Wirklichkeit gekennzeichnet. Diese Wirklichkeit ist keine einfache oder immer schon daseiende Wirklichkeit, sondern ist gebildet entsprechend der Reife der leiblichen Vernunft, die eigene leibliche Integrität räumlich zu erfassen und damit auch die über die Grenzen des Hautorgans hinausgehenden Räume als angeleibte Wirklichkeiten zu bilden. Deshalb hat die Unfähigkeit eines räumlichen Selbstwissens, das Gegenteil also zur Aufrechterhaltung dieses Wissens über die reale Existenz hinaus bei der Amputation, schwerste Verzerrungen und Diffundierungen des Weltbegriffes zur Folge.[206]

So bilden leibliche Wirklichkeit und angeleibte Wirklichkeit eine Einheit der räumlich begreifenden Vernunft des Leibes. Diese Einheit wird gestaltet durch den

205 Schilder, P a.a.O.
We experience our body as united, as a whole, only when the genital level is harmoniously reached. Fully developed genital sexuality is indispensable for the full appreciation of our own body-image. (S. 173)
206 Kapfhammer, H.-P., Psychoanalytische Psychosomatik. Berlin 1985.
Eine nähere Betrachtung körperlicher Erlebnismodi vor allem in *schizophrenen Psychosen* entdeckt hinter einer inhaltlichen Funktion des Körperschemas oder -bildes in seiner lebensgeschichtlichen Bedeutsamkeit, wie sie in neurotischen Formationen vorherrschen kann, eine ursprüngliche formale Funktion, in der das Zusammenspiel von Teil und Ganzem des Körpers die Existenz eines Individuums bestimmt. In dieser formalen Funktion des Körperbildes dominieren Konflikte der Räumlichkeit des bewohnten Leibes, der bei Schizophrenen auseinanderzubrechen droht. Zonen der Zerstörung des Körperbildes signalisieren einen „Verlust der geschichtlichen Existenz". Der Körper verfügt nicht mehr über stabile Grenzen und scheidet unzuverlässig Innen von Außen. Die drohende Auflösung des körperlichen Kerns einer Person intensiviert Bestrebungen, dieser Desintegration mit allen Mitteln entgegenzuwirken. Eine verstärkte Konzentration auf körperliche Teilerfahrungen, eine iterierende sensorische Selbststimulierung verraten eine verzweifelte Abwehrstrategie, unterstützt von halluzinatorischen und wahnhaften Versuchen, eine bedrohliche Realität zu überwinden. (S. 171)

lebendigen Strom der Libido als ein verinnerlichendes Wissen. Die vorliegende Untersuchung sollte zeigen, daß dieses verinnerlichte Wissen nur von einer sich konstituierenden leiblichen Vernunft, nicht also von einer mechanistischen Vorstellung einer Triebenergie abgeleitet werden kann. Mögen Freud oder andere Theoretiker auch auf den Leibbegriff Descartes zurückgeführt werden und der Libido-Begriff auf Kraftvorstellungen des 19. Jahrhunderts, so ist dies doch eines sehr vorläufige und oberflächliche Einschätzung der hier vorgetragenen Resultate. Mögen also gewisse Mängel in diesen Theorien vorzufinden sein, so zeigt doch gerade die psychoanalytische Beschreibung des Zeit- und Raumbewußtseins weit über die formalen Gesichtspunkte hinausgehende Ergebnisse, die in dieser Weise nur mit dem von Nietzsche beschriebenen Zeit- und Raumbegriff verglichen werden können. Nietzsches Darstellung einer gattungshaften Selbstbildung des Leibes, in der sich dann die Dinge widerspiegeln, um ästhetisch und rational umfaßt zu werden, steht diesen Theorien näher als alles andere und berechtigt deshalb auch, sie hier als Theorien einer leiblichen Vernunft zu verausgaben.

c) Das Kausalbewußtsein im Gestaltkreis

Neben Zeitbewußtsein und Raumbewußtsein spielt ein weiterer Aspekt eine entscheidende Rolle bei der Beschreibung der leiblichen Vernunft. Es ist dies der dieser Vernunft eigene kausale Bezug von Ich und Welt im Umgang. Hier haben die Überlegungen Viktor von Weizsäckers und sein Begriff des „Gestaltkreises"[207] eine

---

207 v. Weizsäcker, V., Über medizinische Anthropologie. In: v. Weizsäcker, V. – Wyss, D., Zwischen Medizin und Philosophie. Göttingen 1957, (S. 105f).
Tatsächlich ist nun der „Gestaltkreis", d.h. die in sich zurücklaufende Kausalreihe auch nur ein sehr unvollkommenes und zweideutiges Schema des Lebensvorganges und nur formalistisch mit der causa sui, wie sie etwa in *Kants* Organismusbegriff auftaucht, vergleichbar, obwohl dieser verstandeswidrige Begriff der causa sui wenigstens soviel deutlich macht, daß das gemeinte Geschehen in *keiner Anschauung* vollziehbar ist. Darum aber war es schon ein ungelöster Widerspruch, daß Kant überhaupt davon sprach, daß die dinghaft und räumlich abgegrenzten Organismen als causa sui beurteilt werden (wenn auch nicht verstanden und erklärt werden) könnten.
Der Gestaltkreis *umfaßt also Organismusinnenwelt* und *-umwelt in einer Ganzheit*, die aber nicht anschaulich und nicht normallogisch (normallogisch = Satz vom Widerspruch) gedacht werden kann. . . . Das Hauptmerkmal aber ist, daß der Versuch, die Gestalt anschaulich zu erfassen, eine *Mehrdeutigkeit* offenbart. Schon unser Schema des Gestaltkreises selbst zeigt dies in bezug auf die Kategorie der Kausalität. Man kann die Reizgestalt ebenso als die Ursache der Tastwahrnehmung wie die Tastwahrnehmung als Ursache der Tastbewegung, die wiederum die Ursache der Reizgestalt wird, annehmen. Um eindeutige Kausalität zu erhalten, müssen wir den Gestaltkreis an einer (beliebigen) Stelle künstlich unterbrechen. *Haben* wir es getan, dann sind wir in der Situation der Sinnes- oder der Reflexphysiologie (über welche die Gestalttheorie nur durch *Negationen* hinausgeht). Ehe wir aber den Kreis dieser causa sui zerreißen, haben wir die gleichguten Möglichkeiten A als Ursache von B oder B als Ursache von A anzusehen. Wir können die beiden Möglichkeiten nacheinander vollziehen, aber dann erhalten wir miteinander normallogisch unvereinbare Aussagen. Die logische Gesamtstruktur solcher zusammengestellten Aussagen ist also eine kontradiktorische.

wesentliche Erhellung der Verflechtung des Organischen mit seiner Umwelt gebracht.

Das große Anliegen Viktor von Weizsäckers war es gewesen, das Subjekt in die
Wissenschaft einzubringen, das Subjekt dort zu sehen, wo für das Denken zunächst
nur Objekthaftes ist. Dies hat einen Prozeß des Umdenkens zur Voraussetzung. Der
Gestaltkreis ist eine solche Form des Umdenkens, und es wird sich zeigen, daß die
gestaltkreisartige Erfassung letztlich der Versuch einer adäquaten Erfassung des
Leibes ist.

Der Gestaltkreis soll die Verstehensmöglichkeit sein, das Phänomen des Selbst
oder Subjekts zu erfassen. Dieses Phänomen ist nicht durch einfache Kausalität
darstellbar. Durch diesen kybernetischen Kausalitätsbegriff aber, wie er im gestaltkreishaften Erfassen praktiziert ist, ist für Weizsäcker das Phänomen des Selbst
darstellbar. Dies hat aber zugleich zur Folge, daß der Begriff der Objektivität anders
aufgefaßt werden muß. Der durch das kausale Wirkungsverhältnis von Subjekt und
Objekt geprägte Begriff der Objektivität bietet keine Möglichkeit einer Darstellung
des Selbst, weil das durch äußere Ursachen ermittelte Selbst immer als leidendes oder
passives Phänomen dasteht. In einer durch den Satz vom Grunde dargestellten Welt
ist ein selbstkonsistentes autonomes Phänomen nicht denkbar. Deshalb ist dort auch
der Körper, der bewegte Leib, nicht als ein Selbst denkbar, sondern nur unter dem
mechanistischen Aspekt als Bewegtes oder Erfolgtes.[208] Das Selbstische dagegen
kann nie etwas Bewegtes oder Erfolgtes sein. Diese Kausalität erzwingt also einen
bestimmten Begriff der Bewegung, der die Selbstbewegung des Organismus nicht
festgestellt.

> Man kann auch sagen, es sei eigentlich ein Widerspruch gegen die Gesetze der Mechanik mit
> der Feststellung dieser Selbstbewegung verbunden. . . . Ich behaupte, daß sogar der Wider-
> spruch gegen die mechanische Erwartung einer Bewegungsursache, also gerade das Fehlen
> einer äußeren Ursache, kennzeichnend für das Erlebnis lebendiger Bewegung ist. . . . Der
> Frosch wird von dem Reize nicht bewegt, sondern nur gereizt, und „er" bewegt „sich"
> daraufhin.[209]

Weizsäcker zeigt hier deutlich, daß die Kausalität am lebendigen Körper nur
Tautologien feststellt, ohne das zu Begreifende, in dem Fall die Bewegung, überhaupt
in ein Sichtfeld zu bekommen. Hierzu ist aber das gestaltkreishafte Erfassen prinzipiell in der Lage. Durch das gestaltkreismäßige Erfassen des lebendigen Körpers wird
der lebendigen Körper inhaltlich, nicht nur formal durch einen Schluß, als Selbstbewegung erkannt. Das Objektive des Körpers zeigt sich dann als eine Vielheit von
Subjekten. Diese Subjekte sind nun nicht ein neuer Ausdruck, eine neue Bezeichnung

---

208 Strauss, Erwin, Vom Sinn der Sinne. Berlin, Göttingen, Heidelberg 1956.
Kann alles Erleben als ein Geschehen im Organismus erklärt werden, dann kann kein Selbst
bestehen, das *sich* zu seiner Umwelt verhält. Das Selbst, das Sich-Verhalten, das possessive
Beziehung, *seine* Umwelt, gehören aufs engste zusammen. Ist der Organismus, ist das Individuum im Grunde nichts anderes, als ein Ding, das von seiner (physikalischen) Umgebung
Einwirkungen erfährt und auf sie zurückwirkt, welchen Sinn sollten dann noch die besitzanzei-
genden Worte: mein, dein, sein, haben. Alle Besitzverhältnisse im einzelnen – keineswegs allein
die wirtschaftlichen –, alles wovon jemand „mein" sagen kann, gründen darin, daß es ein Selbst
gibt, das sich zu seiner Welt verhält. (S. 56)
209 Weizsäcker, Der Gestaltkreis, Leipzig ²1943. S. 1.

für das Objekt, sondern sie sind die im gestaltkreismäßigen Denken aufgetauchten Phänomene. In diesem Verstehen sind sie die mit dem Körper und seinen Organen verschmolzenen Dinge, sie sind die durch die Bewegung des Körpers dargestellten und die Bewegung selbst wieder darstellenden Dinge, die insofern nicht die Eigenarten des Subjekts haben, sondern Subjekt sind. In diesem Subjektbegriff, in dem Leib und Umwelt verschmolzen sind, lassen sich alle Züge einer nichtdeterministischen Verstehensweise nachvollziehen. Dieses erkenntnistheoretische Resultat des Subjektbegriffes, der die Verschmelzung von Leib und Umwelt in sich begreift, soll hier kurz in der Entwicklung der Argumentation dargestellt werden.

Am Anfang unternimmt Weizsäcker eine minutiöse Untersuchung von Bewegung und Wahrnehmung, wobei er feststellt, daß Bewegung und Wahrnehmung im Grunde eines ist und nur durch verschiedene erkenntnistheoretische Betrachtungsweisen zum Unterschied kommen. Die biologische Tatsache ist jedoch dieses enge Verklebtsein des Körpers mit seiner Umwelt, die Weizsäcker „Kohärenz" nennt. Äußerlich betrachtet ist die Kohärenz die Tatsache der bewegungsmäßigen Vereinigung des Körpers mit seiner Umwelt, der Vereinigung der Muskelbewegung mit der Umwelt, die durch die Muskeltätigkeit vollzogene Erfassung von Welt oder, um dies mit anderen Begriffen auszudrücken, die Verleiblichung der Welt. Wir finden hier also bei Weizsäcker eine erkenntnistheoretische Grundlegung des Leibbegriffes vor.

> Wir betrachten einen Menschen, der einen Schmetterling beobachtet, welcher in seinem Gesichtsfeld erscheint. Man darf annehmen, daß zunächst sein Bild über ein Stückchen Netzhaut gleitet. Es folgt eine Blickbewegung in der Flugrichtung des Tieres, der bei dessen eigentümlicher Flugweise bald Kopfbewegungen, Rumpfbewegungen und Gangbewegungen folgen. Der Erfolg dieses vielseitigen Einsatzes der Muskulatur ist immer derselbe: sie ermöglichen eine möglichst kontinuierliche Abbildung des Tieres auf der zentralen Netzhautpartie. Auf diese Weise bleibt trotz mannigfacher Störung der Beobachter mit dem Tiere optisch vereint. Auch hier also läßt die Bewegung den Gegenstand erscheinen, insofern durch die Erhaltung der Kohärenz sowohl er selbst wie auch seine Bewegungen erschienen.[210]

Das Objekt ist das Resultat der Selbstbewegung des Leibes. Die Erscheinungsmöglichkeit ist von der Muskeltätigkeit des Leibes abhängig; was sich in der Erscheinung darstellt, ist letztlich der Kohärenzwille des Leibes, seine Tendenz zur Einverleibung. Insofern ist Wahrnehmen Bewegung, die Bewegung dieser Einverleibung. Hierbei wird letztlich eine Selbstwahrnehmung vorgenommen. Die Wahrnehmung ist also die Bewegung des Leibes, durch die er sich selbst wahrnimmt.

> Ich bewege mich und ich unterscheide diesen Fall deutlich von dem anderen, in dem ich von außen bewegt werde. . . . Ein Zweifel und eine Meinungsverschiedenheit entsteht erst dann, wenn es sich etwa um Bewegung meines Herzens handelt. Diesmal kann ich sagen, nicht ich bewege mein Herz, sondern mein Herz bewegt sich, und es kann jemand kommen, der sagt, dieses Herz bewegt sich nicht selbst, sondern es werde bewegt, etwa durch Verbrennungsenergie des Muskels. Und doch ist dies Herz unzweifelhaft mein Herz, es gehört zu mir, und nun wird es problematisch, was dies „mein" und „mir" eigentlich besagen soll. Wenn ich seine Bewegung wahrnehme, so ist nicht mehr so zweifelsfrei wie vorhin, bei der willkürlichen Bewegung, daß ich mich bewege, aber es könnte sein, daß auch im Falle des Herzens ursprünglich eine in der Selbstwahrnehmung vollzogene Selbstbewegung vorliegt, daß meine Wahrnehmung meines Herzens nur eine verhüllte, abgeleitete, repräsentative ist: das Subjekt

---

210 Weizsäcker, a.a.O., S. 8.

wäre auch jetzt noch als ein selbst-tätiges vorhanden. In beiden Fällen also ist Wahrnehmung gar nichts anderes als eine Selbstwahrnehmung, und das, was ich wahrnehme, ist gar nichts anderes als eine Bewegung, und zwar meine Selbstbewegung.[211]

Durch diese neue Deutung des Wahrnehmungsphänomens wird das Subjekt in die Gegenstandswelt eingeführt, die objektive Welt wird zum Ergebnis des sich bewegenden Leibes. Dies ist ein anderer Begriff vom Sich, vom Subjekt, als dies der *leibunabhängige Subjektbegriff*, durch den die Objektivität der Gegenstandswelt *veräußerlicht* erscheint, zuläßt. Die Einführung des Subjekts, die hier als leibliche Fundierung erkenntnistheoretischer Begriffe gedeutet wird, ermöglicht ein Weltbild, welches sich von dem mechanistischen, das nur äußerliche Relationen erklärt, deutlich unterscheidet.

> Die *Einführung des Subjekts* in den Gegenstand ist der erste Schritt. Am meisten Präzision hat dieser Schritt bei der Bildung des Begriffs einer Selbstbewegung. . . . Unverkennbar ist aber, daß der Begriff einer Selbstbewegung bereits der physikalischen Mechanik widerspricht, indem diese jede Bewegung eines Dinges als entstanden oder verursacht von außen beurteilt. Die Physik erreicht diese Trennung von Ding und Bewegung durch die Unterscheidung von Materie und Kraft; Kräfte sind es, welche die Bewegung von Dingen verursachen. . . . Eine von der Materie durch sich selbst und in sich selbst erzeugte Bewegung kennt die physikalische Bewegungslehre also nicht. Die Selbstbewegung ist ein dem Begriff der Mechanik widersprechender Begriff.[212]

Die Physik vermeidet das Selbst im Begreifen, das Selbst wird *ersetzt durch den Begriff der Kraft*,[213] der jedoch ein passives Phänomen darstellt, das nur dadurch als Gewußtes da ist, daß es als Verursachtes gewußt wird. Durch den Satz vom Grunde kann ein solches Selbst, welches als leiblicher Selbstbegriff gedeutet wurde, nicht verstanden werden. Kraftbegriff und Leibbegriff müssen sich also ausschließen. Innerhalb des kausalen Begreifens wird im Begriff der Kraft ein solche Selbst rekonstruiert, indem der mechanische Vorgang und das mechanische Bild der Verursachung zugrunde gelegt wird. Das Selbst jedoch kann nur dadurch für das Denken gewonnen und dem Denken zugänglich gemacht werden, wenn die Bewegung zugleich als Wahrnehmung verstanden wird, wenn dieser leiblichen Kategorie also eine Verstehensmöglichkeit zugerechnet wird, bei der der Organismus sein Selbst erkennend zum Ausdruck bringt und auslebt. Die Wahrnehmung der Bewegung ist somit nichts anderes als die Wahrnehmung der Selbstbewegung, und dies ist als *Selbstwahrnehmung* zu kennzeichnen.

Zu der Erkenntnis, daß Wahrnehmung Selbstwahrnehmung ist, ist Weizsäcker durch die Analyse mehrerer leiblicher Phänomene, zum Beispiel des Drehschwindels gekommen.[214] Der Leib konstituiert sich in der Wahrnehmung, bleibt aber in dieser

211 Weizsäcker, Pathosophie. Göttingen 1956, S. 359–360.

212 Weizsäcker, Pathosophie, a.a.O., S. 358.

213 Seelig, Wolfgang, Wille, Vorstellung und Wirklichkeit.
   Mit der „physikalischen Ursache" führt nun Kepler auch den physikalischen Kraft-Begriff ein, der die bisherigen philosphisch-theologischen Erklärungen der Wirkung ersetzte und bis heute der gebräuchliche Begriff blieb, wohl annehmend, daß damit mehr gesagt sei als mit den Begriffen der „Alten". Tatsächlich blieb aber das Wort Kraft lediglich das Wort, um eine Wirkungsausübung über „Nichts" hinweg zu benennen und dürfte eigentlich nicht als Ursache bezeichnet werden. Was Kraft ist, was sie verursacht, blieb fremd. (S. 29)

214 Weizsäcker, Gestaltkreis, S. 7.

Konstitution rezessiv. Bewegung wird nicht als Wahrnehmung und Wahrnehmung nicht als Bewegung erkannt. Vielmehr dient Erkenntnis der Herstellung von Objektivität durch eine dem bewegenden Organismus angemessenen Verfügbarmachung von Umwelt. In dieser Verfügbarmachung ist die Welt aber immer nur als Kunstwelt da.

> Die Gesamtheit aller Wahrnehmung ist also ebenfalls immer noch ein pars pro toto. Sofern ist die Welt, die ich wahrnehme, nur meine Umwelt, ein Insgesamt meiner Wahrnehmung, und man ist berechtigt, zu sagen, sie sei nicht eine wirkliche Welt, sondern eine wirkliche *Kunstwelt*. Es ist nicht so, daß die Wahrnehmung vom wirklichen Gegenstande einen Teil nimmt, das Übrige wegläßt, also eine Subtraktion vornehme. Sondern in dem prädikativen Akt, der sie ist, läßt sie sich etwas erscheinen. . . . Mit dem Ausdruck „prädikativ" betonen wir die Einschränkung, mit dem Ausdruck „erscheinen" die Transzendenz, mit dem Ausdruck „Kunstwelt" die Symbolik jeder Wahrnehmung.[215]

Das Realitätsprinzip ist somit konstituiert durch die Bewegungen des Leibes, durch die er die Welt für sich selbst erschließt und erscheinen läßt. Der Ursprung hierfür sind die einzelnen Organe und Wahrnehmungsfunktionen des Leibes.[216] Das Realitätsprinzip ist also bestimmt durch den Umgang, die Verbindung von Organismus und Umwelt. Die in diesem Umgang vollzogene Bewegung hat die unmittelbar konstituierende Funktion, den Seinsbegriff des Dinges herzustellen. Durch die Bewegung wird überhaupt erst etwas seiend gemacht.

> Immerhin ist die soeben aufgezeigte Vieldeutigkeit des Wortes Bewegung eine Anregung, sich klar zu werden, daß die Bewegung im geometrischen Sinne, also gleich Ortsveränderung, oder im physikalischen Sinne, also gleich Energie im Verhältnis zur Masse, so gut wie niemals der Zweck einer organischen Bewegung ist. Organismen haben oder bewirken nicht Bewegungen als solche, sondern ihre Bewegungen bedeuten oder bewirken *etwas*, das selbst nicht nur Bewegung ist. Trotzdem ist Bewegung dasjenige Prinzip, durch welches allein dieses Etwas *Form* bekommt.[217]

Im organischen Sinne hat die Bewegung den „Zweck" oder die Aufgabe, Wahrnehmung zu sein. Dies ist aber unmittelbar zu denken: Bewegung heißt nicht, etwas zu bewegen oder ein zugrunde liegendes Ding an sich in die Form der Erscheinung zu bringen und für mich zu machen, sondern Bewegung ist unmittelbar diese Erscheinung selbst, ist Selbstwahrnehmung anhand der Weltwahrnehmung und umgekehrt.

> Das Bewegungsbild entsteht gleichsam bilateral oder bipolar; es besteht nur als eine relativistisch geordnete *Form*beziehung zwischen einem Organismus und seiner Umgebung. Diese Form ist nämlich *dieselbe*, ob sie vom Organismus her oder von der Umwelt her, von „innen" oder von „außen" her betrachtet wird; sie entsteht überhaupt erst in dem Augenblick, da der Kontakt gestiftet, sie vergeht erst, wenn er zerrissen wird.[218]

Weizsäcker erreicht durch diese Rückführung der Wahrnehmung auf ihren Ursprung, auf die Bewegungen des Leibes also, die formalen Kriterien der leiblichen Vernunft, die im Gestaltkreis zum Ausdruck kommen. Der Gestaltkreis ist die Kausalität der leiblichen Vernunft. Im Unterschied zur Kausalität der Leibauslegung

---

215 Weizsäcker, a.a.O., S. 87.
216 Weizsäcker, a.a.O., S. 86.
217 Weizsäcker, a.a.O., S. 114.
218 Weizsäcker, a.a.O., S. 116–117.

bei Sartre (s.u.) kann hier bei Weizsäcker der Leib als Selbst ausgedrückt werden und auch als Selbst begriffen werden. Durch diese formale Grundlegung einer leiblichen Vernunft, wie dies Weizsäcker im „Gestaltkreis" und in der „Pathosophie" vollzogen hat, ist der Leib dem Denken als selbstisches Prinzip anvertraut. Die Bedeutung Weizsäckers liegt vor allem in dieser formalen Grundlegung, der Bestimmung dieser leiblichen Kausalität des gestaltkreismäßigen Wahrnehmens und Erfassens der Welt.

Diese muß als konsequente Fortführung einer skeptischen Einschätzung des Kausalbegriffs angesehen werden. Was David Hume aus der skeptischen Position heraus formulierte, formuliert Weizsäcker aus der Kenntnis leiblicher und organischer Funktionen. Es ist dies in letzter Konsequenz der Verzicht auf das An-sich-sein, der Verzicht auf den Satz vom Widerspruch in der Wahrnehmung.[219] Hume machte darauf aufmerksam, daß der Satz vom Widerspruch nur mathematische, geometrische, allgemein gesagt analytische Tatsachen begründet, im Bereich der Wahrnehmung jedoch kein Prinzip des Erkennens und Wissens sein kann. Nur ein nicht analytisch formuliertes Gesetz kann die Bedingungen der Wahrnehmung zum Ausdruck bringen. Durch den Verzicht auf solch ein analytisches Gesetz können die Phänomene der Wahrnehmung in zureichender Weise, etwa durch die Gewohnheit, begründet werden. Ist ein solcher Zustand bloßer Relationalität akzeptiert, so entsteht im Grunde das, was Weizsäcker den Gestaltkreis nennt. Danach muß das Ontische, das durch die pathischen Kategorien begründet ist, nicht mehr analytisch untersucht und bewiesen werden. Die reine Relationalität zwischen Subjekten wird also nicht durch die Analyse der ontischen Phänomene begriffen, sondern durch das Pathische.

> „Gestaltkreis" heißt: die biologische Erscheinung erklärt sich nicht aus einer ihr zugrundeliegenden kausalen Reihe von Funktionen, aus denen die Erscheinung stammte; sondern sie ist Bestandteil eines in sich geschlossenen Aktes. . . . Sein eigentümliches Attribut ist das dem Ontischen gegenübergestellte Pathische. Seine Struktur ergibt sich aus der dialektischen Zerlegung der kritischen Entscheidung in die subjektiven Kategorien des Ich-will, muß, kann, soll, darf.[220]

Durch die Ablehnung eines analytischen Charakters des Wahrnehmungswissens wird die Erkenntnis zu den pathischen Kategorien geführt. Sowohl mit der Reglementierung des sich verstehenden Wahrnehmungswissens wie auch mit den daraus resultierenden Erkenntnismöglichkeiten knüpft Weizsäcker also an die philosophischen Theorien des Skeptizismus an. Entsprechend den dort gewonnenen Erkenntnissen gibt es im organischen und lebendigen Sein keine Einsicht in eine Kausalkette, sondern nur die Feststellung eines Nachher zu einem Vorher.

> Jeder biologische Akt ist, als Gestaltkreis begriffen, kein Glied einer Kette, keine Ziffer in einer Reihe, sondern gegenüber dem Vorher eine Wandlung zu einem Nachher, eine revolutio.[221]

Die Vernunft muß den Verzicht auf das Unbedingte aussprechen, wenn sie sich als leibliche Vernunft konstituieren und begreifen will. Der bloße Leib ist ein ontisches Faktum, eine Substanz. Dies führt zur Auslegung des Leibes als Körper, der einer höheren Organisation zugeordnet werden muß. Gestaltkreishaft wird dagegen der Leib dargestellt durch die Relation, die sich innerhalb des Leibes

---

219 s. Fußnote 208, S. 329.
220 Weizsäcker, a.a.O., S. 116.
221 Weizsäcker, ebd.

zwischen den Organen manifestiert und im Umgang bildet. Der Gestaltkreis ist deshalb auch das Gesetz für die Es-Bildung.

> Wenn nämlich Gestaltkreis nur eine bestimmte Art, die Es-Bildung, aufzufassen ist, dann hat er an allem teil, was die Es-Bildung betrifft.[222]

Die Es-Bildung kann aber nur vom Begriff der Verleiblichung her erfaßt werden.

> Die Behauptung, die hier an die Spitze gestellt wird wie ein Axiom der Geometrie, ist die, daß mit jedem Gedanken sich eine materielle Realität bildet.[223]

Diese Realitätsbildung ist ganz im Sinne der erkenntnistheoretischen Fundierung des Gestaltkreises formuliert. Die materielle Realität, die sich innerhalb des Gestaltkreises als äußere Realität manifestiert, kann sich ebenso gut als innere Realität als Ergebnis eines Gestaltkreises zwischen Organen manifestieren.[224] So kann der Gestaltkreis als das Prinzip der leiblichen Vernunft in innerer und äußerer Hinsicht angesehen werden. Er läßt die Wahrnehmungen als Einverleibungen verstehen, er läßt aber ebenfalls die Krankheiten als Verleiblichungen verstehen, wobei in jedem Fall das pathische Selbst sich zum Ausdruck bringt.[225]

Weizsäcker hat durch diese Art der Erschließung einer leiblichen Vernunft grundlegende Möglichkeiten für neue Forschungen gelegt. Nietzsches Postulate verlieren durch diese Forschungen im Bereich der psychosomatischen Medizin immer mehr ihren dogmatischen Charakter. Auch umgedreht können diese Forschungen von Postulaten Nietzsches profitieren. So trägt Nietzsches Postulat des „Verzichtes auf das Unbedingte" zu einem Verständnis dessen bei, was Weizsäcker unter dem Gestaltkreis versteht. Das Unbedingte zeigt das abstrakte Selbstverständnis. Ein unbedingtes Selbstverständnis und Selbstbewußtsein fordert die Selbstvergegenwärtigung als an sich begründete. Doch diese Forderung ist leiblich nicht belegt und belegbar. So ist das Unbedingte und der Unbedingte (der nicht lieben kann) das Resultat eines vom leiblichen Selbstwissen distanzierten Kausalverständnisses. Im Prinzip des gestaltkreishaften Verstehens findet jene Umdeutung und Richtigstellung statt, die auf das Unbedingte und den Unbedingten verzichtet. Indem das Unbedingte im kausalen Vollzug nicht mehr erfordert ist, schließt sich die Kausalität zum Gestaltkreis, der jetzt ein Verstehen ermöglicht, bei dem es keinen Gegensatz von Tätigsein und Erleiden, von Angestoßensein und Anstoßen, von Setzen und Gesetztwerden gibt. Die Kausalität wird dadurch nicht abgeschafft, sie wird von der Ideologie befreit, daß im Grund das Wesen enthalten ist, und daß deshalb der letzte Grund, das Unbedingte, den Kern aller Dinge zum Ausdruck bringt.

Die Kausalität des Gestaltkreises wird auch nicht rational, sondern empathisch im Umgang zwischen den Subjekten erfahren. Fordert der rationale Kausalitätsbegriff immer eine nichtselbstische, eine außenliegende Bestimmung für das Bestimmen des Selbst, so hat es dagegen das Subjekt im „Umgang" nur mit anderen

---

222 Weizsäcker, Pathosophie, S. 355.
223 Weizsäcker, a.a.O., S. 351.
224 Weizsäcker, Körpergeschehen und Neurose. Stuttgart 1947.
225 Wyss, Dieter, Viktor von Weizsäckers Stellung in Philosophie und Anthropologie der Neuzeit. In: Weizsäcker, V. v., Wyss, D., S. 237.

Subjekten zu tun. Hier kommt ein außenliegendes, ein dem Subjekt nicht subjekthaft vergegenwärtigtes Ding nicht vor. Durch die Einführung des Subjekts in die Welt der Objekte gibt es als Bewußtsein nur noch ein empathisches Kausalitätsverständnis zwischen Subjekten, den Umgang. Im Umgang ist die gestaltkreishafte kausale Relation zwischen Subjekten beschrieben. Solche Subjekte können Teile des Leibes, einzelne Zellen oder auch Organe sein, entscheidend ist nicht ihr objektiver Bestand, sondern diese Bedeutung als selbstkonsistente Subjekte, die in der Beziehung des Umgangs zueinander stehen. Entscheidend ist also hierbei diese Relationalität der Subjekte, nicht die Möglichkeit oder der objektive Bestand. Diese Relationalität wird durch die pathischen Kategorien erfaßt, sie offenbaren das Verhältnismäßige. In diesem verhältnismäßigen Erfassen durch die pathischen Kategorien spielt das An-sich-sein keine Rolle mehr. Die pathischen Kategorien erfassen deshalb auch kein Seiendes vom Charakter des An-sich-seins. Das bedeutet, daß das Für-sich-sein oder das Sein-für nicht mehr ontologisch im Sinne eines An-sich fundiert werden muß. Das Für-sich braucht nicht mehr diese Kriterien der Begründung und muß deshalb auch nicht als Wissensinhalt in der Form des Etwas des dinglich Abgegrenzten und Definierten dargestellt werden.

Anhang:
Abschließender Vergleich zwischen Nietzsche und den spekulativen und natur-wissenschaftlichen Konzeptionen

Aufgrund der Bestimmungen des Zeit-Raum- und Kausalbewußtseins der leiblichen Vernunft sprechen die hier vorgestellten spekulativen und naturwissen-schaftlichen Konzeptionen von einer ständigen Präsenz des Gelebten. Die ständige Gegenwart des Gelebten ist dem momentanen Erleben und Bewußtsein nur dann ein Problem, wenn es von seinem Gattungserleben und Gattungsbegreifen entfernt ist. In dieser Einsicht kommt Nietzsche mit den Theoretikern der Psychoanalyse überein. Auch in der Psychoanalyse erfaßt die leibliche Vernunft die Welt, indem sie die Objekte mit Libido besetzt und so in einem Gattungserleben zur Erfahrung bringt. Auch hier ist der mißglückende und bis zur Krankheit entartete Umgang mit der Welt eine Folge des von diesem Gattungserlebnis sich entfernenden und entfernten Weltbezugs, bei dem der Leib nur seine individuelle Organisation des Aufnehmens, Verdauens und Ausscheidens und den damit verbundenen Möglichkeiten, nicht die weiterbildende Fähigkeit des gattungshaften Leibes zu vollziehen in der Lage ist. Dies von sich entfernte und sich entfernende Selbst ist aber in der Psychoanalyse sehr vage und oberflächlich als Verdrängung beschrieben worden, eine mechanische Vorstellung, an der auch die spekulativen Gedanken bei den hier dargestellten Autoren nichts zu ändern vermögen. Trotz der Versuche, die Eigenarten des Leibwis-sens aus der Leibgeschichte abzuleiten und ihre ständige Präsenz an Phänomenen der leiblichen Regression zu demonstrieren, verweigern diese Darstellungen jegliche Einsicht in ein Motiv dieses hier zum Ausdruck kommenden Gestaltungswillens und bleiben damit streng genommen bloße Beschreibungen eines spekulativ erweiterten Leibmechanismus. Hier zeigt sich die große Überlegenheit der Ansätze von Nietzsche. Die Selbstentfernung des Ichs und die dabei auftretende „Verdrängung" ist für ihn ein Prozeß, bei dem das Gelebte entleibt wird und fortan als leerer Ablauf und bloßes Vergehen von Zeit den Charakter der Beliebigkeit annimmt, also einer Willkür unterstellt scheint und damit seinen Grund im leiblichen Willen als So-gewolltes verliert. Nietzsche beschreibt diesen Prozeß der Selbstentfernung als einen Vorgang der sich in Zeitlichkeit aufteilenden Vernunft. Infolge dieser Zerteilung in zeitliches Vergehen kann diese Vernunft sich nicht mehr einheitlich fassen, sie zerrinnt vor sich gemäß dem Zeitbegriff, dem sie unterstellt ist. Das zeitlich Erlebte wird aber substanzlos oder nur in einzelnen, außerordentlichen Fällen als So-gewolltes wiedererkannt. Dieses Wiedererkennen unterliegt dann auch nicht den Kriterien des leiblichen Sich-erkennens im So-gewollten, sondern vielmehr den Kriterien der Erfüllung des Zwecks und der Genugtuung des Rechtens und Richtens. Das Selbst verliert sich also vollständig im zeitlich, räumlich und kausal sich entfernenden Sich-wissen.

Nietzsche hat nun gezeigt, daß dies eine Folge der Schwächung des lebendigen Erfassens und Erfahrens, des Ob-Bewußtseins ist. Ungeachtet der Gründe, die er hierfür gibt, ist die Diagnose für den Vernunftverfall die Störung und Unfähigkeit des Selbsterleben im Bewußtsein des Ob. Obwohl die Psychoanalyse die Zeitlosigkeit der leiblichen Vernunft durchaus beschrieben hat, so muß sie sich doch den Vorwurf gefallen lassen, daß sie den individuellen Prozeß nicht erfaßt, sondern diesen immer nur auf ein Paradigma zurückführt und bezieht. Hier hat Nietzsche mit seiner Analyse der Zeitlichkeit und der Bedeutung des Zeitbegriffs für den Selbstbegriff einen entscheidenden Punkt herausgestellt, durch den gerade auch die individuelle Gestaltung des Es-Bewußtseins in der Art und Weise der Herausbildung und Kultur des Ungelebten zum Vorschein kommt. Die zeitlich-räumliche Selbstentfernung, die prinzipiell das Ungelebte erst ermöglicht, kann dann anhand der Eigenart und Beschaffenheit dieses Ungelebten in der individuellen Zerrüttung ersichtlich werden. Das Maß der Betroffenheit wird durch das Selbstbewußtsein einsehbar, nicht nur durch bewußt gemachte Spekulationen über Prinzipien des Leibens.

Ein weiterer, über die psychoanalytischen Formulierungen hinausführender Gedanke von Nietzsche, an den hier noch einmal erinnert werden soll, stellt dar, daß das Ich in seiner Selbstentfernung nicht Opfer dieser Prozesse ist, sondern sie auch einleitet und zu Ende führt. Der Vorgang des Zugrundegehens der Selbstentfernung wie auch der Selbstbildung und Organisation neuer Gestaltungen ist also der Vernunft selbst unterstellt. So zeigt Nietzsche das verbrecherische und moralische Selbstbewußtsein einerseits als Opfer der Leibverfassung, andererseits zeigt er den hierbei sich vollziehenden Gestaltungswillen als Selbstvernichtung und stellt dar, wie Opferschaft und Täterschaft zwei Seiten der einen sich gestaltenden und sich wollenden Vernunft sind. Das Maß der Zeitlichkeit im Selbstbewußtsein gibt den entscheidenden Ausschlag für eine sich erfahrende oder eine sich verlierende Vernunft, nimmt es doch, wo immer es im Selbstwissen auftritt, dem ewig im Jetzt sich wissenden Lebendigen den Atem. So ist die Gesundheit der Vernunft abhängig von dieser Gestaltung des Zeitbegriffs. Er ist nicht die Folgeerscheinung physiologischer Prozesse, sondern er ist selbst physiologisch. Der Bezug des Ich zu sich ist physiologischer Natur, da in diesem Bezug ein Sich-wollen oder ein Sich-entfernen zum Ausdruck kommt. Beides sind aber Vorgänge des Leibens und drücken die Disposition des Leibes und seine Gesundheit aus.

Der vielleicht herausragendste Zug Nietzsches über die hier vorgestellten Theorien besteht in der Tatsache, daß er das Zeit-Raum- und Kausalbewußtsein in enger Beziehung zueinander darstellt. Dadurch wird einsichtig, wie diese Phänomene zu abstrakten Kategorien werden, um dadurch das von sich entfernte und damit entfremdete Selbstwissen des Ichs zumindest ontologisch fundieren zu können. Dieses grundlegende und existentielle Motiv eines sich verlierenden Selbst kommt bei den hier vorgestellten Theorien natürlich nicht zur Sprache, weil es schon ein Motiv des Sich-wollens und Sein-wollens überhaupt ist und damit nicht mehr im Bereich der individuellen Darstellbarkeit liegt. Deshalb sollte die vorliegende Arbeit die These belegen, daß ein solcher Einblick in das Motiv eines ontologisch sich fundieren wollenden Selbst von großer Bedeutung für das Verständnis der einzelnen Gestaltungen dieses sich verlierenden Leibwissens ist. Es kommt dabei nicht nur zum Ausdruck, wie Zeit-Raum- und Kausalbewußtsein sowohl in abstrakter als auch in leibhaftiger Weise miteinander verbunden ist, sondern vor allem dies, warum gerade eine Abweichung in diesen Kategorien als Krankheit empfunden und eingeschätzt wird. Als die drei Dimensionen des Sich-wollens stellen sie überhaupt erst den Lebensraum des organischen Leibes her und bilden damit die drei grundsätzlichen Bedingungen eines jeglichen leiblichen „possest".

C Phänomenologische und existenzphilosophische Auslegungen der leiblichen Vernunft

Die bisherige Darstellung der leiblichen Vernunft anhand der philosophischen und empirischen Konzepte hat gezeigt, daß die maßgeblichen Kriterien dieser Vernunft in einem speziellen Zeit-Raum- und Kausalbewußtsein bestehen. Dabei wird ein Sein gegründet und gestaltet, das aus dem leiblichen-vegetativen Sein und aus dem angeleibten Sein besteht, wobei die Grenzziehung nicht die Haut als die äußere Hülle des Leibes ist, sondern das Maß an Innerlichkeit, das der Leib in seiner angeleibten oder leibhaftigen Wirklichkeit selbst erfährt. So ist der Leib also nicht nur dieser tierische und vegetative Leib, sondern vielmehr der Gesamtorganismus des tierischen Leibes und seiner angeleibten und leibhaftigen Wirklichkeit. Diese Einheit wird von der leiblichen Vernunft hergestellt oder aufgelöst. Bei dieser Tätigkeit ist Erkennen oder Anerkennen in der Vorstellung das entscheidende Mittel der Seinsbildung. Das in diesem Sinn zu verstehende Erkennen und Anerkennen ist bei Nietzsche aufgezeigt worden als Bejahung der angeleibten Wirklichkeit, wobei eine enge Bezogenheit in Form eines An-und-für-mich-seins hergestellt wird. Dieser Prozeß der Bejahung ist auch durch die psychoanalytischen Theorien belegt im Begriff der libidinösen Objektbesetzung. Das An-und-für-mich-sein in den Dingen ist die aus der angeleibten Wirklichkeit heraus erkannte Welt und bestimmte Objektivität. So hat das Anerkennen keine juristische Bedeutung oder, wie bei Hegel, die Bedeutung der Lebensnotwendigkeit eines in seinem Seinsanspruch unersättlichen, sich selbst gegenüber absolut geltenden Ichs. Es ist die Wahrnehmung der organischen Verbindung zwischen dem angeleibten und dem leiblichen Teil des Gesamtorganismus. Erkennen und Anerkennen ist also immer dieses Verwirklichen einer Leibhaftigkeit im Anleiben der Verleiblichen, im libidinösen Besetzen oder eben, allgemein ausgedrückt, im Wahrnehmen eines bestimmten An-und-für-mich-seins.

1. Die Erfahrung der Leibhaftigkeit durch das Begründen

a) Das Begründen durch sich

In der modernen Philosophie ist diese Form der Unmittelbarkeit einer leiblichen Vernunft nur zum Teil erkannt worden. Als Beispiel dafür soll hier Merleau-Ponty vorgestellt werden. Ansonsten wird bei Autoren, die überhaupt den Leib als philosophisches Problem ansehen und für würdig erachten, die leibliche Vernunft in Abhängigkeit von der begründenden Vernunft gesehen, nicht also als ein eigenes Erkenntnisorgan oder gar als ein eigenes Begründungsorgan angesehen. Ein kurzer Blick auf Husserl zeigt, daß für ihn die Leiblichkeit nur in der Wahrhaftigkeit des Ichs erfahren werden kann. Diese Wahrhaftigkeit wird dann in einer analogisierenden Weise auf den Anderen übertragen.

> Da in dieser Natur und Welt mein Leib der einzige Körper ist, der als Leib (fungierendes Organ) ursprünglich konstituiert ist und konstituiert sein kann, so muß der Körper dort, der als Leib doch aufgefaßt ist, diesen Sinn von der apperzeptiven Übertragung von meinem Leib her haben,

und dann in einer Weise, die eine wirkliche direkte und somit primordiale Ausweisung der Prädikate der spezifischen Leiblichkeit, eine Ausweisung durch eigentliche Wahrnehmung, ausschließt.[226]

Leibhaftigkeit wird in der Verinnerlichung des Ichs erfahren. Die hierbei festgestellte Meinigkeit des Leibes ist das Kriterium, um tote oder dem Bewußtsein unzugängliche Körper dann für Leiber zu halten. Dieses Halten-für ist aber nur eine Annahme. Innerhalb dieser Verinnerlichung ist der andere Körper als Leib dann auch ein Indiz dafür, daß die gleiche Verinnerlichung vorliegt, wie beim eigenen Leib. Der Leib des Anderen ist somit das Indiz für die Tatsache einer anderen Verinnerlichung. Diese Erfahrung kann nur innerhalb der eigenen Verinnerlichung gemacht werden.

> Der fremde Leib, als in meiner primordialen Sphäre erscheinend, ist zunächst Körper in meiner primordialen Natur, die meine synthetische Einheit, also von mir selbst als mein eigenwesentliches Bestimmungsstück unabtrennbar ist.[227]

Die Leiblichkeit ist also durch den zureichenden Grund des *Mein* bestimmt. In dieser Weise wird auch der Leib des Anderen als Leiblichkeit verstanden und über den Modus des bloßen Körperseins erhoben. Es gibt daher kein Verständnis des Leibes, sondern nur ein Verständnis des Ichs. Dieser Begriff gibt dann das Verständnis für das Körperliche als das Leibliche.

> Vielmehr dieser meiner Sphäre zugehörige Naturkörper dort appräsentiert vermöge der paarenden Assoziation mit meinem körperlichen Leib und dem psychophysisch darin waltenden Ich in meiner primordial konstituierten Natur das andere Ich.[228]

Hierbei ist der Leib selbst nicht verstanden, weder der eigene noch andere. Beide werden der Zuordnung zu einem autonomen Grund, welcher den Charakter des Selbstischen hat, verstanden. Dies ist nicht der Leib, sondern das Mein, das leibhaftig erfahren wird. Der Körper kann und darf nicht das Selbst sein, weil Körpersein nicht in diesem reflexiven Sinn ein Selbstgrund, ein sich Begründendes ist, sondern nur Begründetes.[229] Der Körper ist das Leere an sich, das aus sich heraus keine seinsbildenden Maßnahmen vorweisen kann, das überhaupt nur in Verbindung mit der Atmosphäre eines reflexiven Grundes ein sinnvolles Etwas ist.[230] Der Leib wird

---

226 Husserl, E., Cartesianische Meditationen. Hrsg. v. E,. Ströker, Hamburg 1977, S. 113.
227 Husserl, a.a.O., S. 124.
228 Husserl, a.a.O., S. 126.
229 Frostholm, a.a.O.
Obwohl Husserl dem Leib eine ausgezeichnete Stellung unter den Dingen einräumt, in dem er betont, daß der Leib nie nur Gegenstand, nie völlig konstituiert sein kann, zögert er bei der Reduktion nicht, das reale Ich, d.h. das leibliche Ich als Umgebungsobjekt des reinen Ichs zu bezeichnen. Anders ausgedrückt: bei der theoretischen Trennung von eigentlich Ichlichem und Ichfremdem wird der Leib zum Ichfremden gezählt und fällt somit unter die Gesetzmäßigkeit der Kausalität; das reine Ich der Intentionalität dagegen wird, wie wir gesehen haben, der Gesetzmäßigkeit der Motivation zugeordnet. (S. 13)
230 Hammer, a.a.O., S. 89–90.
Der menschliche Leib bleibt für Husserl konstituierter „Gegenstand", „Ding" der Natur, wenn auch durch seine Selbsttätigkeit ausgezeichnetes Ding. Denn auch diese Selbsttätigkeit, in ihren beiden von Husserl bevorzugten Formen der Wahrnehmung und der Bewegung, steht im Grunde in strenger Abhängigkeit vom Geist, dessen empirische Erscheinungsform die Seele ist. So subjektiv der Leib auch erscheinen mag, seine Subjektivität ist nie unmittelbar, vielmehr sekundär und abgeleitet von jener einzigen Subjektivität des transzendentalen Bewußtseins, die

hierbei gar nicht aus sich betrachtet, sondern von außen. Dadurch ist die Beziehung zum Leib zunächst die Beziehung zu einem Ding.[231]

b) Das Begründen durch den Anderen

Für Sartre wird der Leib als bestimmter und gestalteter Leib in der Erkenntnis, die der Andere von diesem Leib hat, erlebt. Bei dieser durch die Wahrnehmung des Anderen vorgenommenen Seinsbestimmung des eigenen Leibes kommt es zu einer Differenz zu dem freien, also unbegründet sich wissenden Ich. Als orthodoxer Cartesianer kann Sartre nur ein Wissen gelten lassen, das durch das Cogito hervorgebracht und durch das Cogito begründet ist, das mithin ontologisch fundiert ist.[232] Unter diesem Aspekt gibt es kein ursprüngliches Leibwissen. Ist aber der Leib durch den Anderen wahrgenommen, ist der eigene Leib der von dem Anderen erblickte, so gestaltet sich in diesem Blick eine ontologische Sinngebung für das leibliche Sein.[233] Den Bedeutungsgewinn und Sinngewinn, den der Leib hier plötzlich erfährt, bekommt er dadurch, daß das Für-sich-sein, welches das Ich nach Sartre unleiblich, leiblos erfährt, plötzlich von anderen objektiv gemacht ist, als Objekt, als Gegenstand und Ding im Blick des Anderen für mich erscheint. Eine solche Behandlung wird dem Für-sich-sein also durch den Blick des Anderen zuteil. Das bedeutet aber, daß die Unbedingtheit des Seins, seine grundsätzliche Verweigerung einer Darstellung des Für-sich-seins durch ein An-sich-sein, plötzlich durch die Zufälligkeit einer physischen, dinglich so oder so gestalteten Existenz des Leibes ausgelegt wird. Im Blick des Anderen, mit dem er meinen Leib erblickt, bekommt das Für-sich-sein den Charakter von Faktizität. Faktizität bedeutet aber diese notwendige Zufälligkeit.[234]

alles, auch den Leib, als Teil der „Natur", als ihren vollreflexiv einholbaren Gegenstand setzt. So bleibt der Leib für Husserl zwar bestimmt, nicht aber selbst bestimmend, „subjektives Objekt", „Objektivität" mit abgeleitetem Ichcharakter „von Gnaden der ursprünglichen Ichlichkeiten". Individualpsychologisch gewendet: Der Mensch hat Leib, niemals aber ist er sein Leib. In der Dimension des Leib-Habens allerdings sieht Husserl Gesichtspunkte, die anthropologisch von großer Bedeutung sind. (S. 89–90)

231 Hammer, F., a.a.O. S. 108.

232 Hammer, F. a.a.O.

Die Vergegenständlichung des Leibes als umweltbestimmendes und umweltbestimmtes Ding erreicht im Erlebnis des Anderen, wo die unmittelbare Gewißheit der subjektiven Beseelung durch das eigene Cogito nicht gegeben ist, ihren Höhepunkt: Der Leib des Anderen wird – endlich werden die Karten aufgedeckt! – zum reinen Ding unter Dingen („en-soi parmi des en-soi"), zum Gebrauchsgegenstand, der (nebenher) auch erkennen kann („outil possédant la propriété de connaître"), ja zur bloßen Fleischmasse („masse de chair"), die sich nur durch ihre Tätigkeit nach außen als Leib ausweist. – Ist der Andere Weltgegenstand für mich, so werde ich unter seinem objektivierenden Blick Weltgegenstand für ihn und damit, als beständig vom Anderen Angesehener, auch Körperding für mich. (S. 148)

233 Maier, Will, Das Problem der Leiblichkeit bei Jean-Paul Sartre und Maurice Merleau-Ponty. Tübingen 1964. S. 98.

Für Merleau-Ponty ist der von Sartre beschriebene Blick bereits ein durch die Reflexion deformierter Blick, ja er ist letztlich innerhalb des Sartreschen „Systems"nichts anderes als ein Akt des cogito, ein „je pense".

234 Sartre, J.-P., L'Etre et le Néant, Edition Tel gallimard. S. 356–377.

Hierbei liegt keine eindeutige Bestimmung nach dem Satz vom Grunde vor, sondern eine doppelte, wobei das Für-sich-sein eine Autonomie des Grundes beansprucht, die es aber von der Tatsache der leiblichen physischen Existenz nicht erfüllt bekommt. Der Blick des Anderen eröffnet somit die Transzendenz für die autonome Selbstbestimmung nach dem Satz vom Grunde, er ist die für diese Selbstbestimmung nicht verfügbare Instanz.

> Der Schock, den die Begegnung mit dem Anderen hervorruft, besteht darin, daß diese Begegnung mir die Nichtigkeit der Existenz meines Leibes enthüllt, indem dieser für den Anderen äußerlich, wie ein An-sich ist. So gibt sich mein Leib nicht einfach als das reine und bloße Erlebte, sondern dieses Erlebte setzt sich in und durch die zufällige und absolute Tatsache des Anderen nach außen in einem sich mir entziehenden Fluchtpunkt fort. Der für mich bestimmende Seinsgrund meines Leibes ist dieses ständige „Außen" meines intimsten „Innen".[235]

Diese Verwandlung zu einem Objekt durch den Blick des Anderen ist das eigentliche Erlebnis der Transzendenz und kann als Seinsvernichtung bezeichnet werden. Die Seinsvernichtung des Für-sich-seins ist aber nur deshalb möglich, weil das Für-sich-sein von der Art des unbegründeten Grundes, des formalen Grundes, also der des Cogito ist. Das An-sich dagegen wird immer nur von außen festgestellt, ist dasjenige also, was grundsätzlich transzendent bleibt für das Wissen und das Gewußte. Da das Für-sich-sein selbst seine Seinsvernichtung infolge des Blickes des Anderen vornimmt, es somit nicht vernichtet wird durch den Blick des Anderen, so ist auch dieser Zustand der Seinsvernichtung nicht der resultierende Zustand des Daseins, sondern läßt seinerseits eine Reaktion erfolgen, die auch jeweils auf den Leib des Anderen gerichtet ist.

> Der Andere *erblickt* mich und besitzt damit das Geheimnis meines Seins, er weiß, was ich *bin*; somit liegt der begründende Sinn meines Seins außerhalb von mir, eingekerkert in etwas Unverfügbarem. Der Andere hat mir also etwas voraus. Ich kann nun versuchen, dieses Sein zu verneinen, das mir von außen verliehen wird, indem ich das An-sich fliehe, das ich bin, ohne es zu begründen, dies bedeutet, daß ich mich dem Anderen zuwenden kann, um ihm meinerseits Gegenständlichkeit zu verleihen, da ja die Gegenständlichkeit des Anderen für meine Vergegenständlichung durch den Anderen vernichtend ist. Andererseits kann ich aber versuchen, die Freiheit, durch die der Andere mein An-sich-sein begründet, zu erlangen und mich ihrer zu mächtigen, ohne ihr dabei den Charakter von Freiheit zu nehmen. Wenn ich mir diese Freiheit, die die Begründung meines An-sich-seins ist, tatsächlich assimilieren könnte, dann wäre ich durch mich selbst meine eigene Begründung.[246]

Mit diesen beiden Haltungen charakterisiert Sartre in grundsätzlicher Weise das Verhältnis der Leiber. Dieses Zitat gibt deshalb einen grundsätzlichen Entwurf, den Sartre dann im einzelnen ausführt. Der grundsätzliche Entwurf gibt die Kausalitätssituation zwischen den Leibern im allgemeinen an. Sie zeigt zunächst die Flucht aus dem An-sich-sein einer leiblichen Determinierung, die das Ich im Aussehen für das andere Ich hat, worin allerdings das Ich sich nicht als begründet hinnehmen kann. Das Ich ist also dazu verurteilt, so und so auf bestimmte Weise auszusehen, diesen Leib zu haben. Die leibliche Erscheinung des Ich-seins, die Erscheinung nach außen, hat damit von innen her, vom Ich also, keine Begründung, sondern hat ihren Grund

235 Sartre, a.a.O., S. 402 (eigene Übersetzung).
236 Sartre, a.a.O., S. 412.

außerhalb. Entsprechend ist aber auch die Situation für den Anderen, der diese Begründung setzt, so daß jetzt eine Situation entsteht, die einem Feilschen und einem Handel um die Seinsbegründungen, die eigentlich gar keine sind, gleichkommt. Dieser grundsätzliche Entwurf Sartres einer Beschreibung der sich durch den Anderen begründenden Existenzen hat alle Züge der Negativität und Oberflächlichkeit einer leibverachtenden und verleugnenden Position, indem er den Leib zeigt als eine bloße Rekonstruktion von außen, die nur durch einen begründeten Seinsbegriff sich als seiend ausweisen darf.

Das eigentliche Resultat dieses Entwurfes möchte ich aber darin sehen, daß ein Erschaffen des Leibes nicht möglich ist, wenn dies unter den Prämissen eines Seinsbegriffs stattfinden soll, für den nur das begründete Sein Sein überhaupt ist. Dies möchte ich als die, von Sartre allerdings nicht so gewollte, große Erkenntnis über den Leibbegriff werten, als negative Schlußfolgerung aus dem, was Sartre als diesen Handel der Seinsbegründungen darzustellen versucht hat. Das Sein, das ein begründetes sein muß, kann nicht das Körpersein ausdrücken. Der rationalistische Seinsbegriff begreift nur das entfremdete Körpersein, dessen Geheimnisse nicht in meinem Besitz sind und das ich auch bei aller Anstrengung und Hinterlist im Umgang mit dem Anderen, der der Seinsbesitzer desselben zu sein scheint, nicht in meinen Besitz bringen kann. Dieses Geheimnis aber, das immer nur der Andere festzustellen scheint, ist die Offenbarung einer bloßen, geradezu brutalen Zufälligkeit, die dem Besitzer des Körpers stets verschlossen bleibt.

> Jedoch im Verlauf eines langen Umgangs mit einer Person kommt stets der Moment, wo alle Masken fallen und sich mir *die reine Zufälligkeit ihrer Gegenwart* präsentiert; in diesem Moment ist mir ein Gesicht oder andere Teile eines Leibes eine bloße Offenbarung des Fleisches. Diese Offenbarung ist nicht nur Wissen, sie ist eine besondere Art des *Ekels*.[237]

Die Unbedingtheit der Seinsbestimmung durch den Anderen steht im Widerspruch zu der Bedingtheit, der er selbst als Fleisch unterliegt. Diese Diskrepanz ruft den Ekel hervor. Der Ekel kommt, wenn die Unbedingtheit des Grundes plötzlich in ihrer Zufälligkeit erscheint. Diese Verwandlung der Modalität innerhalb des kausalen Begreifens läßt dieses plötzlich in eine Leere und Unbestimmtheit ausgleiten, in der es sich selbst als Bewußtsein *anwidert*.

Sartre beschreibt hier also strenggenommen gar keine Situation zwischen menschlichen Positionen, zwischen einem Dasein und einem Gegenüber, dem Anderen, er beschreibt nur die Situation des ohne Begründung begründenden kausalen Begreifens.[238]

Das Faszinierende an dem Ansatz Sartres bleibt, daß es bisher keine so detaillierte dargestellte *kausale* Seinsbeschreibung des Leibseins gibt. Im Gegensatz zu hier schon besprochenen Theorien, bei denen, um mit Sartre zu sprechen, das An-

---

237 Sartre, a.a.O., S. 393.
238 Podlech, Adalbert, Der Leib als Weise des In-der-Welt-Seins. Bonn 1955, S. 112–113.
   Im Ekel erfahre ich, daß ich meinen Leib bin. Jedoch ist diese Kennzeichnung nicht hinreichend, denn diese Erfahrung mache ich zum Beispiel auch in der Müdigkeit, beim Sport, in der Begierde, in der Scham. Im Ekel jedoch ist das Leibsein dadurch gekennzeichnet, daß sich dieser Leib auf sein reines Sein reduziert hat. Das erste Kennzeichen, was sich dabei herausstellt, ist, daß der Leib grundlos ist.

sich sehr wohl Bestandteil des Für-sich-seins ist und das Für-sich-sein deshalb *prinzipiell*, d.h. nicht nur faktisch zum Besitzer seines Seins und seines Seinsgeheimnisses werden kann, bedeutet es für Sartre die Auflösung des Freiheitsbegriffes des Daseins, und damit des Daseins selbst, wenn das Für-sich-sein den Charakter von Gegenständlichkeit annimmt, wenn es sich zugunsten des An-sich-seins auflöst. Es mag hier nebenbei angemerkt werden, welches Maß von Abstraktheit der Freiheitsbegriff Sartres hat und in welchen sinnlosen Kampf das Dasein bei dem Versuch dieses nicht realisierbaren Seinshandels verstrickt ist. Die Tragik, die Sartre hier immer wieder zu beschwören weiß, kann nur als die Tragik der bloß rationalen Auseinandersetzung mit dem Selbstbegriff gewertet werden, eine Rationalität, die dem Leibsein kein An-sich-sein zukommen läßt oder zukommen lassen kann, da es an sich nicht begründet ist und sich nicht begründen kann. Dies ist eine Rationalität, die immer nur von außen zu deuten versucht. Die Form des Entfremdetseins des Für-sich-seins vom Leib-sein, welches immer nur vom Anderen, von außen begründet wird, läßt zwar keinen zweckrationalistischen Seinsbegriff zu, setzt aber das Postulat des *Begründenmüssens* als Notwendigkeit für dieses Sein. Doch weder der eigene Leib, noch der Leib des Anderen eignen sich für solch eine Begründung und für solch einen Grund, beide zusammen aber konstituieren ein System gegenseitiger Determinierung, den *Seinshandel* also, bei dem das Gehandelte jedoch gar nicht gegenwärtig ist, bei dem ein steter Seinsmangel herrscht. Die Folge dieses Seinsmangels aber ist die Seinsbegierde, die sich auf das Sein erstreckt; dessen Mangel sie ist.[239] Diese Begierde oder dieser Trieb haben, da sie nicht inhaltlich verstanden werden dürfen, die Bedeutung von Seinsbezügen, die sich letztlich nie in der Art eines Resultates niederschlagen und darstellen lassen. Dies bedeutet aber die Unmöglichkeit einer Analyse des menschlichen Seins. Die durch die Analyse hervorgebrachten leiblichen und psychischen Phänomene lassen nach Sartre den Menschen in seinem Sein verschwinden, da sie ihn resultathaft erfassen. Die Hinwendung zu einer *existentiellen Analyse* des Menschen, die aus einer solchen Verfehlung resultathafter Analysen erfolgen muß, läßt dann erkennen, in welcher Weise Verstehen und Bewußtsein des menschlichen Seins für Sartre allein möglich ist. Nur dasjenige, was im Sinne von orginalem Bewußtsein offenbart werden kann, hat die Bedeutung von Gewißheit. Das unbewußte Wissen gilt nicht als Wissen. Es ist für ihn von der Art des Allgemeinbegriffes, durch den niemals das einzelne Dasein ausgedrückt werden kann. Das einzelne Dasein kann sich nur durch seine Möglichkeit, Begründendes zu sein, ohne einen Grund zu haben, als freies Selbstbewußtsein konstituieren. In einem solchen System des Selbstbewußtseins bietet der Leib allerdings nur einen Bezugspunkt, das leere Etwas, die formale Grundlage also, an dem die Inhalte sich festsetzen und wieder ablösen und auflösen können.

Der Leib ist als daseiender Leib, als Stoff, ein An-sich. Hierfür gilt, wie für jedes An-sich innerhalb des Selbstbewußtseins, daß es ein *genichtetes Ansich* ist, und zwar zu Für-sich genichtetes An-sich.[240] Im Selbstbewußtsein kann es kein An-sich geben, das nicht begründet wäre. Doch durch die Begründung tut sich ein Abstand auf, eine

239 Sartre, a.a.O., S. 636.
240 Sartre, a.a.O., S. 626.

Kluft und eine Verrückung, die das An-sich nicht mehr an sich sein läßt. Deshalb muß das Sein die brutale Tatsächlichkeit seiner leiblichen Gegebenheit für den Anderen erleben und ausleben. Da es begründetes Sein sein muß, kann es sein Sein nicht direkt erleben, sondern erlebt direkt nur das Nichts, das durch die Verrückung des Begründens in das Sein kommt.

> Wenn man sagt, daß das Für-sich seine Tatsächlichkeit lebt, wie wir das in dem Kapitel über den Leib gesehen haben, so geht dies darauf zurück, daß die Nichtung der vergebliche Versuch eines Seins ist, sein eigenes Sein zu begründen, und daß das begründende Zurückgehen jene winzige Verrückung hervorruft, durch die das Nichts in das Sein eindringt.[241]

Dieses akzidentelle Erfassen des Selbst in seiner Selbstbegründung macht also nicht nur eine Leiberfahrung an sich unmöglich, es pervertiert die Leiberfahrung auch zu einer Erfahrung des von dem Anderen immer so oder so gemeinten und identifizierten Leibes. Die Leiberfahrung bleibt so immer nur eine Seinsbestimmung durch den Anderen, wobei der Leib implikativ, als die durch diese Akzidenzien dargestellte Substanz, nie determiniert als Substanz selbst zum Vorschein kommt. Die Seinsbestimmung, die der Andere dergestalt konstituiert, indem der Leib immer nur der vom Anderen gemeinte ist, macht jegliche Selbsterfahrung vom Leibe nutzlos und wertlos für das Selbstbewußtsein. In diesem System des kausalen Verstehens kann der Leib nie substantiell, sondern immer nur prädikativ erfaßt werden, er kann nur als *beurteilter Leib* begriffen werden, wobei es eine Platitüde ist, daß diese Beurteilung nie vom eigenen Selbst, sondern in zureichender Weise nur vom Anderen vorgenommen werden kann. Ginge die Beurteilung vom eigenen Selbst aus, so wäre für das kausale Erleben der paradoxe Zustand einer Selbstbegründung durch das Nichts eingetreten.

Die Beurteilung bleibt nun keineswegs unverbindlich, sie wird verinnerlicht als erlebte Erfahrung, weil dieses prädikative Erfassen durch den Anderen die Substanz, den gemeinten Leib mit ausdrückt. In dieser Weise wird das einzeln erlebte Leibsein durch das äußerlich begriffene und beurteilte ausgelegt, und zwar nach Sartre in ausschließlicher Weise und damit zugleich auch wieder in das einzeln erfahrene leibliche Sein als erlebtes integriert. Diese Integration des rational gemachten Leibseins als erlebtes Sein ist für Sartre durch den Blick gewährleistet. Der Blick vernichtet den Zwischenraum zwischen dem Erblickten und dem Blicknehmenden, hebt die Unverbindlichkeit einer äußeren Erfahrung auf und verinnerlicht diese von außen kommende Bestimmung. Der Blick des Anderen schafft damit einen neuen Lebensraum für den Erblickten.

> Der Blick des Anderen erreicht mich durch die Welt hindurch und ist nicht nur Veränderung meiner selbst, sondern vollkommene Verwandlung der *Welt*. Ich werde in einer erblickten Welt erblickt. Insbesondere vernichtet der Blick des Anderen, der blickender Blick, nicht erblickter Blick ist, meine Entfernungen zu den Gegenständen und entfaltet seine eigenen Entfernungen.[242]

Gegenüber dem Erblicktwerden und dieser ordnenden, raumbildenden und konstituierenden Kraft des Blickes für das Cogito ist der Erblickte machtlos, er kann seinerseits nur zurückblicken und durch diesen Akt den Anderen zum Objekt erstarren lassen. Dies bedeutet aber nicht eine direkte Verfügung über den Blick des

---

241 Sartre, a.a.O., S. 625.
242 Sartre, a.a.O., S. 316.

Anderen. Die Kategorie des Blickes legt somit zumindest die völlige Passivität dar, in der der eigene Leib durch den Blick des Anderen erfahren wird. Zugleich aber ist die Passivität durch das Erblicktwerden im Sinne einer bloßen Rezeptivität nicht hinreichend erklärt und gedeutet, da sich im Erblicktwerden zugleich der Modus zu erkennen gibt, auf welche Art und Weise das Cogito sich als Für-sich-sein erfaßt. Erblicktwerden ist also eine *Seinsaktivität des Cogito*.

> In jedem Blick findet als konkrete und wahrscheinliche Gegenwärtigkeit in meinem Wahrnehmungsbereich die Erscheinung eines Gegenüber statt, und hervorgerufen durch gewisse Haltungen dieses Anderen bestimme ich mich selbst als von Scham, Angst usw. ergriffen in meinem „Erblicken".[243]

Der Leib als erblickter Leib bestimmt und kommt als solcher zur Objektivität. Das Sein nimmt den Blick des Anderen und gebraucht ihn zur Selbstkonstituierung, es wird nicht passiv in der Konstituierung durch den Blick des Anderen, sondern es ist aktiv darin, daß es sich den Blick des Anderen nimmt, da das Sein in sich den Grund nicht findet, da es als Für-sich-sein das Nichts an Begründung realisiert. Im Blick des Anderen versucht das Selbst sich zu begründen. Indem es auf diese Weise Objekt werden kann, ist dieser Trieb auch zum Teil gestillt, denn alles objektive oder objektiv gewordene Sein ist begründetes Sein bzw. nur das begründete Sein wird als objektives Sein realisiert. Indem das Selbst sich so zum Objekt gemacht hat, weiß es sich als begründetes Sein. So ist der Leib nur als rationalisierter Leib gewiß. Die Verleugnung und Vermeidung des Leibes tritt bei Sartre in der Form auf, daß der Leib sich nicht aus sich heraus begründet. Es ist also eine rationale Verleugnung und Verachtung. Nach dieser rationalen Verachtung kommt der Leib nur in der Seinssphäre des Für-den-Anderen-sein ins Licht der Gewißheit, als etwas aber, was in dieser Form dem Ich entfremdet ist und sich von außen und akzidentell dem Ich eröffnet. In diesem Zustand des Entfremdetwerdens durch die Tatsache der leiblichen Existenz kämpft das Ich in einem masochistisch und sadistisch geführten Seinshandel um seine Autonomie. Das Leib-sein, das nur im Besitz dessen ist, der den Leib betrachtet und berührt, im Besitz des Anderen, mit dem das Selbst dann in einen Seinshandel eintreten muß, da es sich dieses Sein weder rauben kann noch es sich vom Anderen schenken lassen kann, dieses Leib-sein ist ein konsequentes Verhältnis eines sich autonom wollenden Selbstbewußtseins zu seinem Leib. Dies zeigt sich sehr deutlich am Phänomen des Todes. Beim Tod des Leibbesitzers erlebt der Andere den Triumph, den Leib so zu sehen, wie ihn der Leibbesitzer nie sehen kann, *als Leiche*.

> So ist der Tod, soweit er Bedeutung für mich annehmen kann, der Triumph der Sichtweise, die der Andere hat, über die Sichtweise, die ich von mir selbst habe.[244]

Diese endgültige Demonstration des Objektcharakters zeigt nun an, daß ein so verstandener Leib, ein Leib mit dem Seinsbegriff eines vom Anderen Erblicktseins, sich nie mit dem autonomen Grund der Freiheit vereinbaren läßt, daß ein solcher Seinsbegriff vielmehr den ständigen Zwang zu dieser Freiheit provoziert, weil er das

---

243 Sartre, a.a.O., S. 327.
244 Sartre, a.a.O., S. 598.

autonome Selbst nie es selbst sein läßt. Als Leib erfährt sich das so interpretierte Dasein immer nur so, daß es nie es selbst sein kann. Zu dem Leib, der auf diese Art und Weise das Selbst aus sich heraustreibt, der es aber auch ständig in diese Konfrontation mit sich selbst und seinem Zwang zur Autonomie bringt, kann es aber keine innere Verbindung geben. Da der Leib nicht direkt wißbar ist, bedeutet er für Sartre eine Bedrohung des menschlichen Seins, der nur durch den masochistischen und sadistischen Seinshandel begegnet werden kann, um dem Sinnverlust und Selbstverlust zu entkommen.

Der Kampf um die Existenzialität des Daseins, der Kampf des Daseins selbst um seine Freiheit ist also für Satre immer dieser Kampf gegen das Entfremdetwerden durch das leibliche Sein, das sich im Blick des Anderen für mich konstituiert. Hier ist die Unbedingtheit die oberste Notwendigkeit für das sichwissende Selbstbewußtsein, es kann und darf sich nur als *Unbedingtes* wissen.

Diesen Zwang, das Selbst als autonomen Grund darzustellen, hatte Nietzsche schon als Täuschung entlarvt, eine Täuschung, die überhaupt nur dadurch zustande kommt, daß der Mensch sich begründend auslegt. Dadurch wird eine ursprüngliche Gewißheit des leiblichen Seins rational geleugnet und negativiert, ein Ausgangspunkt, der infolge des Mangels einer Selbstbegründung der Rationalität unweigerlich zum Nihilismus des Selbstbewußtseins führt. Das Postulat der Unbedingtheit des Selbstwissens ist dann schon Ausdruck der rationalen Leibverneinung und des Nihilismus des Selbstbewußtseins. Daß das Es-wissen eine Seinsverkürzung oder Seinsvernichtung für das Selbstbewußtsein bedeutet, kann nur vom Standpunkt eines Postulates des autonomen Selbstwissens ausgeführt werden. Mit der vorliegenden Arbeit sollte u.a. klargestellt werden, daß das Es-wissen in keinem Sinne eine solche Verkürzung ist, daß vielmehr das Postulat des autonomen Selbstwissens eine ungeheure Einschränkung und Beschneidung aller Wissensmöglichkeiten des Selbstbewußtseins mit sich bringt und damit die moderne Form einer Theorie der Leibverachtung begründet.

Sartres Theorie kann als Versuch gewertet werden, das ursprüngliche Leibwissen, das An-und-für-mich-sein in den Dingen, durch ontologische Bezüge zu erklären und sie hierbei am Kriterium der Unbedingtheit zu messen. Dabei wird das leibliche Bewußtsein infolge einer mangelnden Selbstbegründung, die es im Zustand der Faktizität des Für-sich hat, durch das Cogito zugunsten eines Tauschhandels von gegenseitigen Begründungen zurückgewiesen. Nun ist diese Zurückweisung des Cogito selbst schon ein Akt der leiblichen Vernunft, wie im Verlauf der vorliegenden Arbeit gezeigt werden konnte. Die leibliche Vernunft *fordert* nicht das Durch-sich-begründen, sondern *vollzieht* dieses immer schon. Der Forderung des Cogito nach Autonomie liegt ein Motiv der leiblichen Vernunft zugrunde, nicht mehr selbst Grund sein zu wollen. Damit wird jede Begründung ein Akt einer Rekonstruktion. Der Kausalbegriff einer nicht mehr grundlegenden leiblichen Vernunft kann dann nur noch in der von Nietzsche aufgezeigten verkehrten Weise vollzogen werden, wobei der Grund in etwas für das Ich außerhalb Liegendem und Unzugänglichem eingekerkert scheint. Die jetzt stattfindende Grundsuche ist zum Scheitern verurteilt, da die Vernunft zu diesem Äußerlichen und Eingekerkerten nicht das Verhältnis der eigensten Ursprünglichkeit hat. Es ist nicht von ihr selbst als Wirklichkeit gegründet.

Der formale Kausalbegriff ist, wie gezeigt, das Indiz dafür, daß sich die Vernunft schon von ihrer eigensten Funktion der Grundlegung einer angeleibten und einverleibten Wirklichkeit losgelöst sieht. So ist der von Sartre beschriebene Tauschhandel des Seins zwischen den Individuen Ausdruck und Charakteristikum eines Bewußtseins, das sich in einer distanzierten Weise begreifen will und dabei nur noch das Nichts der nicht gründen wollenden Vernunft erlebt. Die hieraus resultierende Gier nach Sein und Anerkanntsein, von der Sartre spricht, ist dann nur noch das äußerste Erscheinungsbild dieser nicht mehr gründen wollenden Vernunft. Ist das Sein aber schon von der leiblichen Vergegenwärtigung als An-und-für-mich-sein abgespalten, so ist jegliche Selbstvergewisserung nur das Bewußtsein dieser Abspaltung geworden. Im sich ekelnden Bewußtsein hat Sartre die Grundzüge eines solchen abspaltenden Bewußtseins beschrieben, ohne dies selbst wieder auf ein Motiv hin zu untersuchen oder etwa auf eine leibliche Vernunft zurückzuführen. Eine solche Rückführung hätte gezeigt, daß die Gier und der Ekel Ausdruck einer bestehenden, aber nicht mehr erkannten Einheit des Ichs mit seiner leibhaftigen Wirklichkeit ist. Mit dem Verzicht der leiblichen Vernunft auf die Erkenntnis dieser Einheit entleibt sie ihre eigene Wirklichkeit in einem physiologischen Prozeß der Auflösung.

2. Die Erfahrung der Leibhaftigkeit durch das Einräumen in den Leibraum[245]

Für Sartre kann sich die Vernunft nur auf begründende Weise erkennen und anerkennen. Hierbei kommt sie aber nur auf einer dünnen Schicht des Grundes zu stehen, unter der sich dann die Unermeßlichkeit des Nichts befindet. Durch die Verrückungen und Sprünge, die zwischen Begründetem und Grund entstehen, dringt dieses Nichts in das Selbstbewußtsein der Vernunft ein und zersetzt es. So wird dieser Vernunft ihr eigener Zwang, sich verstehend in der Welt einzurichten, also nicht einfach nur da zu sein, zum Verhängnis, indem gerade die Begründung, als Medium eines solchen verstehenden Weltbezugs, infolge dieses ständig durchdringenden Nichts, das Verstehen um seinen Verstand bringt. Für Merleau-Ponty ist nicht das Begründen das maßgebliche Kriterium des Sich-wissens, das Verstehen resultiert vielmehr aus der Gestaltung der Räumlichkeit, die das Selbst vornimmt. Die Räumlichkeit ist leiblich zu nennen, denn sie gliedert sich an das Körperschema an und ist gleichsam eine Fortsetzung dieser Art des Wissens und Wahrnehmens des Körperschemas. Wahrnehmen und Verstehen ist damit abhängig von der Gestaltung des Leibraumes. Merleau-Ponty ordnet sich damit in die Reihe der Entdecker einer leiblichen Vernunft ein und kann als der bisher bedeutendste Philosophie-Vertreter in diesem Jahrhundert angesehen werden.[246] Sein Ansatz stellt die existenziale Auslegung des Leibraumes dar.

---

245 Plügge bezeichnet diese Räumlichkeit sehr anschaulich als Spielraum.
   Plügge, Herbert, Vom Spielraum des Leibes. Salzburg 1976, S. 74–75.
246 Taylor, Ch., Leibliches Handeln. In: Leibhaftige Vernunft. Spuren von Merleau-Pontys Denken.
   Hrsg. v. A. Métraux und B. Waldenfels. München 1986, S. 194.

Das Wissen des Leibes beschreibt Merleau-Ponty als Wissen des Zur-Welt-seins. Es gibt nun zwei verschiedene Weisen dieses Zur-Welt-seins. Die eine ist die Einverleibung der Welt, die andere ist das Welten des Leibes: Beide sind zwei Seiten eines Vorganges, der insgesamt den Leib der Erfahrung und dem Bewußtsein zugänglich machen soll. Ohne diese Methode ist der Leib als das Nichts in der Wahrnehmung verschwunden oder er bleibt die einem äußerlichen Verstehen bekannte Maschine.

> Wird einmal der Leib als der Sitz von Vorgängen dritter Person angesetzt, so bleibt im Verhalten nichts mehr dem Bewußtsein zuzuschreiben möglich. Da sie sich der selben objektiven Organe, der selben objektiven Nerven bedienen, müssen Gesten und Bewegungen sich auf der Ebene von Vorgängen ohne Innerlichkeit ausbreiten und in das lückenlose Gewebe der „physiologischen Bedingungen" einfügen.[247]

So ist das Es deshalb grundsätzlich bewußtlos, weil es nicht innerhalb einer Innerlichkeit auftritt, sondern immer nur von außen gewußt ist. Es ist gleichsam ein Wissen, das stets mit den Augen des Anderen betrachtet wird. Bei dieser Betrachtung, bei der es zwar zu einem objektiven Bestand kommt, wobei die Physiologie des Leibes, aber auch sein Es-Bewußtsein konstatiert werden, kommt es doch nicht zum Ausdruck des spezifisch leiblichen Seins, welches Merleau-Ponty in dieser Weise des Zur-Welt-seins ausgedrückt hat. Das Leibsein drückt sich also im objektiven Sachverhalt nicht aus.

> Nie kann das Bewußtsein sich zum Kranken- oder Invalidenbewußtsein objektivieren, und noch wenn ein Greis sich über sein Alter, ein Invalide sich über seine Invalidität beklagt, so ist ihnen das nur möglich, sofern sie sich mit anderen vergleichen oder sich selber mit den Augen der anderen sehen, das heißt, sofern sie sich selber objektiv-statistisch betrachten, und so sind diese Klagen nie ganz aufrichtig.[248]

Das objektive Leib-sein ist demnach dasjenige, was nach seinem ursprünglichen Welten auf sich zurückkommt mit den Augen des Anderen. Dies ist aber schon eine nicht mehr leibliche und selbstische Rückkehr. Hier ist vielmehr ein Bezug zu einem Bezug gegeben und das ursprüngliche Welten durch diesen Bezug des Bezugs umgedeutet.[249] Das ursprüngliche Welten aber ist das Sein des Leibes zur Welt.

> Bewußtsein ist Sein beim Ding durch das Mittel des Leibes. Erlernt ist eine Bewegung, wenn der Leib sie verstanden hat, das heißt, wenn er sie seiner „Welt" einverleibt hat, und seinen Leib bewegen heißt immer, durch ihn hindurch auf die Dinge abzielen, ihn einer Aufforderung entsprechen zu lassen, die an ihn ohne den Umweg über irgendeine Vorstellung ergeht. Die Motorik steht also nicht solcherart im Dienste des Bewußtseins, als transportierte sie den Leib an einem Raumpunkt, den wir uns zuvor vorgestellt hätten. Sollen wir unsern Leib auf einen Gegenstand zu bewegen können, so muß zunächst einmal der Gegenstand für ihn selber existieren, kann also unser Leib nicht der Region des „Ansich" zugehören. In der Apraxie ist der Arm darum unbeweglich, weil für ihn die Gegenstände zu existieren aufgehört haben.[250]

---

247 Merleau-Ponty, M., Phénoménologie de la perception. Paris 1945. S. 143 (Seitenangabe im französischen Text).

248 Merelau-Ponty, a.a.O. s. 496.

249 Auf diese Schwierigkeit geht G. Marcel ein, indem er darstellt, daß eine abstrakte Zuordnung als ‚mein Körper' das Phänomen der Leiblichkeit nicht begreift. Marcel, Gabriel, Sein und Haben. Paderborn, S. 12.

250 Merleau-Ponty, a.a.O. S. 161.

Der Existenzbegriff der weltlichen Dinge ist geprägt von dem Zur-Welt-sein des Leibes, durch das die Welt in den Bereich der Meinigkeit kommt. Die Zuordnung als Meinigkeit ist durch diese Einräumung, durch dieses Sein des Leibes zur Welt ermöglicht. Was sich hier als Grenzen der Meinigkeit, als Horizont meiner Welt bestimmt, ist die Grenze meines Leibraumes. Eine Einverleibung von Welt bedeutet somit die Zuordnung und die Festgrenzung dieses Raumes. Der Raum wird zuerst als Leibraum des Körperschemas erfahren und gibt der Welt damit die ursprüngliche Bedeutung, meine Welt zu sein.[251] Das Körperschema drückt nicht nur die Grenzen des Leibes aus, sondern ist das leibliche Apriori der weltlichen Dinge.[252]

> Durch den Begriff des Körperschemas ist aber nicht allein die Einheit des Leibes auf neue Weise bestimmt, sondern durch diese auch die Einheit der Sinne und die Einheit des Gegenstandes. Mein Leib ist der Ort des Phänomens des Ausdrucks oder vielmehr dessen Aktualität selbst.[253]

Das Zur-Welt-sein ist Seinsbildung und kann als substantielle Erfassung der Welt angesehen werden. Dieser Erfassung ist dann die prädikative Erfassung durch Kausalität, durch das relationale Wissen nachgeordnet.[254] Indem der Leib sich als Welt verleiblicht und damit sein Körperschema bildet, findet diese substantielle Erfassung statt. Dieses Erfassen ist auch gleichzeitig ein Prozeß, bei dem der Leib sich selbst bildet und sich als Leib ausdrückt.

> Die Sinne kommunizieren miteinander in der Wahrnehmung, wie beide Augen im Sehen zusammen wirken. Das Sehen von Tönen, das Hören von Farbe kommt zustande wie die Einheit des Blicks durch beide Augen: dadurch, daß der Leib nicht eine Summe nebeneinandergesetzter Organe sondern ein synergisches System ist, dessen sämtliche Funktionen übernommen und verbunden sind in der umfassenden Bewegung des Zur-Welt-seins, dadurch, daß er die geronnene Gestalt der Existenz selbst ist.[255]

251 Plügge, H., Vom Spielraum des Leibes. S. 79.
Der mir zugehörige Außenraum ist immer ichbezogen und von dem leiblichen Ich durchgliedert. So bekommen die sprachlichen Äußerungen, wie z.B. „mein Zimmer", „meine Wohnung", „mein Haus", ihre Bedeutung und ihren Sinn. Im Französischen meint man dasselbe mit „habiter", „chez moi" „chez soi" etc.
Dabei darf nicht vergessen werden daß es auch eine fließende allmähliche Verdünnung meines leiblichen Ich in die objektive Welt gibt – ebenso wie umgekehrt ein fließendes, von Fall zu Fall verschiedenes Eindringen des am Rande meines Bewußtseins befindlichen Objekts in meine Leiblichkeit.

252 Plügge, H., a.a.O., S. 89.

253 Merleau-Ponty, a.a.O., S. 271–272.

254 Good, P., Du corps à la chair. Merleau-Pontys Weg von der Phänomenologie zur Metaphysik. S. 61.
Aus dieser Gleichsetzung von Körperschema und „Zur-Welt-sein" des Leibes ergibt sich für die Bestimmung der Räumlichkeit des Leibes die Tatsache, daß die universale Raumform den Körperraum zwar einschließt, ihn aber in keiner Weise bestimmt. Vielmehr verhält es sich gerade umgekehrt. Begriffe wie „oben", „unten", „neben" haben in erster Linie einen anthropologischen Sinn, d.h. sie verstehen sich aus der Haltung des Leibes anderen Gegenständen gegenüber. Der eigentliche Orientierungspunkt ist also nicht eine universale Raumform, sondern der Körperraum. Die universale Raumform ist das „Milieu, in dem", nicht aber das „Mittel durch das" Inhalte im Raum orientiert sind, stellt der Leib dar.

255 Merleau-Ponty, a.a.O., S. 270.

Das Körperschema gestaltet das leibliche Sein, im Körperschema drückt sich der Seinsbegriff des Leibes gestaltet aus. Das Sein ist immer das Zur-Welt-sein, und dies ist die Art, wie der Leib die Welt gebildet und integriert hat. Dies allein ist die objektive Darstellung des Leibseins, die zugleich als Innerlichkeit erfahren werden kann.

Für diesen Begriff des Leib-seins muß der Libido-Begriff von Freud vorausgesetzt werden.[256] Der Vorgang der Objektbildung geschieht dabei durch die libidinöse Besetzung. Die Welt wird offenbar, indem sie dadurch in das leibliche Sein des Zur-Welt-seins eingeräumt wird. Neben dem Begriff der Besetzung ist auch der Begriff der Zuhandenheit von Heidegger für das Verständnis des leiblichen Einräumens notwendig. Der ursprüngliche Seinsbegriff der Welt, den Heidegger als Zuhandenheit erkennt (nicht als Vorhandenheit, da hierzu schon ein Prozeß der Abstraktion nötig ist), erschließt die Dinge immer in einem Verweisungszusammenhang, der in jedem Fall gegeben ist, selbst wenn die Dinge selbst nicht zuhanden sind (hier sogar in noch stärkerem Maße), und läßt durch diesen Verweisungszusammenhang die Dinge sie selbst sein. Merleau-Ponty vereinigt diese beiden Existenzbegriffe, indem er zeigt, daß ein Verweisungszusammenhang ursprünglich nur vom Leibe und dessen Bewegungen gestiftet ist. Eine solche Seinsstiftung durch den Leib kann aber nur durch den Libidobegriff Freuds verstanden werden. Das besetzte Objekt ist als Objekt zu deuten, das dem Körper zugehörig ist, das innerhalb des Horizontes des Leibraums auftritt. Wahrnehmung bedeutet hier eine Angliederung und eine Einräumung in dieses Leibwissen. Einen solchen Gedanken sprach auch Weizsäcker aus, in dem er den Seinsbegriff gebildet sah durch die Einheit von Bewegung und Wahrnehmung und durch die vom Körper ausgehende Sinnstiftung durch das Bewegen. Auch hier bei Merleau-Ponty ist der Wirklichkeitsbegriff durch dieses Vermögen einer Angliederung an das Körperschema geltend gemacht. Sie macht die Leibhaftigkeit der Dinge aus, dasjenige, was wir ihr Eigensein nennen.

> So ist denn das Ding Korrelat meines Leibes und meiner Existenz überhaupt, deren stabilisierte Struktur der Leib nur ist; es konstituiert sich erst im Zugang meines Leibes zu ihm, ist nicht zuerst bedeutungsmäßig nur für den Verstand vorhanden, sondern unmittelbar eine der leiblichen Prüfung zugängliche Struktur.[257]

Das vorprädikative oder substantielle Begreifen gilt dieser Symbiose, durch die erst alles prädikative Begreifen ermöglicht wird.[258] Der Ursprung für alles Verstehen ist also diese Paarung des Leibes mit den Dingen.

> Insofern ist jede Wahrnehmung Kommunikation oder Kommunion, Aufnahme und Vollendung einer fremden Intention in uns, oder umgekehrt äußere Vollendung unseres Wahrnehmungsvermögens, und also gleich einer Paarung unseres Leibes mit den Dingen.[259]

256 Frostholm, a.a.O., S. 117.
257 Merleau-Ponty, a.a.O. S. 369.
258 Grams, L., Sprache als leibliche Geste. Zur Sprachtheorie von Merleau-Ponty. Frankfurt 1978, S. 42.
259 Merleau-Ponty, a.a.O., S. 370.

Das Zur-Welt-sein ist also diese Paarung, die als Einverleibung der Welt und als Welten des Leibes zwei Möglichkeiten des Verstehens dieses Seins bereitstellt.[260] Auch in demjenigen, was Merleau-Ponty den eigentlich Dingcharakter Dinge, das Ding an sich nennt, zeigt sich das Maß und die Wirklichkeit der Einverleibung.[261]

Der transzendente Charakter von Dingen bildet sich durch die Unmöglichkeit, etwas dem Körperschema zuzuordnen. Ein an sich seiendes Ding ist ein solches, was nicht innerhalb des Körperschemas vorkommt. Hierdurch entsteht die Abspaltung und die Äußerlichkeit der Welt. Äußerlich ist aber nur das zu nennen, was jenseits dieser Grenze des Körperschemas liegt, nicht etwa die Außenwelt.

> Und doch präsentiert sich das Ding auch dem noch, der es wahrnimmt, als Ding an sich und stellt so das Problem eines echten An-sich für uns. Für gewöhnlich werden wir darauf nicht aufmerksam, da im Zusammenhang unserer Beschäftigungen die Wahrnehmung sich gerade so weit der Dinge annimmt, als ihre vertraute Gegenwart reicht, nicht so weit, um zu entdecken, was sie Unmenschliches bergen. Doch das Ding ignoriert uns und ruht in sich. Wir sehen es, sobald wir unsere Beschäftigungen unterbrechen und dem Ding eine metaphysische, uninteressierte Aufmerksamkeit zuwenden. Alsbald zeigt es sich feindlich und fremd, ist nicht mehr unser Gesprächspartner, sondern ein entschlossen schweigendes Anderes, ein Selbst, das sich uns entzieht so wie die Intimität eines fremden Bewußtseins.[262]

Was Merleau-Ponty hier beschreibt, ist dieser von Heidegger schon so beschriebene Charakter der bloßen Vorhandenheit der Dinge, die als solche aus unserer Welt, die zuhanden erschlossen ist, herausfallen. Heidegger gibt verschiedene Gründe an, warum ein solcher stabiler Zustand einer Zuhandenheit gestört werden kann, allen gemeinsam ist ein *Versagen* von Zuhandenheit, wodurch das Ding sich gerade in einer bezugslosen und abstrakt gewordenen Vorhandenheit zeigt und aufdrängt.[263] Hierdurch gerät es in einen kürzer oder länger dauernden Zustand bloßer Dinglichkeit. Ein solches Versagen von Zuhandenheit ist auch dann gegeben, wenn die Dinge nur kontemplativ betrachtet werden. Sie gewinnen einen eigenen Charakter, dieses Selbstische und Eigene, wodurch sie sich, um mit Merleau-Ponty zu reden, dem Zur-Welt-sein des Leibes verwehren. Die hierbei sich aufdrängende Entfremdung ist auch eine Möglichkeit des Dingverständnisses, es ist die Sichtweise der Dinge als Ding an sich. Der metaphysische Versuch, die Dinge in ihrer Selbstheit als Dinge an sich zu begreifen, ist somit ein Versuch, die Dinge in ihrer abstrakten Verfassung außerhalb des Leibes zu erfassen. Durch die interessante Parallele dieser Gedanken zu Heidegger läßt sich hier noch eine weitere Anmerkung machen. Der An-sich-Charakter der Dinge, die Dinglichkeit meldet sich gerade im Versagen, sie in das Zur-Welt-sein, den Leibraum, einräumen zu können.[264] Die Dinglichkeit der äußeren

260 Waldenfels, B., Das Problem der Leiblichkeit bei Merleau-Ponty. In: Philosophisches Jahrbuch der Görres-Gesellschaft 75 (1967/8) S. 347–385 insb. S. 360 f.
261 Maier, W., a.a.O., S. 94.
262 Merleau-Ponty a.a.O., S. 372.
263 Heidegger, Sein und Zeit, S. 73–76.
264 Plügge, H., Der Mensch und sein Leib. Tübingen 1967, S. 52–53.
   Je tauber und lebloser mein Bein wird, desto mehr entfremdet er sich von mir. Massig-werden und Sich-Entfremden ist Eins. Diese Entfremdung geht jedoch nie soweit, daß der tote Arm ein gänzlich fremdes Ding wird. Denn im Sich-Entfremden, ja paradoxerweise durch das Sich-Entfremden wird der taube Arm noch mehr mein eigener. Das quasi Dinglich-Werden des tauben

Welt wird dann äußerlich und entfremdet empfunden, wenn der Seinsbegriff, die Seinsstiftung durch den Leib, nicht unmittelbar gewährleistet ist.

Auch die Erfahrung und das Verstehen des Anderen ist durch die Einräumung in den Leibraum durch das Körperschema und durch das Selbst des Leibes ermöglicht.

> Meinen Leib erfahre ich als Vermögen gewisser Verhaltensweisen und einer gewissen Welt, ich bin mir selbst nicht anders gegeben denn als ein gewisser Anhalt an der Welt; und eben mein Leib ist es, der den Leib des Anderen wahrnimmt, und er findet in ihm so etwas wie eine wunderbare Fortsetzung seiner eigenen Intention, eine vertraute Weise des Umgangs mit der Welt; und wie die Teile meines Leibes ein zusammenhängendes System bilden, bilden somit auch der fremde Leib und der meinige ein einziges Ganzes, zwei Seiten eines einzigen Phänomens, und die anonyme Existenz, deren Spur mein Leib in jedem Augenblick ist, bewohnt nunmehr die beiden Leiber in eins.[265]

Daß diese In-eins-Bildung ein realer nachweisbarer Vorgang ist, seit Merleau-Ponty in einer Fußnote an dem Fall einer gestörten Funktion des Körperschemas.

> Daher kann man Störungen in der Funktion des Körperschemas feststellen, indem man den Kranken auffordert, einem Punkt, den man auf seinem Körper berührt, auf dem Körper des Arztes zu zeigen.[266]

Ist die durch das Körperschema vollzogene Einräumung in den Leibraum gestört, so gibt es auch im äußeren Raum keine Orientierungsmöglichkeiten mehr. Der äußere Raum verliert seine Tiefendimension in dem Maß, in dem die Zuordnung und die Einräumung in die Meinigkeit des Leibraumes, aus welchem Grund auch immer, nicht mehr funktioniert. Die Tiefenwahrnehmung oder räumliche Wahrnehmung ist erst durch dieses Aufbauen und Einräumen des Leibraumes möglich. Doch diese Analogien bleiben äußerliche Gleichungen, wenn in ihnen nicht das primäre Wissen um die Eigenleiblichkeit, wie dies im Körperschema vollzogen wird, angelegt wäre.[267]

Das präcogitale Wissen ist als vorprädikates Wissen notwendig, um ein Weltbewußtsein zu ermöglichen. Innerhalb dieses Weltbewußtseins kann sich dann

---

> Gliedes führt eben doch nicht zum wirklichen Ding-werden. Je toter und massiger, desto mehr wird es mein umsogtes Eigenes. Ich nehme mich dann dieses abgestorbenen Gliedes in besonderer Weise an, behüte es, wickle es ein, halte es behutsam, halte es warm. . . . Jedes Hervortreten eines meiner Glieder aus der Verborgenheit ins Dinghafte hat einen weltbedeutenden Charakter.

265 Merleau-Ponty, a.a.O., S. 406.
266 Merleau-Ponty, ebd.
267 Plügge, H., Vom Spielraum des Leibes, S. 76–77.

> Der Verletzte wußte von der Anwesenheit seines Rumpfes und seiner Extremitäten nur durch die ständige optische Überprüfung dieser Körperteile. Ohne diese bestand er für sich nur aus Kopf und Hals. Von da abwärts war alles nicht nur paraplegisch, sondern überhaupt nicht vorhanden. Öffnete er die Augen, so sah er zwar seinen Rumpf und seine Extremitäten; er sah auch, daß diese Teile mit ihm zusammenhingen, da sie ja im gleichen Bett lagen; aber im Grunde genommen, waren sie irgend ein Rumpf, irgend welche Extremitäten; jedenfalls nicht sein Rumpf, seine Arme, seine Beine. Sie gehörten nur durch einen intellektuell sich vollziehenden Bewußtseinsvorgang zu ihm.
> Zugleich sah er sein Zimmer, Tisch, Stuhl, Schrank usw. als irgendein Mobiliar. Diese Dinge hatten keinen Bezug auf ihn. Er identifizierte sie nicht als seinen Stuhl, seinen Tisch usw.

das Cogito formieren. Die ursprüngliche und einheitsstiftende, die sinnstiftende Funktion ist aber vom Leibe und dessen Bewegungsmöglichkeit vorgenommen und diesen Möglichkeiten unterstellt.[268] Durch diese Erkenntnis ist der Leib als Vernunft anerkannt, indem er die ursprüngliche Sinnstiftung und Seinssetzung bildet. Erst auf dieser Basis ist eine Möglichkeit gegeben, Dinge an sich in einer scheinbaren Unabhängigkeit vom leiblichen Sein zu sehen. Auch das Selbstbewußtsein an sich, das Cogito, könnte dann als eine Abspaltung innerlichen Wissens des Selbstbewußtseins des Leibes angesehen werden. Diese letztgenannte Deutung des Cogito aus einem sich verständigenden An-sich-Begriff innerhalb des Leibens hat Merleau-Ponty in dieser Weise nicht formuliert, sie liegt aber durchaus auf der Linie seiner Interpretation des Leibseins und dessen Verhältnis zu Seinsbildungen von der Art des An-sich.[269] *Jegliche Art von An-sich-Bildung ist ein Versagen einer ursprünglichen Sinnstiftung durch den Leib*, ähnlich der von Heidegger ausgeführten Versagung der Zuhandenheit der Dinge. Diese Versagung leitet einen Prozeß der Vergegenständlichung ein, durch den sowohl die Welt wie auch der eigene Leib zu bloßem Vorhandenem wird.[270] Eine Beschreibung der leiblichen Vernunft, wie sie hier von Merleau-Ponty vorgenommen worden ist, führt nun das Augenmerk auf solche Prozesse, in denen das Selbstwissen sich gewinnt oder verliert, da erst diese Vorgänge als maßgeblich dafür erkannt werden, welchen Charakter das Objekt und das Ich haben. Merleau-Pontys Thesen haben gezeigt, daß Objekt und Ich durchaus keine letzten Begriffe sind, sondern von diesen Prozessen der Seinsbildung der leiblichen Vernunft abhängig sind.

Als Theoretiker der leiblichen Vernunft hat Merleau-Ponty gezeigt, daß die Versuche der Darstellung des Es-Wissens eine Möglichkeit für die philosophische Selbstbesinnung bereitstellen, daß es eine Möglichkeit gibt, das Es-Wissen im Sinne eines Seinsbegriffes des Selbstbewußtseins zu deuten. Diese Möglichkeit ist durch sein Werk aufgezeigt und damit eine Grundlegung einer philosophischen Betrachtung und einer Philosophie des Leibes geschaffen.[271]

268 Meyer-Drawe, Käte, Leiblichkeit und Sozialität. München 1984, S. 142.
269 Taminiaux, Jacques, Von der Dialektik zur Hyperdialektik. In: Leibhaftige Vernunft. A.a.O., S. 81–82.
270 Buytendijk, F. J H., Prolegomena einer anthropologischen Physiologie. Salzburg 1967, S. 69. Die Erfahrung des Menschen über sich selbst erhält in besonderem Maße den Charakter der wahrnehmbaren Dinghaftigkeit des Leibes und einer mit Notwendigkeit vorausgesetzten bewegenden Seele, wenn die Einheit des auf die Welt bezogenen Daseins, in dem man seinen Leib und ebenso sehr seine „Seele" vergißt, unterbrochen wird. Dies geschieht, wenn dem Menschen etwas an ihm selbst so sehr auffällt, daß er über sich selbst nachzudenken beginnt. Das Auffallende hat immer den Charakter des „Uns-gegen-über-Stehenden" (des objektiv „Gegenständlichen"), das sich also in seiner abgeschlossenen Selbständigkeit und in seinem Fehlen an Zugehörigkeit präsentiert.
271 Henry Ey hat eine charakteristische Beschreibung dieser Versuche Merleau-Pontys gegeben. Die Leibphilosophie Merleau-Pontys hat für ihn die Synthese geschaffen zwischen dem An-sich, der objektiven Welt, und dem Für-sich-sein einer Innerlichkeit.
     Ey, H., La conscience. Paris, ed. Desclée de Brouwer, 1983, S. 66.

Das substantielle Erfassen war für Aristoteles noch ein Akt der urteilenden Aussage. Die Verlagerung der Betrachtungsart auf eine begründende Auslegung hat die prädikative Aussage zur einzig möglichen Wissensmodalität erhoben und damit dem substantiellen Erfassen den Rang des leeren Begreifens zugeordnet. Bei allen Versuchen der teleologischen und organischen Erfassung ist der prädikative Vorgang des Wissens beibehalten worden, weshalb auch innerhalb dieser Systeme nie der Leib selbst begriffen wurde, sondern nur das kausale Erklärungsmodell, das „Vermögen des Vermögens", wodurch der Leib ist und sich zum Ausdruck bringt. Erst durch Nietzsche und seine Entlarvung des „Vermögens des Vermögens" ist der Bruch mit dieser Art der leibgebundenen Theorien vollzogen worden. Nietzsche hat gezeigt, daß der Leib ein selbständiges, zur Kommunikation fähiges und kommunikatives Organ ist, eine Einsicht, die nicht durch die Philosophie, sondern durch die zeitgenössische Physiologie bestätigt wurde. Nietzsche hatte damit einen neuen Leibbegriff geprägt. Viele Schwierigkeiten, die beim Verständnis der Schriften Nietzsches in der Vergangenheit und Gegenwart aufkamen und aufkommen, sind auch daraus verursacht, daß die Interpretationen diesen speziellen Leibbegriff seiner Philosophie nicht zugrundelegen. Für das Verständnis von Nietzsche ist es aber notwendig, diesen charakteristischen Leibbegriff zugrunde zu legen und ihn in seiner Eigenart auszulegen. Einer solchen neuen Sichtweise soll diese Arbeit Beihilfe geben. Nietzsches Formulierung und Grundlegung der großen Vernünftigkeit des Leibes wird außerhalb der Philosophie und unabhängig von Nietzsche, wie man sagen könnte, weitergeführt. In der Psychoanalyse wird ein neuer Leibbegriff, der in etwa dem Nietzscheschen zu vergleichen wäre, in den theoretischen Grundlegungen ausgearbeitet. Die Unabhängigkeit dieser Theorien von der Philosophie ist für sie selbst das größte Problem, da sie sich über die grundlegende Art und Weise ihres theoretischen und praktischen Vorgehens nicht klar geworden ist. Dennoch wird hier der Begriff des Selbstbewußtseins zugrunde gelegt, der aus einem Verständnis des Leibes abgeleitet ist und nicht mehr einer formalen Selbstbegründung unterliegt. Er wird inhaltlich angegangen und verweist auf einen Begriff des Leibes. Ausgehend von Formen der Verleiblichung, wie dies in den Studien der Hysterie erkannt wurde, wird ein inhaltlich-leiblich geprägter Selbstbewußtseinsbegriff formuliert. Die Philosophie hat diesen Schritt zu einem inhaltlichen Leiberfassen nicht gemacht. Am Beispiel Sartres zeigt sich, wie immer noch die prädikative Erfassung des Leibes maßgeblich ist. Deshalb wurden von Sartre nur Zeugnisse für eine Möglichkeit der Autonomie des Selbstbewußtseins als für das Selbstbewußtsein gültig erkannt. Erst durch die fruchtbare Nutzbarmachung der Heideggerschen Philosophie für einen Begriff des Leibes, wie dies Merleau-Ponty unternommen hat, gibt es auch für die Philosophie einen Weg der leiblichen Auslegung des Seins, der Konstituierung eines leiblichen Seinsbegriffs. Dennoch besteht auch für die Philosophie die notwendige Aufgabe, diesen Ansatz einer großen Vernunft, einer Grundlegung der leiblichen Vernunft, weiterzuführen und auszuarbeiten. Das Bedürfnis hierzu ist nicht nur innerhalb der Philosophie selbst spürbar geworden, sondern vor allem im praktischen Umfeld therapeutischer Schulen. Auch hier ist eine Tendenz spürbar, den Leib immer mehr zum Zentrum der Analyse und Therapie zu machen. Der Mangel an philosophischen Reflexionen bedeutet hier eine Erschwernis der Aufgabe einer solchen therapeutischen Notwendigkeit. Fundierte theoretische Grundlegungen einer solchen Vernunft des Leibes könnten dann auch in der Praxis des Umgangs im mitmenschlichen und therapeutischen Bereich von Wert sein. Auch unter diesem Gesichtspunkt muß das theoretische Bemühen um einen Leibbegriff betrachtet werden. Die praktischen Wissenschaften, die meist einen alten und überholten, am prädikativen Wissen ausgerichteten Leibbegriff haben und damit sich selbst theoretisch immer wieder von diesen Grundlagen her zu Fall bringen, profitieren von den Neugründungen des Leibbegriffes, indem sie sich über ihre eigenen Voraussetzungen klar werden können. Erst durch einen solchen neuen theoretisch fundierten Begriff wird die Notwendigkeit ersichtlich werden, von den alten Begriffen des Leibes Abschied zu nehmen. Die Grenzen des alten Begriffes und die Möglichkeit eines neuen aufzuzeigen, war Gegenstand dieser Arbeit. Durch das Aufzeigen verschiedener Ansätze einer solchen Neuformulierung soll sie dazu beitragen, eine einheitliche Theorie des Leibes in philosophischer Hinsicht und mit praktischer Absicht zu ermöglichen.

SCHLUSSBETRACHUNG

Kants kritische Werke als die wohl großartigsten Zeugnisse, einer im Skeptizismus „stillstehenden" Vernunft durch die Möglichkeit apriorischer Begründung neue Gebiete für das Selbstbewußtsein zu erschließen, haben einen großen Anteil an der Entdeckung der leiblichen Vernunft, wie sie im 19. Jahrhundert stattfand, gehabt, weil hier der Vernunft ein gewisses Maß an Selbstgewißheit wiedergewonnen wurde, die auf dem Wege der substantiellen Selbstauslegung verlorengegangen war. Der Skeptizismus hatte eine allgemeine Orientierungslosigkeit des substantiellen Begreifens hinterlassen. Deshalb konnte nur eine die Bedingungen der Möglichkeiten suchende Vernunft auf dieses Phänomen der leiblichen Vernunft stoßen, wobei dann zunächst der Versuch unternommen wurde, dieses Phänomen ontologisch zu begründen und teleologisch darzustellen. Dieser entscheidende Versuch ist von Schopenhauer unternommen worden, indem er das Anliegen der Kantischen Kritiken einer Konsolidierung der Vernunft durch die Möglichkeiten ihrer Selbsterfahrung mit Tatsachen und Spekulationen über den tierischen Organismus verband und damit nicht den Nachweis, wohl aber das Postulat für ein leibliches Verstehen aufzeigte. Unabhängig von ihm, aber aus der gleichen Quelle stammend, entwickelten die Naturphilosophen ebenfalls Thesen für ein leibliches Verstehen, ohne dabei diese Vernunft beschreiben zu können. Die hier festgestellten Phänomene wurden im Sinne eines Organismusgedankens gedeutet oder auf Selbsterfahrungen eines göttlichen Wesens bezogen. Mit der Philosophie Nietzsches wird mit dieser Art der Auslegung gebrochen, und ein Leibbegriff entwickelt, der sich inhaltlich an den Leibbegriff Spinozas anschließt, ohne jedoch davon beeinflußt zu sein. Das gleiche Verhältnis ist zwischen Nietzsche und den spekulativen und naturwissenschaftlichen Ansätzen des 20. Jahrhunderts nachzuweisen. Da sich die Ergebnisse trotz der verschiedenen Ausgangspositionen ergänzen, kann von einer Einheit der Prinzipien des leiblichen Verstehens ausgegangen werden. Die vorliegende Arbeit sollte zeigen, daß es keine ausschließliche Formulierung dieser Prinzipien gibt, daß es aber Gründe gibt, einer ontologischen Fundamentierung und Auslegung leiblicher Phänomene kritisch gegenüberzustehen. Dies wird besonders bei einer Auseinandersetzung mit der Philosophie Sartres deutlich, da gerade in bezug auf den Leib diese von ihm zugrunde gelegte Methode der Auslegung sich im Vergleich mit den seit Nietzsche möglichen Einsichten in das Phänomen der leiblichen Vernunft als fragwürdig erweist. Mochten die ontologischen Grundlegungen in einem Zeitalter des Skeptizismus und Nihilismus von großer Bedeutung gewesen sein, so sind sie doch Versuche, die, wie sich rückblickend sagen läßt, das Eigentümliche der leiblichen Vernunft noch nicht erschlossen haben, obwohl eine Ahnung davon in jedem der hier vorgestellten Ansätze zu finden ist. Was hier geahnt und von Nietzsche dargestellt wird, ist die Möglichkeit einer Daseinserfahrung über ein bloßes „Sein zum Tode" hinaus durch die Entdeckung von Zeit, Raum und Kausalität als leibliche Prinzipien. Diese auf ihre Funktionen im Lebensprozeß des Leibes zurückgeführten Begriffe ermöglichen eine Einsicht in die von Nietzsche so bezeichnete „große Vernunft". Dabei versteht sich dann das Ich nicht mehr durch die ontischen und ontologischen Möglichkeiten seines Ist, sondern durch die „pathischen" Kategorien, wie Weizsäcker sie genannt hat. Sind die pathischen Kategorien des Dürfens, Müssens, Wollens, Sollens und Könnens die entscheidenden Kategorien für die Grundlegung des Seins, und nicht umgekehrt das Sein der grundlegende Begriff für diese Kategorien, dann ist aus dem Mythos des Cogito ein reales Selbstbewußtsein geworden.

VERZEICHNIS DER ZITIERTEN LITERATUR

ABEL, G.
Die Dynamik der Willen zur Macht und die ewige Wiederkehr. Berlin 1984

ABRAHAM, K.
Versuch einer Entwicklungsgeschichte der Libido. (1924) In: Gesammelte Schriften, Bd. II, hrsg. v. J. Cremerius, Frankfurt 1982, S. 32–103

— Psychoanalytische Studien zur Charakterbildung (1925) In: Gesammelte Schriften, Bd. II, S. 103–145

AMMON, G.
Die Rolle des Körpers in der Psychoanalyse. In: Leiblichkeit, hrsg. v. H. Petzold. Paderborn 1985

APEL, K.-O.
Das Leibapriori der Erkenntnis. Eine Betrachtung im Anschluß an Leibnizens Monadenlehre. In: Archiv für Philosophie 12 (1963), S. 152–172

ARISTOTELES
Categoriae et liber de Interpretatione. Hrsg. v. Minio - Paluello. Oxford 1949

— Analytica priora et posteriora. Hrsg. v. W. D. Ross, Oxford 1956. Deutsche Übersetzung: W. Theiler. Darmstadt 1983

— Physica. Hrsg. v. W. D. Ross. Oxford 19a50

— Metaphysica. Hrsg. v. W. Jäger. Oxford 1957

BAADER, Fr. v.
Religionsphilosophische Aphorismen (1855). In: Sämtliche Werke, Bd. X, Hrsg. v. F. Hoffmann u.a. Aalen 1963

BACHOFEN, J. J.
Das Mutterrecht. (1861). In: Gesammelte Schriften, Bd. II und III. Hrsg. v. K. Meuli u.a., Basel 1948

BAEUMER, M. L.
Das moderne Phänomen des Dyonysischen und seine Entdeckung durch Nietzsche. In: Nietzsche-Studien 6 (1977), S. 123–153

BATESON, G.
Ökologie des Geistes. Übers. und hrsg. v. G. Holl. Frankfurt 1981

BERNARD, M.
Der menschliche Körper und seine Bedeutung. Bad Homburg 1981

BRUN, J.
Le retour de Dionysos. Paris 1976

BUYTENDIJK, F.
Allgemeine Theorie der menschlichen Haltung und Bewegung. Berlin, Göttingen, Heidelberg 1956

— Prolegomena einer anthropologischen Physiologie. Salzburg 1967.

CARUS, C. G.
Symbolik der menschlichen Gestalt. Leipzig 1858, Neuausgabe Darmstadt 1962

— Psyche. Pforzheim 1860, Neuausgabe Darmstadt 1964

CRAMER, W.

Spinozas Philosophie des Absoluten. Frankfurt 1966

CROSBY, J.

Zur Kritik der marxistischen Anthropologie. Unveröffentlichte Diss. Salzburg 1970

DELEUZE, G., GUATARRI, F.

Anti-Ödipus. Übers. u. hrsg. v. B. Schwips, Frankfurt 1977

DESCARTES, R.

Principia philosophiae. Deutsche Ausgabe: A. Buchenau, Hamburg 1955

DEUBEL, W.

Der Kampf um Johann Bachofen. In: Materialien zu Bachofens: „Das Mutter-recht". Frankfurt 1975

DIECKMANN, B.

Der psychoanalytische und der organische Körper. In: Der andere Körper. Hrsg. v. D. Kamper und Ch. Wulf. Berlin 1984

DICK, M.

Die Entwicklung des Gedankens der Poesie in den Fragmenten des Novalis. Bonn 1967

DÖRRIE, H.

Leiblichkeit in der griechischen und römischen Antike. In: Leiblichkeit. Hrsg. v. H. Petzold, Paderborn 1985

ENGELS, F.

Die Entwicklung des Sozialismus von der Utopie zur Wissenschaft. In: Marx-Engels Werke, Bd. 19. Berlin 1969

— Die Dialektik der Natur. In: Marx-Engels Werke, Bd. 20. Berlin 1972

EY, H.

La conscience. Paris, ed. Desclée de Brouwer, 1983

FERENCZI, S.

Hysterische Materialisationsphänomene. (1919) In: Schriften zur Psychoana-lyse. Bd. 2. Hrsg. v. M. Balint. Frankfurt 1982, S. 11–24

— Versuch einer Genitaltheorie (1924). In: Schriften zur Psychoanalyse. Bd. 2, S. 317–400

FICHTE, J. G.

Grundlage der gesamten Wissenschaftslehre (1794, 1802). In: Fichtes Werke. Hrsg. v. I. H. Fichte, Bd. I Nachdruck Berlin 1971

— Grundlage des Naturrechts nach Prinzipien der Wissenschaftslehre (1796). In: Fichtes Werke Bd. III.

— System der Sittenlehre nach den Prinzipien der Wissenschaftslehre (1798). In: Fichtes Werke Bd. IV

FREUD, S.

Das Unbewußte (1915). In: Studienausgabe. Hrsg. v. A. Mitscherlich. Frank-furt 1982, Bd. 3

— Vorlesung zur Einführung in die Psychoanalyse. (1916–17). In: Studienausga-be Bd. 1

—   Jenseits des Lustprinzips (1920). In: Studienausgabe Bd. 3, S. 215–272
—   Neue Folge der Vorlesungen zur Einführung in die Psychoanalyse (1933). In: Studienausgabe Bd. 1
FROSTHOLM, B.
    Leib und Unbewußtes. Freuds Begriff des Unbewußten interpretiert durch den Leibbegriff Merleau-Pontys. Bonn 1978
FUNKE, G.
    Ist Naturgeschichte als Wissenschaft möglich. In: Philosophia Naturalis 18 (1981), S. 209–224
GEBSATTEL, F. v.
    Prolegomena einer medizinischen Anthropologie. Berlin 1954
GERLACH, J.
    Über neurologische Erkenntniskritik. In: Schopenhauer-Jahrbuch 53 (1972), S. 393–401
GEULINCX, A.
    Ethica. In: Sämtliche Schriften. Hrsg. v. H. W. Vleeschauwer. Stuttgart-Bad Cannstatt, Bd. 3. Deutsche Übersetzung: G. Schmitz. Hamburg 1948
GOOD, P.
    Du corps à la chair. Merleau-Pontys Weg von der Phänomenologie zur Metakritik. München 1970
GRAMS, L.
    Sprache als leibliche Geste – Zur Sprachtheorie Merleau-Pontys. Frankfurt 1978

GRODDEK, G.
    Das Buch vom Es. Hrsg. v. H. Siefert. Frankfurt 1979
GRUNERT, J.
    Körperbild und Selbstverständnis. Psychoanalytische Beiträge zu Leib-seele-Geist. München 1977
GUEROULT, M.
    Spinoza II. L'âme (Ethique II). Paris 1974
HAMMER, F.
    Leib und Geschlecht. Philosophische Perspektiven von Nietzsche bis Merelau-Ponty und phänomenologisch-systematischer Aufriß. Bonn 1974
HAERING, Th.
    Novalis als Philosoph. Stuttgart 1954
HAYM, R.
    Die romantische Schule. (1870) Darmstadt 1961
HEFTRICH, E.
    Novalis. Vom Logos der Poesie. Frankfurt 1969
HEGEL, G. W. F.
    Phänomenologie des Geistes (1807). Hrsg. v. J. Hoffmeister. Hamburg 1952
HEIDEGGER, M.
    Sein und Zeit (1927). Tübingen [11]1967
—   Nietzsche Bd. 1 und 2. Pfullingen [4]1961

HEINTEL, E.
    Philosophie und organischer Prozeß – Zum Begriff menschlicher Existenz bei
    Nietzsche. In: Nietzsche-Studien 3 (1974) S. 61–104
HILLEBRAND, B.
    Literarische Aspekte des Nihilismus. In: Nietzsche-Studien 13 (1984) S.
    80–100
HOLBACH, P. H. D. v.
    System der Natur. Deutsche Ausgabe. Hrsg. v. F. G. Voigt. Frankfurt 1978
HÜBNER, K.
    Leib und Erfahrung in Kants Opus Posthum. In: Zeitschrift für philosophische
    Forschung 7 (1953) S. 204–219
HUCH, R.
    Die Romantik. Leipzig 1931
HUSSERL, E.
    Cartesianische Meditationen. (1931) – Hrsg. v. E. Ströker. Hamburg 1977
JORASCHKY, P.
    Das Körperschema und das Körper-Selbst als Regulationsprinzip der Organis-
    mus-Umwelt-Interaktion. München 1983
KAMPER, D., WULF, Ch.
    Der andere Körper. Berlin 1984
KANT, I.
    Kritik der reinen Vernunft. Hrsg. v. I. Heidemann. Stuttgart 1968
—   Kritik der Urteilskraft. Hrsg. v. G. Lehmann. Stuttgart 1963
KAPFHAMMER, H.-P.
    Psychoanalytische Psychosomatik. Berlin 1985
KAULBACH, F.
    Leibbewußtsein und Welterfahrung beim frühen und späten Kant. In: Kant-
    Studien 54 (1963), S. 464–490
—   Nietzsches Idee einer Experimentalphilosophie. Köln, Wien 1980
—   Nietzsches Interpretation der Natur. In: Nietzsche-Studien 10/11 (1981/1982),
    S. 442–482
—   Ästhetische Welterkenntnis bei Kant. Würzburg 1984
KEUTEL, O.
    Über die Zweckmäßigkeit in der Natur bei Schopenhauer. Leipzig 1897
KLAGES, L.
    Die psychologischen Errungenschaften Nietzsches (1926) In: Sämmtliche
    Werke. Hrsg. v. E. Franchinger u.a. Bd. 5, Bonn 1979
KOPPER, J.
    Die Auslegung des Lebens durch das analytische Begreifen. In: Sprache und
    Begriff. Festschrift für B. Liebrucks. Hrsg. v. Röttges u.a. Meisenheim 1974.
    S. 25–51
—   Descartes und Crusius über „Ich denke" und leibliches Sein des Menschen. In:
    Kant-Studien 67 (1976), S. 339–353
—   Schelling über Seele und Leib des Menschen. In: Alte Fragen und neue Wege
    des Denkens. Festschrift für Josef Stallmach. Hrsg. v. N. Fischer u.a. Bonn
    1977, S. 201–215

—   Zur Bedeutung des menschlichen Leibes bei Kant. In: Perspektiven der
      Philosophie. Neues Jahrbuch 5 (1979) S. 53–73

KRETSCHMER, E.
      Körperbau und Charakter (1921). Hrsg. v. W. Kretschmer. Berlin, Heidelberg,
      New York 1977

LAMPL, H. E.
      Ex oblivone: Das Féré-Palimpset. Noten zur Beziehung Friedrich Nietz-
      sche–Charles Féré (1857–1907) In: Nietzsche-Studien 15 (1986), S. 225–265

LANDGREBE, L.
      Das Problem der Teleologie und der Leiblichkeit in der Phänomenologie und
      im Marxismus. In: Phänomenologie und Marxismus. Hrsg. v. B. Waldenfels.
      Frankfurt 1977, Bd. 1

LEIBBRAND, W.
      Romantische Medizin. Hamburg 1937
—   Die spekulative Medizin der Romantik. Hamburg 1956

LEIBNIZ, G. W.
      Monadologie. Hrsg. v. H. Herring. Hamburg 1956

LOWEN, A.
      Der Verrat am Körper (The Betrayal of the Body, 1967). Reinbek 1982

MALEBRANCHE, N.
      De la recherche de la verité. Introduction et texte établi par G. Rodis-Lewis.
      Paris 1965. (Eigene Übersetzung)

MAIER, W.
      Das Problem der Leiblichkeit bei Jean-Paul Sartre und Maurice Merleau-
      Ponty. Tübingen 1964

MALTER, R.
      Schopenhauers Transzendentalismus. In: Schopenhauer-Jahrbuch 66 (1985) S.
      29–52

MARCEL, G.
      Sein und Haben. Übers. u. hrsg. v. E. Behler. Paderborn 1968

MARX, K.
      Ökonomisch-philosophische Manuskripte. In: Frühe Schriften. Hrsg. v. H. J.
      Lieber und P. Furth. Bd. I. Darmstadt 1975
—   Grundrisse der Kritik der politischen Ökonomie (1857–1858) Berlin 1974

MERLEAU-PONTY, M.
      Phénoménologie de la perception. Paris 1945. Deutsche Übersetzung: R.
      Boehm. Berlin 1966

MERY, M.
      Essai sur la causalité phénomenal selon Schopenhauer. Bibliothèque d'Histoire
      de la Philosophie. Paris 1948

MÉTRAUX, A., WALDENFELS, B.
      Leibhaftige Vernunft. Spuren von Merleau-Pontys Denken. München 1986

MEYER-DRAWE, K.
      Leiblichkeit und Sozialität. München 1984

MITTASCH, A.
      Nietzsche als Naturphilosoph. Stuttgart 1952

MONTINARI, M. Nietsche lesen: Die Götzen-Dämmerung. In: Nietsche Studien 13
    (1984) S. 69–79
MÜLLER-LAUTER, W.
    Nietzsche – Seine Philosophie der Gegensätze und die Gegensätze seiner
    Philosophie. Berlin 1971
NIETZSCHE, F.
    Menschliches, Allzumenschliches (1878/86). In: Sämtliche Werke. Kritische
    Studienausgabe. Hrsg. v. G. Colli und M. Montinari. Bd. 2. Berlin 1980
—   Die fröhliche Wissenschaft (1882/87). In: KSA Bd. 3
—   Also sprach Zarathustra (1883–85). In: KSA Bd. 4
—   Jenseits von Gut und Böse (1886). In: KSA Bd. 5
—   Zur Genealogie der Moral (1887). In: KSA Bd. 5
—   Götzen-Dämmerung (1889). In: KSA Bd. 6
—   Der Antichrist. In: KSA Bd. 6
—   Nachgelassene Fragmente, Sommer 1872–Januar 1889. In: KSA Bde. 7–13
NOVALIS
    Heinrich von Ofterdingen. In: Schriften. Hrsg. v. R. Samuel u.a., Darmstadt
    1977
—   Das philosophische Werk I und II. In: Schriften Bde. 2 und 3. Darmstadt 1981
    und 1983
OKEN, L.
    Lehrbuch der Naturphilosophie. Jena 1803–11. Neubearbeitung Zürich 1843
PETZOLD, H.
    Leiblichkeit. Philosophische, gesellschaftliche und therapeutische Perspekti-
    ven. Paderborn 1985
PFAFFEROTT, G.
    Die Rechtfertigung des Satzes vom Grunde. In: Schopenhauer-Jahrbuch 58
    (1977) S. 35–42
PLAUM, G. G., STEPHANOS, S.
    Die klassischen psychoanalytischen Konzepte der Psychosomatik und ihre
    Beziehung zum Konzept der „pensée operatoire". In: Lehrbuch der Psychoso-
    matischen Medizin. Hrsg. v. Th. v. Uexküll. München 1981
PIPER, H. M.
    Die psychophysische Identitätslehre in der neueren Diskussion der Leib-Seele-
    Frage. Göttingen 1980
PLÜGGE, H.
    Der Mensch und sein Leib. Tübingen 1967
—   Vom Spielraum des Leibes. Salzburg 1970
PODLECH, A.
    Der Leib als Weise des In-der-Welt-seins. Eine systematische Arbeit innerhalb
    der phänomenologischen Existenzphilosophie. Bonn 1955
RAPPAPORT, S.
    Spinoza und Schopenhauer. Halle 1899
RIEDL, R.
    Biologie der Erkenntnis. Die stammesgeschichtlichen Grundlagen der Ver-
    nunft. Berlin ³1981

ROUSSEAU, J.

Discours sur cette question: Le rétablissement des sciences et des artes a-t-il contibué a épurer les moeurs? In: Schriften zur Kulturkritik. Hrsg. v. K. Weigand. Hamburg 1978

ROTHACKER, E.

Philosophische Anthropologie. Bonn 1964

SARTRE, J.P.

L'être et le néant. (1943) Paris, ed. Tel gallimard. (Eigene Übersetzung).

SCHELLING, F. W. J.

Ideen zur einer Philosophie der Natur (1797). In: Münchener Jubiläumsdruck. Ergänzungsband 1, hrsg. v. M. Schröter. München 1927

— System des transzendentalen Idealismus (1800). In: Sämtliche Werke, Hauptband 1

— Philosophie der Kunst (1802/3). In: Sämtliche Werke, Hauptband 3

— Über das Wesen der menschlichen Freiheit (1809). In: Sämtliche Werke, Hauptband 4

— Clara oder Über den Zusammenhang der Natur mit der Geisterwelt (1809–12). In: Sämtliche Werke, Ergänzungsband 4

— Die Weltalter (1813). In: Sämtliche Werke, Hauptband 4

— Darstellung des philosophischen Empirismus (1836). In: Sämtliche Werke, Hauptband 4

— Darstellung des Naturprozesses (1843–4). In: Sämtliche Werke, Hauptband 5

SCHILDER, P.

Das Körperschema. Berlin 1923

— The Image and the Appearance of the Human Body (1933) New York 1950

SCHIPPERGES, H.

Kosmos Anthropos. Entwürfe einer Philosophie des Leibes. Stuttgart 1981

SCHMIDT, A.

Der Begriff der Natur in der Lehre von Marx. Frankfurt 1962

SCHMITZ, A.

System der Philosophie II/1. Der Leib. Bonn 1965

SCHNEIDER, W.

Ästhetische Ontologie. Schellings Weg des Denkens zur Identitätsphilosophie. Frankfurt 1983

SCHÖNDORF, H.

Der Leib im Denken Schopenhauers und Fichtes. München 1982

SCHOPENHAUER, A.

Über die vierfache Wurzel des Satzes vom zureichenden Grunde. (1847). In: Sämtliche Werke. Hrsg. v. A. Hübscher. Bd. 1. Wiesbaden 1966

— Die Welt als Wille und Vorstellung. (1818, 1844). In: Sämtliche Werke, Bd. 2–3

— Über den Willen in der Natur. (1854). In: Sämtliche Werke, Bd. 4

SEELIG, W.

Wille, Vorstellung und Wirklichkeit. Menschliche Erkenntnis und physikalische Naturbeschreibung. Bonn 1980

SEIFERT, J.
    Leib und Seele. Salzburg 1973
—   Das Leib-Seele-Problem in der gegenwärtigen philosophischen Diskussion.
    Darmstadt 1979
SOHNI H.
    Die Medizin in der Frühromantik. Freiburg 1973
SPECHT, R.
    Commercium mentis et corporis. Über Kausalvorstellungen im Cartesianis-
    mus. Stuttgart-Bad Cannstatt 1966
SPINOZA, B.
    Ethica. Hrsg. v. C. Gerhard. Heidelberg 1925. Deutsche Ausgabe: J. Stern und
    J. Rauthe-Welsch. Stuttgart 1980
SPITZ, R. A.
    Vom Säugling zum Kleinkind (The First Year of Life 1965). Stuttgart [7]1983
STEPHANOS, S. s. PLAUM, F. G.
STRAUSS, E.
    Vom Sinn der Sinne. Berlin, Göttingen, Heidelberg [2]1956
TAYLOR, Ch.
    Leibliches Handeln. In: Leibhaftige Vernunft. Hrsg. v. A. Métraux und B.
    Waldenfels
TAMINIAUX, J.
    Von der Dialektik zur Hyperdialektik. In: Leibhaftige Vernunft. Hrsg. v. A.
    Métraux und B. Waldenfels
UEXKÜLL, Th. v.
    Lehrbuch der Psychosomatischen Medizin. München [2]1981
USLAR, D. v.
    Die Wirklichkeit des Psychischen. Leiblichkeit, Zeitlichkeit. Pfullingen 1969
WALDENFELS, B.
    Das Problem der Leiblichkeit bei Merleau-Ponty. In: Philosophisches Jahrbuch 75
    76 (1967/68) S. 347–365
—   Phänomenologie und Marxismus. Hrsg. Frankfurt 1977
—   s. MÉTRAUX, A.
WEIZSÄCKER, V. v.
    Der Gestaltkreis. Leipzig [2]1943
—   Körpergeschehen und Neurose. Stuttgart 1947
—   Pathosophie. Göttingen 1956
—   WYSS, D., Zwischen Medizin und Philosophie. Göttingen 1957
WENZEL, A.
    Die Weltanschauung Spinozas. Leipzig 1907, Neudruck Aalen 1983
WIESENHÜTTER, E.
    Die Begegnung zwischen Philosophie und Tiefenpsychologie. Darmstadt 1979
WILD, Ch.
    Reflexion und Erfahrung. Eine Interpretation der Früh- und Spätphilosophie
    Schellings. Freiburg, München 1968

WISSER, R.
    Nietzsches Lehre von der völligen Unverantwortlichkeit. In: Nietzsche-Stu-
    dien 1 (1972) S. 147–172
WULF Ch. s. KAMPER, D.
WURZER, W. S.
    Nietzsche und Spinoza. Meisenheim 1975
WYSS, D. s. WEIZSÄCKER, V. v.- WYSS, D.
ZIMMERMANN, E.
    Der Analogieschluß in der Lehre von der Ich-Welt-Identität bei Arthur Scho-
    penhauer. München 1970